面向21世纪课程教材
Textbook Series for 21st Century

普通高等学校社会工作专业主干课系列教材

个案工作

Ge'an Gongzuo

（第二版）

中国社会工作教育协会　组编
　　许莉娅　主　编
　　童　敏　副主编

编者（按所写章序排名）：
　许莉娅　张　默　韩　辉　张　雄
　　杨　静　童　敏　郭伟和

高等教育出版社·北京

内容简介

本书是中国社会工作教育协会组编的高校社会工作专业主干课系列教材之一，系统阐述了社会工作三大直接服务方法之一的个案工作的基本理论知识。第二版在初版基础上作了较为系统全面的梳理和修订，辅以实例讲解与分析，着重反映了个案工作理论与实践领域的最新成果和经验总结，注重探索本土化的专业理论体系建设，凸显了个案工作理论与实务并重的课程特色。主要内容包括导论、个案工作的价值体系、个案工作者的素养、个案工作的基本技巧、专业关系、工作程序、个案介入模式、家庭介入模式、个案管理和个案工作专业质疑及发展转向等。本书主要供高等院校社会工作专业教学使用，也是从事社会工作、民政工作等人员的必备参考书。

图书在版编目(CIP)数据

个案工作/许莉娅主编；中国社会工作教育协会组编. -- 2版. -- 北京：高等教育出版社，2013.2（2024.12重印）

ISBN 978-7-04-036590-0

Ⅰ.①个… Ⅱ.①许… ②中… Ⅲ.①社会个案工作-高等学校-教材 Ⅳ.①C916

中国版本图书馆 CIP 数据核字（2012）第 308510 号

| 策划编辑 | 张 然 | 责任编辑 | 张 然 | 封面设计 | 于 涛 | 版式设计 | 余 杨 |
| 插图绘制 | 黄建英 | 责任校对 | 刘春萍 | 责任印制 | 习 毅 | | |

出版发行	高等教育出版社	网 址	http://www.hep.edu.cn
社 址	北京市西城区德外大街4号		http://www.hep.com.cn
邮政编码	100120	网上订购	http://www.landraco.com
印 刷	中农印务有限公司		http://www.landraco.com.cn
开 本	787mm×960mm 1/16		
印 张	22	版 次	2004年8月第1版
字 数	400千字		2013年2月第2版
购书热线	010-58581118	印 次	2024年12月第19次印刷
咨询电话	400-810-0598	定 价	43.70元

本书如有缺页、倒页、脱页等质量问题，请到所购图书销售部门联系调换
版权所有 侵权必究
物 料 号 36590-00

本书编写获香港凯瑟克基金会(Keswick Foundation Ltd.,Hong Kong)资助

社会工作专业系列教材编写指导委员会
主任委员：王思斌
委　　员：陆士桢　张李玺　涂永祥　史柏年

总　　序

20世纪80年代中期，国家教委（现称教育部）决定在高等学校设立社会工作与管理专业（后改为社会工作专业），北京大学等几所高等学校在多方支持下开办了该专业。到90年代中期，社会工作专业获得了一定发展。近几年来，社会工作专业在规模上获得了快速增长，这与我国体制改革的深入和社会进步的要求，以及高等教育的发展密切相关。

教材建设是学科建设的重要组成部分。在社会工作专业建立之初，编写高水平的专业教材，对于我国社会工作教育学者来说是具有挑战性的，因为社会工作专业教育在我国高等学校中断了30多年，我国社会工作教育学者对国际社会工作专业理论和知识不甚熟悉，另外，学者们对我国本土的社会工作（社会服务）的理论和实践的深入研究也不够。十多年来，各校社会工作专业教育同仁在这方面做了积极的努力，也取得了一些成果，但总的来讲教材建设还相对滞后。

中国社会工作教育协会于1994年成立，并决定把教材建设和学科规范化作为其工作的重要内容。基于国内同行的知识积累和现实要求，中国社会工作教育协会决定着手组编社会工作专业教材。从1997年开始，经过5所高等学校14名有丰富教学经验的学者两年多的努力，由高等教育出版社出版了王思斌教授主编的《社会工作概论》，迈出了由协会统筹、各高等学校共同编写教材的第一步。该书出版之后得到了同行专家的好评，它不但被许多学校当作教材，而且在2002年获得教育部全国普通高等学校优秀教材二等奖。实践说明，集中各校有丰富教学经验的学者共同编写教材这条路是可行的。

随着高等教育的快速发展，教育部进一步提出了加强各专业主干课教程建设的措施，其中包括确定各专业主干课程，编写和颁布"主干课程教学基本要求"。在这种情况下，受教育部委托，教育部高等学校社会学学科教学指导委员会几次召开会议，在各校系主任、专业负责人和资深教师的广泛参与下，确定了社会学专业和社会工作专业的主干课程，并协助教育部编制了"主干课程教学基本要求"。中国社会工作教育协会在组编《社会工作概论》经验的基础上，积极承担了组编社会工作专业主干课教材的任务。2002年7月中国社会工作教育协会召开教材编写研讨会，确定了专业主干课程的教学基本要求和各主干课教材的编写人选,同时决定教材编写实行主编负责制。协会计划在2~3年内出版全部专业主干课教材,并出版一批专业教育急需的其他教材和教学参考书,以及研究性学术书刊——《中国社会工作研究》。行内学者积极地参与了这一重要的学科建设过程,参加教材编写的学者在繁忙的教学、科学研究过程中,付出巨大努力精心编写教材。可以说,这些教材是当前我国社会工作专业教学和研究水平的展示。

应该特别提出的是,香港凯瑟克基金会对我国社会工作教育给予的重要支持。香港凯瑟克基金会是一个以支持社会服务为主的非营利组织,多年来,以亚太区社会工作教育协会香港中国小组为中介,该基金会对中国内地的社会工作教育给予了多方面的支持。在得知中国社会工作教育协会的上述发展计划之后,香港凯瑟克基金会决定无条件地给予经费方面的资助,这对我国内地社会工作教育学者是一个极大的激励。所以,这套主干课程系列教材的出版,要由衷地感谢香港凯瑟克基金会,当然也感谢为我们搭起桥梁的香港社会工作教育界的同仁。

编写高水平的专业教材谈何容易。虽然参与编写这套主干课程系列教材的都是有丰富教学经验、也有一定研究成果的教育学者,但是毕竟中国内地的社会工作专业教育恢复重建时间尚短,所以,这套教材肯定会有一些不尽如人意之处。一个学者是不愿意将自己不甚成熟的著述拿出来示众的,但是学无止境,社会工作专业的快速发展使得我们不能再等下去,因为大量新开办的社会工作专业的师生迫切需要既能介绍国外先进理论和知识,又对我国社会工作实践有一定理论总结和分析的教材。在这种情况下,也为了规范社会工作专业教育,这套教材将陆续面世,供大家使用并提出批评、改进的建议。教育部在制定"专业主干课程教学基本要求"时的指导思想是"一纲多本",即在遵循上述"基本要求"的前提下,鼓励编写有不同特点的教材,相互比较、竞争发展。希望这套教材能在这方面发挥积极的作用。

在中国内地社会工作教育的发展过程中,本人受多方同仁的启发,曾指出学科建设既要遵循国际通则,又要注重我国社会实际,并对社会工作本土化提出某些看法。在编写专业主干课教材问题上,我也希望重申上述观点。我们必须充分尊重国际社会工作、社会福利学术界的研究成果,相信在诸多方面人类知识具有共同性,要客观地、全面地介绍那些有价值的理论和知识。另一方面,社会工作的务实特点要求必须将理论和中国实际尽可能紧密地结合起来。在这方面,必须强调社会工作研究,其中包括理论研究、实务研究、教学研究等。在这里,社会工作的本土化研究和本土社会工作经验的研究都是重要的,而二者的整合将使中国社会工作的理论和实践达到一个新的水平。显而易见,要做到这一点,需要社会工作教育学者积极而深入地参加社会工作实践。如果社会工作专业教材能达到这一水平,那么就可以说,我们对中国社会工作教育和社会工作实践的发展做出了更大贡献。

感谢教育部高等教育司、教育部高等学校社会学学科教学指导委员会、高等教育出版社对出版这套教材的支持。在研讨和设计这套教材的时候,教育部高等教育司给予了具体的指导和部分经费支持。教育部高等学校社会学学科教学指导委员会,特别是主任委员郑杭生教授、副主任委员宋林飞教授、谢遐龄教授对社会工作专业的发展和本套教材的编写给予了大力支持。高等教育出版社王方宪同志对这套教材的编写提出了参考意见,在教材编写过程中,高等教育出版社的编辑于健航、干咏昕等同志做了大量推动和建设性工作。

各方为社会工作专业在中国的发展做出了积极的努力,但愿它顺利成长并尽快成熟,并为中国人民的福祉做出自己的贡献。

中国社会工作教育协会会长
王思斌
2003 年 10 月

目 录

第一章 导论 ... 1

第一节 个案工作的基本概念 ... 2
一、个案工作的定义 ... 2
二、个案工作的本质特征 ... 5
三、相关概念讨论 ... 9

第二节 个案工作的目标及应用领域 ... 11
一、个案工作的目标 ... 11
二、个案工作的应用领域 ... 16

第三节 个案工作的历史发展 ... 17
一、个案工作在英美的产生和发展 ... 17
二、个案工作在中国的发展 ... 25

第二章 个案工作价值体系 ... 30

第一节 个案工作的哲学基础 ... 30
一、社会工作和哲学的关系 ... 30
二、哲学与个案社会工作实践 ... 31
三、个案工作价值观的哲学渊源 ... 31

第二节 个案社会工作面对的价值系统 ... 34
一、社会工作价值观的含义 ... 34
二、社会工作价值观的作用 ... 35
三、社会工作的价值系统 ... 36

第三节 社会工作的核心价值原则及其在个案工作中的应用 ... 42
一、西方社会工作价值体系 ... 42
二、社会工作价值观在操作层面的基本价值原则 ... 44
三、社会工作核心价值在个案工作中的具体运用 ... 46
四、社会工作价值的伦理困境及解决策略 ... 52

第四节　社会工作专业伦理 ································· 55
一、伦理与社会工作专业伦理的含义 ······················· 55
二、社会工作专业伦理的内容 ····························· 56
三、社会工作专业伦理的特点 ····························· 57
四、社会工作专业伦理的作用 ····························· 60
五、不同国家和地区的社会工作职业伦理建设 ··············· 62
第五节　中国社会工作价值伦理体系的构建 ················· 63
一、我国社会工作价值伦理建设面临的挑战 ················· 63
二、中国的传统价值理念对社会工作价值伦理的影响 ········· 64
三、构建我国社会工作价值伦理体系的理论基础 ············· 65
四、中国社会工作价值体系的建构 ························· 67

第三章　个案工作者的素养 ································· 70
第一节　个案工作者的知识素养 ··························· 70
一、多样化的知识观 ····································· 70
二、多元的知识结构 ····································· 73
三、多元知识体系的建构性学习 ··························· 77
第二节　个案工作者的能力素养 ··························· 78
一、专业能力建构的发展背景 ····························· 78
二、专业能力建构的国内外状况 ··························· 79
三、专业能力素养架构 ··································· 80
第三节　个案工作者的心理素养 ··························· 83
一、个案工作者的人格特质 ······························· 83
二、心理素质与心理健康 ································· 87
第四节　个案工作者的角色素养 ··························· 92
一、个案工作者角色素养的特点 ··························· 92
二、职业枯竭及预防 ····································· 95

第四章　个案工作的基本技巧 ······························· 100
第一节　个案工作沟通 ··································· 101
一、人际沟通 ··· 101
二、个案会谈 ··· 109

三、个案访视 ··· 118

第二节　个案工作记录 ··· 121
　　一、个案记录的意义 ··· 121
　　二、个案记录的原则与要求 ······································· 124
　　三、个案记录的形式与方法 ······································· 127

第三节　个案工作评估 ··· 131
　　一、个案工作评估的意义 ··· 132
　　二、个案工作评估的类型 ··· 134
　　三、个案工作评估的原则 ··· 136
　　四、个案工作评估的方法 ··· 138

第五章　个案工作的专业关系 ······································· 144

第一节　个案工作专业关系的含义 ··································· 144
　　一、专业关系的含义 ··· 144
　　二、专业关系的性质 ··· 146
　　三、专业关系的意义 ··· 148

第二节　个案工作专业关系的建立 ··································· 149
　　一、建立专业关系的基本条件 ····································· 149
　　二、同感 ··· 150
　　三、尊重 ··· 154
　　四、真诚 ··· 157
　　五、简洁具体 ··· 159
　　六、介入初期工作者易犯的错误 ··································· 161

第三节　案主基本需求与工作者的对策 ······························· 163
　　一、专业关系的动态性 ··· 163
　　二、案主在求助过程中的基本心理需求 ····························· 164
　　三、个案工作的应对原则 ··· 165

第四节　移情与反移情 ··· 167
　　一、移情 ··· 167
　　二、反移情 ··· 168

第六章 个案工作的程序 ... 171

第一节 接案与建立关系 ... 172
一、案主现实性的心理反应 ... 172
二、工作内容 ... 173
三、转介 ... 174
四、接案的技巧 ... 174

第二节 收集资料与问题判断 ... 175
一、收集资料的重点 ... 175
二、收集资料的技巧 ... 176
三、问题的判断 ... 177
四、确定问题 ... 178

第三节 制定目标和工作计划 ... 179
一、制定目标的原则 ... 180
二、目标的类型 ... 180
三、制定目标的步骤 ... 181
四、制定工作计划 ... 182
五、签订工作协议 ... 182

第四节 服务计划的实施 ... 183
一、工作者的角色 ... 183
二、工作者的工作内容 ... 185

第五节 结案与评估 ... 187
一、进入结案阶段 ... 187
二、结案中案主的心理 ... 188
三、工作者的处理方法 ... 188
四、转案 ... 189
五、总结评估 ... 190
六、跟进计划 ... 191

第七章 个案介入模式 ... 193

第一节 心理社会治疗模式的内容及特点 ... 193
一、心理社会治疗模式的内容 ... 194

二、心理社会治疗模式的特点 ········· 197

第二节　认知行为治疗模式的内容及特点 ········· 198

一、认知行为治疗模式的内容 ········· 199

二、认知行为治疗模式的特点 ········· 203

第三节　理性情绪治疗模式的内容及特点 ········· 204

一、理性情绪治疗模式的内容 ········· 204

二、理性情绪治疗模式的特点 ········· 210

第四节　任务中心模式的内容及特点 ········· 210

一、任务中心模式的内容 ········· 211

二、任务中心模式的特点 ········· 214

第五节　危机介入模式的内容及特点 ········· 215

一、危机介入模式的内容 ········· 215

二、危机介入模式的特点 ········· 218

第八章　家庭介入模式 ········· 220

第一节　结构家庭治疗模式 ········· 221

一、理论背景 ········· 221

二、基本概念与假设 ········· 222

三、方法与技巧 ········· 225

四、理论特点 ········· 231

第二节　萨提亚家庭治疗模式 ········· 232

一、理论背景 ········· 232

二、基本假设与概念 ········· 233

三、方法与技巧 ········· 239

四、理论特点 ········· 242

第三节　叙事家庭治疗模式 ········· 243

一、理论背景 ········· 243

二、叙事治疗中的关注点 ········· 246

三、叙事治疗的方法 ········· 247

第九章　个案管理 ········· 256

第一节　个案管理概说 ········· 256

一、个案管理的界定 ………………………………………………… 256
二、个案管理与个案工作的区别 …………………………………… 260
三、个案管理模式的产生与发展 …………………………………… 261
第二节 个案管理的理论基础 ………………………………………… 263
一、系统理论与社会工作四大系统概念 …………………………… 264
二、生态系统理论 …………………………………………………… 264
三、社会支持网络理论 ……………………………………………… 266
第三节 个案管理原则、模式与实务体系 …………………………… 267
一、个案管理的工作原则 …………………………………………… 267
二、个案管理的服务模式 …………………………………………… 268
三、个案管理的实务体系 …………………………………………… 271
第四节 个案管理的运作程序 ………………………………………… 273
一、建立与案主的信任关系 ………………………………………… 274
二、评估案主需求（问题）、资源网络及资源障碍 ……………… 274
三、制定个案管理服务计划 ………………………………………… 277
四、排除障碍与获取资源 …………………………………………… 280
五、整合与监督 ……………………………………………………… 282
六、结束关系 ………………………………………………………… 283

第十章 个案工作的专业质疑及发展转向 …………………………… 285

第一节 反专业权威——证据为本以及增权实践的发展方向 ……… 286
一、激进社会学对专业权威迷思的拆解 …………………………… 286
二、证据为本的实践模式 …………………………………………… 287
三、增权取向的实践策略 …………………………………………… 288
第二节 反技术理性——反思实践以及道德和政治实践的发展方向 …… 290
一、对专业技术理性的批判 ………………………………………… 290
二、反思实践策略 …………………………………………………… 293
三、道德和政治实践策略 …………………………………………… 294
第三节 反病态治疗——优势视角和抗逆力强化项目 ……………… 296
一、对病态为基础的精神医学模式的批评 ………………………… 296
二、优势视角和抗逆力增强项目 …………………………………… 298
第四节 反学科规训——福柯主义者的话语实践策略 ……………… 300

一、对作为学科规训体制的社会工作的批判 …………………… 300
二、后福柯的话语实践策略 …………………………………… 302

附录 ……………………………………………………………… 305

附录1 中国社会工作者职业道德 ……………………………… 305
附录2 中国香港社会工作注册局工作守则（转录） …………… 307
附录3 中国台湾社会工作伦理守则（转录） …………………… 311
附录4 美国社会工作者协会伦理守则 ………………………… 314

后记 ……………………………………………………………… 332

第一章

导　　论

任何一个人在其生命的历程中都离不开他人的帮助,而每个人同时又都在不同程度上、以不同的方式帮助着他人。因此,从这个意义上讲,每一个人都同时既是受助者,也是助人者。美国芝加哥大学教授伊根(Gerard Egan)把助人者划分为四个等级:当我们发生问题、感受困难时,前来提供帮助的亲友、同事,甚至陌生人为四级助人者;帮助我们的医生、教师、上司等为三级助人者;指引我们的牧师、神父等为二级助人者;为我们提供专业帮助的心理医生、心理学家和社会工作者为一级助人者。前三级即四级、三级、二级助人者为非正式助人者,伊根教授认为,世界上到处都有非正式助人者,所以,这世界充满了爱。但遗憾的是,他们绝大多数没有接受过助人的专门训练,因此,常常效果不佳或事与愿违,甚至帮了倒忙。作为一级助人者——专门处理人的社会、心理等问题的专业人员,必须接受专业知识学习和技能的训练[①]。

作为社会工作的基本方法之一,个案工作就是一项专业的助人活动,它要求社会工作者在一定的价值理念指引之下,运用科学的理论知识和技术方法,以个别的方式帮助有需要者解决和处理所面临的困难和问题。较之社会工作的其他方法,如小组工作和社区工作,个案工作起源最早,发展也最充分和完备。作为导论部分,本章将讨论个案工作最基本的问题,通过对个案工作概念的分析、定义的界定、本质特征的讨论、个案工作目标的设定,以及个案工作作为社会工作的基本方法产生和发展的历史过程的介绍,帮助读者全面、深刻地认识和理解个案工作,为以后的理论学习打下基础。

---

① Gerard Egan 著,王文秀等译:《有效的辅导员》,(台北)张老师出版社 1993 年版,第 3~4 页。

第一节 个案工作的基本概念

一、个案工作的定义

（一）个案工作的概念分析

个案工作，即社会个案工作，是直接从英文 social case work 翻译过来的。social 即社会，广义的社会是指由一定的经济基础和上层建筑构成的整体，也叫社会形态。狭义的社会是泛指由于共同的物质条件而互相联系起来的人群。在 social case work 里，social 有四层特别的意义：一是指个案工作是社会工作专业的一种方法，而不是法律、商业、心理辅导等专业的个案工作；二是个案工作是一项组织行为，是以机构为依托发生的助人活动，而非个人的善举；三是强调个案工作是一项社会职业，讲求职业规范和职业道德的约束；四是体现社会对社会成员的关怀和责任。case 即事例、事件或案例，在 social case work 中意指个案工作是以个别的方式、针对单个案例进行的助人工作。work 即工作或劳动，意指个案工作是工作者（worker）[①]为帮助案主（client）而做的工作或进行的劳动，是工作者体力和脑力的付出，是工作者将个案工作的价值理念、理论知识、技术方法进行整合并作用于案主的一种社会实践活动。个案工作与小组工作（group work）、社区工作（community work）构成了社会工作传统三大方法。

（二）个案工作的定义介绍

以上对个案工作概念的分析中，我们已对个案工作的意义有了一定的了解。但从学术的角度给个案工作下定义，却不是简单的事。自从个案工作作为一项助人的专业和作为一门科学在英美产生之后，许多个案工作的专家和学者都在尝试界定个案工作的内涵和外延，其定义不下几十种，至今没有统一的说法。这里仅介绍几则具有代表性的定义。

1. 社会工作的先驱玛丽·里士满（Mary Richmond）1922 年在她的《什么是社会个案工作》一书中强调，应通过个案工作来帮助案主发展人格。她认为："个案工作包含着一连串的工作过程，它以个人为着手点，通过对个人及其所处的环境作有效的调整，以促进其人格的成长。"这是个案工作的最早期的定义。

2. 美国社会工作学者鲍尔斯（Swithum Bowers）强调艺术与科学是个案工作的重要元素。他在 1949 年发表的论文《社会个案工作的性质与定义》中认为：

[①] 本书中的个案工作者有时也称为"工作者"、"工作员"或"社工"。

"个案工作是一种艺术,这种艺术以人际关系的科学知识和改进人际关系的专业技术为依据,启发与运用个人的潜能和社区的资源,促使案主与其所处环境之间有较佳的适应关系。"鲍尔斯不仅强调要协助案主适应环境,也揭示了科学化的人际关系知识及技巧是服务的基石。鲍尔斯的这一定义曾被认为是最具代表性的定义。

3. 美国社会工作者协会1965年出版的《社会工作百科全书》将个案工作界定为:"个案工作所注重的不是社会问题本身,而是'个案',尤其注重为社会问题所困或无法与社会环境或关系圆满适应的个体或家庭。个案工作的目的是在于帮助那些遭遇人与人或人与环境的适应困难的个人及家庭,恢复、加强或改造其社会功能。"

4. 美国社会工作学者斯莫丽(Ruth E. Smalley)1967年在《社会工作实务理论》一书中提出:"个案工作是一种(社会工作)方法,这种方法通过一对一的(专业)关系,促使案主运用各种社会服务,以增进个人和一般(社会)的福利。"这是功能派个案工作的代表性定义。

5. 美国哥伦比亚大学学者霍利斯(Florence Hollis)1972年在《个案工作:一个心理社会模式》中特别强调案主问题的产生原因是同时受到个人内在心理和外在环境因素影响,提出:"个案工作是一种心理暨社会调适方法,个人社会功能的丧失或不良是因同时受到案主本身内在心理和外在社会环境的影响,所以,个案工作应致力于个人内在需要的满足和个人社会关系的协调。"这是心理暨社会学派关于个案工作的定义。

6. 我国台湾学者廖荣利曾在《社会工作学》里引用了斯莫丽、霍利斯等人关于个案工作的定义,并于1973年在《社会个案工作》一书中总结概括了一个定义:"个案工作是社会工作者对待助的个人或其家庭为入手的一种助人方法,其目的在于协助个人或其家庭处理困难和问题,预防原有的困难和问题的再发生,以及协助个人及其家庭的潜能的发展,以促进个人、家庭、团体和社会的福利。"

7. 1994年5月出版的《中国社会工作百科全书》在研究总结既有定义基础上,对个案工作做了如下概括:"社会个案工作是社会工作中的一种基本方法,单以个别方式,对感受困难、生活失调的个人或家庭(案主)提供物质帮助、精神支持等方面的服务以解决他们的问题,增强其社会适应能力。"

8. 北京大学马凤芝1999年在王思斌主编的《社会工作概论》中对个案工作的界定为:"个案工作是由专业社会工作者运用有关人与社会的专业知识和技巧为个人和家庭提供物质或情感方面的支持与服务,目的在于帮助个人和家庭减低压力,解决问题,达到个人和社会的良好福利状态。"比较于以前的定义,这则定义特别强调了个案工作的专业性,强调从事个案工作的人员必须是专业的社会工作者。

以上列举的这些定义,大多从运用的手段、服务的内容、目的以及方法等方面界定个案工作,这确实是抓住了事物的本质。但是,这些定义都忽视了一个最重要的层面,即价值理念的层面,而这个层面恰恰是个案工作的灵魂。个案工作是在一套价值理念指导下运作的,个案工作(社会工作)是一套价值、知识和技巧的整合系统,我们在回答什么是个案工作的时候,除了强调它的知识性、技术性和方法性外,还必须强调它的价值理念的规定性。所以,社会个案工作可以定义为:

个案工作是专业工作者遵循基本的价值理念、运用科学的专业知识和技巧、以个别化的方式为感受困难的个人或家庭提供物质和心理方面的支持与服务,以帮助个人或家庭减低压力、解决问题、挖掘生命的潜能,不断提高个人和社会的福利水平。

(三) 个案工作的含义归纳

综合上述关于个案工作的定义,我们可以总结归纳出个案工作至少具有如下含义:

1. 个案工作是个别化的社会工作方法。这里强调了个案工作助人的专业性和方法的个别化特性。专业性是指个案工作是社会工作的专业方法之一,是由受过专业训练的个案工作者在社会工作服务机构内为案主提供的服务,是一项以机构为依托的组织行为,它不同于个人的助人善行,也不同于一般的公益活动或志愿者工作。个别化是指个案工作以一对一的方式,区别于以一群人为工作对象的小组工作和以整个社区为服务对象的社区工作。小组工作和社区工作各有其长处,但是,只有个案工作的方法更能深入到案主内心深层的问题,了解到不同案主的独特困难,而有针对性地帮助案主解决所遇到的难处。

2. 个案工作的基本价值理念是尊重个性、承认人的价值和独特性。这是个案工作的灵魂。个案工作认为每个人都是平等的,有价值的,都值得关怀与帮助,每个人之间均有差异,都是独特的,而个人问题的性质和原因,以及解决问题的阻力与助力也是不同的。因此,个案工作强调因人而异,以艺术化而不是公式化和刻板化的方式,运用专业知识和技巧来帮助案主。

3. 个案工作融科学性、技术性、艺术性于一身。科学性是指个案工作必须以科学的理论知识作为指导,个案工作者必须学习、掌握有关人际关系学、心理学、传播学、社会学等社会科学知识,应该遵循科学的步骤和程序进行工作;技术性是指个案工作者应该具有娴熟的人际沟通技巧和应对各种局面的能力;艺术性是指个案工作者应在工作中有创造性地发挥个性特长,将自己的工作风格与科学的知识、技术、方法巧妙地结合起来。个案工作鼓励工作者在不违背价值理念、尊重科学的前提下充分发挥个人所长,以丰富个案工作的理论与实践。只有将科学、技术与艺术(工作者的创造)融于一身,个案工作才能取得良好的效果。

4. 个案工作的服务对象是感受困难的个人或家庭。感受(feeling)在这里有两层含义：一是指案主的觉知(意识到)，案主感觉自己有了困难或问题，而又无能力自行解决。其二是指案主有求助的意愿，即想得到帮助，这是个案工作的前提条件，只有案主有求助的愿望，想解决自己的问题，才能与工作者配合，也才有效果可言。当然，有的案主一开始是经他人介绍或带领而来，或是被转介过来的，但经过工作者的适当帮助，案主会转变态度，配合工作者。否则，工作者说东案主说西，无论工作者提出多么好的协助方案，若案主主观上不认同、不付诸行动，也是无法开展工作的。"困难"在这里是一个非常广泛的概念，包括物质的缺乏，无能力解决具体的问题或心理失调、情绪困扰等。比如：经济拮据、没有住房、下岗、人际关系紧张、子女管教不得力、夫妻感情危机、无法达致理想目标、对自己或对他人的不接受等等，也包括没有具体的困难或问题而想达致更完美的一种需要。总之，所有的社会成员当他有需要时，都是个案工作关怀、帮助的对象。

5. 个案工作需要动用资源。个案工作强调调动一切可能的有利于案主转变的资源，包括案主个人的潜能和社会资源。研究发现，当人遇到困难时所能调动的个人资源不足10%，还有大量的潜能未被利用。医学界在对死者解剖中发现，自然死亡者脑细胞的损失是相当少的，这说明人在生命过程中有相当的剩余力量。案主的潜能包括智能、体能和心理能力。个案工作者在与案主的互动中，在探寻案主问题成因的同时，更要善于帮助案主认识、挖掘未被开发的、潜存在案主身上的各种能力，这不仅能帮助案主解决所遇到的困难、失调的心理或失调的人际关系，而且更重要的是可以帮助案主增强自助能力，避免问题的再发生，增强人格强度。在帮助案主挖掘自身潜能的同时，不可忽视社会资源的利用。社会资源包括一切可能利用的物质资源、信息资源及人际关系资源。例如，帮助无力负担医院费用的重病儿童申请补助或组织募捐，为因下岗而困惑的案主寻找合适的工作，为失足少年争取学校、家人的理解和帮助等等。

6. 个案工作者能够同时提高个人和社会的福利水平。个案工作关心的是个人问题的解决和个体价值的实现。但这必须与提高一般社会福利相一致。在个案工作中，如遇到与其他方面的关系发生冲突或意见不一致时，工作者应首先反思自己的工作，如发现过失和认识上的偏差，应当立即矫正自己的认知和行为，如确认他方对社会工作持有偏见而有意不配合，工作者应真诚地进行沟通，晓之以理、动之以情，这也是间接个案工作的内容。另外，要求工作者对国家的法律法规、各项社会福利政策以及社会服务机构的规章制度有充分的了解和把握。

二、个案工作的本质特征

通过对个案工作的概念、定义、含义等方面的分析，我们了解到，个案工作作为一项助人专业和一门应用性、实践性很强的科学包含着丰富的内容。那么,决定个案工作拥有这些丰富内涵的本质的东西是什么？我们将从个案工作的关系性质、个案工作的行为手段性质以及个案工作要达到的目的性质来讨论个案工作的本质特征。

(一) 个案工作关系是一种特殊的社会关系

所谓关系,哲学的解释是指事物之间的某种联系,是一种客观存在的状态(静态分析)。社会关系是指人与人之间的某种联系,是人在共同的实践活动中结成的相互关系的总和。马克思认为,人的本质就其社会性而言,是一切社会关系的总和。从这个意义上讲,人类社会中一切人与人的联系、人与人的互动都是社会关系,无论是同学关系、同事关系、上下级关系,抑或是夫妻关系、亲子关系、朋友关系,当然,也包括个案工作中的工作者与案主之间的关系。如果进一步分析,社会关系依据所建立的基础可以划分为两类,即群体关系和个体关系(或个人关系)。苏联著名的社会心理学家安德列耶娃在她的《社会心理学》一书中对群体关系和个体关系的本质区别阐释得非常清楚,她认为群体关系和个体关系本质的区别就在于,群体关系是以利益为基础的,而个体关系是以情感为基础的。群体关系表现为人的非个性化色彩,是一种角色与角色的互动,而个体关系是一种个性与个性的互动。同时,群体关系的角色互动也必须通过具体的个人来实现。

个案工作中,工作者与案主的关系既不是完全的角色之间互动的群体关系,也不是完全的个性之间互动的个体关系,而是一种特殊的社会关系,这种特殊性表现在以下几个方面：

1. 个案工作关系是角色与个性的互动

个案工作者作为一种社会角色有其严格的行为规范要求,工作者必须持有社会工作的价值观,坚持尊重、敬业、奉献、利他、公正等价值理念；必须运用科学的知识和方法,必须严格遵守专业伦理、职业行为准则和道德规范；工作者应有目的地表达感情、接纳、同理心和信任。而案主则表现出纯粹的个性,是以一个完全真实的自我出现在工作者面前,而且这个个性比较于他在生活的其他领域中的表现,再没有比面对工作者更坦诚、无遮饰、赤裸裸了,面对工作者,他不是任何的社会角色,不需要受任何的约束和限制,他可以尽情地袒露自己的内心世界,倾吐自己的情感,表现个性化的价值观、防御心理等,而且工作者将鼓励案主这样做,个案工作也要求案主这样做。

2. 个案工作关系具有利益单向性的特点

一般社会关系互动的基本原则是利益的双向性,即互利互惠。员工的工作热情和工作投入取决于薪水的多少；老板聘用管理人员,衡量的标准是他能为企业带来多少利润；生意场上的合作伙伴要看彼此获得多少利益。即便是夫妻、情侣,如果一方痴情投入换来的却是对方的冷漠或漫不经心,其关系也维持不了长久。一位研究人际关系的专家认为,人际交往取决于你能给对方多少帮助以及你能从对方那里得到多少回报。这种互利性有时是显现的,如亲兄弟明算账;有时却是潜在的,它是交往双方共同理解并认可的一种默契。在人际交往中,一方的投入(时间、精力、物质、金钱、情感)是与对对方的期望成正比的。例如,当一位母亲对儿子抱怨:"辛辛苦苦把你养大,你就这样不关心我!"时,她决不承认自己多年的付出就是为了儿子的回报。但事实上,母亲的付出往往与对儿子的期望在潜意识里同步增长。而相比之下,母爱是最不图回报的,更何况其他的人际关系呢?

个案工作中工作者与案主的关系与一般的社会关系不同,它不具有互利性,而是表现为利益的单向性。个案工作的目的只为了案主的利益,工作者不图任何个人的回报,如果一定要说"回报",那就是工作者希望看到案主的问题得到解决,案主的潜能得到开发,案主走上了朝着健康人格的方向发展的道路。工作者为了助人而不是为了工资去工作,虽然形式上,工作者作为机构的工作人员会有相应的报酬,但是,工作者的工作动力是助人、是给予、是奉献。没有爱心、没有奉献精神是不能做社会工作的。从这个意义上讲,社会工作是一项崇高的社会职业。

3. 个案工作关系是专业的动态过程

双方客体的存在只为社会关系的产生提供了可能性,双方客体的互动才使社会关系得以实现。个案工作关系的互动性表现得尤为突出,个案工作的过程就是工作者与案主的互动过程,互动中实现尊重、关怀,排除案主心理障碍,使其恢复自助能力,协助案主挖掘生命的潜能。

个案工作关系的互动表现为较强的专业性特点。首先,整个互动过程中,必须运用科学的知识和专业的方法,必须遵循严格的程序,按照科学的步骤进行。例如,接案、收集资料研究资料、诊断、制订计划、介入、评估等,这些工作环节都是必不可少的。其次,个案工作者必须遵守一定的互动规则。例如,对案主要真诚、接纳、同感、保密,当然工作者也希望案主说真话,积极配合工作者的工作。再次,个案工作关系互动的专业性还表现在,工作者与案主的互动是围绕一个中心即解决案主问题进行的,这样,互动就不可避免,也避免不了不愉快的谈话。个案工作不同于一般的社会交往之处在于,不会为追求关系的融洽而极力回避不愉快的话题。解决案主的问题、恢复案主的自助自立能力,是需要案主身体力行、付出努力的,与自己的弱点、不适情绪和不良行为告别绝非易事,很可能是一个痛苦的过程。这对案主是一个挑战,能否在挑战面前过关,需要工作者极大的耐心和爱心。

(二)个案工作是一种信息沟通活动

任何社会关系的实现无外乎两种互动方式:一是物品的交换;二是信息的交

流。而物质的交换如商品的买卖、互赠礼物等又离不开信息交流。

信息交流即指彼此把自己有的信息提供给对方。信息交流有两种方式,即平行式交流和交叉式交流,平行式交流意指彼此把自己有的信息提供给对方,但双方所供给的信息彼此之间没有联系。例如,小张对小李说:"我刚从香港回来,"而小李则告诉小张:"我太太生了个儿子。"表面看来,小张说话时小李在听,小李说话时小张也没有张嘴,但是,他们彼此交流的信息是不相关的,这只是一种分享。交叉式交流是指彼此提供的信息是有联系的,后者发出的信息是对前者发出信息的反馈,即交叉式交流是一种信息反馈的过程。例如:小张告诉小李:"我刚从香港回来,"小李便问:"怎么样?感觉如何?"小张回答:"很棒!现代化的大都市,非常繁华。"

个案工作就是一种特别强调信息反馈或回应的信息沟通活动。依据沟通对象的不同,个案工作的信息沟通活动可以划分为两种情形:一种情形是工作者与案主的沟通,从工作者接案、与案主会谈、搜集资料、判断评估、实际介入到结案,都离不开这种沟通手段。另一种情形是工作者与其他人员的沟通,个案工作者要做的除了大量的心理辅导(必须运用信息沟通的手段)工作外,还要对案主给予一些实际的帮助,例如,帮助案主找一份工作或一家职业介绍所,为案主提供一定的物质或资金援助等,或为案主寻找支持网络、发展人际关系。这些工作都需要工作者运用信息沟通的手段与有关部门、机构的人员进行沟通协调。因此,对于工作者来说,其工作手段就是信息沟通,工作者必须懂得沟通技巧,善于运用沟通技巧。沟通中不仅仅是一种交换性和工具性的事实沟通,借此收集信息、评估问题、提供帮助,更是一种情感性沟通,以期达到一种接纳、同感和信任的专业关系。

(三)个案工作是一项助人自助的专业

1. 帮助案主恢复自助能力

助人有不同的方法。例如,爸爸妈妈带着两个四岁的双胞胎儿子乐乐和欢欢去登长城,走了不到一半的路,乐乐和欢欢累了,嚷嚷着登不动了(自觉有困难)。爸爸心疼儿子,二话没说,背起欢欢走远了。乐乐也喊着让妈妈抱。但是妈妈既没抱他,也没背他,而是蹲下来帮儿子擦擦汗:"咱们歇会儿吧,乐乐,来!喝点儿水(提供资源)。"妈妈陪着乐乐坐在了一个长椅上。"乐乐是个男子汉吗?"妈妈边给儿子擦汗边说。"我当然是一个男子汉了!"乐乐打起精神来。"乐乐听说过这句话吗?'不到长城非好汉!'这是一个非常了不起的人说的话,要想做一个真正的男子汉就应该自己爬上长城(激励)。""妈妈教你一招,你可以走'Z'字形,这样走不感觉累(告诉方法),乐乐,咱们试试吧。"最后,乐乐自己登上了长城。面对两个同样自觉有困难的儿子,爸爸妈妈的助人方法是截然不同的:爸爸是在替儿子做事(for do),而妈妈是在协助儿子(with do),与儿子一起努力,通过关心、鼓励、提供方法等帮助儿子恢复自助能力,妈妈是在助人自助。个案工作不是替案主解决问题,而是协助案主,与案主一起解决问题,在解决问题的同时帮助案主恢复自助能力。

个案工作的价值理念相信人对社会的适应能力是与生俱来的,个人产生无助感是因为遇到了暂时的困难导致认知、情感或其他心理方面出现了障碍。其实,人的实际承受困难的能力远比他们自己想像的大得多,例如,亲人过世是人类最悲伤的事件,但是,这种悲伤的情感也是人有能力承受的,不能承受如自杀了或精神失常,是因为心理某方面发生了障碍而没能得到及时的帮助、点拨或疏导。一个人沉浸并放大自己的悲伤情感而萎靡不振,不能正常生活,甚至做出自杀随亲人而去的行为,首先可能是因为这个人在认知上有了问题,认为人应该永远活着,不应该死去,特别是自己的亲人更不应该离自己而去,所以在心理上拒绝接受亲人死亡这一事实。其次,可能是因为这个人在情感上沉浸在再也见不到亲人的缺乏、失落的体验里。另外,意志品质强度不够。这时,如果个案工作者及时给予帮助,通过提供新信息进行认知上的调整,帮助案主承认、接受亲人死亡这一事实;通过接纳、同感分担案主的悲伤情感,疏解他的痛苦;通过真诚的鼓励、激励,帮助案主坚强起来,面对现实生活,相信案主能够恢复自助能力。

个案工作的目标是既治标,也治本,而且更注重治本。既要帮助案主解决面对的具体问题,更注重帮助案主恢复、培养自助的能力。例如,一位失恋的青年由于承受不了挫折而想自杀,如果个案工作只是危机介入,制止住这次的自杀行为,那么,一旦工作结束,案主还会发生类似的行为。正确的做法应该是,既要危机介入,阻止案主的自杀行为发生,同时更重要的是给予案主心理上的辅导,帮助案主正确认识失恋这一事件,从情绪困扰中走出来。

个案工作的目的是助人自助,不是大包大揽,否则容易养成案主的依赖性,而这种依赖性的持续发展,会使案主原有的自助能力萎缩、丧失。个案工作是逆水行舟,不进则退的。这就要求个案工作者对助人自助原则要有较好的把握。

2. 在助人的过程中工作者得到成长

从动机角度看,个案工作是以案主的需要为本,要求工作者所有的方案设计、工作实施以及整个工作过程,都必须是围绕着案主的需要,而且要求工作者时刻警醒自己是否为了满足自己个人的需要去与案主互动。但从工作效果角度看,工作者在秉持个案工作价值观、运用有关知识和技巧帮助案主的过程中,自己也将会得到成长。因此,工作者应经常反思自己在与案主互动过程中的经验,不断觉知和巩固自己的成长和进步。

三、相关概念讨论

(一) 个案工作与心理咨询

个案工作与心理咨询同作为一项人类服务的助人专业有许多共同或相似之

处,例如,都以个别的方式、沟通的手段帮助需要的人;都关注被助者的困难或问题的心理因素;都注重和强调对案主的同感反应和情绪疏导等等。但是,个案工作与心理咨询又有很多不同:

1. 比较于心理咨询特别注重专业技术的精深,个案工作更强调对人的尊重、接纳的价值理念和关怀的情怀。心理咨询对咨询员的训练主要是专业技术层面的要求和个人健康人格的培养,要求咨询员在咨询过程中达到技术的娴熟。个案工作也要求工作者掌握与案主的沟通技巧、建立关系的技巧和工作过程技巧,但个案工作对工作者更特别强调价值理念的内化和人文情怀的培养,要求工作者将个案工作作为一种道德的实践,工作过程必须体现人性的关怀。

2. 比较于心理咨询注重来访者问题的个人心理成因,个案工作更注重案主个人问题的社会成因。心理咨询认为,来访者的困难或问题主要是由其个人的心理因素造成的,是因为来访者个人不同程度的心理问题或人格问题影响其个人心理功能的正常发挥,心理咨询或心理治疗就是要分析、诊断来访者的心理问题或心理疾病,采取对症治疗,以解决来访者的问题。个案工作也承认造成案主问题的个人因素,但不仅关注案主的心理层面,还关注案主的生理层面和生活环境层面。而比较于案主的个人因素,个案工作更注重社会制度性因素。

3. 比较于心理咨询只限于咨询室内心理因素的探索与治疗,个案工作更强调运用资源。心理咨询的工作范围是咨询室内,希望通过咨询员就来访者呈现的问题进行心理因素的探索,帮助来访者解决问题,其分析模式是"问题"取向的。个案工作的工作范围要宽泛得多,不仅在会谈室内一对一地进行沟通,工作员还经常出现在案主生活的其他空间如家庭、学校、社区等,进行访问、会谈,为案主寻找和建立支持系统。个案工作的分析模式是"资源"取向的,在澄清了案主问题的基础上,更关注解决案主的问题及案主成长的资源。个案工作关注的资源包括两方面,即案主个人的潜能和可调用的社会资源。

4. 比较于心理咨询只解决个人问题,不关心其他社会、政治因素,个案工作更多了一些社会、政治责任。心理咨询是将心理问题做技术处理,如同医生治病一样,很少将心理问题与社会、政治因素联系起来。个案工作背后有很强的价值关怀,是在坚持社会公正、维护弱势群体利益的基础上为个别案主提供服务。因此,个案工作很关注个人问题背后的权力关系,从社会公平、公正的角度关怀和维护弱势群体的权益,要求工作者拥有公平、公正和正义的立场和视角。

(二)个案工作与思想政治工作

从个别化的方式、信息沟通的手段、关注思想意识等方面看,个案工作与思想政治工作也有许多相似之处,但从工作理念、工作关系及工作内容等方面看,二者有很大的差异:

1. 个案工作秉持助人和服务的理念,思想政治工作基本立足于教育和改造的理念。助人和服务的工作理念是呈现和给予,其假设是案主有了难题或困难自己不能解决,需要帮助;而教育和改造的工作理念是改变,其假设是工作对象是有差距的或不好的,需要教育或改造。

2. 个案工作关系是一种平等的专业关系,思想政治工作依赖于一种类似师生或上下级的行政关系。虽然个案工作关系中因工作者的专业训练带来的专业权威的影响,会给个案工作关系带来一些不平等因素,但个案工作要求工作者时刻警惕其专业权威对案主的操控和影响。而思想政治工作者往往是以居高临下的态度去训导对方,在这种不平等的关系里,对方基本没有自主性。

3. 个案工作关注案主的心理层面,注重案主认知、情绪的变化以及自我意识和人格的发展。不是运用说教或训斥,而是运用个案会谈的方法,帮助案主调整认知、疏导情绪,通过协助案主探索自我,进行人格整合,建立健康的自我概念。而思想政治工作更多关注工作对象的意识形态层面,注重政治态度的矫正。

第二节 个案工作的目标及应用领域

一、个案工作的目标

(一)目标界定

所谓目标,通常是指活动主体行动的方向或预期的结果。作为助人专业的社会工作的方法之一,个案工作的目标是与社会工作专业目标紧密相连的。学者们倾向于巴特莱特(Bartlett)的看法,把社会功能(social functioning)作为社会工作目标的焦点,从而区别于其他助人专业,例如,同是专业助人活动,教师关注的是学生的认知和道德功能;医生关心人类机体的生理功能;临床心理学家只对提高人的心理功能感兴趣;而社会工作者是要帮助案主恢复、增强其社会功能。个案工作的目标就是以个别的方式帮助案主恢复、增强其社会功能。

功能的意义存在于生物体与环境的作用之中,是生物体在满足生存需要并保持与外界环境相互适应的过程中所发挥的效力。人的社会功能是指个人为完成自己人生任务而在与社会环境发生的适应、改变、创造等互动关系中发挥的作用和效应。显然,人生任务的分量和个人完成人生任务的能力同时影响着人的社会功能的发挥。

1. 人生任务(life task)

人生任务由成长需要和生活任务两方面组成。成长需要主要是指满足个人成长的种种需要。从某种意义上讲,社会工作就是对人的需要的回应,在个案工作发展的早期,主要是满足案主的生理需要,因为那时贫穷是最大的社会问题。

而现在，个案工作要满足案主多元化的需要，不仅是生理的，还有心理的、社会的和精神的。马斯洛将人的需要划分为五个层次，即生理的需要、安全的需要、归属和爱的需要、尊重的需要和自我实现的需要，后来，又在这五个层次需要的基础上，在尊重的需要与自我实现的需要之间加入了认知的需要和审美的需要。当需要不能满足时，人们就会受困扰，对困扰的回应通常会有三种表现：一些人会积极调整自己；一些人会消极地躲在悲哀、受挫折的体验里；一些人可能会采取无效的，甚至社会所不能接受的方式满足他们的需要。后两种表现反映出其社会功能发生了问题，个案工作就是要帮助他们恢复、增强其社会功能。

生活任务是巴特莱特在解释社会功能时提出的概念，指个人在生命历程中需要完成的任务或角色职责。按照艾里克森发展心理学的观点，人在不同的成长阶段会有不同的生活任务，例如，婴儿必须学会控制自己的排泄行为；儿童早期要学会行走和说话；上小学、中学、大学后，必须完成学习任务，适应学校生活的要求；结婚及生育后要尽到妻（夫）职和母（父）职；当人年老时，必须继续调整自己去适应健康不佳、离职退休、配偶死亡甚至自己死亡等人生变化。生活任务在社会工作专业中主要是用来描述生活环境给人们提出的要求，任何个体在社会生活中都会在不同的生活情境或面对不同的人时扮演着不同的角色。例如，面对案主，你是一位社会工作者，你可能在机构又是一位督导或部门主任，在家里，你是母亲、是妻子、是女儿、是姐姐、是妹妹……每一个角色都有特定的职责或任务。人在其一生中，经常要面对生活环境的改变，伴随新的生活环境就会有新的要求，也就有新的生活任务。

人是环境中的人，无论是个人需要还是生活任务，都产生于环境，而生活任务的完成和个体需要的实现又必须在特定的环境中运作，并且需要得到环境中资源的支持。资源的概念对社会工作意义重大，可以把资源理解为任何用于实现目标、解决问题、减缓困扰、完成人生任务及满足需要的有价值的东西，资源可以是知识、爱、希望、食品、房屋和服务等等。如果一个人能够动员足够的个人资源和外在资源去完成其人生任务，那么他就能有满意的生活，如果不能，就会发生某种程度的社会功能失调。这也是为什么个案工作者在与案主个别互动的同时，需要做间接的环境改善工作，帮助案主建立更具支持性的社会环境的意义所在。这部分内容我们将在第九章个案管理中做较为详细的阐述。

人生会不断地遇到自己迁移或环境变化的情况，特别是随着时代的发展和社会的转型，人们的活动半径越来越大，这种迁移和变化也越来越呈现高频率和大幅度的特点。人生的转变和环境的变迁将对人们应付变化的能力提出新的要求。

2. 应对能力（coping）

与生活任务的概念相对应，巴特莱特提出了应对的概念，应对是指人在其发展的每一个阶段都应掌握的必要的完成人生任务的能力。这是一种综合能力,是人的才智水平、身体能量、心理素质、人际交往能力等等的整合力量。每个人的应对能力是有差异的,正如每个人对自己人生任务的期望或要求也不同;但这并不是最重要的,重要的是人的应对能力与自己面对的人生任务之间的关系如何。当人的应对能力与自己的成长需要和生活任务不相适应时,人就会产生不同程度的无力感和无助感,这就说明人的社会功能发生了失调,但这也提供了人成长的潜在机会。个案工作者就是要在这样的时机,帮助有需要的案主调整和增强其社会功能,促进个人的成长与进步。

综上所述,我们发现,环境要求或规定生活任务,并促使个人产生各种需要,个人社会功能水平取决于个人的人生任务、个人完成人生任务的能力及个人动员资源的能力。由此可以看出,个人的社会功能取决于人生任务的需求与个人应对能力间的契合或平衡,当然,个人的应对能力通过环境的支持会得到增强①。需求与个人应对能力间的平衡,可通过图示说明(见图1-1,图1-2)。

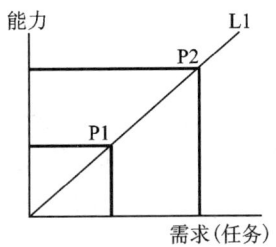

图1-1 平衡状态(需求=能力)

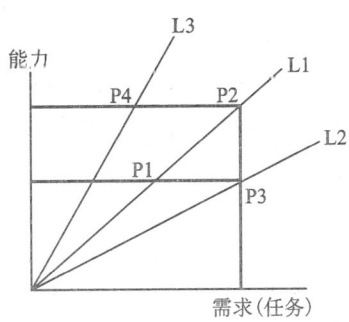

图1-2 失衡状态(需求>能力或需求<能力)

在图1-1中,线L1代表人们正很好地发挥社会功能,因为人的应对能力与

---

① 秦炳杰、陈沃聪、锺剑华:《社会工作实践基础理论》,香港理工大学应用社会科学系2002年版,第270页。

人生需求或人生任务间有一个平衡。而图1-2中,线L2代表人们正经历社会功能失调的情况,沿线L2,取任何一点,都能看到失衡的情况,比如P3,人生的需求大于个人的应对能力。如果一个人有严重或持续不断的失衡,其生活中就会有不安和困扰。线L3代表人们的社会功能部分的停滞或闲置,社会功能发挥不充分,沿线L3任何一点都可以看到,如P4,显然人的应对能力大于人的需要或人生任务,内在能量的积压,也会造成人的焦虑、骚动和不安。

图1-2给我们一个指引,即如何通过增强案主的应对能力和提高案主对人生的要求帮助案主减少或消除情绪困扰和心理压力,增强社会功能。首先,对于社会功能失调的人来说,如P3点上的案主,工作者可以通过帮助案主减少需求或增强个人应对能力将其从P3点移至P1点或P2点。其次,对于社会功能发挥良好的人,个案工作者可以通过同时激发案主对个人的更高要求和帮助案主挖掘生命潜能而增强其社会功能,如将案主从P1点升至P2点。另外,对于那些有剩余或闲置能力的人,工作者可以通过激发生命热情、增强人生动力、提升成就动机甚至制定具体的生涯规划等方法,帮助案主使其为达到更高的人生目标而努力。

(二)目标分层

增强社会功能是个案工作的综合性目标,也是一个抽象的广义目标,在个案工作实践中,我们还必须将个案工作的目标具体化、分层化。个案工作的目标可以包括三个层次:终极目标、中期目标和具体目标。

1. 终极目标——挖掘生命潜能,趋向自我实现

在上面的分析中我们看到,决定一个人社会功能水平的两方面因素即个人应对能力和个人、社会需求(人生任务)之间是一种互相制约、"水涨船高"的关系,个案工作的终极目标就是要培养案主在不断地挖掘生命潜能和激发成就动机的循环努力中,成就能力(潜能)所及的一切事,通过自发和有创造性的劳动来丰富自己的人生,趋向人性的自我实现,自我实现的状态包括成熟健康的人格和生命潜能得到最大限度的发挥。

2. 中期目标——恢复自助能力,选择适当生活

个案工作相信人具有成长向上的倾向,相信人的生命中都与生俱来地具备应对挫折的自助能力。案主之所以感觉到自己不能解决的困难,是因为在自己能力运行的通道中出现了某种障碍,或生活方式出现了问题,个案工作就是要帮助案主驱除障碍,恢复并增强自助能力,帮助案主选择、发展适当的生活方式。例如,一位痛失配偶的案主,整天陷于悲伤情感的体验里不能自拔,正常的生活没有了,人生失去了目标,失去了平衡。面对这样的案主,工作者不仅要帮助案主疏导悲伤情绪(具体目标),还要帮助案主学习调节情绪的方法,不仅要帮助案主恢复正常的生活(具体目标),还应该帮助案主调整自己,适应配偶不在的生活

状态,选择、建立新的生活方式。根据案主意愿,或安排好单身生活,或帮助建立新的婚姻关系。

3. 具体目标——解决具体困难,排除情绪困扰

前来求助的案主都会带来他们的具体困难或困惑,这些困难或问题可能是因失恋、配偶有外遇、亲人逝世、亲子关系紧张等带来的情绪困扰,也可能是养育弱智孩子的困难、夫妻双双下岗的绝望等等,个案工作者必须对案主的具体困难或问题进行澄清,了解案主的需要,帮助适当地解决问题。个案工作通常帮助案主解决的具体问题有三类:一是帮助案主疏解情绪困扰,二是帮助申请经济援助,三是帮助案主做具体的事情,如帮助介绍一份工作、申请一所学校、疏通某种关系等。为了更好地帮助案主解决他们所面临的困难或问题,要求个案工作者不仅要有尊重、平等的理念,科学的知识和方法技巧,还应了解广泛的社会信息,特别是要熟悉各种福利政策和有关的信息。

(三) 目标制定

制定个案工作的分层目标是工作者与案主的互动过程,在这其中,同时包含了工作者与案主的影响因素。

1. 案主的期望与要求

案主前来机构求助,内心都怀有某种期望以及由此而产生的要求。个案工作的目标应该以案主的期望和要求为基础,但工作者同时应该考虑到案主期望的变量和不确定因素:首先,应该认识到案主的期望具有个性化特点,不能把案主的期望和要求简单地归类,而是要认真听取案主信息,了解案主内心独特的需要和感受。其次,要考虑到有些案主的期望是不明确的,甚至案主自己也不清楚需要的是什么,这就要求工作员与案主进行细致的沟通和讨论,把案主陈述的问题、不满或困惑翻译成"希望",帮助案主澄清自己的需要和要求。另外,有的案主的期望是不正确的,或期望过高、脱离现实,或期望明显违背伦理道德。例如,痛失亲人的案主期望工作者有起死回生的能力,这显然是不现实的;还有的案主要求工作者帮助她窥视其丈夫的隐私,这都是工作者不可以做的,也是不支持的。

2. 工作者的价值观

从某种意义上讲,个案工作是一种道德实践,工作者个人的价值理念、道德修养、人生追求无不影响着案主的生活目标。因此,对工作者来说,一方面,应该加强自身的道德修养,内化社会工作的价值观,提升自己的人生境界;另一方面,工作者要时刻警醒不要对案主的生活及选择进行操控,遵循案主自决的原则帮助案主自我抉择,将工作者个人对案主的影响降到最低点。

3. 案主与工作者互动

个案工作分层目标的制定是在案主与工作者的互动中完成的。这里特别强

调沟通反馈的重要性,案主首先表达自己的感受和意愿,工作者给予同感的回应;案主再对自己的感受和看法进行澄清或补充说明,工作者再度诠释。这样反复沟通达成双方的共识,发展出有针对性的个案工作的分层目标。

二、个案工作的应用领域

在个案工作专业化发展的过程中,行业个案工作的发展是一个重要的标志。在早期个案工作的职业化发展阶段,个案工作只是在专门的服务机构中进行,有需要的社会公众到专门的服务机构求助并接受服务。随着社会需求的增加,个案工作服务在传统服务机构的基础上,走进了学校、医院、监狱等其他专业场所,服务于儿童、老人、家庭等特定人群,出现了行业个案工作。

(一) 学校个案工作

学校个案工作是指在学校设置专业人员为解决学生在学习、人际交往、个人成长及学校生活适应等方面的困难或问题而提供的个别化服务。学校个案工作的服务对象基本是处于青少年发展阶段的学生,因此,要求个案工作者对处于青少年发展阶段学生的生理和心理特点有较深入的了解和研究,对学校文化和学校运行机制有所了解,对关于青少年的政策法规有所了解。在学校开展个案工作,还须注意与学校其他的专业机制进行很好的协调和配合。学校社会工作者的职责,既是帮助学生解决各种困难和问题的服务者,也是青少年权益的维护者。

(二) 医疗个案工作

医疗个案工作是指在医疗机构中开展的以病人及家属为服务对象的个案工作。医疗个案工作的发展经历了个案工作者完全处于医生的辅助地位、由消极变积极的工作地位、单独和自主的工作地位三个发展阶段。医疗个案工作可以通过个别的方式为病人及家属解决由生理问题导致的心理问题、人际关系问题及经济问题,提供包括资金、物资和人力方面的援助。医疗个案工作者的职责包括:协助医务人员了解与病人的发病、诊治、康复等有关的社会、经济、情绪等信息及社会的阻力和助力;帮助病人与医生之间更好地相互了解与合作;帮助病人家属了解病人的病情及应尽的责任;帮助病人寻求支持资源;帮助病人及家属解决情绪困扰等。

(三) 矫治个案工作

矫治个案工作是指在司法机构中开展的为犯罪青少年、服刑犯人、刑满释放人员、吸毒卖淫者等提供的个案工作。这些人员因反社会行为、触犯法律而受到法律的制裁,在这个过程中,需要个案工作者的配合,帮助他们以正确的心理态度接受改造,并且以积极的态度重返社会,做对社会有用的人。对他们来说,重返社会的路途是艰难的,这里有社会的歧视和排斥,有以往罪恶念头和罪恶势力

(四)家庭个案工作

家庭个案工作是对处于失衡状态中的家庭提供帮助,使其解除困难、恢复平衡的个案工作。家庭个案工作的对象是整个家庭,包括每一个家庭成员,其关注的问题包括家庭的经济困难、家庭成员的心理问题、紧张的家庭关系、家庭生活的障碍等。通过个案工作的方法,为家庭提供经济上的援助、心理与情绪上的辅导,促进家庭关系的和谐,帮助寻求支持资源等。

除了上述个案工作的应用领域,个案工作在军队、农村、企业等领域也有广泛的应用。另外,还有针对特定人群的个案工作,例如,儿童个案工作、老人个案工作、残疾人个案工作等。在中国内地,个案工作还有自己独特的发展空间,工、青、妇组织早有个别工作的传统,只是刚开始将专业社会工作的手法融入其中。由此可以看到,个案工作在越来越多的领域或空间发挥着作用。

第三节 个案工作的历史发展

一、个案工作在英美的产生和发展

以人道精神和民主社会理想为动机的个案工作源于17世纪英、美国家宗教团体及政府机构对贫困的救济,这也是社会工作发展的源头。如果以专业化为线索,个案工作的发展经历了萌发时期、职业化时期、科学化时期、多元化时期和整合时期。

(一)个案工作的萌发时期

个案工作萌发于政府与宗教团体对产业革命所带来的社会问题的关注与解决。英国是产业革命发生最早的国家,对产业革命带来的社会问题也最敏感。产业革命的一个直接后果就是产生了大量的城市贫民:一方面,机器代替了手工,造成大量工人失业;另一方面,圈地运动使大量的农民失去土地而流入城市,而这些农民又不具备在工业生产体系中谋生的能力。这两方面的因素造成了城市贫民的比例快速增高。大批的城市贫民以及由此而发生的大量社会问题必然威胁着社会体系的稳定,社会不得不对贫民问题给予足够的重视和解决。

1. 政府的救济工作

面对大量的贫民问题,政府出台了一系列济贫法案,其中,最有代表性的是1601年伊丽莎白政府出台的《济贫法案》(Poor Law),又称《伊丽莎白43号法案》(43 Elizabeth)。这是英国历史上第一部成文的济贫法案。这部法案对个案工作的意义有两点:

第一，《济贫法案》规定了"亲属责任"（或"家属责任"）的原则。《济贫法案》认为，感受困难的个人首先应由家人、亲属提供帮助，《济贫法案》规定人人都有救济家人和亲属的义务，公共救济机构在贫民不能从其家人或亲属处获得帮助时给予救助。

自古以来，人类对生命个体的关怀和帮助有两个传统的资源：来源于血缘关系——家人或亲属的关怀和来源于地缘关系——邻里的帮助。无论是个案工作产生的初始阶段，还是个案工作发展到了今天，"亲属责任"的原则对于个案工作都具有重要的意义。首先，鼓励亲人间的互相关心、互相帮助，不仅使贫民获得物质和实物的帮助，更重要的是可协调亲属间的关系，加深彼此的情感交流，增进相互间的了解和理解，获得情感的慰藉和精神的满足。这对于排解案主的孤独感和无助感是非常有助益的。随着社会经济的飞速发展，生活日益都市化和现代化，人际疏离，人情淡漠。在助人活动逐渐职业化和专业化的发达国家中，亲人甚至家人之间的情感交流日渐减少，这将是一种非常可怕的现象。因此，呼吁家人互助，规定"亲属责任"原则永远都不是过时的说法。其次，亲人最熟知求助者的生活处境，了解他们的困难和需要，可以有针对性地帮助案主解决具体的生活困难，避免或减少资源的浪费。

第二，《济贫法案》采取了对贫民分类管理、按个体需要给予不同救助的措施。《济贫法案》将贫民划分为三类：

一是体力健全的贫民，强迫他们进入"辅育院"、"感化所"或"习艺所"。针对不同个案，或进行感化教育令其自食其力，或帮助学习技艺进行职业训练，或为其提供就业机会。

二是不能工作的贫民，根据其为病患者、老年人、残疾者、精神病患者、须抚育幼小子女的母亲等不同情况，或令其进入"救济院"，或施以"院外救济"给予个别帮助。

三是失依儿童，包括孤儿、弃儿或父母无力抚养的儿童，基本的方法是安排领养或寄养，根据儿童个体的具体情况选择安排合适的家庭。

2. 宗教的慈善事业

英国是一个崇尚基督教的国家，基督教认为，所有的人都是上帝的孩子并被上帝所爱，每一个人在上帝眼中都具有同等的尊严和权利，具有同等的接受帮助的权利和帮助他人的义务，上帝的孩子应当彼此相关爱，互相帮助。许多宗教团体一开始就开展了一些有组织的关怀、救助贫苦民众的慈善工作。从个案工作的角度考察，最早做出贡献的是一位名叫查默斯（Thomas Chalmers）的英国牧师。查默斯以友好访问员（friendly visitor）的身份出现在受助的案主中而成为个案工作史上第一位个案工作者（social caseworker），查默斯对个案工作的贡献有：

(1) 查默斯做了大量的访谈工作。查默斯出生于富裕的商人家庭,大学毕业后就参与了教会工作。1814年,查默斯被派到格拉斯哥的特龙教堂任职传教。工作期间,他亲自访问居民,与每户人家接触,了解个人的生活习惯、工作能力与家庭情况,根据个人需要给予不同的帮助。查默斯强调要对每一个案主给予足够的关注,体现了社会个案工作个别化的精神。

(2) 查默斯注重对案主精神品德的培养和行为的改造,而不是单纯的物质救济,体现了助人自助的精神。查默斯在与案主的访谈中了解到,以往政府的公共救济和教会的救济工作有许多弊病:一方面,由于管理不当,发生一些重复给予的浪费现象;另一方面,由于缺乏对案主的深入了解,单纯的物质救济非但没有帮助他们解决问题,反而造成了一些负面影响,可能摧毁了一部分案主的自尊心;而对另一部分受助者来说,养成或强化了他们的惰性。查默斯认为,使贫民致穷的主要原因是人类道德上的失败。要想彻底解决贫穷问题,必须针对人们道德上的弱点进行精神品德的培养和行为的改造。

(3) 查默斯强调要尽可能地动用案主的天然资源。查默斯认为,每位案主都有自己的自救网络,这是案主的天然资源(natural resources)。其中包括案主的其他家庭成员、亲属关系、朋友网络、社区邻里等,这与政府《济贫法案》中的"亲属责任"原则是不谋而合的。

(4) 查默斯提出了"程序指引"的救济理论。1819年,查默斯被派往圣约翰教区任职,他在完成实践工作的基础上,进行了深入的思考,对实践经验认真总结、归纳,建立了"程序指引"(Directory of Procedure)的理论。所谓"程序指引",就是以了解贫民的个性品质、工作能力、有无亲属支持及其他社会资源帮助等个人情况作为济贫、助弱的起点,以激励、自助作为济贫工作的准则。这样,就区别了以往政府及教区的僵化、例行公事的工作方法。查默斯的"程序指引"被认为是对个案工作方法的最早归纳。

(5) 查默斯注重对友好访问员的挑选和训练。查默斯认为友好访问员必须经过严格挑选,不是随便什么人都可以担任的,并且查默斯对什么样的人适合担任友好访问员有过明确的论述,对友好访问员应具备的素质、应掌握的工作方法都有比较清晰的规定。查默斯在社会工作正式训练开始前的一个世纪就有了这样的想法和做法,可以被认为是社会个案工作教育的最早萌芽,他从一开始就告诉人们,个案工作是一门专业,个案工作者必须具备一定的条件和训练方可上岗。

(二)个案工作的职业化时期

个案工作的职业化是以专门为需要者提供个案工作服务的实务机构的成立和以专门提供个案工作服务而接受薪水的职业个案工作者的出现为标志。个案工作的职业化时期开始于19世纪中期,那时在美国成立了"改善贫民状况协会",经过"慈善组织会社"的充分发展,个案工作的应用扩大到社会的其他领域。

1. 改善贫民状况协会

1843年,美国成立了改善贫民状况协会(The Association for Improving the Condition of the Poor,简称AICP),这是一种专门提供社会个案工作服务的实务性机构,机构中的工作人员除了部分志愿者,首次聘用了一批受薪人员。在个案工作的萌发时期,虽然查默斯牧师作为第一位友好访问者开始了个案工作的尝试,但是,他与同仁还仅仅是在做善事,是志愿者行动。而AICP的成立,聘用了第一批受薪人员,这标志着个案工作进入了职业化发展的时期。

AICP的工作内容包括:

(1) 收集信息。探访贫困的家庭,了解家中每个人的情况及其相互关系。

(2) 给予建议。根据案主具体情况,提供一些建议,供案主自决。

(3) 解决困难。帮助案主解决一些具体的困难,例如,协助案主获得一份工作,帮助孩子进入一间学校,或为其争取到一项医疗经费。

(4) 心理辅导。激发案主自尊、自助的意识,排解不良情绪的困扰。

(5) 行为训练。帮助案主改掉某种恶习,如戒毒、戒酒,训练、培养案主节俭、勤劳的习惯等。

(6) 提供救济。必要时为案主提供物质的救助。

由于AICP只是单纯地提供个案工作的服务,缺乏行业间的联系与合作,时有服务重复现象的发生,造成了资源浪费。适应社会对社会工作的需要,具有服务、协调、教育等多功能的社会工作的服务机构——慈善组织会社应运而生。

2. 慈善组织会社

慈善组织会社(The Charity Organization Society,简称COS)1869年首先在英国的伦敦成立,1877年在美国纽约州的水牛城成立。到了1892年,美国已有70多家。

COS的工作内容包括:

(1) 联络协调。对社区中不同的服务机构进行组织联络及协调工作,避免了以前工作中的重复、浪费或遗漏现象的发生。

(2) 调查访问。各区成立"中央登记局",利用友好访问者对案主的生活状况、社会关系、工资水平等进行调查,了解有无受助的需要,对个案进行详细记录,跟踪服务。

(3) 直接服务。在调查访问的基础上进行职业介绍、法律援助和心理辅导。

(4) 员工训练。COS非常注重对员工的训练,最早对个案工作者进行训练的记录见于1879年的COS年度报告。该年度报告记载,在COS的训练课上教授办公室管理、个案记录以及个案工作方法。1890年以后,训练的方式不仅有讲课和讨论,而且有实务训练。1898年在纽约COS秘书长迪瓦思的主持下,成立了一所暑期社会工作学校。另外,COS还发展出了学徒式的督导方法,新工作者跟随一位有经验的工作者,学习如何制定工作计划和对案主进行诊断,观察工作者如何进行个案会谈、访视、记录。在经历了全部工作阶段以后,才可以独立工作。

值得注意的是,在COS成立以前,贫民致穷的原因一直被归罪于贫民自身道德上的缺陷,经过COS的工作,社会环境恶劣被认为是造成贫民问题的一个不可忽视的因素。友好访问员在访问的过程中,亲身感到案主家人患病、子女众多、居住条件不好、收入低、教育不足等等外在因素,使人们重新认识了贫穷。但遗憾的是,这一认识在当时没有得到足够的重视,直到20世纪才得到了环境学派的支持。

(三) 个案工作的科学化时期

个案工作的科学化时期开始于20世纪初期,主要表现在以下几个方面:

1. 个案工作的理论建构

个案工作的理论构建工作是以第一部社会个案工作的专著问世为标志的。1915年弗莱克斯纳(Flexner)博士在全美社会工作年会上提出社会工作并非是一个专业,因为它没有系统的理论和科学的方法。在这种说法的刺激下,社会工作者开始了科学化的努力。1917年,玛丽·里士满根据她在COS多年工作所积累的经验和研究心得,出版了她的社会个案工作的专著《社会诊断》(*Social Diagnosis*),第一次将个案工作作为一种独立的社会工作方法和技巧进行理论的概括和总结,使之成为一套独立的、可以指导实践、并可以作为学校教育内容进行传授的知识体系。她通过系统地分析个案工作的实践过程,提出了可供操作的工作构架和分析、诊断案主问题的方法,以及一系列的社会个案工作的原则,例如个别化原则、案主自决原则等。她对案主问题的根源进行了分析,强调了社会环境的重要性。该书对社会个案工作的技巧也作了总结,认为个案工作必须讲究会谈技巧,要为案主提供善意的劝导,并说明个案工作效果的获得必须有案主积极的合作等观点。1922年,里士满又完成了另一部著作《什么是社会个案工作》。在这本书里,她给社会个案工作下了一个定义,认为社会个案工作是在人与环境相互适应之际,经由个人(工作者)对个人(案主)的有意识的影响,以推动案主人格发展的过程。里士满强调社会个案工作有三个重点,它们是:

第一,动用资源。尽可能地动员并利用社会资源去促进个人适应社会的生活。

第二,了解需要。协助案主了解自己的需要及满足需要的可能性。

第三,设定程序。在与案主的互动中,协助案主订立解决问题的程序。

里士满因对社会个案工作的如上贡献,被誉为专业个案工作的开山鼻祖。

1920—1930年间,弗洛伊德(S. Freud)的精神分析理论对个案工作产生了巨大影响,个案工作者对案主的帮助从以前的外在环境的重视转变为"内在经验"的分析,认为个案工作中必须运用心理分析的方法,否则便收不到良好的协助效果。于是,个案工作形成了以精神分析理论为主要基础的诊断派社会个案工作(the Diagnosis Approach)。其主要概念为"研究"(study)、"诊断"(diagnosis)和"治疗"(treatment),认为个案工作必须重视其协助程序,强调科学诊断的重要性,要对案主进行科学的诊断,确认问题性质及状态,只有这样才能对症治疗。

1929年,美国一些社会福利机构的负责人在米尔福特召开会议(Milford conference),会后出版了《社会个案工作——其一般性与特殊性》(*Social Casework: Generic and Specific*)的报告书,强调个案工作的本质是科学,个案工作的运用是专业。报告书对在各种不同领域中个案工作的实施规范了一些共同的原则。

2. 个案工作的教育发展

在个案工作职业化时期,在单纯地对友好访问者训练的基础上,发展了较为正规的个案工作教育。在教育内容上,开始趋向专业、系统的发展。首先帮助工作者树立社会个案工作必须以科学作为指导的信念,对个案工作者的价值理念、基本理论知识和实际操作的技术技巧进行全面的培训。在办学形式上,发展了正规教育和在职培训相结合的方法。1904年,纽约暑期社会工作学校改名为纽约慈善学校,设立一年制课程,这是社会工作发展史上第一门为期一年的个案工作训练课程。1912年,又将课程学制改为两年制。1917年,美国社会工作教育审议会认可该校的硕士课程,个案工作是其中一门主要的专业课程。1940年,该校开始与哥伦比亚大学合作,1954年成为哥伦比亚大学的一部分,1963年,改名为哥伦比亚大学社会工作学院。

3. 个案工作的行业化发展

随着经济的发展和社会问题的增多,个人及家庭对社会个案工作的需求也越来越多,职业化时期单纯的改善贫民状况协会和慈善组织会社已不能满足更为广大的民众需要,于是,个案工作开始介入其他专业领域,例如,在医疗、司法机构,尤其是精神病院以及学校等机构出现了社会个案工作者,运用个案工作的方法帮助有需要的人解决他们的困难。1918年,美国医疗社会工作人员协会成立。1919年,访问教师协会成立。1926年,精神病理社会工作人员协会成立。这些协会承担着协调、指导、培训本行业社会个案工作的任务,并规范社会个案工作者的职业道德。

(四) 个案工作的多元化时期

20世纪30年代以后,心理学理论的发展对社会个案工作发生了重大影响,一批社会个案工作者发展出了许多派别的个案工作理论。其中,影响较大的有四大派别,它们是功能派个案工作(Functional Social Casework)、心理暨社会派个案工作(Psychosocial Social Casework)、问题解决派个案工作(Problem-solving Approach)和行为修正派个案工作(Behavioral Modification Approach)。

1. 功能派个案工作

正当弗洛伊德的精神分析学说大受欢迎之时,其门徒兰克(Otto Rank)推出了他的"意愿心理学"(the will psychology)。兰克认为,人的行为受自己意志(will)所影响,而不是像精神分析理论认为的那样由过去生活经验所决定,塔福特(Jess Taft)和罗宾逊(Virginia Robinson)集其大成,形成了社会个案工作的功能派理论。功能派个案工作的特点在于,强调服务机构的功能和案主的意志在助人过程中的重要性。认为改变的关键不在于社会工作者,而在于案主本人,个案工作者必须能够运用与案主之间的关系和互动的过程,以释放案主内在求改变与成长的力量,要充分利用个案工作机构发挥其功能,以及动用社会资源达成协助效果。

2. 心理暨社会派个案工作

在诊断派个案工作的基础上,经汉密尔顿(Gordon Hamilton)和托尔(Charlotte Towle)的发展,于20世纪30年代后期形成了心理暨社会派个案工作。哥伦比亚大学的汉密尔顿分别于1937年和1951年出版了他的两部著作《社会个案工作的基本概念》(*Basic Concept of Social Casework*)和《社会个案工作的理论和实务》(*Theory and Practice of Social Casework*),阐明了他的思想。托尔在汉密尔顿的基础上,提出了"人在情境中"(person-in-situation)的概念。

"人在情境中"是心理暨社会派个案工作的中心概念,强调个人生存环境诸因素的互动,认为人的内在心理事实(psychological reality)及所处的社会环境(social context)是经常处于交互作用状态的。因此,人的生存环境、过往经历同时影响着人的行为,必须同时注重人的心理因素和社会因素。此派理论特别强调严守个别化原则,认为每个人所处的"情境"都是不同的,必须针对特定的"个人情境"进行社会探讨(social study)。

1964年,佛洛伦斯·霍利斯(Florence Hollis)出版了《个案工作——一种心理暨社会治疗》(*Casework: A Psychosocial Therapy*)一书,使心理暨社会派个案工作成为当时社会个案工作的主流。

3. 问题解决派个案工作

正当心理暨社会派个案工作盛行之际,波尔曼(Helen Harris Perlman)于1957年出版了《社会个案工作——问题解决程序》(*Social Casework: A Problem-solving Process*)一书,建立了问题解决派个案工作。此派理论认为,人的一生就是一个不断解决问题的过程,人从出生到死亡,会遇到各种可测和不可测的问题,每个人都有与生俱来的解决问题的能力,如果一个人无法处理自己所遇到的问题,通常是因为他(她)缺乏动机或心理发生了某种障碍。问题解决模式的社会个案工作的目的就是在于协助案主有效地解决他(她)所不能解决的问题,并帮助其挖掘、培养、恢复他(她)应对人生和解决问题的能力。

问题解决派个案工作有四个重要的概念,即"4 Ps"——"person"意指案主;"problem"意指案主所遇到的问题;"place"意指社会服务机构;"process"意指解决问题的过程,这是个案工作的四大要素。此派理论特别注重解决问题的过程(process),美国芝加哥大学教授伊根将这一过程划分为3个阶段9个步骤。

4. 行为修正派个案工作

第二次世界大战以后,以华生(J. B. Watson)和斯金纳(B. F. Skinner)为代表的行为心理学盛行,对社会个案工作产生了极大的影响,一些社会个案工作者将行为心理学的有关理论应用到社会个案工作的实践中,形成了行为修正派个案工作。

行为修正派个案工作仅适用于案主可观察到和可测量到的行为以及引起这些行为的外部刺激,主张把人的行为划分为两类,一类是人的自主性行为,被称为操作性(operant)行为;另一类是人的非自主性行为,被称作反应性(respondent)行为。

操作性行为是由生物体自身产生、通过对环境的操纵与改变、反过来对自身有积极效果的行为,人的行为主要是由操作性行为构成的。如果能对行为后果(consequence)加以操作影响,就可达到控制操作性行为的目的。反应性行为不是人自主的行为,而是在某种刺激的条件下,个体一种本能或自动的反应,如果想办法消除引发反应性行为的刺激物(stimulus),则可控制反应性行为。因此,行为修正派个案工作的关键在于应尽力寻找出问题行为的最直接的前导因素(immediate antecedents)以及问题行为的最直接相关的后果(immediate consequence)。

修正操作性不良行为的主要方法有积极强化法(positive reinforcement)、消除法(extinction)、反应养成法(response-shaping)和处罚法(punishment)。修正反应性不良行为的技术主要是系统脱敏法(systematic desensitization),即将引起恐惧的刺激分成等级,使用放松(relaxation)技术,先从最低级开始,而后逐步升级脱敏、厌恶治疗,直到行为得到抑制甚至感到厌恶为止。此外,还有与系统脱敏法原理相反的满灌疗法,也被称为快速暴露法,即将引起焦虑的情境一次性充分暴露给案主,使之习以为常。

(五)个案工作的整合时期

这里的整合(integration)有两个层面的含义:一是对社会工作三大方

法——个案工作、小组工作和社区工作的整合；另一是对社会个案工作不同处置模式的整合。社会个案工作(社会工作)的整合时期始于20世纪70年代,这是对社会工作专业所面对的巨大挑战的一种积极回应。随着社会的进步和经济的发展,社会问题日趋多因化和复杂化,仅仅用一种模式或一种方法解决案主的问题往往是不能奏效的。例如,解决一个人的下岗问题,可能既要用"理性—情绪疗法"帮助案主澄清非理性信念,又要以"心理—社会"模式探讨案主所处的"情境";既需要用个案的方法进行心理辅导,又需要用小组的方式来培训技能,同时又离不开社区工作甚至社会行政的方法,因为有时下岗可能是某组织执行了某项错误政策的缘故。由此可见,整合社会工作是一种现实的迫切需要。

在个案工作整合发展的背景下,由于案主问题的日益复杂,社会福利资源的日益多样化,特别是受新管理主义的影响,个案管理服务模式应运而生。关于这方面的内容,将在第九章个案管理中介绍。

(六) 个案工作的反思发展阶段

进入20世纪八九十年代以后,社会工作学者、教育者及实务工作者开始对个案工作进行反思。人们逐渐发觉,随着资本主义全球化的发展,受管理科学和科技理性的影响,社会工作更加追求技术化和管理化,个案工作者在注重吸取心理学知识的同时,开始追求专家地位,逐渐淡化或偏离了社会工作对案主(弱势人群)人性关怀的初衷。因此,学者们重申了个案工作是一种道德实践的观点,认为工作者与案主应该建立自然的关怀关系,要求工作者情感投入和价值介入。关于这方面的内容将在本书的第十章中讨论,这里不多赘述。

二、个案工作在中国的发展

(一) 个案工作实务发展

如果把社会工作理解为"促进人们福利的服务活动"[①],那么,我国社会工作的历史渊源可以追溯到周代,那时就注重生息、养民,实行慈幼、养老、振穷、恤贫、宽疾、安富的"六政"。这相当于今天的儿童福利、就业服务、社会救济、医疗保健、社会安定等,我们可以将其理解为社会工作在中国历史上的萌芽。周代以后,这些慈善、救济工作历代传承。到了民国时期,在国内外潮流和势力的冲击下,社会工作和慈善事业的范围日益扩大,促进了社会的进步。

中华人民共和国成立后,中央政府逐渐发展出了一套由政府负责的、非专业化的实际社会工作模式,即政府提供几乎所有的福利资源,并通过行政体系,运用行政力量推行各种福利性、服务性和公益性活动。参与这种工作的政府部门

[①] 王思斌:《社会工作概论》,高等教育出版社2006年版,第12页。

主要是民政部门、工青妇残等群众团体、各级党组织等,而从事实际社会工作的工作者没有接受过社会工作专业所要求的专门训练。在这样的工作模式中,个案工作表现为民政系统的扶贫救济、各级党组织及工青妇组织的思想政治工作和社区居委会的人民调解工作。

20世纪80年代后期,随着改革开放的推进,社会工作首先作为一种专业教育传入中国大陆的高等院校。西方社会工作专业化的进程与其他专业化进程相同,助人实践即社会工作实务先行发展,而后对实务经验和助人理念总结、归纳,进行理论升华并整合其他学科的有关理论知识,从而建构社会工作专业理论体系,再用这些理论知识指导社会工作实践。如此循环往复,促进西方社会工作专业走到今天。与此不同的是,中国传统的实际社会工作按照其特有的、与西方社会工作发展不同的思路和运作模式发展到今天,却很少有理论工作者对其进行总结归纳,进行理论的提升。中国社会工作专业教育也不完全是建立在中国实际社会工作实践基础之上,而是侧重沿用西方社会工作的理论模式和知识体系。在这样的社会工作专业教育带动下,中国也开始出现以西方社会工作为运作模式的社会工作服务。最初,这些社会工作实务主要是由一些高校社会工作专业的老师为督导、学生为服务提供者的服务,其服务的平台有民间机构、政府部门、工青妇组织及社区居委会等。这就出现了一些需要思考的问题:这些所谓西方专业化的社会工作与中国原有的实际社会工作是什么关系?如何处理这个关系?西方的社会工作理论与方法与中国社会的福利理念、福利制度及文化价值有否冲突或不和谐,等等。这些问题的解决需要我们社会工作的研究者、学习者与实务工作者的贡献。

初期,很多承担传统的实际社会工作的部门,对专业的社会工作持欢迎与合作的态度,因为他们发现,引进专业社会工作服务有利于他们完成行政任务。但在深入的接触与碰撞中出现了许多冲突,科层行政化的制度、管理与工作理念与专业社会工作格格不入。然而,在社会工作者的坚持努力下,前者慢慢被影响,社会工作的价值理念、专业方法,包括个案工作方法开始得到运用,福利工作者、党组织工作者、工青妇干部、居委会工作者开始学习以个案工作的方法做服务对象的工作,并收到良好的服务效果。

个案工作专业方法在中国大陆的发展还有一个特点,表现为个案工作与心理咨询的强强结合。首先从人员队伍看,这两个原本不同学科背景的人员有很密切的交往关系,他们共同参加心理咨询培训和社会工作培训,彼此建立联系;其次,随着社会工作教育的快速发展,一些心理学背景的人承担社会工作的教学任务。在指导和参与专业社会工作的服务中,心理学背景的人员注重社会工作价值理念的渗透,社会工作背景的人员注重心理咨询与治疗知识和技术的运用,这不能不说是一个非常好的现象。但有一点遗憾,就是更多接受这种服务的人只知道心理咨询的概念,不知道个案工作(社会工作)的意义,不知道自己所接受的是在一定的价值理念和专业知识指导下的个案工作的服务。因此,社会工作必须有一个告知公众、塑造专业形象的任务。

2006年10月,党的十六届六中全会《中共中央关于构建社会主义和谐社会若干重大问题的决定》提出建设宏大的社会工作人才队伍,2008年6月,人事部和民政部联合组织推行社会工作者职业水平考试,2011年7月,《中共中央、国务院关于加强和创新社会管理的意见》颁布,2011年9月,民政部等18部委出台《关于加强社会工作专业人才队伍建设的意见》,上述一系列的举措,为社会工作发展营造了良好的契机。在短短几年里,社会工作职业化、专业化发展取得了长足的进展,深圳、上海、广州、北京等市委市政府出台相关文件,政府购买服务,专业社会工作实务机构如雨后春笋般出现。目前,以社会工作实务机构为依托,个案工作方法被专业社工广泛运用于面向儿童、青少年、老人、贫困者、残疾者等有需要人群的服务。

从专业化发展角度看,个案工作在其运用发展中存在两个需要思考和解决的问题:(1)如何保证服务质量?从上述分析我们得知,目前提供个案服务的人员有三类,一是在各级党组织、工青妇组织、民政系统或福利部门及社区工作的实际社会工作者,虽然少数人员接受过短期的社会工作专业培训,也有些通过了社会工作职业资格考试,获取了社会工作师或初级社会工作师的资格,但绝大多数没有进行社会工作价值理念、专业知识的系统学习和技能训练,缺乏个案工作的技能,从而影响服务效果;二是心理咨询人员,由于心理学的训练背景,对服务对象问题倾向于个人心理归因,服务过于重视心理探索,忽视环境因素,不能全面解决案主问题;三是刚刚走出校门的专业毕业学生,由于目前中国大陆的社会工作专业教育重理论、轻实践的取向,培养的学生缺乏实务经验和对社会制度及文化的了解,势必影响服务成效。那么,如何提升个案工作的服务质量?对实际社会工作者的全员培训、由专业社工配合心理咨询师的服务、增强高校专业教育中实践教学的力度是有效提高个案工作服务质量的有效途径。(2)如何将西方理论与本土文化相结合?如前所述,中国大陆的社会工作专业教育基本是沿用西方的理论体系,学习者学到的主要是建立在西方社会文化价值基础之上的理念、理论和知识,如何将这种西方的价值、知识体系和方法运用到具有东方文化的人群服务上,需要我们不断地探索、实践、研究和总结。

(二) 个案工作教育与研究发展

早在20世纪20年代,中国的高等院校就陆续开展了社会工作教育。当时专门设系培养社会工作人才的有:北京的燕京大学社会学和社会服务系、南京的金陵女子大学社会工作学系和金陵大学社会福利行政学系、上海的上海大学社会学系、苏州的社会教育学院社会事业行政学系。还有许多校系专门开设社会工作、社会服务或社会行政课程。这些正规的专业教育的教学内容大都从西方引进,有些课程受社会治疗派影响较大,有些受社会改革派影响较大,有些则以传播马克思主义为宗旨。除此正规教育,在中国共产党领导的革命根据地和解放区,陕北公学、抗日大学、延安大学、军政大学和其他学校、训练班等,都培养了许多拥军优属、拥政爱民、支援前线、慰问伤员、战地服务、救济灾民和难民、改造懒汉、取缔裹足和包办婚姻等革命社会工作人员。

  1952年高等院校调整以后,社会工作学系及其开设的课程一起被取消,因而失去了适应社会主义事业的需要发展社会工作这一专业的机会。这一时期的实际社会工作教育主要由民政部门的干部学校、干部培训班、中央政法干部学校民政系、劳动、卫生等部门和全国总工会、全国妇联等人民团体的干部学校来担负。

  80年代,中国恢复重建社会学系,社会工作教育也逐步开展起来。中华人民共和国教育部于1986年在高等学校的专业设置中确立了"社会工作与管理"专业。北京大学社会学系首先开设了社会工作与管理专业;1993年,中国青年政治学院设立了全国第一个社会工作与管理系,2009年6月,社会工作硕士(MSW)专业学位办学开始申报,2010年开始招生。截至2012年7月,全国开设社会工作本科专业的院校共260所,开设社会工作硕士专业的院校60所。

  从国内目前专业社会工作教育的课程设置看,基本是沿用西方早期社会工作教育方式,即传统的三大方法设置,而个案工作是当然的主干课程。所以,在国内开设社会工作专业的学校,基本都开设了个案工作课。在早期,开设个案工作的教师大都来自其他学科的训练,缺少实务工作经验,2002年,中国社会工作教育协会组织了大规模的包括个案工作课程在内的社会工作主干课程的师资培训。2004年,中国青年政治学院特别组织了个案工作和社区工作课程的师资培训。

  个案工作方法的学术研究与其教育同行,目前,除了2002年由中国社会工作教育协会与高等教育出版社组织编写并陆续出版的社会工作主干教材之一的《个案工作》,已经有近10本有关个案工作的教材出版,有关各种人群服务的个案工作案例汇编近20本。截至2012年12月,仅以"个案工作"为关键词在中国期刊全文数据库搜索,就可得学术论文696篇。

本章小结

  作为导论,本章讨论了个案工作最基本的问题。在第一节,首先分析了个案工作概念,通过对学者们关于个案工作定义的讨论,给出本书关于个案工作的定义。并在此基础上,总结归纳出个案工作至少包含个别化的方法,尊重人的价值与独特性的价值理念,强调科学性、技术性、艺术性的融合,个人或家庭为服务对象,动用资源及注重同时提升个人和社会福利水平等六项含义。接着,从个案工作的专业关系——角色与个性互动、利益单向性、专业动态性的特殊社会关系,运用的方法手段——信息沟通的方法,以及服务目的——助人自助等三个角度分析了个案工作的本质特征。最后,分析比较了个案工作与心理咨询、思想政治工作的异同。第二节主要分析了个案工作的分层目标,即挖掘生命潜能、趋向自我实现的终极目标,恢复自助能力、选择恰当生活的中期目标和解决具体困难、排除情绪困扰的具体目标。第三节回顾介绍了个案工作在英美国家和中国大陆的产生与发展情况。

思考题

1. 如何理解个案工作是助人自助的专业?
2. 如何理解个案工作历史发展中的"亲属责任"原则?
3. 举例说明个案工作的分层目标。
4. 你认为中国发展个案工作应从哪里入手?

第二章

个案工作价值体系

社会工作是一门集价值观、知识和技能于一体的专业和学科。社会工作价值观是社会工作实践的灵魂,是社会工作者的精神动力。社会工作者要秉持专业价值观提供服务、开展工作。接受并承诺在工作中遵守专业价值观是对社会工作从业人员的基本要求,也是社会工作者必须履行的义务。社会工作者在个案工作实施的过程中深受其价值观的影响。虽然像其他人群一样,不是每个社会工作者都有相同的价值观,但是作为社会工作者,区别于其他助人职业的最主要的标志就是其专业价值观。本章将讨论个案工作的哲学基础、价值原则和专业伦理;重点描述个案工作的一些基本价值原则,如接纳、非评判、当事人自决、保密等。通过这一章学习,还要让大家了解具体的实践中如何处理价值伦理冲突;讨论如何借鉴西方社会工作价值体系,构建符合我国社会实际的社会工作价值体系。

第一节 个案工作的哲学基础

一、社会工作和哲学的关系

哲学是关于对人、对周围的世界的最一般的看法。社会工作在助人自助过程中会自觉或不自觉地受哲学的影响。哲学对社会工作的贡献表现在:哲学对人类生存的意义提供解释,对人在世间生活的目标提供方式,对人类的理想生活境界提示遵循的方向等①。社会工作作为一门专业,需要哲学提供方法论指导。

一般哲学、社会工作专业哲学和社会工作专业伦理是三个层次的概念。一

---

① 廖荣利:《社会工作概要》,(台北)三民书局1991年版,第82页。

一般哲学代表社会主流文化即居于统治地位的思想意识,或者说是一种文化模式、思维模式。其为社会工作者和服务对象提供了共享的哲学理念和价值观念,并为社会工作者提供了观察和认识世界的工具即世界观和方法论。社会工作专业哲学是一般哲学在特殊领域里的实现和具体化,包括学科理念、专业原则、实施模式和操作伦理等层次。作为一个专业,社会工作除受一般哲学指导外,亦受自身专业哲学的影响。社会工作专业伦理准则与社会工作专业哲学中的操作伦理重合,同样对社会工作发生着影响。①

二、哲学与个案社会工作实践

社会工作的性质是助人,社会工作者在实施个案社会工作实践之前首先要明确为什么要帮助别人、帮助什么样的人、帮助人的目标是什么、怎样帮助人等一系列问题。哲学在指导社会工作实践上有多方面的意义。曾华源在《社会工作专业价值与伦理概论》中提到哲学运用于社会工作实务的三个层面:分析的层面、批判的层面、规范的层面②。

(1) 分析的层面:哲学可以培养人的推理能力和认识能力。社会工作者可以应用哲学的分析思维方式处理实践中的复杂情况。哲学的分析方法还可帮助社会工作者建立清晰而有逻辑的价值体系。

(2) 批判的层面:主要在检验社会工作知识体系中各种基本假设及其成立的理论根据方面发生作用。

(3) 规范的层面:哲学基础是社会工作知识体系的重要组成部分,是考察社会工作理论的逻辑起点,因为就其本质而言,社会工作的理论体系是基于一系列的哲学假设建构而成的。社会工作的哲学基础探索的是根本性的理论问题,包括认识论、方法论、价值基础乃至美学基础。社会工作专业服务有自身的专业文化和信念,如专业伦理准则和基本的价值信念与价值观。

哲学涉及如何去认识世界,涉及以何种方式去获取知识或验证知识的可信度,涉及社会工作以怎样的视角看待人与环境之间的关系,如何看待成长、发展、改变和其间出现的问题与障碍,以及如何介入其间促进改变。因此,对哲学议题的分析与把握,有助于社会工作者了解自己的生活哲学和价值取向,是社会工作者需要具备的基本素养。

三、个案工作价值观的哲学渊源

对西方社会工作的价值观产生重要乃至直接影响的社会思潮或思想观念,

---

① 王思斌:《社会工作导论》,北京大学出版社1998年版,第61~62页。
② 曾华源等:《社会工作专业价值与伦理概论》,(台北)洪叶文化事业有限公司2006年版,第34页。

一般说来主要有新教伦理、人道主义、乌托邦思想和社会福利观念。

（一）新教伦理

"新教"是指经过 14—16 世纪以路德、闵采尔、加尔文等人为首发起的宗教改革运动改革后的基督教。基督教在宗教改革时所提倡的一些新观念成为社会工作价值的重要思想基础。新教伦理的核心概念是"平等"和"天职"。

1. 关于平等

新教的平等观念表述的是"上帝面前人人平等"的思想。它反对天主教教权至上、教皇独尊的理论，否认个人只有通过教会和牧师才能与上帝建立联系的传统观点，认为每个人的心灵都可以与基督建立直接的情感关系，完全信赖上帝，直接遵从上帝的旨意而不需要教会和牧师的中介作用。与这种平等观念相联系的是"自我负责"的要求：正因为每个人都能直接与上帝建立联系，每个人的得救直接依靠自己对上帝的信赖和遵从，所以每个人必须对自己的行为负责，无论成功还是失败都必须勇于承担责任。这将西方传统的平等观念彻底（至少是在理论上）推向了每一个平民百姓。

2. 关于天职

新教的"天职"(calling)观念则是其"预定"论观点的具体体现。这种预定论观点认为，世界上包括人在内的一切事物和现象不仅是由上帝创造的，而且其命运和秩序是上帝在创造它们时就预先规定好了的，任何人或物都不能改变这种前定的命运，而只能遵从上帝的意愿和安排。在预定论的基础上，新教伦理宣扬"天职"观念：(1)每一个人在现世所从事的职业、所占据的职位，都是上帝安排的任务，是人的终身使命，因而称为"天职"。(2)作为教徒，认真履行这些尘世的责任，才能增加上帝普照世界的荣耀，因而这是使上帝接受自己的唯一生活方式。(3)辛勤的劳作、节俭的生活是克制人的生理欲望的最有效途径，因而也是适合宗教禁欲主义要求的。(4)有能力工作却靠乞讨为生的人是最不可饶恕的，这不仅违背了保罗"不劳动者不得食"的箴言，犯了懒惰罪，而且亵渎了圣徒们所说的博爱义务，因而对这些人是不应当给予怜悯和施舍的。

新教的天职观念成为西方包括社会工作在内的一切职业为自己制定职业伦理的基础，"忠于职守"则成为一切职业伦理的核心理念。

（二）人道主义

"人道主义"是从 15 世纪欧洲文艺复兴运动所倡导的"人文主义"发展而来的，是一种把人的权利、价值和尊严放在首位来考虑的价值观念。它最初是作为一种资产阶级的衡量人的道德行为的价值尺度提出来的，后来逐渐扩展为哲学、经济学、政治学领域的共同原则和要求。人道主义有广义和狭义之分。广义的人道主义包括哲学上的人本主义、经济上的自由主义、政治上的民主主义，以及伦理上的人道主义等非常丰富的内容。而狭义的人道主义即伦理意义上的人道主义承认人的一切权利与生俱来,包括人的生存权、发展权等。我国台湾学者李宗派将伦理上的人道主义的基本价值概括为以下七个方面:①

(1) 承认每一个人生而平等,不论其生活环境、社会地位、种族肤色、宗教信仰、政治党派或行为模式,均享有与他人同样的生存权利。

(2) 承认每一个人都是一个生物的、心理的与社会的有机体。人的行为可以研究,也可以控制。

(3) 承认人人生而自由。每个人在不侵犯他人自由的前提下,应享有充分的自由。

(4) 互相帮助,共同发展。个人与他人、社会相互依赖,个人与社会都有责任维护彼此的发展,社会应帮助个人排除其发展道路上的障碍。

(5) 人类需要不断努力,设法改进、重建社会,预防社会病态和罪恶的发生。

(6) 人人均有尊严。不论其年龄、性别、身份及生活环境如何,其尊严都须得到尊重。

(7) 人人均有追求自由平等和自我发展的权利。在一个民主社会里,每个人均享有生存权、工作权、健康权、教育权、居住权、休闲权、选举权、参政服公职权、接受迅速而公开的审判权等基本权利。

人道主义所包含的主要价值原则后来成为社会工作基本价值的直接来源。

(三) 乌托邦思想

对"乌托邦"(Utopia)一词,《简明不列颠百科全书》所作的解释是:"一种理想的国家,居民生活在看起来完美无缺的环境中。因此,'乌托邦的'和'乌托邦主义'被用来形容空想的、不能实现的改革。"这是对乌托邦一词的带贬义的理解。其实,乌托邦一词也含有"理想社会"的意思,人们对理想社会的追求就从来没有停止过,它是推动人类不懈奋斗的动力源泉之一。

1516年,托马斯·莫尔出版了《关于最完美的国家制度和乌托邦新岛》(以下简称《乌托邦》),这是"乌托邦"一词最初的出现。在这部著作中,莫尔提出共产主义是根治私人生活和公共生活中利己主义的唯一良药。其实,在莫尔之前,柏拉图的"理想国"、基督教的"天堂"、佛教的"极乐世界"、儒教的"大同世界",以及和莫尔大致同时或其后出现的康帕内拉的"太阳城"等,都是关于理想社会的生动描述,尽管其中有不少空想乃至神秘的成分。

一些宗教团体和政治改革家还进行了建立乌托邦社会的不懈探索。从17世纪中叶开始至19世纪中叶,北美建立了100多个这样的"公社"或"移民区",其中以欧文和傅立叶建立的"公社"最为著名。不过,在当时的条件下,这些探索

---

① 参见李宗派:《人道与仁政》,《社区发展月刊》1976(9)。

最后都以失败告终。

人类关于理想社会的追求和探索尽管存在这样那样的缺陷，经历了种种挫折、失败，但其中含有丰富的合理成分。而这些合理成分是社会工作基本理念的来源之一。

（四）社会福利观念

工业革命导致了大量社会问题的出现，其中社会弱势群体的生存问题日益突出，需要社会加以解决。这便是促使社会福利制度产生的直接原因。自1601年英国实施旧济贫法起，就确立了政府应当承担公共救助责任的理念，但由于当时政府作用有限，同时也是受新教伦理的有关影响，在一个较长的历史时期，人们认为贫穷主要是个人造成的，个人应对自己的处境负责，社会提供个人福利会使个人丧失自尊。所以，这时的社会福利是"补残式"或"残余式"的，只有在个人及其亲属都无能为力的情况下，社会才介入救助事务。这种情况自19世纪后期以来发生了实质的改变。人们开始认识到，在市场经济条件下，一些人成为弱势群体有着不可抵御的社会根源，且急剧的竞争使任何一个社会成员都有沦为社会弱者的可能。这便促使政府重新考虑自己在社会福利中充当的角色，开始将为社会弱者提供帮助作为自己义不容辞的责任，结果导致了制度化或普遍福利模式的产生。社会福利观念的上述变化，对社会工作的价值理念发生了直接的影响，推动了社会工作的制度化、专业化。

第二节 个案社会工作面对的价值系统

社会工作者在开展个案工作时应充分认识到价值观对个案社会工作的意义。每个人都具有对某些事物的喜爱和偏好。人们在社会生活中的行为动机，就是根据各自理想的喜爱和偏好产生的。对这些偏好的追求就形成人们的价值取向，稳固、系统的价值，就是所谓的价值观。社会工作价值观不同于个人价值观，它是需要经过系统学习、训练和培养才能掌握并内化的专业群体价值观。在提供个案的专业服务过程中，社会工作者往往要面对服务过程中所涉及的案主、机构、社会、专业及个案工作者本人等不同的价值系统所持有的不同价值体系的影响，因此，澄清不同的价值系统所持有的价值体系，对提高社会工作个案服务的有效性是十分必要的。

一、社会工作价值观的含义

（一）价值观的定义

价值观是指一个人对周围的客观事物（包括人、事、物）的意义、重要性的总评价和总看法。价值观表现为价值尺度和准则,成为人们判断价值事物有无价值及价值大小的评价标准;价值观表现为价值取向、价值追求,凝结为一定的价值目标,成为人们行动的出发点;价值观直接体现为态度,成为主体对特定对象作出价值判断的反应倾向——要么喜欢,要么不喜欢。

(二)社会工作价值观

社会工作价值观是社会工作专业或社会工作者基于社会公平、平等、和谐、公正的理想和人类基本需求的满足等而奉行的一套基本理念、态度及行为准则的总称。社会工作价值观以人道主义为基础,充分体现了热爱人类、服务人类、促进公平、维护正义和改善人与社会环境关系的理想追求,激励和指导着社会工作者的具体工作。虽然世界各个国家和地区具体的社会工作实践各有特点,但对社会工作者来说,这样的终极理想和追求都是一致的。

但是,价值观不是抽象的文字,它包含着能够指导社会工作实践的具体内容。社会工作研究的核心是人类行为与社会环境之间的关系,实践目标是维护社会公平和正义,恢复和增强人们的社会功能,帮助人们妥善利用各种社会资源,积极主动地适应社会。因而,作为专业信念的社会工作价值观必须建立在当时当地政治、法律、经济和社会福利制度所体现的社会主流价值观,以及传统文化对社会环境的影响之上。西方发达国家的政治、经济和社会制度与我国相比都有较大差异,这就意味着我国在推进社会工作职业化过程中不能简单或全盘照搬西方社会工作价值观。

二、社会工作价值观的作用

(一)理论作用

1. 社会工作价值观是构成专业社会工作的必要条件之一。它既是构建社会工作理论和方法的哲学基础,也是社会工作专业伦理的依据。并且,社会工作专业之所以有别于其他人类服务专业,其专业价值观体系是个重要标志。

2. 社会工作价值观是确定社会工作专业使命或目标的根据。社会工作的专业使命是通过提供专业服务解困济贫,维护脆弱群体的权益,发展他们的潜能,从而恢复和增强其社会功能,最终提升其生活福利水平。这样的使命或目标要求从业人员必须坚信,社会能够公平、公正地对待每一个人,能够使每个人都有机会发展自身,追求幸福;社会工作者通过提供专业服务可以使人们尤其是处于弱势地位的人们更好地获得社会的理解、支持和公平对待。

3. 社会工作价值观是专业教育的核心内容。在社会工作教育和培训过程中,能否形成稳固、内化的专业价值观,是衡量学习者是否实现教育目标的关键标准。大多数人在接受社会工作专业学习和训练之前,其个人价值观与社会工作专业价值观都存在差异。我们并不要求个人价值观与社会工作专业价值观完全保持一致，但要求社会工作的从业人员能够认识到个人价值观与专业价值观为什么存在差异，以及如何调整可能存在的冲突。

（二）实践作用

1. 社会工作价值观是社会工作者的实践动力。社会工作本质上属于道德实践。一名合格的社会工作者，会将服务对象的利益放在优先位置。对人类的热爱，对弱势群体的同情、支持，对人类潜能和对专业本身的信心，激励社会工作者克服种种困难，完成助人使命。

2. 通过社会工作专业伦理标准这种形式，社会工作价值观可以指导社会工作者的实践。一般来说，伦理标准越明确具体，指导就越有效。虽然由于复杂的人类关系、有限的社会资源以及专业本身的独特性，加上社会工作者自身的能力、水平等因素，社会工作实践会面临这样那样的伦理困境，但国际社会工作发展的经验表明，社会工作伦理标准对实践的指导作用还是非常重要的。

3. 社会工作价值观是促使社会工作者个人成长的有效力量。社会工作的价值观可以增强社会工作者的社会责任，丰富其人文情怀修养，使社会工作者获得强烈的个人实现感，大大提升个人的生命价值。经过系统的专业学习和实践训练，多数社会工作从业人员都能够改进个人世界观和价值观，许多人已经把热爱人类、服务人类当做自己个人生活的主导信念。

4. 社会工作价值观是维系社会期望和社会工作专业服务关系的关键。对我国的社会公众而言，社会工作还是一种新的专业和职业。能否达到公众的服务期望，在多大程度上达到他们的期望，取决于社会工作者的服务态度、服务精神和服务效果。虽然社会工作的理论、方法和技术有助于解决问题和提升服务水平，但专业价值观在其中起的关键作用是不容忽视的。社会工作者必须在服务过程中充分展示专业价值信念，才能获得公众的信赖和支持。

三、社会工作的价值系统

社会工作者在面对一个具体的服务对象进行工作时，常常会遇到来自不同方向的价值的碰撞，需要去协调和处理。在社会工作实践中经常发挥作用的有五个价值观系统，即社会的价值观、案主的价值观、机构的价值观、社会工作者的价值观、社会工作专业的价值观。这五个价值观系统之间相互作用，影响社会工作者对案主的判断和服务行为的选择，社会工作者在日常工作必须面对这五个不同的价值系统的复杂的矛盾争论来开展工作。

（一）社会的价值观

在一个社会里，很难有一套社会各组成部分都赞同的价值观，多样化是常态。尽管如此，对一个分享共同的地理、历史、政治、社会和经济环境的社会来说，在多样性价值观中又有其主流价值主导社会的发展。社会工作的基本专业价值观通常来源于社会所持有的主流价值,与社会主流价值观相一致。

社会的价值观就是指一个社会由于共同的地理、历史、政治、社会及经济环境等形成的独特的价值观取向。比如,香港社会价值观的形成,受到了长期的殖民统治、华人移民的自我选择个性(如创业者个性)、现代化等影响。因此,香港社会思潮融合了中国传统文化、西方现代化与地方发展的影响。这一社会背景不可避免地会影响案主、社会工作者、机构和专业所持的价值观。与此同时,基于社会工作专业的总体目标与哲学基础,社会工作者会在社会中推进特定的价值观,如以相互帮助与民主的价值观为己任等。

世界上一些发达国家的经验表明,当人均 GDP 达到 3 000 美元时,通常是这个国家矛盾的多发期。2008 年底,我国 GDP 总额是 43 200 亿美元,人均已超过 3 000 美元,随着我国改革开放实践的深入发展和社会主义市场经济的深化、展开,我国社会进入了矛盾多发期,改革开放也进入了一个关键时期,呈现出许多阶段性特征。社会思想观念和人们的价值取向复杂多样,显现出多元、多样、多变的特征。如何正确而妥善地去解决和化解矛盾,把中国特色社会主义不断推向前进,就成为这一时期亟需解决的问题。2006 年 10 月 8 日党的十六届六中全会通过的《中共中央关于构建社会主义和谐社会若干重大问题的决定》,首次明确提出了以"社会主义核心价值体系"为主体的我国社会的主流社会价值观。胡锦涛同志在党的十七大报告中提出:"社会主义核心价值体系是社会主义意识形态的本质体现。"党的十七大以来,更是把建设社会主义核心价值体系当做一项基础工程、灵魂工程。

党的十六届六中全会将社会主义核心价值体系的基本内容明确阐释为四个方面,即马克思主义指导思想、中国特色社会主义共同理想、以爱国主义为核心的民族精神和以改革创新为核心的时代精神、社会主义荣辱观。这四个方面的基本内容,集中体现了社会主义意识形态的本质属性,揭示了社会主义核心价值体系的科学内涵。

社会主义核心价值体系的基本内涵包括四个方面:

1. 马克思主义是社会主义核心价值体系的灵魂

毛泽东思想、邓小平理论和"三个代表"重要思想和科学发展观是马克思列宁主义与中国具体实际相结合的产物,是当代中国的马克思主义。只有坚持以马克思列宁主义、毛泽东思想、邓小平理论和"三个代表"重要思想为指导,才能使全国人民有一个共同的精神支柱。动摇了马克思主义的指导地位,就动摇了中国特色社会主义的根基和全国人民团结奋斗的思想基础,就会造成意识形态领域的混乱,丧失社会和谐的思想灵魂。

2. 建设中国特色社会主义的共同理想是社会主义核心价值体系的目标和动力

中国特色社会主义充分反映了我国最广大人民的共同愿望、利益和要求,是全国各族人民不懈追求的共同理想,是发展中国的成功之路。在当代中国,只有走中国特色社会主义道路,才能实现民族的独立、国家的富强和人民的幸福,也才能把各党派、各团体、各阶层、各民族团结和凝聚起来。有了共同理想,社会成员才能把自己的理想与共同理想统一起来,才能真正实现自己的人生价值。

3. 以爱国主义为核心的民族精神和以改革创新为核心的时代精神是社会主义核心价值体系的精髓

以爱国主义为核心的团结统一、爱好和平、勤劳勇敢、自强不息的伟大民族精神,是中华民族生生不息、薪火相传的精神血脉,是维护国家团结统一、鼓舞各族人民奋发进取的精神支撑。以改革创新为核心的与时俱进、开拓进取、求真务实、奋勇争先的时代精神,是当代中国人民伟大奋斗中不断创造新辉煌的力量源泉。

4. 以"八荣八耻"为主要内容的荣辱观是社会主义核心价值的基础

以热爱祖国为荣、以危害祖国为耻,以服务人民为荣、以背离人民为耻,以崇尚科学为荣、以愚昧无知为耻,以辛勤劳动为荣、以好逸恶劳为耻,以团结互助为荣、以损人利己为耻,以诚实守信为荣、以见利忘义为耻,以遵纪守法为荣、以违法乱纪为耻,以艰苦奋斗为荣、以骄奢淫逸为耻。以"八荣八耻"为主要内容的社会主义荣辱观是中华民族传统美德,为在社会主义市场经济条件下判断行为得失、确定价值取向、作出道德选择提供了基本准则。只有树立正确的荣辱观,分清是非荣辱、明辨善恶美丑,才能形成正确的价值判断,形成良好的道德风尚。

(二)案主的价值观

作为社会工作的服务对象,每个案主都有自己独特的价值观体系。社会工作者对此要有充分的认识。案主独特的价值观一方面源于其个人社会背景,如性别、种族、阶级、年龄等,另一方面源于他个人的成长经验。案主自己的价值观体系会影响到他的态度、感受、想法和行为。案主的问题或需求的产生受其自身价值观的影响;案主应对问题的方法和行为也受其自身价值观影响;社会工作者的助人过程同样要受案主的价值观的直接影响。在助人的过程中,社会工作者既要厘清案主的价值体系可能对其带来的影响,也要帮助案主认清他们的价值观。

在助人的过程中,社会工作者必须面对不同的案主的价值体系及其案主自己生存所涉及的独特的价值观系统。在一些个案中,案主的问题常常会涉及案主的价值观体系与其父母、学校、社会等系统的价值观体系间的冲突。比如,在家庭社会工作中,社会工作者面对案主(如青少年)之时,案主的价值观常常表现为自主、自立或独立,但案主的父母则可能想控制、支配或操纵案主。又如,在学校社会工作中,校方可能着重学生一致性或统一性规范的培养,而学生个人则可能看重个人性或独特性的发展。与之相类似,罪犯所秉持的价值观常常是侵犯常规的社会价值观,实施的是反社会的行为。

每位案主的主观感受和价值观都是独特的。对此,社会工作者可以运用接纳(不等于"赞同")的原则,来帮助案主认清他们的价值观,但工作者必须尊重每一个体的差异,不应批判案主的价值观,由此可以提供适当的个别化服务。

(三) 机构的价值观

任何机构都是遵循自己的价值观开展工作、谋求发展的。机构的价值观体现在机构的政策声明、行政管理程序和方案内容之中。机构的价值观不都是与社会工作专业价值观或与服务对象的价值观相一致的。

价值理念是机构最重要的工作原则,它指导着机构的策划与管理活动。而当社会工作者选择服务对象、提供服务类型和服务方案设计时,机构的价值观也是最重要的考虑因素。因为非政府机构与政府机构可能秉持极为不同的价值观。比如,非政府机构可能秉持自由、参与、创新,而政府机构可能秉持官僚控制、按部就班、稳定、保守。不仅如此,机构的价值观可能会与社会(或社区)、社会工作专业、社会工作者、案主的价值观发生冲突。比如,在香港,某些社会服务机构的理事会通常有别于社区领袖或专业人员,加之机构的经费来源在很大程度上依赖于公众的纳税与捐款,因此,这些领导人与社区可能反过来影响着机构的价值观,或者致使彼此之间发生冲突。任何时候,只要存在冲突,社会工作者都要学会谈判或适当的妥协,以保证专业工作顺利开展。

(四) 社会工作者的价值观

同社会普通民众一样,社会工作者受其背景和个人成长经验的影响,也会有自己独特的价值观体系。该体系也同样会影响他的态度、感受、想法和行为。社会工作者必须承认,他的价值观体系会渗透到工作中。这样就存在这样的风险:如果社会工作者的个人价值观与专业价值观不能很好地融合,甚至是相冲突的,个人价值观渗透到工作价值观中就会导致服务目标难以实现,甚至会对服务对象造成伤害。

为了使社会工作者将个人的价值观放在一边,社会工作训练的一个重要组成部分是使受训者能意识到自己的价值观体系;意识到不同经历和经验对个人价值观的影响。社会工作者接受专业训练时的一项重要任务就是尽早审视自己的价值观体系是否与社会工作专业价值观体系相融合。如果有一定的差异,要尽快调整自己以适应专业价值观体系的要求。如果差异较大甚至相互冲突,调整就非常困难,必须慎重对待,以避免在未来的工作中损害服务对象的利益,践踏专业原则。

作为一个人,社会工作者必须承认本人的价值观体系会渗透到工作中。社会工作者个人的价值观在工作中的不恰当涉入应当受到控制。在社会工作者开展个案工作时,在一个较亲密的社会工作专业关系中,在个案工作者与案主两个生命的交流过程中,价值中立或无价值很难做到。我们所要面对的挑战是,如何可以一方面尊重个人的自由与自主权,一方面又要诚实自然地面对与处理工作者个人的价值观。因为作为一个人,社会工作者的价值观体系必然会渗透到其工作中,甚至一些工作者还会将自己的价值观加诸案主的身上,从而对案主造成较大的伤害,并影响其工作的成效。社会工作专业训练中的一个重要组成部分,是促使社会工作者能意识到自己的价值观体系,并将个人的价值观自觉和理性地放在一边。因此,选择接受社会工作训练者也应尽早检验其价值观体系是否与社会工作专业的价值观体系相融合。如果有很大的差异,调整自己适应社会工作专业就有困难。更为严重的是,当这些受训者成为实际的工作者时,可能会践踏实践的原则。

比如,一个来自破碎家庭的个案工作者,在处理青少年与父母的冲突矛盾时,如果他没有处理好自己的经历带给自己的伤害,甚至不清楚自己多年来在父母婚姻裂缝中喘息求存的痛苦所导致的伤害究竟有多大,如果他未察觉自己因所受的伤害而对父母是多么的失望与不信任,他将无法客观而公正地看待事物,其结果常常会只从子女的角度看事物,也容易从负面去分析父母的心态行为。同时,更有不少的工作者在许多基本课题上,如婚姻、男女关系、道德伦理等,对自己的价值取向仍然模糊不清,因而往往无意间误导了案主,导致了不良的后果,这对案主来说是很不公平的。因此,为了维护社会工作专业的价值观及工作者对案主与社会的专业责任,社会工作者在工作中应适当地控制不恰当的个人价值观的介入,他们需要对个人进行不断的反省与改进,以促使专业自我成长。

(五) 社会工作专业的价值观

社会工作专业价值观是社会工作专业和社会工作者基于社会公平、平等、和谐、公正的理想和人类基本需求的满足等而奉行的一套基本理念、态度及行为准则的总称。社会工作价值观是社会工作专业的灵魂。当一个人进入这一专业时,承诺遵循专业的价值观是其义务。决定某一行动是否恰当一定要看其是否与专业的价值观相一致。社会工作者要秉持专业价值观提供服务,开展工作。接受并承诺在工作中遵守专业价值观是社会工作者入职的基本条件,也是社会工作者必须履行的义务。

对社会工作的使命和核心价值的概括,目前最有代表性和影响力的是 1996 年 8 月由美国社会工作者协会会员大会通过,1997 年 1 月施行的《美国社会工作者协会伦理守则》中对社会工作核心伦理原则的表述:

以下广泛的伦理原则是立足于对社会工作的核心价值:服务,社会公正,个人的尊严与价值,人际关系的重要性,正直和能力。这些原则设定了所有的社会工作者都应追寻的理想。

- 价值一:服务

伦理原则:社会工作者最首要的目标就是帮助有需要的人们,并致力于社会问题的解决。

社会工作者应超越个人利益来提供对他人的服务。社会工作者以其专业知识、价值和技术来协助有需要的人们,并致力于社会问题的解决。社会工作者被鼓励在不期望相当经济回报下,自愿地奉献他们部分的专业技能(免费的服务)。

- 价值二:社会公正

伦理原则:社会工作者要挑战社会的不公正。

社会工作者追求社会变迁,尤其要协同和代表弱势、受压迫之个人和团体。社会工作者在社会变迁方面首要的努力应着重于:贫穷、失业、歧视及其他形态的社会不公正。这些活动寻求增加对压迫、文化和种族多元性的敏感度和知识。社会工作者致力于确保服务对象能够获得必要的信息、服务、资源、平等的机会,以及在全民决策上有意义地参与。

- 价值三:个人的尊严与价值

伦理原则:社会工作者尊重个人与生俱来的尊严与价值。

社会工作者以一种关怀与尊重的态度对待每个人,关注个别差异和文化及种族的多样性。社会工作者促进案主对社会负责的自我决定。社会工作者追求促进案主表达他们自我的需求和改变的能力和机会。社会工作者认识到自己对案主以及广大社会的双重责任。他们寻求能够在符合专业的价值、伦理原则和伦理标准下,实践社会责任,以解决案主利益和广大社会利益间的冲突。

- 价值四:人际关系的重要性

伦理原则:社会工作者应认识到人际关系的核心重要性。

社会工作者了解人与人之间的关系是改变的重要工具。社会工作者在助人过程中扮演案主的伙伴角色。社会工作者在有目的的努力之下尝试去增强人际关系,以增强、恢复、维持和促进个人、家庭、社会团体、组织和社区的福祉。

- 价值五:正直

伦理原则:社会工作者的行为应是值得信赖的。

社会工作者要始终清醒地意识到专业的使命、价值、伦理原则和伦理标准,并能付诸实践。社会工作者要以真诚和负责的行为,去履行其职责。

- 价值六:能力

伦理原则:社会工作者应在自己专业能力的范围内执行业务,并提升自己的专业技能。社会工作者应持续地致力于增加自己的专业知识和技巧,并运用于实务工作中,社会工作者应鼓励自己对专业的知识基础有所贡献。

第三节　社会工作的核心价值原则及其在个案工作中的应用

一、西方社会工作价值体系

作为社会工作的灵魂,价值决定了这一专业的特殊性质与特殊地位。对西方社会工作自身所遵循的一套价值体系,不少学者都作过归纳,这里我们对社会工作界广为引用的几种予以介绍。

（一）早期社会工作实践中的价值观

早期的社会工作实践与宗教有着千丝万缕的联系。古埃及的《死亡之书》（有汉译本名为《古埃及亡灵书》）包含有七个怜悯法令,包括对饥者、渴者、裸者、囚犯、陌生人、病人和垂死的人的救济和帮助[①]。

在犹太教中,犹太哲学家梅蒙尼兹总结了八个层次的博爱行为,它们分别是：

（1）勉强并后悔的施舍。这是手的而不是心的礼物。

（2）高兴地施舍,但是施舍的数量与痛苦者的痛苦不相称。

（3）高兴地并相称地施舍,但是伴有贫困者的乞求。

（4）高兴地、相称地甚至是没有乞求的施舍,但是把它放在穷人的手里,引起他们的痛苦和羞耻感。

（5）痛苦者接受赠品,并让他们知道谁是捐赠者,但是不让他们与捐赠者认识。

（6）痛苦者接受捐赠品,但是不知道谁是捐赠者。

（7）捐赠者和被救济的人彼此互不知晓。

（8）预先提供捐赠,使一个身处逆境的人能过上一种充实的生活,使他不至于沦落到被人救济的地位。

基督教扩大了早期的社会工作实践,在12个领域从事慈善工作：照顾寡妇、孤儿、病人、穷人、残疾人、囚犯、俘虏、奴隶、难民,埋葬死亡穷人,提供就业服务和为需要者提供饭食。显而易见,早期社会工作实践在一定程度上把救助看成一种施舍,是对受助者的怜悯,它承认和容许受助者的羞耻感和产生不平等的意识。

---

① 罗肖泉：《践行社会正义——社会工作价值与伦理研究》,社会科学文献出版社2005年版。

(二) 西方学者对社会工作核心价值的概括

1. 巴特利(H. W. Baretlett)将社会工作的基本价值概括为六项：

(1) 个人应受社会的关怀。

(2) 个人与社会是相互依赖的。

(3) 个人对他人负有社会责任。

(4) 个人有共同的人类需求。但是，每个人则是独特而异于他人的个体。

(5) 民主社会的实质表现于使每一个人的潜能得以充分发挥，以及透过社会参与的行动来尽到社会责任。

(6) 一个理想的社会应有职责与能力，以提供社会中的每一个人有充分的机会来解决困难、预防问题，以及促进自我能力的实现。

2. 波音(W. W. Boehm)列出以下六项社会工作基本价值：

(1) 每一个人都有自我实现的权利，也有达成此目标的本能。

(2) 每一个人身为社会的一分子，有责任设法达成自我实现，并贡献社会。

(3) 社会有义务去协助个人发挥潜能，也有权利汇集其分子之贡献，使社会富足。

(4) 每一个人必须善用社会提供的资源和机会，以满足其生理、心理、物质、文化、审美及精神上的基本需求。

(5) 由于社会日趋复杂，相互依赖性增高，更加需要专业化的社会组织来协助个人完成自我实现。

(6) 社会组织必须在其服务的范围、种类及品质方面谋求最大幅度，以满足个人自我实现并贡献社会的需要。

3. 毕斯特克(F. P. Biestek)认为社会工作基本价值有九项：

(1) 人的本能：人有天生在心理、智力、感情、社会、精神等各方面的潜能与力量。因此，每一个人的尊严和价值都应被尊重。

(2) 人的责任：人有与生俱来的能力和责任去实现其本能。因此，每一个人有责任去谋求本身的福利。

(3) 人的权利：人有权利使用适当的途径以实现其本能。因此，人应获得应有的资源与服务。

(4) 人的基本需求：所有人均有其基本需求，每一个人均须以和谐的过程去满足精神、物质、文化方面的需要。

(5) 人的社会功能：人的重要社会功能在于促成个人的自我实现。

(6) 社会的职责：社会有促成每一个人自我实现的职责。因此，社会应提供人们发展个人自我潜能的机会。

(7) 社会的权利：社会有权利要求每一个人贡献一己之力，以促成社会的健全与繁荣。

(8) 个人对社会的职责：身为社会成员之一，每一个人皆有义务致力于自我实现，以贡献社会，增进社会福祉。

(9) 人的自我选择：每一个人均有其自我选择和决定的能力和权利，每一个人皆有其个别差异，我们得尊重这种个人的独特选择，以发挥其本能。

4. 美国《社会工作教育会议课程方针声明书》对社会工作职业的核心价值作了如下概括：

(1) 社会工作者的职业关系建立在他们对个人价值、人类尊严以及更进一步的共同参与、接受、保密、诚实和处理冲突的责任的尊重的基础之上。

(2) 社会工作者尊重人们选择、缩短和参与帮助过程的权利。

(3) 社会工作者致力于使社会机构更人道和敏感地对待人类的需要。

(4) 社会工作者对人们的独特个性表示尊敬和接受。案主参与、自决、保密是其中基本的社会工作价值。[①]

以上所列举的关于社会工作基本价值的表述虽各有特色，但对社会工作价值观的基本理念概述都集中于以个人主义为基础的公正、平等、人道观念。共同点就在于它们都是"如何善待他人的道德原则"，因此以公正、平等、人道的原则对待每一个个体成为社会工作价值观的基本理念。在社会工作价值观中之所以强调公正、平等、人道的原则，还因为它们是确保每个个体都能拥有自己的价值与公平、自由与权利以及自我实现与自我负责机会的条件，也可以说它们是一些"推己及人"的原则，因此我们说公正、平等、人道是建立在个人主义基础之上的如何对待他人的道德原则。在上述关于社会工作基本价值观的表述中，这种共同特征具体表现为所谓对人的尊重、重视个人改变的潜能、案主自我决定权、社会应向个人提供发挥潜能的机会、提供个人足够的资源和服务以使其满足基本需要、赋予案主权利、平等的机会、尊重多元性、保密和隐私权等等。

二、社会工作价值观在操作层面的基本价值原则

西方社会对社会工作价值的认识中有一些同质性、恒定性的因素，它们始终占据着专业价值观的基础位置，并没有随着时间的推移而被淡化，这些可以称为社会工作专业价值观的基本原则。

社会工作价值观在操作层面可以概括为以下原则：

（一）接纳服务对象

在专业服务过程中，社会工作者要从内心接纳服务对象，将他们看做是工作过程中的重要伙伴，对服务对象的价值偏好、习惯、信仰等都应保持宽容与尊重

[①] 罗肖泉：《践行社会正义——社会工作价值与伦理研究》，社会科学文献出版社2005年版。

的态度,绝不因为服务对象的生理、心理、种族(或民族)、性别、年龄、职业、社会地位、信仰等因素对他们有任何歧视,更不能因为上述原因而拒绝为服务对象提供社会服务。

接纳不等于认同,它是指社会工作者对服务对象的价值观与个人背景特征等的一种包容,也是专业社会工作者对社会大众的统一的服务态度,是建立专业助人关系的重要前提。

(二)尊重与包容服务对象

对社会工作专业来说,尊重不仅是一种思想上的认知,还是一种道德上的实践。在服务过程中,社会工作者不应将自身的价值观强加于服务对象,更不应指责和批判服务对象的言行和价值观,也不能向服务对象发泄自己的负面情绪。

社会工作者可以和服务对象共同分享与服务内容有关的个人感受和经验,以及社会工作专业对有关问题的看法,并提供尽力解决问题的建议,但社会工作者不得直接或间接迫使服务对象接受意见或建议。

(三)为服务对象提供个别化的服务

每个人都应当有权利和机会发展个性,社会工作者应当尊重服务对象的个体差异,不应当使用一般或统一的服务方法回应他们的独特需要,要充分考虑到服务对象在性别、年龄、职业、社会地位、政治信仰、宗教,以及精神或生理残疾状况等方面存在的价值差异及其与社会主流价值之间可能存在的冲突。

不同的社会工作方法在应用个别化原则时应有所区别。个案工作方法最强调个别化原则,而小组工作和社区工作方法则相对关注服务对象的共性需求。

(四)坚持自我决定与知情同意

在社会工作实践中,社会工作者要与服务对象保持良好的沟通。社会工作者有义务向服务对象提供必要的信息。服务对象有权利在充分知情的前提下选择服务的内容、方式,并在事关服务对象利益的决策中起到主导作用。如果服务对象没有能力进行选择和决策,社会工作者应根据法律或有关规定由他人代行选择和决策的权利。

自决权是个人尊严的体现,除非万不得已,即便是社会工作者出于好意,一般也不主张由社会工作者代替服务对象作决定,因为这样做可能不利于服务对象发展自尊和挖掘潜能。

(五)强调为服务对象保密

社会工作者应当保护服务对象的隐私。未经服务对象同意或允许,社会工作者不得向第三方透露涉及服务对象个人身份资料和其他可能危害服务对象权益的隐私信息。

特别情况下必须透露有关信息时,社会工作者应向机构或有关部门报告,并告知服务对象有限度公开隐私信息的必要性并采取相关保护措施。

在紧急情形下，必须打破保密原则而来不及提出报告时，社会工作者事后应当提供相关的证据并补办手续，以记录必要的工作程序。

（六）不对服务对象批判和指责

社会工作者不应将自身的价值观强加于服务对象，不应指责和批判服务对象的言行和价值观，也不能向服务对象发泄自己的负面情绪。社会工作者可以和服务对象共同分享与服务内容有关的自己的感受和经验，以及对有关问题的看法，并提供解决问题的建议，但不得直接或间接迫使服务对象接受。

三、社会工作核心价值在个案工作中的具体运用

社会工作者在个案工作过程中，常常遇到价值冲突的情况。要将社会工作专业价值观与实务工作更好地结合，就需要了解有关社会工作价值原则及其应用条件。

（一）保密原则

1. 保密原则的含义

保密原则是指保守在助人过程中服务对象透露给社会工作者的秘密资料或私人性质的资料。在社会工作者与服务对象之间，无论是否存在明确的协议，社会工作者都要坚持保密原则。

2. 保密对社会工作助人活动的作用

坚持保密原则能够使服务对象透露生活中的隐私部分，而不必担心泄露出去，影响他们的声望和地位。这也是工作环境安全的基本要求。

坚持保密原则体现了社会工作对服务对象的尊重，坚持保密原则也使社会工作者更加深刻地理解自己工作的价值和责任。

3. 绝对保密和相对保密

对社会工作者而言，保密原则有绝对保密和相对保密。绝对保密是指除非得到服务对象的书面授权或法律要求，否则专业人员将不能把服务对象在助人过程中透露的信息暴露给任何人。

相对保密是指社会工作者受某些特定条件的限制和根据某些特殊需要，将服务对象在助人过程中透露的信息在一定范围内暴露给其他人。

一般而言，绝对的保密是很难做到的。通常社会工作在以下情况中会出现相对保密的问题：

（1）在机构工作层面。在很多机构中鼓励社会工作者与机构中的其他专业人员讨论服务对象的情境，也鼓励与非本机构的相关领域的专家进行讨论，并形成工作方案或评估工作成效。同时，在接受实习学生的机构中，也常常为实习学生提供机会分享案例，从中学习。

（2）在司法层面。首先是服务对象实施或者计划实施犯罪行为，其次是服

务对象起诉工作者,最后是社会工作者被要求到法庭作证。

此外,当服务对象实施自杀计划或者了解到服务对象的自杀计划时,社会工作者会以保护或拯救服务对象的生命为最重要的任务。

4. 保密原则的实施

保密原则在助人过程中常常通过以下方式体现:

(1) 安全的环境。助人过程中环境的安全十分必要。安全的环境主要是指助人工作的场所,如单独的、安静而较少滋扰的房间,隔音效果好的房间,位置不容易被人注意的房间等。

(2) 事先告知。社会工作者应该事先告知服务对象,在特定情况下保密是有限制的;还应该告诉服务对象获取资料的目的以及资料的应用,并征得服务对象的同意。也可以签署知情同意书等。

(3) 在录音、记录或者准许第三方观察他们的活动之前,应该征得服务对象的同意。

(4) 不在无关人员在场的情况下讨论案例。

(5) 对服务对象档案要安全存放、单人保管、严格管理,并制定管理制度。

(二) 接纳原则

一位乱伦父亲来求助,他的女儿怀孕了,他不知该怎么办……

一位刚结婚的女性告诉社工,只要丈夫不与她提出离婚,她可以容忍和接纳丈夫的婚外情人……

一位男性同性恋前来求助,因为自己深爱上了自己的"同志",希望收养一个孩子……

一位染上艾滋病的患者不想把自己的病情告诉妻子……

面对这些人,你是否可以接纳他们,是否可以不做道德评判并富有爱心地帮助他们?

在你成长的过程中,你已经形成了自己的价值观,你可以不与不喜欢的人交往;你可以不做不喜欢的事……然而当你进入社会工作专业,则要开始学习接纳不喜欢的人和不喜欢的事,学习接受社会工作这个职业的价值观并具体将这些价值观用在实际的工作当中。因为你看人做事的方法一定与自己的价值观联系在一起。社会工作是一门专门助人的职业,如果我们不能了解、理解、接纳我们的服务对象,也就无法帮助带着各种不同问题的人。

"接纳"和"非评判"是社会工作中两个最通用的术语,是面对一个问题的两种态度,即当我们真正地接纳了当事人,就会对当事人采取"非评判"的态度。

1. 接纳的含义

接纳是社会工作者行动的原则,要求社会工作者真正理解服务对象,包括他的长处和弱点,他的适宜和不适宜的品质,他的正面和负面的感受,他的建设性的和非建设性的态度与行为,尊重服务对象与生俱来的尊严和个人价值。

2. 接纳的功能

在助人过程中,社会工作者要坚持接纳的原则。主要原因有两个方面,首先,从社会工作者的角度来看,帮助社会工作者真正理解服务对象,能使其工作更有成效。其次,从服务对象的角度来看,接纳能够使服务对象感到安全,并帮助服务对象从防卫中解脱出来,如实地表达自己,看到真实的自己,并更容易接纳自己,从而有勇气面对问题。

3. 接纳不等同于"赞同"

接纳原则强调的是社会工作者要尊重和接纳服务对象整体的个人,无论他是什么人,做了什么事。这种对服务对象的理解和看待并不意味着社会工作者赞同服务对象的行为、态度、建议,也不是给予他肯定和支持。给予接纳并不意味着社会工作者不评估服务对象的行为或者尝试阻止破坏性行为,而是要将个人的价值观与行为分开。社会工作者要帮助服务对象对自己的行为进行自我评估。

4. 如何做到接纳

接纳他人对每一个人来说都不是一件十分容易的事情。社会工作者要充分了解并克服接纳的障碍,才可以做到真正接纳服务对象。

(1) 接纳自我

接纳他人的能力反映了个人接纳自我的水平。如果一个人指责服务对象"笨"时,通常他也会很害怕或排斥被别人说自己"笨"。

(2) 不以自我为中心

不以自我为中心是要求社会工作者对自我有所警觉,不把自己作为衡量一切事物的尺度,不把自己的判断和感受强加到服务对象身上。

(3) 摒弃偏好和偏见

摒弃偏好和偏见是强调社会工作者不以个人的喜好干扰助人的工作,以更好地接纳服务对象。人在成长过程中会受到多种因素的影响,如家庭、学校、社会文化等,形成一些个人的偏好,甚至是偏见。对此,我们必须承认并保持警惕。

(三) 个别化原则

1. 个别化原则的含义

个别化原则要求社会工作者在助人过程中始终把服务对象视为独立的个人或群体,它要求把服务对象同独立的个人或群体联系起来,而不是将服务对象的特性视为某一类群体的简单典型。

2. 个别化原则的意义

(1) 个别化原则体现了社会工作者对服务对象的尊重

在人们的日常经验中不难发现,当我们对某一个人进行评价或谈及看法时,常常采用类别化或标签化的方式,将被评价者归入某一类人或者称"×××是某种人"等。标签化或分类化是忽略个体差异的典型方式和表现,容易造成对人的偏差理解,也非常容易将人看成是"偏差的人",而造成对服务对象的误解和伤害。根据库利的"镜中我"的理论,人们对"我是谁""我能做什么"等问题的回答只能依据别人对自己的看法。当一个人被贴上标签,界定为某一类人时,他会很容易按照这类人扮演角色,甚至逐渐成为这一类人。特别是当这样的标签指向不受社会主流文化接受甚至是被否定的角色时,服务对象的自我否定将更严重,更无法正确认识自己。这样,服务对象必然经历从内到外不被理解和尊重的感觉。

(2) 个别化原则有助于提高社会工作的成效

坚持个别化原则可以使社会工作者避免或减少对服务对象的偏差理解,不会将服务对象理解为"偏差的人",可以最大限度地理解服务对象的处境,探寻服务对象问题产生的真正原因,提出有针对性的干预方案。当服务对象真正感受到社会工作者的理解后,他们会更加积极地配合,从而为有效地解决问题奠定良好的基础。

3. 如何坚持个别化原则

(1) 要相信服务对象的陈述

我们不能保证服务对象所陈述的每一句话、每一段事情都是客观真实的,但也不能因此而怀疑服务对象。所谓的"客观真实"并不是绝对存在的,服务对象陈述的背后有其个人的理解,更有其人生的经历、价值观,这恰恰是社会工作者要认真倾听、努力理解的,更是了解服务对象问题及其产生原因的出发点和落脚点。

(2) 培养"文化理解力"

文化理解力是针对多元文化提出的一个概念。文化在这里是指为适应社会而代代相传的一系列信仰、思路和行为规范等。文化是变化的、多元的,同时受时间和空间的限制。理解力是指专家的态度、知识及行为表现,这些方面表现了专家对差异差别的宽容及对不同权利的包容。

文化理解力指的是一个过程。在这个过程中,社会工作者把宽泛的知识与服务对象所在的特定文化圈信息结合起来,在认识到自己可能存在偏见的情况下,以开阔的眼光去理解文化。

要发展文化理解力,就应该看到文化间的差异,避免将文化间的差别绝对化。也就是说,面对不同背景、不同层次需要帮助的服务对象,要实施成功的干预,社会工作者要充分了解服务对象的期望、担忧,服务对象对隐私权与个人尊严的理解等相关文化信息以及其他与服务对象所在的文化圈有关的信息。

要发展文化理解力,需要做到以下几点:第一,社会工作者个人要思考自身对服务对象本人及其所在社区的了解和存在的偏见;第二,社会工作者要了解并承认自身能力的局限,避免把个人价值观强加在服务对象身上;第三,社会工作者要主动从服务对象那里了解关于自己及其所在社区的情况,并试着去理解服务对象对自己的文化的理解与解释;第四,社会工作者平常要努力拓宽自己对不同文化的了解,建立对不同文化的敏感,增加对不同文化的理解;第五,专业工作机构要尽可能使员工的文化背景多元化;第六,专业机构要持续地对员工进行培训,提高文化敏感性。

(3) 助人过程中不断提醒自己

助人过程是在社会工作者与服务对象不断互动的过程中完成的。社会工作者在这个过程中通过服务对象的讲述、身体语言、所处环境等逐步深入地了解其问题和需要,分析原因,探讨对策以实施干预。同样,服务对象也可以像社会工作者一样,通过社会工作者的提问、回应、身体语言等了解其对自己的态度、看法和理解、接纳程度,以决定自己应该如何对待和回应社会工作者。

社会工作者在提供服务的过程中要不断反思,我传递给他的信息有没有表现出他是一个值得尊重的独立的个体,或者问自己有没有给他贴上"标签"等。

(四) 服务对象自决原则

社会工作者相信每一个人与生俱来的尊严,认为人们应当被允许尽可能地自己决定自己的生活方式。这一价值理念中隐含了对服务对象成长、改变,以及发展解决困难策略能力的信任,并且相信服务对象能负责任地自由尝试选择的信任目标。

1. 服务对象自决原则的含义

自我决定是对服务对象自由选择与决定的权利和需要做操作化的认定。社会工作专业强调服务对象自决原则,美国社会工作伦理守则将其放在第一条:"社会工作者应尊重并维护服务对象自我决定的权利,以协助服务对象设定和澄清治疗目标。当社会工作者依据其专业判断,认定服务对象的行动会对自己或他人造成严重错误,或出现立即性的危机时,社会工作者则可限制服务对象自我决定的权利。"

服务对象自决原则包含以下含义:

(1) 承认服务对象都有自我决定的权利,对自己所面临的问题负有抉择的责任。

(2) 社会工作者应鼓励服务对象参与解决问题的活动,使其在解决问题的过程中发挥自己的作用。

(3) 应由服务对象自己决定自己的需求和满足需求的方式、方法,即强调服务对象的自我决策。

（4）社会工作者要耐心地培养服务对象自决的能力。

（5）帮助服务对象认识自己的问题和需要，分析情况，鼓励服务对象自主获得协助，可以提出一些建议供其选择。

（6）可以告诉服务对象能够从什么地方获得协助。

（7）为服务对象提供一些建议，供其选择。

2. 服务对象自决原则实施应遵循的原则

服务对象自决原则的操作过程应当遵循以下四个原则：

（1）自决意味着服务对象应当意识到，解决他们面临的个人的或社会的问题存在着多种方法。

（2）自决意味着是服务对象而不是社会工作者才是主要的问题解决者。社会工作者应当认识到，服务对象对解决问题负主要责任。这一点是社会工作不同于其他专业的鲜明特点。社会工作者与服务对象之间的关系，是平等主体间的关系。社会工作者的专长不在于指导或者推荐所谓最好的东西给服务对象，而在于帮助服务对象界定问题，开发和考察解决问题的方法，最大限度地提高他们独立决策的能力以及实施他们作出的决策等方面。

（3）自决并不禁止或者限制社会工作者提出观点或者建议。事实上，社会工作者有责任与服务对象分享他们的观点。对于社会工作者来说，实施这一原则的关键是将解决问题的方法提炼成建议的形式而不是忠告的形式。

（4）即使在社会工作者有保护社会的额外功能的领域里，服务对象的自决也是可能的和应当被鼓励的。这种额外功能的领域包括保护服务、监狱以及假释和缓刑。

3. 服务对象自决不是绝对的

服务对象的行为不能侵犯他人的权利，以及服务对象的生理和心理状况是否适合作决定，构成了服务对象自觉原则的实施条件。通常在下列情况下会限制服务对象自决的行为：

（1）导致监禁的犯罪行为。

（2）虐待儿童的行为。

（3）与身份行为相抵触的行为。

（4）导致丧失从事个人所在专业的工作权利的不道德的行为。

（5）服务对象生理上或心理上缺乏作决定的能力。

案例

刘敏前来寻求社会工作者的帮助，原因是她发现自己的丈夫跟好几个女人有不正当的关系，娘家人都劝她离婚。但是丈夫苦苦哀求，说跟这些女人只是生理上的亲近，工作的压力很大，跟她们"玩玩"也是为了放松，他实际上还是很爱刘敏的。再加上他们还有一个六岁的儿子,如果离婚,对孩子的影响会很不好。刘敏很想原谅丈夫,但是又对丈夫的不轨行为耿耿于怀,恨之入骨。

社会工作者该持怎样的态度开展服务呢?如何做才不对刘敏的决定造成引导性暗示?社工可否应说出自己的态度和价值观,让刘敏自行决定怎样做?如果你认为刘敏丈夫的越轨行为对她是不公平的,觉得刘敏的丈夫不值得原谅,并使这样的价值观误导了刘敏,案主的"自决"实际上也就打上了被强加价值观的烙印,会使案主的决定偏离她本身的理性思考。

四、社会工作价值的伦理困境及解决策略

案例

李女士,29岁,从男友处感染艾滋病毒已三年余。日前意外事故被送至医院急诊,因手臂部受伤大量出血,加上外力重创,造成胸部疼痛及臂关节折损,外科医生当场评估告知需要立即动手术,以免后续治疗更加困难。

李女士需要手术之事迫在眉睫,于是便紧急向社会工作者询问该如何应对。李女士表示不想暴露自己感染艾滋病的事实,以免医生拒绝开刀,所以很想让社工为自己的感染情况保密;另一方面她也顾虑在意外发生送医院的途中,医护人员紧急处理外伤时,如告知其感染者身份,担心急救的医护人员反感,造成接下来的治疗中断。况且李女士自知体内免疫功能不佳,想不如尽早回家疗养,再做后续的打算。①

本案例中存在哪些伦理难题呢?

第一,李女士担心自己的感染者身份被医生知晓而影响医生的开刀意愿。社会工作者应该尊重案主的自主权还是尽力要求医护人员在获知其感染者身份之后继续提供必要的治疗?

第二,李女士在被送往医院的中途大量出血,医护人员在处理过程中,是否会因此而有人意外感染呢?如果李女士决定不告诉医疗人员其感染者身份而接受手术,社会工作者该如何履行自己的职责呢?

伦理难题(ethical dilemma)不是指因为专业服务处置过失或错误而导致的违反专业伦理的行为,而是指面对案主问题处置或需求满足时,有两种以上的价值、规范或伦理守则同时存在,而不容易作出适当选择。

(一)何谓伦理困境

社会工作实务中的伦理困境有如下几方面的内涵:

---

① 我国2006年颁布的《艾滋病防治条例》规定,艾滋病病毒感染者就医时,需将感染或者发病的事实如实告知接诊医生;医疗卫生机构如有推诿、拒绝治疗艾滋病病毒感染者或者艾滋病病人的其他疾病的情形,需承担法律责任。该案例中的李女士可视为对此条例不知悉者。

1. 伦理困境是带有伦理特性的困难和问题。社会工作者在实务工作中会面临多种问题和困难,带有伦理和道德牵连的问题只是其中的一部分,但往往是不可避免的和具有决定作用的部分。在社会工作实践过程中,社会工作者会遇到一系列的关系,诸如工作者与案主、雇主、同事、机构、社会的关系等,这些错综复杂的关系在协调过程中往往出现矛盾、冲突或顾此失彼,这就诱发了具有伦理特征的问题和困难即"伦理困境"。可以说,社会工作过程中"关系"的存在和协调的必要性,决定了"伦理困境"存在的必然性。

2. 伦理困境是发源于价值观冲突的困难和问题。如前所述,社会工作专业与价值观有密切的联系,在社会工作实践中起作用的价值观是一个包括社会价值观、职业价值观、个人价值观等的复杂体系,而且随着时代、文化、地区、民族等因素的不同而改变,不同的价值观决定不同的协调关系和指导行为的伦理原则,在不同的价值观同时起作用的情况下,伦理困境的产生也就不可避免。

3. 伦理困境是诱发伦理抉择的困难和问题。社会工作实务中的伦理困境往往使社会工作者处于两难的抉择之中。所谓"两难的抉择",是指"抉择作出者必须在两个或更多同样分量、同样有吸引力(或没有吸引力)的意见中作出选择"。比如,案主的福利和自由是被社会工作专业给予同等尊重的两种权利,但当福利的获得必须以牺牲自由为代价,或者案主的自由决定直接影响到他的福利的获得时,社会工作者要做如何的选择呢?在下一部分"伦理原则的筛查方法"中将对这个问题做具体的研究。

4. 伦理困境是诉诸道德责任感的困难和问题。伦理困境的解决需要社会工作者高度的道德责任感。社会工作专业化过程中,曾一度出现过"技术主义"的倾向,认为社会工作者只要借助于专业的知识和技巧就可以解决所有问题。事实证明,社会工作实务中的问题,尤其是伦理问题,仅靠专业知识和技巧是不能解决的,社会工作者所遵循的价值观、伦理原则、道德规范都会起到直接的影响作用,没有对于社会、专业、案主的高度道德责任感,没有为有需要的人谋福利的使命感,就不可能承担起社会工作者的职责。

(二) 伦理困境的类型

社会工作者在实务工作中有时会面临自己的价值观与案主、雇主、专业本身的价值观存在紧张关系,这类冲突是不可避免的,伦理问题和困境由此而生。

一般来说,社会工作者在实务工作中涉及的伦理两难可以分为两大类:

第一类是针对个别案主、家庭或小团体的直接实践中遭遇的伦理两难,我们称为直接实务工作中的伦理两难。其中最突出的议题涉及保密与隐私权、自我决定权与专业父权主义、对不同对象的忠诚、专业界限与利益冲突以及专业价值与个人价值的关系等①。

第二类是参与社区组织、社会政策与计划、行政以及研究与评估等活动中遭遇的伦理两难,这类是间接实务工作中的伦理两难。包括有限资源的分配、政府与民间对社会福利的责任、对于法规的遵守、劳资争议、研究与评估、社会工作中欺骗的运用、揭发机构或专业团体内部不当行为等②。

（三）伦理原则的筛查方法即伦理优先次序

在处理上述两类伦理困境时,社会工作者除了要依据理论基础并澄清相关价值观外,还可以依靠一些伦理抉择的原则、标准与模式,以及一些具体过程与可用工具。比如,在进行伦理抉择时,社会工作者可以以如下"伦理准则筛查方法"③,即道德优先次序,作为一些选择的依据。

1. 保护生命。这一原则适用于所有人,既适用于保护当事人的生命,也适用于保护所有其他人的生命。这一原则高于其他所有原则。

2. 平等与差别平等。这一原则提出所有人在相同的条件下应该得到同样的对待,即同等情况下有权得到平等对待。

3. 自主和自由。社会工作者的工作性质决定了应当培养个人的自决、自主、独立和自由,同时不能超越自己或其他人的生命权或生存权。

4. 最少伤害。当面临的困境有造成伤害的可能性时,社会工作者应该避免或防止这样的伤害;当伤害不可避免时,社会工作者要努力使伤害最小化。

5. 生活质量。社会工作者选择的方案应该推动所有人,推动个人以及社区公众有更好的生活质量。

6. 隐私和保密。社会工作者的实际工作决定了应该加强每个人的隐私权和保密权。但如果披露信息能够防止对他人造成严重暴力伤害,保密就不是神圣不可侵犯的。

7. 真诚和毫无保留地公开信息。社会工作者的实际工作决定了应该保持真诚,能向当事人和其他人充分披露所有相关信息。

总之,专业伦理原则对社会工作实践有着很强的指导意义,运用时必须先满足高一级原则的要求再满足低一级原则的要求。

---

① 参见 F. C. Reamer 著,包承恩等译:《社会工作价值与伦理》,(台北)洪叶文化公司2000年版,第135页。

② 参见 F. C. Reamer 著,包承恩等译:《社会工作价值与伦理》,(台北)洪叶文化公司2000年版,第189页。

③ R. Dolgoff, R. M. Loewenbery, D. Harrington 著,隋玉杰译:《社会工作伦理:实务工作指南》,中国人民大学出版社2005年版,第53~61页。

第四节　社会工作专业伦理

社会工作专业伦理是社会工作价值体系的有机组成部分，是社会工作哲学理念和专业价值观在实务层面对社会工作者职业行为准则的具体规范。

一、伦理与社会工作专业伦理的含义

(一) 伦理的内涵

伦理(ethics)一词源于希腊文，意为风俗、习惯、性格等，与我国儒家思想中所说的"礼"的概念很相似。古希腊哲学家亚里士多德最先赋予其伦理和德行的含义。西方哲学中关于伦理的原始概念由风俗、习惯与气质推及人的内在品质、道德观念，从而形成社会中普遍认同的规范与准则。

中国的哲学思想对伦理有更加详细的解释，并赋予它更多社会内涵。《辞海》对伦理的解释是"事物的条理"和"人们相互关系所应遵循的行为准则"。《论语·微子》中提到"言中伦"，包咸注曰："伦，道也，理也。"即是说伦是一种条理，含有约束的意思。荀子也说："圣也者，尽伦者也。"由此可见，为人处世遵循正道，符合社会准则即是"伦"。所以中国社会认为，伦理是指一种哲学思想或道德标准，用来辨别行为的善与恶，亦指社会关系中确定行为的一种道德标准[1]。有学者把伦理定义为"规范社会行为的价值意识，与确定社会秩序的价值原则"[2]，"伦理是有关系的人基于生存和发展的需要，自觉地建立起来的一种行为共识"[3]。

综上，伦理是一种人与人之间的普遍行为规范。这种行为规范不便明文规定，是约定俗成的，并且随着道德标准的普遍提高而呈上升趋势。虽然违反伦理不一定受到法律的制裁，但却会受到社会和他人的谴责。

伦理可分为个人伦理和专业伦理。个人伦理指个人与其所属群体的相互关系，以德行为中心，并随社会发展而细分为家庭伦理、社区伦理、环境伦理等。专业伦理指专业团体与其服务对象的专业关系与服务关系，以责任为中心，又可分为企业伦理、科技伦理、行政伦理、助人伦理等。社会工作伦理属于专业伦理。社会工作者通过其团体的讨论与共识，以集体自律的方式，订立专业守则或公

---

[1]　黄建中：《比较伦理学》，(台北)正中书局1990年版。
[2]　成中英：《中国哲学与中国文化》，(台北)三民书局1974年版。
[3]　曾华源、胡慧安、李仰慈等：《社会工作专业价值与伦理概论》，(台北)洪叶文化事业有限公司2006年版，第167页。

约，要求全体成员共同遵守。

（二）社会工作专业伦理的含义

对社会工作专业伦理的含义，不同国家、不同学者的观点有所不同。

我国台湾学者李宗派认为，专业伦理即社会工作专业社团或专业实务中的社会价值观念和行为[①]。许临高认为，社会工作专业伦理是指社会工作专业的从业人员通过团体的讨论，达成共识，以集体自律的方式，决定专业人员"应该做些什么"，经由专业守则或公约订立，要求全体人员共同遵守的行为规范，它可以说是一种用来指导专业行为的道德标准[②]。

1997年美国《社会工作百科全书》对社会工作伦理的定义是：社会工作依据其哲学信念与价值取向发展而成的一套伦理实践原则，以作为引导与限制助人行为的依据。

虽然不同的个人和团体对社会工作专业伦理的解释各有不同，但是在以下几点上是共同认可的：(1)社会工作专业伦理体现社会工作专业的特点和理念；(2)专业伦理规范了助人关系中的案主、单位、同仁和机构之间的责权关系，对社会工作者的从业行为起到约束和规范的作用；(3)专业伦理确保了社会工作服务的专业性和规范性。

二、社会工作专业伦理的内容

社会工作专业伦理是社会工作专业价值观的具体化。美国社会工作者协会1997年施行的《美国社会工作者协会伦理守则》是内容较为丰富的社会工作专业伦理体系。该伦理守则包括6个大项，51个小项，细则达155条。综合欧美国家和部分亚洲国家和地区的社会工作伦理守则，可以发现，社会工作界对社会工作伦理守则应包含的基本内容是具有共识的。不过在细则方面，各个国家和地区的社会工作伦理守则之间有一些差异。这不仅是因为各国各地的社会工作专业化水平不同，还因为在社会制度、法律体系和文化等方面存在差异。

社会工作专业伦理的内容可以概括为如下一些方面：

(1) 社会工作者对服务对象的伦理责任。主要包括：对服务对象的义务，自我决定，知情同意，实践能力，文化能力，利益冲突，隐私和保密等。

(2) 社会工作者对同事的伦理责任。主要包括：尊重，保密，合作，咨询，服务的转介等。

(3) 社会工作者对工作机构的伦理责任。主要包括：督导和辅导，教育和培

---

① 李宗派：《社会工作的哲学理念》，《小区发展季刊》1999(88)，第25页。
② 许临高：《青少年外展社会者伦理抉择初探》，载《社会工作伦理：应用与省思》，(台北)辅仁大学出版社2002年版，第45页。

训,服务对象档案管理,服务对象的转介,行政管理等方面的要求。

（4）社会工作者作为专业人员的伦理责任。主要包括:实践能力,个人道德要求等。

（5）社会工作者对社会工作专业的伦理责任。主要包括:专业的完整性,评估和研究等方面的要求。

（6）社会工作者对全社会的伦理责任。主要包括:社会福利,公众参与,公共紧急事件,社会行动等方面的要求。

三、社会工作专业伦理的特点

强烈的价值相关性和伦理特质,是社会工作区别于其他专业的首要标志。社会工作专业的这种特殊性,也就决定了社会工作专业伦理具有自身的鲜明特点。

（一）社会工作专业伦理强调服务对象利益的优先性

社会工作的本质是一种助人活动,它以受助人的需要为中心,并以科学的助人技巧为手段,以达到助人的有效性。虽然社会工作强调人人平等,人人应当受到尊重,但服务对象的利益应当被优先考虑。因此,社会工作专业人员要尽量保护和发展服务对象的权益,这也是社会工作专业伦理区别于其他专业伦理的最重要的特点。《美国社会工作者协会伦理守则》强调,社会工作专业的首要使命在于促进人类的福祉,协助人类满足其基本人性需求,尤其关注弱势群体、受压迫者及贫穷者的需求和增强其力量。社会工作的历史传统和形象定位皆着重于"促进社会中的个人的福祉和社会福祉";"社会工作者的首要责任是促进案主的福祉。一般而言,案主的利益是最优先的。"《加拿大社会工作人员协会伦理守则》开篇定义就强调"案主最大利益",在伦理责任和义务部分明确提出"社工人员应该以维持案主最大的利益为专业的主要义务"。《香港社会工作者注册局工作守则》(1998)也指出"制订工作守则的主要目的是为保障服务对象及社会人士"。

社会工作专业伦理强调服务对象利益的优先性的意义在于:

首先,这是由社会工作的专业本质所决定的。社会工作专业起源于助人活动,在随后的长期发展过程中,逐渐将"助人自助"作为专业活动的核心和特征加以明确化。可以说,助人是社会工作的生命之源,如果社会工作不再把"助人"这种利他主义的道德行为作为基本内容,不再把满足服务对象的利益作为最高目标,就会背离社会工作专业发展的初衷,社会工作专业本身的存在就失去了价值和意义。

其次,强调服务对象利益优先,也是提高社会工作的服务水平、树立社会工作专业形象的需要。社会工作毕竟不同于其他专业,它所面对的是形形色色的服务对象和各种复杂的非常规的问题。为了解决这些问题,更需要工作人员对服务对象拥有强烈的道德责任感。社会工作专业伦理为专业工作者厘定了以"助人"为基本内容的道德和伦理指南,并为专业人员提供高效服务制定了基本行为标准。

最后,强调服务对象利益优先也是规范专业行为、保护服务对象利益的需要。如前所述,与服务对象相比,社会工作者因接受过专业知识教育、专业技能训练、获得职业资格而处于不对等的有利地位;另外,社会工作者由于职业的原因而拥有更多的权力,如掌握服务对象所需要的资源、有权决定资源的分配、有权了解服务对象的秘密、有权选择解决服务对象问题的途径等。处于有利地位和拥有更多权力,就使社会工作者有更多的机会去控制、利用、剥削甚至侵害服务对象。因此,从社会工作实践关系双方的地位和情形来看,对工作者提出更高的道德要求、制订伦理的原则和规范约束他们的行为、采取有效的手段制裁他们的不当行为就非常必要。这正是社会工作专业伦理所要解决的问题和承担的责任。

(二) 社会工作专业伦理贯穿于社会工作专业活动整个过程

如前所述,社会工作是一个具有鲜明道德特质的专业和职业,它以"助人"为宗旨、以"利他主义"为指导、以实现社会正义为己任,这都决定了伦理和道德问题在这个专业中占据十分重要的位置。实际的社会工作实务活动的每一个环节,从问题的界定、关系的协调、介入方式的选择到结果的评估等,都包含着伦理因素;任何一项社会工作实践中的抉择都不仅仅是技术性的,而是有着伦理牵连;社会工作实践的成效如何,不仅仅取决于社会工作者的专业知识和技巧,而且取决于社会工作者的道德素质和处理伦理问题的能力。如果说其他专业的伦理研究主要侧重于专业伦理守则的制定的话,社会工作专业伦理的研究则仅仅把伦理守则作为其中的一个部分,此外更重要和复杂的内容是关于实践过程中的伦理困境、伦理抉择、伦理危机等问题的研究和探索。

(三) 伦理具体要求更可能与社会价值观、个人价值观发生冲突

早期的社会工作的救助对象是贫困群体,包括穷人和流浪乞讨者。当时这些人都被视为道德低下者,受到社会主流价值观在道德上的歧视。发展到今天,社会工作服务对象所涵盖的范围已十分广泛,但被社会视为"问题人士"的人群仍然是主要的服务人群。他们一般都因为各种原因而处于社会的边缘,被社会主流文化所排斥(如残疾人、智障者、学习困难人士、艾滋病患者等)或者与主流文化相抵触(如同性恋者、有暴力倾向的人、心理和精神疾病患者等),特殊的社会地位也容易使他们所持有的价值观与一般社会价值观相冲突。而社会工作正是以他们为服务对象,它要求其从业者不仅自己要站在他们的立场上考虑问题、对他们采取理解和接纳的态度,而且要在社会上代表他们的利益、倡导他们的权

利、为他们争取社会公正。这种特殊性不仅会使社会工作者的工作在社会上遇到更大的阻力,而且往往使社会工作者陷入在社会价值观和专业伦理要求之间选择的两难境地。

社会工作的价值观和伦理是通过社会工作者的实践活动来体现和实现的。一般来说,社会工作者应该代表社会工作的专业价值观,其个人价值观与社会工作专业的价值观和伦理应该是一致的。社会工作者只有在接受专业价值观和伦理的基础上将其内化为自身的道德标准和指引,才能让社会工作专业伦理得到践行。但在现实中,社会工作者的个人价值观和专业价值观的一致并不是自然而然形成的。社会工作者作为一个社会成员,其价值观除了受到专业价值观和伦理的影响,还受到他所处的家庭、社会环境和文化背景的影响。因此,其个人价值观与专业价值观和伦理就可能存在冲突。

(四)专业实践中众多的不确定因素更容易导致伦理问题的出现

社会工作专业作为一种以人为主要工作对象的专业,在具体的实践过程中比起其他专业面临着更多的模棱两可和不确定性。原因主要有三个方面:(1)社会工作者处理的问题常常是不具体的和模糊的;(2)社会工作不像许多现存的职业那样为它的从业者提供相同类型的知识基础;(3)社会工作者与大多数其他领域的从业者相比对他们的介入结果有较少的控制权。社会工作的这种特点,也就决定了专业伦理无论是作为价值指引,还是作为行为规范,在内容的选择和运用上往往存在很大的不确定性。而这时,伦理问题就会出现。

首先,向社会工作者求助的个人,其出现的问题可能是多方面的,有时甚至连他自己也无法表达清楚自己需要什么样的帮助。社会工作者对此就更难以理出头绪,找出关键问题之所在。有时,同一个问题可能涉及不同的个体,造成问题的原因往往是多来源和多方面的,所以"谁是案主"本身就成为一个难以界定的问题。

其次,社会工作者面临的人物和事件往往是非常规的、个性化的,对这些人物或事件的处理一般很难有一个统一、固定的模式。即使职业价值观和伦理守则作出了相关的规定,也不能为实践中的复杂情况提供一个简单的解决方法。在这里,恰当"尺度"的标准是很难把握的。

最后,社会工作者对于受助者的干预过程和模式受到众多因素的影响,如受助者的生活态度、行为方式、思想观念和价值观,政府的现有政策、所处机构的规则,社会工作者自身所掌握的资源等。这就使社会工作者很难评估和掌控自己介入的具体结果。在实践中会遇到这样的现象:对于两个似乎是完全相同的问题采取相同的干预,可能由于社会工作者无法控制的因素而导致完全不同的结果。当社会工作者在工作实际中面临模棱两可和不确定性时,就会产生伦理选择上的困难,导致伦理困境的出现。

（五）社会工作专业伦理对从业者的道德素质提出了更高的要求

基于专业自身的特殊性，社会工作专业伦理把对从业者的道德素质要求提升到对专业理论和职业技巧的要求之上，成为判断一个从业者是否合格的更加根本性和决定性的条件。社会工作者在很大程度上是凭借良心、责任感、热心、同情、奉献和牺牲精神等道德品质投入工作的，往往得不到丰厚的报酬，有时其行为甚至难以在主流社会中得到认可和赞誉。在这种情形下，专业的理论和技巧只有在社会工作者具备了良好的道德品质并自愿投身工作的前提下才能发挥作用。另外，如前所述，社会工作者因为自己的专业身份和工作的原因与所面对的服务对象相比往往处于有利的地位，因此若要其提供高水平、公众无私的服务，一个重要前提就是社会工作者必须先在内心树立不借助权力操纵、控制、利用或侵犯他们为自身谋求私利的信念。这从根本上说也是一种道德的要求而不是技术的要求。

四、社会工作专业伦理的作用

社会工作专业伦理的作用主要表现在以下几个方面：

（一）专业伦理是社会工作者自我鼓励和自我约束的道德标准

社会工作在长期的发展过程中逐渐形成了一整套对人、对事和对专业等的总体判断与核心观念，即社会工作价值观。它主要包括以下几个方面的内容：一是个人应当受到社会的关怀；二是个人与社会是相互依赖的；三是个人对他人负有社会责任；四是个人有共同的人类需求，但每个人则是独特而异于他人的个体；五是个人的潜能应得到充分发挥；六是一个理想的社会应有职责与能力为社会中的每一个人提供充分的机会来解决困难、预防问题，以及促进自我能力的发展。这些都已被社会工作者普遍接受并成为专业共同的价值标准。社会工作专业伦理作为专业价值观的具体化，使社会工作价值观的内容体现得更加生动和现实，更易于社会工作者在实践中理解和践行。社会工作者通过专业伦理明确社会工作本身的专业特质，明确专业的使命和核心关怀所在，有助于其树立专业道德标准和专业荣誉感，并以此在专业实践中自我鼓励和自我约束。

（二）专业伦理是社会工作者专业行为的规范

社会工作专业伦理是内化为社会工作者专业实践的道德标准，也是一套系统的、成熟的引导社会工作者开展专业实践的规范。它对社会工作者的权力、职责进行了明确规定，对各种具体的专业行为和专业关系提出了相应的要求和标准，并以此作为规范、评价或制裁从业者行为的主要依据。社会工作专业伦理一经专业协会认可和颁布实施，就会对社会工作从业人员产生普遍的约束和规范。社会工作者在具体的工作中所选取的方法、技巧和步骤，处理与服务对象、同事、机构和关系的原则，应对伦理困境、选择伦理决定的方案等，都要遵守社会工作专业伦理所设定的标准和规范。一旦违反这些规范，社会工作者就可能会受到相应的制裁。然而，由于社会工作专业的特殊性，专业行为过程往往会受到各种因素的制约，社会工作者在实际工作中完全恪守专业伦理的规定来开展工作是有一定困难的。所以具体的社会工作专业实践往往是在充分考虑各种伦理要素和环境条件的前提下，作出最符合现实要求的选择，但不能背离"案主利益至上、实现社会正义"的基本专业宗旨。

（三）专业伦理是社会工作者处理价值系统矛盾的指引

社会工作专业活动除了会影响和改变服务对象外，还会与机构、专业和社会等各方面存在互动，而服务对象、机构、专业和社会等各方的价值观和利益之间往往会存在冲突。如前文所述，社会价值观、专业价值观和个人价值观之间以及它们与其他的价值观之间常常出现矛盾和冲突，正是这种矛盾和冲突，造成了社会工作的伦理困境。另外，相关各方利益冲突在实践中也是困扰社会工作者的重要因素。社会工作者所面对的服务对象不是一个个孤立的社会个体，在维护服务对象权益的时候，可能会侵犯到相关的个体、机构和社会的利益；同时，如果社会工作者过多地考虑到自身利益或机构利益，有时就会忽视服务对象的利益，等等。可以这样说，社会工作作为一个以"人"为工作对象的专业，为了有效地提供服务，不管在问题的分析和界定阶段，还是在制定问题解决方案的阶段，都必须充分地考虑到与服务对象相关的各方和各种因素，以全面地分析问题和系统地解决问题。因此，能否处理好相关方面的关系，会对工作的进展乃至成败产生重要的影响。伦理的职责起源于所有的人际关系，从个人的、家庭的到社会、专业的关系。社会工作专业伦理为社会工作者提供了处理专业实践中各种关系的一般的指导原则，为社会工作者面对不同的服务对象、处理不同的专业关系提供了最基本的指引。

（四）专业伦理是社会公众评价社会工作专业及具体工作的标准

社会工作专业伦理是社会工作专业的核心标志之一，也是专业理论的重要组成部分。它是社会工作专业使命和价值观的外化和具体化，公众可以通过对专业伦理的解读，明确社会工作到底是一种什么样的专业以及社会工作者的使命。在中国社会工作职业化目前刚刚起步、大部分公众还不了解专业和从业者的情况下，通过具体的专业伦理让公众更多地理解社会工作，无疑将对我国社会工作的职业化进程产生积极的影响。

社会工作专业伦理对社会工作者的专业权力和责任进行了明确界定，并为其专业行为制定了基本的标准和规范。社会公众可以以此为标准，对社会工作者的工作态度、工作方法、技巧以及工作效果等各方面进行评价。同时，对于不同社会工作服务机构，社会公众也可以根据伦理守则对机构的宗旨、服务内容、服务质量以及人员构成等方面进行监督和评价。这些都有利于督促社会工作服务机构和社会工作者改善工作、提高服务质量。

(五)专业伦理是社会工作专业文化的重要组成内容

社会工作专业伦理所体现的共同的专业价值观,是社会工作者团结合作的价值基础,这不仅体现在一个机构内的成员身上,而且体现在社会工作专业的所有从业者之间。在具体的专业实践中,社会工作者之间、社会工作者与自己所在的机构之间有时会存在工作或利益上的冲突,导致专业内的团结合作出现危机。社会工作者对同事、机构的行为,与同事、机构关系的处理,同样受到社会工作专业伦理的约束和规范。在专业内建立共同的信仰、建立和维持团结合作的专业文化,是社会工作专业伦理的重要任务。基于此,社会工作专业伦理也要求,社会工作专业内部的学术、教育、管理和督导行为的价值基础与服务实践的价值伦理应当保持一致,这样才能达到专业文化与专业实践的契合。

五、不同国家和地区的社会工作职业伦理建设

在社会工作专业的发展历程中,一直存在着对价值观和伦理的思考。在社会工作专业刚开始发展的时期,工作者更多的是关注于案主的行为思想的道德层面,而非工作者自身的道德或伦理。到了 20 世纪初期,随着睦邻组织运动的蓬勃兴起,专业的视角又转向了社会改革的议题。之后随着社会工作专业化的发展,学科的重点则集中到了专业自身的发展上,而对道德观和伦理的关注则日渐式微。到 20 世纪四五十年代,道德层面的问题重新引起了人们的关注,尤其是针对专业工作者的道德伦理问题的反思。也就在这个时候,美国社会工作者协会(NASW)决定采取一套专业伦理守则。60 年代,社会工作者关注的焦点转向了社会正义、权利与改革,并在这一时代发展出了 NASW 的第一套伦理守则。70 年代以后,随着应用性的专业伦理的兴起,世界上一些国家和地区开始越来越关注对专业人员的伦理课程训练,并逐渐发展出了一套更权威、更具专业价值的伦理守则。对不同国家和地区社会工作伦理守则的考察、比较,可以促进我国社会工作的专业伦理建设。

现代意义的社会工作或专业社会工作起源于西方国家,经过较长时期的发展,其专业伦理建设已经取得了比较成熟的经验。以美国为代表,发达国家和地区陆续发布了社会工作伦理守则。《美国社会工作者协会伦理守则》1996 年 8 月由美国社会工作者协会(NASW)会员代表大会通过,1997 年 1 月施行,2008 年经 NASW 会员代表大会修订。1997 年 1 月开始实施的这一守则非常详细而具体,共涉及六大方面的内容,包括社会工作者对案主的伦理责任、社会工作者对同事的伦理责任、社会工作者在实务机构的伦理责任、社会工作者作为专业人员的伦理责任、社会工作者对社会工作专业的伦理责任和社会工作者对社会的伦理责任。

我国台湾地区专业社会工作的建设比大陆早,其专业伦理建设值得借鉴。台湾地区 1998 年颁布实施的社会工作伦理手册共包含 18 条内容,其中包括社会工作者对服务对象应有的态度和行为、社会工作者处理同事间关系及机构关系的规定、社会工作者对社会工作专业的责任、社会工作者对社会的责任等。

第五节 中国社会工作价值伦理体系的构建

一、我国社会工作价值伦理建设面临的挑战

（一）伦理价值的冲突是社会工作本土化进程面临的首要挑战

产生和发展于西方的社会工作职业,如何适应中国这块土地,如何与中国文化相结合并得到发展,面临许多方面的挑战。改革开放以来,我国社会工作恢复与发展过程也是社会工作本土化的过程。在这一过程中,职业知识、职业技能作为一般知识和技术体系,就东西方而言有共通性或者说普适性的一面,可以为不同国家和民族所应用和传播,很少受社会制度、文化传统的影响。但是,在社会工作专业本土化过程中有一个方面是不能简单搬来运用的,也不是能迅速扎下根得到广泛认同的,这就是社会工作伦理价值体系。发展社会工作事业要做的工作可以说是千头万绪。而其中关于社会工作价值的建构是基础性、前提性的工作之一。

（二）强调个人主义还是集体主义是东西方社会工作伦理价值冲突的核心

近年来,随着社会工作在中国的发展,生长在中国传统社会文化环境中的我们,在学习和运用西方社会的社会工作理论体系分析中国现实问题时,首先会遇到由于价值观的差异带来的困惑。如传统的西方文化崇尚的是个人主义,强调个人权利的不可侵犯,每个人都有权利过上好生活,个人的需要应该得到满足。认为个人尊严是人类内在的价值,而不是某种需要去获取的东西。这种价值观在专业社会工作者的价值体系里,就表现为尊重案主的权利、维护案主的利益、尊重案主个人的选择等各方面的原则。中国传统的价值观是崇尚集体主义的,相对于集体和国家,个人是渺小的,因此在我国长期的社会价值体系中,奉行的原则是局部利益服从整体利益,个人利益服从集体利益,这里"个人利益"也包括家庭利益,所谓"舍小家为大家"。这一原则多年来被人们毫无疑问地接受并执行着。

（三）构建本土专业价值伦理体系是中国社会工作面临的首要任务

伴随改革开放,中国经历了由计划经济向市场经济的重大转变,社会经济、政治和文化都发生了前所未有的调整和变化,一切变化的基础其实是人们思想

意识和价值取向的转变即更加多元、更加包容、更具选择性。价值作为文化的核心,是帮助我们理解不同文化环境中不同社会行为的基础。因此,发展本土社会工作不仅要了解西方社会工作价值的精髓,也要了解当代中国社会的政策导向和价值取向,分析我国社会工作服务对象在特定文化和制度背景之下的需求、动机、目标。构建适合本土需要的专业价值体系,是中国社会工作实践发展面临的首要任务。

二、中国的传统价值理念对社会工作价值伦理的影响

中国传统价值的内容是极为丰富的,与社会工作相关的可以归结为三个方面:家族本位、差序格局、群体主义。

(一) 家族本位是中国传统伦理的最基本特征

主要表现为两个层面:从个人层面看,家庭在中国人的生活中占据重要地位。从社会层面看,整个社会关系网络是以家庭关系为基础和蓝本建立的。儒家伦理系统中最高权威是"天",他的"代言人"皇帝则是"天子";君臣关系是比照着父子关系设定的,有父子然后有君臣;普通老百姓是"子民",管辖他们的地方长官被称为"父母官";师为"父",徒为"子",所谓"一日为师,终生为父",等等。

(二) 差序格局是中国传统伦理中人际关系的基本模式

差序格局指的是中国人将与自己交往的人按远近亲疏区分成几个向外扩散的圆圈。这种现象中最简单也是最普遍的一种就是两分的格局:把一部分人称为"自家人"或"自己人",另一部分人称为"外人"。可见,这种人际关系的模式还是直接源于家族本位观念的。传统伦理要求对自家人给予充分信任,投入真实的感情,发自内心的关怀,无需过多的礼节和客套,而是建立一种亲密无间的关系。对待"外人"的基本原则则是重礼尚义、重道尚德、推己及人。对待"外人"的原则虽然是比照着"自己",但毕竟是一种较为疏远的态度,主要从礼节层面考虑。

(三) 群体主义是中国传统伦理在处理个人与社会、集体关系上的基本要求

在家族本位的儒学传统中,个人是没有地位的,族长要担负起管辖全族的责任,男性要养家糊口,女性要传宗接代。每一个人的地位、权利、责任都是在家里,以家庭成员的身份被确定的。在遇到"大家"和"小家"——国与家发生矛盾的情形("忠孝不能两全")时,传统伦理提出的要求是"舍小家而顾大家"。这一传统伦理的特征又被计划经济时代所倡导的"集体主义"精神所继承和强化。从总体上来看,群体主义一直是中国传统伦理区别于西方个人主义的重要特征。

中国传统伦理虽经改革开放以来西方的、现代的观念一再冲击而有弱化的趋势,但至今仍在很大程度上影响着中国人的行为习惯、生活方式、思维方式和价值观念,尤其是作为社会工作主要对象的社会弱势群体,一般生活在社会的边缘(而非核心和前沿)地带,相对来说受新观念的影响和接受新观念的程度

都较小,而更多地保留了传统的因素,这就决定了传统伦理势必还会影响当代中国社会工作在工作目标、工作范围、工作方法及结束和评估方式等各方面的选择。这种影响既有正面的,也有负面的,正确对待这些问题并找出解决方案,是社会工作本土化的必然要求。

三、构建我国社会工作价值伦理体系的理论基础

构建我国社会工作的价值体系的理论基础应主要包括社会主义人道主义,中国有价值的社会理想、社会福利思想,国家现行的社会福利制度和新世纪以来中央提出的"科学发展观"、"和谐社会建设"等当前我国社会的主流文化价值观念,以及对西方社会工作价值体系相关内容的借鉴。

(一) 社会主义人道主义

社会主义人道主义是在马克思主义科学世界观指导下,调节社会主义社会中人与人之间关系的具体的道德规范和伦理范畴。社会工作源于以人为本的社会文化,社会主义人道主义是在批判继承资产阶级人道主义基础上形成的。资产阶级人道主义反对神学,提倡人学;反对神权,提倡人权;反对神性,提倡人性;反对愚昧,提倡理性;反对迷信,提倡科学;反对神道,提倡人道。其价值观建立在自由、平等、博爱等尊重人的权利的人道主义基础之上。其历史进步意义是明显的,也是西方社会工作价值由此产生的重要源泉。但是,这种人道主义也存在着严重的历史局限:它对"人"的界定主要局限于正在兴起的资产阶级,实际上并未将广大工人、农民和其他社会劳苦大众包括在内。在实践层面,它主要考虑的是资产阶级自身的解放,而未考虑广大劳苦人民的解放。在这些方面,社会主义人道主义与资产阶级人道主义存在实质性的区别。在我国改革开放新时期,社会主义人道主义实际上已经涉及全体社会成员。作为这种人道主义代表者的无产阶级不仅要解放自己,还要解放全人类;通过解放全人类,以实现自身的彻底解放。社会主义人道主义思想影响了我国社会的主流文化价值观念,同时也为我国社会工作价值体系的建立提供了丰富的理论材料。这样,在社会主义人道主义基础上构建起来的社会工作价值必然是和西方社会工作价值既有联系、又有区别的。

(二) 中国历史上有价值的社会理想、社会福利思想

中国历史上一切有价值的社会理想、社会福利思想都是建构我国社会工作价值的思想源泉。"助人"、"人的责任"等现代社会工作所追求的理念,都是我们应当加以充分发掘的。特别需要指出的是,我国历史上的儒家、道家与佛教等对我国社会福利思想的发展都作出了巨大贡献,这些传统文化中关于社会救助、福利思想的论述十分丰富。比如,《周礼·地官·大司徒》中提出:"以荒政十二聚万民:一曰散利,二曰薄征,三曰缓刑,四曰弛力,五曰舍禁,六曰去几,七曰眚礼,

八曰杀哀,九曰蕃乐,十曰多昏,十有一曰索鬼神,十有二曰除盗贼。""以保息六养万民:一曰慈幼,二曰养老,三曰振穷,四曰恤贫,五曰宽疾,六曰安富。"① 这十二"荒政"和"保息六政"概括了周朝关于社会救助思想的主要内容。《周礼》在关于如何实施社会救助政策的问题上,也设计出了一套完备的规章制度和实施程序。如《周礼》在规定由政府出资进行社会救助的同时,也号召邻里之间互帮互助。不仅如此,"保息六政"作为一项普遍实行的救助制度,有着较广范围的救助对象和丰富的救助内容,包括幼儿救助、老人救助、残疾人救助、疾病救助等方面,并从爱幼、养老、济贫、救灾、医疗和安富六个方面对社会福利作了比较完整的描述。"爱人"与"助人"不仅是西方文化的精髓,也是中国文化的精髓。因此,它们是跨文化的核心价值观念,体现了社会工作价值的普遍性。

（三）中国当代社会福利制度

在计划经济时代,为了加强社会管理,中国逐渐形成了城乡分割的二元体制。在城市,我国普遍实行了"单位制",并力图通过正式组织的力量来解决人们遇到的生活方面的问题;在农村,除了对"五保户"的救助与救灾,政府没有其他的社会福利制度安排,农民基本上靠家庭与村集体来解决困难。因此,中国的社会福利制度是以就业为基础的"职业福利"和以需求为基础的"社会福利",以单位和集体为依托来满足城乡人民改善生活水平的需要。不过,自20世纪80年代后,随着改革开放的不断发展,党和政府在社会福利制度的设计与安排方面发展了新的理念,开始推行"小政府大社会"与"社会福利社会化"的改革,城市居民的社会福利已经逐渐由原来国家与单位包揽过渡到国家、社会、市场、家庭共担,并且越来越强调福利享受者的社会责任。近几年来,在党和政府"以人为本,科学发展,构建和谐社会"的战略方针指引下,社会福利制度越来越注重权利与义务并重、平等与差异同存、公平与效率兼顾。在进一步保障弱势群体生存与发展权益的同时,强调个人享受福利的权利与其应尽的社会责任挂钩,将社会资源优先给予最需要的人,以此满足人们最紧迫的需要。

（四）对西方社会工作价值体系的借鉴

作为一个专业,其价值体系的独立性是一个本质特征。社会工作也不例外。虽然在社会工作的价值体系中有着因各个社会占统治地位的价值观的差异而有所不同的部分,但是也有着超越主流价值观的、不受国界限制和意识形态影响的共享部分,即核心价值部分,比如重视个人的尊严、重视个人自决、重视平等关系等。社会工作是一个外来的学科,这样,我国社会工作价值体系的构建必然要借鉴西方社会工作的价值观体系。这一共享部分就是我们需要吸收和借鉴的主要

---

① 杨天宇:《周礼译注》,上海古籍出版社2004年版,第153页。

内容。而我们要吸收和借鉴西方资本主义社会的社会工作价值观体系，就必须先承认共享部分的核心价值的正确性和普遍适用性。比如，资本主义国家在其工业化、现代化、都市化进程中创造了社会工作这门学科，并完善了其国家的社会福利制度。我们不得不看到资本主义的发展对人类文明发展产生的历史性的、革命性的影响，而社会工作和社会福利制度就是其中的重要影响之一，并成为人类优秀文化的组成部分。因此，我们必须吸收和借鉴这些优秀的部分，以此用来构建我们本土的社会工作价值观体系，并使它发展得更好。

四、中国社会工作价值体系的建构

在对中国传统社会工作实践理念的继承和对西方社会工作价值体系的吸收借鉴的基础上，中国社会工作价值体系才能得以建构。

中国社会工作价值体系的建构主要应包括以下四个层次的内容。

（一）社会工作的核心价值

社会工作的本质特征是利他主义的社会互动。因此从这个意义来讲，利他主义即是社会工作核心价值的内容，也是社会工作作为一个专业的精髓所在。"利他主义是无私地关心他人福利的伦理原则，行动者以奉献为特征而不求索取。"① 可见，一个合格的社会工作者并不是出于利己的考虑而去助人，而是受自己坚守的专业信念的驱动。因此，社会工作者参与助人工作的首要出发点必须是利他指向的和具有社会福利性质的。另外，我们认为，服务、社会正义、尊严、人际关系、信任以及能力，也是核心价值的重要内容。

（二）社会工作的社会价值

社会价值对其他价值而言处于指导和决定的地位，是社会工作价值体系的基础层次②。而主流文化的界定是包含时间维度的，即与社会时代相联系，所以它不是一成不变的，它是随着时代和社会的发展和进步而不断变化的。因此，社会大众所崇尚的基本价值也是不断发展变化的，是与社会中的主流文化价值观平行发展的。比如，在当今的市场经济时代，与市场经济相容的一般社会价值观有自由、平等、公正、自愿、诚实、守信、敬业、竞争、谦爱、互助等。不过，即使是在同一时代，不同阶层或不同群体对于主流文化和社会价值的观念也是不一样的。因此我们不应该把中国社会的主流社会价值当成是一个封闭的、一成不变的体系。夏学銮教授认为，平等、信誉、独立、礼貌、孝顺、抱负、勤奋和竞争这八个方面的价值在一定程度上反映了当前中国社会的主流文化价值观，因此可以成为

---

① 王思斌：《社会工作：利他主义的社会互动》，《中国社会工作》1998(4)，第20页。
② 参见夏学銮：《社会工作的价值体系》，《中国社会报》2007年1月29日(3)。

中国社会工作价值体系基础的组成部分①。

（三）社会工作的专业价值

根据社会工作专业价值的国际的普遍原则，并结合我国社会文化基础和社会工作发展阶段的基本情况，我们认为，在中国社会工作价值体系建设方面，应注意以下方面的内容：强调社会和谐；保持家庭和谐与稳定依然是中国社会的主流家庭观念；注重服务的"人情味"；重视道德建设；体现社会发展的要求。同时，我们认为，中国社会工作的专业价值应包括工作敬业、接纳差异、尊重案主、案主自决、个别化、平等相助等内容。

（四）社会工作专业伦理

随着中国社会工作的快速发展，迫切需要制定一套适应中国社会工作职业化进程的社会工作伦理标准。我们认为，敬业、精进、真诚、合作、保密、正义、公德等，应成为中国社会工作的职业操守。不过，我们也认为，制定我国新的社会工作伦理标准，内容上应遵循以下原则：

1. 现实原则和发展原则相承

当前我国刚刚开始推进社会工作职业化，需要解决大量的基础问题，比如工作理念、工作方法、人员培训、岗位设置、业务分配等。此外，尽快出台与社会工作职业化相配套的法律法规，也是需要重点考虑的。比如，2006 年 12 月 29 日修订通过、2007 年 6 月 1 日正式生效的《中华人民共和国未成年人保护法》对儿童社会工作的发展起到了很好的促进作用。但由于我国尚未制定有关反家庭暴力法律，在精神病患者、残疾人、儿童、老人和妇女受虐问题上，社会工作者还难以开展有力度的工作。因此，我国新的社会工作伦理标准的内容不宜面面俱到，应从实际出发，充分考虑我国社会工作职业化初期的特点，但又要给未来修订工作留下充足的发展空间。

2. 文化原则和政治原则互补

传统文化对我国当代政治、社会制度和民众生活的影响还是不容忽视的，重视家庭的和睦完整，重视伦理道德建设，重视集体主义观念，都体现了与西方文化的差异。中国共产党是执政党，执政党的执政理念和政策方针代表着社会意识形态的核心价值，必然对社会工作价值产生重要影响。新的社会工作伦理标准一方面要体现以人为本、科学发展、构建和谐社会的理念，同时又要注重我国传统文化的价值。

3. 本土原则和国际原则并重

人道主义是社会工作专业伦理的价值基础，这是国际社会工作界的共识。

---

① 参见王思斌：《社会工作综合能力》，中国社会出版社 2007 年版，第 54 页。

但是,社会工作的发展不能背离具体的社会政治和文化背景,这也是国际社会工作界的共识。因此,新的伦理标准体系应该立足我国实际,积极参考国际经验。

本章小结

本章在介绍社会工作哲学基础、核心价值和应遵循的伦理规范的基础上,重点描述了个案工作中应恪守的一些基本价值原则,阐述了接纳、非评判、当事人自决、保密等原则在具体服务中如何运用及如何处理价值伦理冲突;还讨论了如何借鉴西方社会工作价值体系,构建符合我国社会实际的社会工作价值体系。通过本章学习,我们了解了社会工作和哲学的关系,澄清了与社会工作密切相关的某些哲学观念,明晰了社会工作价值观的主要核心内容和社会工作专业伦理的六个领域,掌握了社会工作实践的伦理困境及其对策,从而为真正领悟社会工作的哲学、价值和伦理以及达成工作目标打下了扎实基础。

思考题

1. 简述社会工作的哲学基础。
2. 简述社会工作的价值系统。
3. 简述社会工作价值观的核心原则。
4. 简述社会工作专业伦理的主要内容。
5. 你认为符合中国社会要求的社会工作价值体系应包括哪些内容?

第三章

个案工作者的素养

个案工作者的素养是个案工作中的重要议题。素养是个人的日常修养,主要包含两层含义:一是指个人在理论、知识、艺术、思想等方面的一定水平,二是指养成正确的待人处世态度。个案工作者的素养是指个案工作者在理论知识、能力、心理等方面达到一定的水平,并养成专业的行为模式及态度。在内容上,主要包括知识素养、能力素养、心理素养和角色素养。具体而言,个案工作者在具有多样化知识观、静态知识结构与动态结构关系等丰厚知识素养的基础上,需要建构并持有包括专业价值、专业知识和专业技术等核心能力在内的能力素养;而个案工作者的心理素养是践行其知识素养和能力素养的根本保障;以上三种素养透过个案工作者的角色素养这一载体得以体现。由此可见,个案工作者的素养中,知识素养是基础,能力素养是核心,心理素养是保障,角色素养是载体,四者相辅相成。

第一节 个案工作者的知识素养

一、多样化的知识观

知识观是一个人对知识的性质、价值、结构及其功能的根本看法和认识。作为个案社会工作者,需要具有多样化的知识观,包括实证主义知识观、社会决定论的知识观、历史主义知识观和社会建构主义的知识观。

(一)实证主义的知识观:知识的可实证性

斯宾塞(H. Spencer)在1959年提出了一个著名的问题:"什么知识最有价值?"在将各类知识按照价值大小排列之后,他认为"一致的答案就是科学"。实证主义者认为,科学知识是一种人类最可靠、纯粹的客观知识,对客观事实的观察与实验是获得知识的唯一来源,而不再是付诸感觉器官的直接领悟与猜测。科学知识是人类通过对客观世界的认识而获得的正确的概念体系,是被经验事实证明为真的命题,或者是从正确无误的大前提出发按照逻辑推理得出的正确结论。科学知识在经验上是可以检验的,在逻辑上也可以被证明。这是一种对客观世界现象、本质及规律的正确反映,也是用以解释自然界一切现象的工具。[1]

实证主义者坚持科学知识的客观性与实证性,却忽视了与科学知识产生有关的社会、历史与主观心理因素。从实证主义的视角,个案工作者要认同科学知识一定的客观性与实证性,如学习和应用建立在实证主义哲学基础上的"以证据为本的实践"知识。麦克尼斯和赛伊尔(McNeece & Thyer)从社会工作专业的角度,对"以证据为本的实践"的核心概念作出了解释:"最佳的证据"是来自于基础和应用科学的调查,尤其是来自于评估社会工作服务结果的介入研究以及关于评估方法的信度和效度的研究;"临床专长"是指利用社会工作者的教育、人际技巧和过去的经验,评估案主的功能或者其他情景,以及理解案主的价值与偏好的能力;"案主的价值"是指案主在和社会工作者进行临床接触时所带有的偏好、关注和期望;以证据为本的实践是一个把最佳证据、临床专长和案主的价值整合起来的过程。萨基特等学者认为,以证据为本的实践过程包括五个步骤:第一步,提出问题;第二步,寻找证据;第三步,鉴别证据;第四步,把鉴别结果应用于实践或政策决定之中;第五步,评估执行前四个步骤的效果和效率,并寻找办法在未来加以改进。以证据为本的实践过程强调案主的知会同意和参与,透过与案主的合作,工作员同案主一起分享可能的发现,同时可以使案主增权。与此同时,工作员还要关注科学知识发现过程中社会、历史与主观心理因素的参与及影响。

(二) 社会决定论的知识观:知识的中立性

社会决定论的代表马克斯·韦伯(M. Weber)在论述科学研究过程中"价值无涉"的意义时曾经说过:"研究者和描述者应当无条件地把经验事实的规定与他实际的价值判断态度,亦即在判断这些事实(包括经验的人可能成为研究对象的"价值判断")……区分开来,因为这是两个根本不同的问题。"[2]社会决定论者认为,科学知识排除一切主观因素。科学知识回避主观价值判断,也不以科学家或者科学共同体的个人品质与社会属性为转移,不具有"价值性"、"主观性"或

---

[1] 张晶:《科学知识观的范式演进及其对科学教育的意义》,《科技进步与对策》2012(4),第119~121页。

[2] 马克斯·韦伯:《社会科学方法论》,中央编译出版社2002年版,第137~157页。

"境域性"的特征,科学知识是一种"中性"知识并且无涉主体价值。①

社会决定论者强调在中性价值观指导下,对科学知识的追求独立于一切主观因素。科学知识的"价值中立性"通过观察的"客观性"来实现,然而观察却不是"中性"的,这是社会决定论者的局限。从社会决定论的视角,个案工作者对客观世界的认识要以回答"是什么"为参照,而不以"应该是什么"做辩解,如在接案过程中,个案工作者要通过多次会谈、观察勾勒出案主的形象、特征。在描述案主时,要以会谈和观察的内容为依据,而不是凭借个人主观感觉描述案主;随着个案工作预估、服务的开展,个案工作者要客观而动态地认识案主及其遇到的困扰或问题,而不是基于接案初期对案主的认识,主观臆断或者推测案主及其遇到的困扰或问题"是什么"或者"应该是什么"。同时要在"观察"时不断作出对个人及专业共同体价值性、主观性及境域性的反思性对话,如工作员可以与自己进行这样的反思性对话:我看重个案中的一些内容或者关键点是我个人所重视的还是作为个案工作者所要关注的?这些内容和关键点有哪些是我个人所重视的?我个人所重视的内容是否影响到我作为专业工作者的视野?有哪些证据或线索说明我的个人价值观影响到专业价值观?我是否用过去的经验解释当下的案主及其遇到的困扰或问题?在现在的情境中,我如何发现或认识案主及其遇到的困扰或问题?有哪些证据和线索能证明我的发现或认识?这些反思性对话可以帮助工作员觉察"观察的客观性",在一定程度上实现"价值中立性"。

(三)历史主义知识观:知识是"范式"转换的结果

作为历史主义的代表,托马斯·库恩(Thomas Samuel Kuhn)对传统科学知识观产生了质疑,对经验与逻辑是科学知识的决定因素提出了批判。在库恩看来,科学知识是"范式"(paradigm)转换的结果,或者说是由科学活动的特定范式所决定的。范式是科学共同体的集体信念,不同信念的科学共同体所遵循的范式并不相同,对客观世界的解读也如同"鸭子"与"兔子"一样,虽然截然相反却无所谓对错。"范式一经改变,这个世界本身也随之改变了"②。历史主义者认为,科学知识并不是具有普遍性与必然性的确定知识,也不能够反映客观世界的一般规律与本质,科学知识只不过是科学共同体集体协商的产物,或者说是科学共同体的范式信仰在科学研究中的集体反映。

历史主义相对性地削减了科学知识的客观性基础并取代了科学知识的决定性、确定性与普适性特征。科学知识的正确与否也随之取决于客观因素与主观因素的混合。对此,个案工作者要有更多的反思与认同,尽管个案工作者不断地

---

① 张晶:《科学知识观的范式演进及其对科学教育的意义》,《科技进步与对策》2012(4),第120页。

② 托马斯·库恩:《科学革命的结构》,北京大学出版社2003年版。

通过觉察和反思将案主系统的客观存在与个案工作者的主观认识加以区分,但两者及互动关系只是相对清晰,很难绝对厘清。

(四) 社会建构主义的知识观:知识是社会建构的产物

在社会建构论学者看来,科学知识是社会建构的产物。爱丁堡学派的核心人物布鲁尔(D. Bloor)认为:"科学本身既不受理性的权威支配,也不受经验的权威支配。"[①]所以,科学知识并不是对预先存在、独立于主体的客观世界的真理性解释,科学知识是由整个社会"制造"出来的,是在各种社会因素相互作用过程中"制造并不断再造出来"的结果[②]。

社会建构主义强调科学知识是"情境"化了的知识,是相对性知识,是一种由社会来建构和决定,并随着"社会情境"的不同而发生改变的知识。它否认科学知识的科学理性功能,否认科学知识的客观性标准与普适作用,并以相对主义与主观主义解构了科学知识的客观理性基础,这些否认存在一定的局限性。但值得肯定的是,社会建构主义揭示了科学知识、社会存在、主体三者之间的隐蔽关系,即科学知识是在个体与社会的整合与相互渗透过程中形成与发展起来的。这种肯定需要个案工作者学习借鉴,即接受过专业教育或培训的工作员在与不同情境的案主互动中,逐渐形成并发展出一套有关专业的、个人化的本土知识系统。

上述四种知识观中,实证主义的知识观和社会决定论的知识观着重于知识的客观性与个案工作者主观性的独立与区分,历史主义知识观在一定程度上削弱了科学知识的客观性,提出科学知识的正确与否取决于客观因素与主观因素的混合。而社会建构主义的知识观则提出知识是社会建构的产物,揭示出科学知识是在个体与社会整合与相互渗透过程中形成与发展起来的。相对而言,前两种知识观具有一定的行动指导性,而后两种则体现出一些后现代主义的思想。这四种知识观都需要个案工作者批判性地认识和深刻反思,这些多样化的知识观对个案工作者而言是多元知识的哲学认识指引。

二、多元的知识结构

对于个案工作者而言,知识结构是一种系统的专业知识体系,包括静态的知识结构与动态的结构关系。

(一) 静态的知识结构

1. 我国学者的一些观点

在静态的知识结构方面,国内外学者有不同的观点。国内学者王思斌认

[①] 大卫·布鲁尔:《科学和社会意象》,东方出版社2001年版。
[②] 迈克尔·马尔凯:《科学与知识社会学》,东方出版社2001年版,第80页。

为,社会工作者的知识结构包括社会工作者所应具备的专业知识(关于社会的知识、关于人的知识、关于社会工作的方法与技巧知识)以及社会工作者应有的基础知识(社会学、心理学、教育学等)。学者顾东辉在《社会工作者的专业素养》一文中谈到不同学者的观点:"有学者认为,社会工作者应该具有包括人类行为、临床心理和统整性知识;有学者指出,社会工作的理论基础由外借理论和实务理论构成;有学者认为,社会工作知识可以分为基础理论和实务理论两部分;还有学者以小组工作为例,结合专业标准和实务经验概括出小组工作的知识结构应该包含相关学科、社会工作、小组工作和特殊主题等四个层面"。他相应地提出了个人观点,认为社会工作者的知识系统应该包括三方面:一是相关学科的知识,回答"为什么",涉及社会学、心理学、经济学、政治学、管理学、法律、人类学、教育学、生态学、医学、统计学等学科;二是社会工作的知识,描述"怎么办",包含社会福利制度、社会工作伦理、人类成长与社会环境、个案工作、小组工作、社区工作、社会工作行政、社会政策等领域;三是特定主题的知识,涉及贫困、家庭暴力、移民、与年龄段有关的问题、妇女问题、人际关系、精神健康、犯罪与矫治、成瘾行为、艾滋病与同性恋、压力、发展等议题。上述三者合成社会工作者应该具备的知识素养。社会工作知识素养的特色在于,其中的"社会工作的知识"和"特定主题的知识"的不少部分需要通过实务训练。①

综合以上观点,在静态知识结构上,相关的基础性知识和专业的社会工作知识是社会工作者包括个案工作者必不可少的知识要素。

2. 国外学者的一些观点

全球性社会工作专业教育协会——国际社会工作学校协会(IASSW)颁布了全球社会工作教育和培训标准。在其中的专业课程设置里,提出了需要重视基础知识、专业技巧和实务训练。关于基础知识在社会工作者专业训练中的分类及具体内容见表3-1。

表3-1 基础知识在社会工作者专业训练中的分类及具体内容

分类	具体内容
社会工作价值观和伦理	1. 社会工作基本价值观和职业伦理 2. 社会工作专业伦理标准

---

① 顾东辉:《社会工作者的专业素养》,《中国社会》2009(2),第29页。

续表

分类	具体内容
社会科学和人文科学	1. 基本的社会经济和政治理论 2. 社会福利管理理论和概念 3. 健康福利服务的发展 4. 人事管理理论和概念 5. 人类成长和发展 6. 对社会中有关种族、少数民族文化的了解 7. 影响案主的社会因素和环境因素 8. 家庭和社会互动理论 9. 机构和社会系统的理论和行为及促进改变的方法
社会工作方法	1. 个案、小组工作的理论和技巧 2. 小组理论和行为动力学 3. 小组互动和治疗性干预理论 4. 危机干预理论和技巧 5. 评估和干预的理论和技巧 6. 社区组织理论和技巧 7. 社区资源和服务 8. 社会倡导理论和技巧 9. 社会规划的有关概念和技术
社会政策分析和社会研究方法	1. 政府现有的服务项目和目的 2. 社会福利趋势和政策 3. 与社会服务相关的法律和法规等 4. 社会研究方法 5. 社会工作实务研究方法
实习	1. 社会工作专业督导理论和概念 2. 教学法和督导理论及方法

对于全球社会工作教育和培训标准中所涉及的基础知识的五种分类进行再归纳概括,可以分为相关的基础性知识、专业的社会工作知识及社会研究方法三大类。

鉴于个案社会工作集实务、研究和教育于一体的特点,综合上述国内外有关社会工作者知识结构的观点,我们将个案社会工作者的静态知识结构划分为基础知识和专业知识两部分：基础知识是非本专业特有的，与社会工作有关的其他学科知识；专业知识又包括专业理论知识和专业技能（方法和技巧）知识，具体内容见表3-2。

表3-2 个案社会工作者的静态知识结构

分类	具体内容
基础知识	1. 社会和人文科学：社会学（如社会学理论、社会问题分析等）、心理学（如社会心理、人格心理、变态心理、心理健康与辅导等）、文化人类学（如人类发展与成长、基本理论与视角等）、社会经济与政治的基本理论等 2. 特定主题的知识：如贫困、家庭暴力、人际关系、精神健康、犯罪与矫治、成瘾行为、艾滋病与同性恋、压力与发展等 3. 特定人群的知识：如流浪或者留守儿童、"三失"（失学、失业、失管）青少年、中年夫妻、社区或者福利院老人等
专业知识	1. 专业理论知识 (1) 认识社会的理论，如人类行为与社会环境 (2) 社会工作的实践理论 2. 专业技能（方法和技巧）知识 (1) 微观社会工作（个案工作、小组工作） (2) 宏观社会工作（社区工作、社会工作行政、社会政策）

（二）动态的结构关系

在掌握静态知识结构的基础上，我们还要将静态结构与动态结构关系结合起来，全面、立体地认识并熟悉个案社会工作者的知识结构体系。

在动态结构上，基础知识和专业知识如同是土壤和大树这一生态系统中的互动关系：基础知识好似土壤一般，是专业知识这棵大树的基础和背景，发挥着依托和服务功能，同时也在不断提供充足和新鲜的养料；而专业知识好似大树（包括树根）一样是该系统的核心，发挥着主体和主导功能。通过两者不断的同化和顺应，个案工作者不断建构出相对的平衡。借鉴认知发展心理学家皮亚杰（Piaget）有关同化和顺应的观点，此处的同化是指个案工作者将基础知识的新信息容纳、整合到已有或者正在形成的专业知识结构中的过程；顺应则是个案工作者调整或改变原有的专业知识结构以容纳基础知识新信息的过程。通过同化和顺应，个案工作者不断建构出自身知识结构系统的平衡，如图3-1。

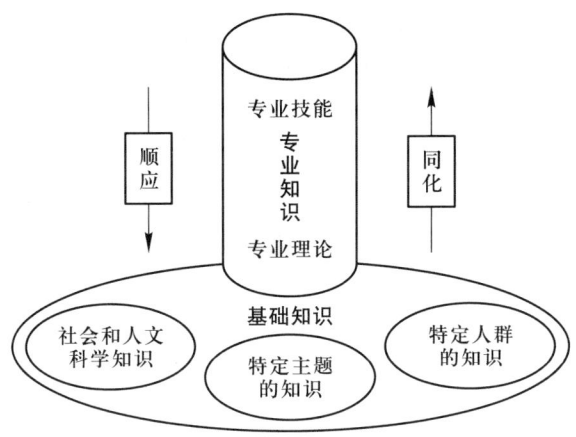

图 3-1 基础知识和专业知识的内容及动态结构关系

三、多元知识体系的建构性学习

(一) 建构性学习的理念

个案工作者在具有多元知识体系(多元知识观指引下的基础知识和专业知识有机系统)的基础上,可以运用建构主义的理念进行多元知识体系的学习和提升,即个案工作者以个人与社会环境互动为情境进行知识的学习与生成,学习与生成的本质过程由认知性、行动性和反思性的个人对话实现。

(二) 建构性学习的路径

1. 认知性学习

认知性学习是在多元知识观的引领下,个案工作者在专业教育或培训中对基础知识和专业知识进行了解、认识和理解。新的知识通过各种媒介或载体进入个案工作者已有的知识系统,经过个案工作者对话性的加工,建构于与之呼应的系统内;在适应的情境下,如个案工作者对案主在个案历程中表现的各种评估性的解释中,新知识被转化性地使用而最终生成。

2. 行动性学习

行动性学习是在多元知识观的引领下,个案工作者在个案实务行动中对基础知识和专业知识进行认识和反刍。新的知识通过个案工作者的行动性体验进入到已有的知识系统,经过与该系统认知性知识的内在对话性加工,行动性学习的新知识建构于与之呼应的系统中;在适应的情境下,与认知性学习所获得的知识一同被转化性地使用而得到加强。

3. 反思性学习

反思性学习是在多元知识观的引领下,个案工作者在专业教育、专业培训及个案实务行动中,对通过认知性和行动性学习所获得的基础知识和专业知识进行逆向认识和整合,即对形成的新知识系统及结构进行再调整,通过个人内部对话性的逆向认识和整合,使形成的新知识系统得以确认和稳定。

总而言之,个案工作者可以在个人自学、专业系统教育及专业督导三个层面,通过循序渐进和相互联系的三种学习路径,不断学习并生成基础知识和专业知识,其中工作员的内在对话性加工是核心机制,体现出科学知识是在个体与社会的整合与相互渗透过程中形成与发展起来的建构主义思想。

第二节 个案工作者的能力素养

个案工作者的能力素养反映出工作员在专业价值、专业知识和技术三方面可测量实践行为的水平。个案工作者专业能力的建构,能够透过社会工作者专业能力建构的过程看到,这一过程可以说是在"福利国家危机"的历史背景中形成并发展的。

一、专业能力建构的发展背景

从20世纪80年代起,由于受到欧美"福利国家危机"的影响以及当时英国社会工作专业无效能的表现,公众对社会工作专业失去信心,进而要求相关单位对社会工作提供"能力为本"(competence-based)的服务、教育,以避免浪费公共资源并证明其存在的价值。这些首先促使英国社会工作教育及实务界深刻反思社会工作者究竟应该具备何种专业才能。1988年的《90年代雇佣白皮书》(*Employment for the 1990s*)指出,社会工作的训练体系必须建立在已受认可的资格和标准的能力之上。随后,1989年英国社会工作教育与训练委员会(CCETSW)在第30号报告中指出,所有的社会工作者训练方案必须以"专业能力"为主要教育和训练目标。

美国社会工作专业发展经历了与英国相似的历程,福利开支的缩减、社会公众的不信任、训练不足及教育改革等因素,使得美国社会工作界在通才与专才的争辩中提出多面向的社会工作实务(generalist social work practice)途径,并强调社会工作者应该具备评估、判断案主问题,并运用各种技术、方法来协助案主解决问题的能力。随后,美国社会工作者协会(NASW)、美国社会工作职业资格委员会(ASWB)和美国社会工作教育委员会(CSWE)将"专业能力"列为社会工作教育的核心目标,并在全美的社会工作教育标准中明确对专业能力作出界定。

我国社会工作专业化及教育尚处于起步阶段,在面对诸多机遇的同时,也面临以下挑战：一是社会工作者未能以充分的证据证明其专业工作的有效性；二是社会工作者未能显示其工作对于社会问题改善所产生的影响。因此，我国社会工作发展同样面临英美国家在20世纪80年代遇到的问题，如何建构本土化个案社会工作的专业能力，是很值得我们研究和探索的重要课题。①

二、专业能力建构的国内外状况

（一）关于"专业能力"

英国社会工作教育界在以能力为本的实践学习模式中指出，社会工作者为了实现自己的角色，需要的能力都会被操作化和测量化，整个实践学习的目标在于提升社会工作者的能力②。美国社会工作教育委员会提出专业能力是由价值、知识和技能组成的可以测量的实践行为。我国台湾学者陈丽欣提出，社会工作专业能力指的是社会工作者的能力或才干，能够表现在工作上并获得可看得到的成就，即有能力将工作完成到社会工作服务场所要求的标准。

从英美国家社会工作发展及我国台湾学者的研究来看，"社会工作专业能力"的概念已经不同于以往所讨论的"社会工作知识"的观念，不仅是社会工作教育所体现的知识内容，更强调的是职业能力的表现或被期待的标准。这一概念体现出行为主义和新管理主义的结合。

（二）专业能力的内容或标准

1. 英国社会工作教育与训练委员会颁布的标准

该委员会强调社会工作是建立在价值、知识、技巧上的整合体。其核心专业能力建立在此基础之上，并将核心能力规定在下列社会工作任务中：(1)沟通和接案；(2)促进与使能；(3)预估与计划；(4)介入与提供服务；(5)在组织内工作；(6)发展专业能力。③

2. 美国社会工作教育委员会的标准

该委员会在2008年修订的社会工作教育标准（EPAS）中明确列出社会工作本科教育要围绕以下十项核心能力进行：(1)认同专业社工身份并依此行事；(2)持守社会工作伦理以指导专业实务；(3)运用批判性思考进行专业讨论；(4)在实务中理解和尊重多元与不同；(5)增进人权和社会经济正义；(6)投入到证据为本的实践和实务为本的研究中；(7)运用人类行为与社会环境的知识；

---

① 沈黎：《能力为本的社会工作教育——基于本土社会工作专业能力建构的视角》，《社会工作》2012(4)，第5~6页。
② 何雪松等：《英国的社会工作实践学习：模式、运作与启示》，《华东理工大学学报（社会科学版）》2009(4)，第1~4页。
③ 沈黎：《能力为本的社会工作教育——基于本土社会工作专业能力建构的视角》，《社会工作》2012(4)，第6页。

(8)参与政策实践以提升社会福祉并提高社会服务有效性;(9)有效回应动态的实务系统;(10)在个体、家庭、群体、组织和社区层面提供专业服务。

3. 我国台湾学者的研究

我国台湾学者陈丽欣、冯燕都讨论过台湾社会工作专业能力的议题。陈丽欣在对专业能力界定的基础上,分别提出了关于专业伦理、专业知识和专业技术三方面的核心能力指标(表3-3)。

表3-3 社会工作者专业核心能力指标

项目	专业伦理	专业知识	专业技术
核心能力指标	①尊重案主隐私 ②责任感及责任承担 ③专业化的提升(有责任、有义务的诠释) ④接纳每一个案主及差异性 ⑤关注案主最感兴趣的事 ⑥自我觉察 ⑦与他人的沟通与合作 ⑧对挫折的承受力	①社会工作伦理 ②社会个案工作 ③社会小组工作 ④计划与评估 ⑤人类行为与社会环境 ⑥相关法律知识 ⑦社会工作理论 ⑧社区组织 ⑨危机干预 ⑩资源调动	①会谈技巧 ②情绪管理 ③文档管理 ④资源发展 ⑤问题解决 ⑥知识应用 ⑦沟通技巧 ⑧协调技巧 ⑨保持专业关系 ⑩时间管理

尽管自2006年起,全国范围内的社会工作师职业水平考试已经进行了六年,社会工作专业知识的普及初见成效,但对社会工作专业能力的探讨尚处于萌芽阶段,学者沈黎和孙静琴对以"能力为本"的社会工作教育都有所讨论。上述有关社会工作专业核心能力的研究及指标对我们具有重要的借鉴意义,而对本土社会工作专业能力的实证研究仍需我们高度关注并积极实践。

三、专业能力素养架构

(一)专业能力及素养

综合国内外的相关界定,我们认为,个案工作者的专业能力体现在其专业价值观、知识和技术三方面可观察、可测评的核心实践行为上。专业能力素养是以上三方面核心实践行为的水平或状态。

(二)专业能力架构及指标

依据台湾学者陈丽欣对社会工作者专业能力的分类,参考美国社会工作教育委员会的标准,我们将个案工作者的专业能力分为专业价值核心能力、专业知识核心能力和专业技术核心能力(如图3-2),并提出了相应的指标供大家参考。

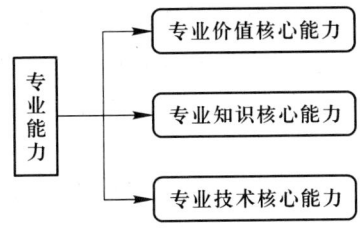

图 3-2 专业能力架构及内容

1. 专业价值核心能力及指标

专业价值核心能力是个案工作者在专业价值观方面的核心实践行为。包括以下指标：

(1) 推动人的平等和社会及经济公平。①懂得歧视与平等的形式和机制。②倡导人的平等和社会及经济公平。③参与推进社会及经济公平的实践。

(2) 运用社会工作价值观及伦理原则指导专业实践。①用专业价值观指导实践，如尊重案主及隐私、接纳案主的多样性及其差异性，如在与不同的人群工作时，要有足够的自我意识消除个人偏见和价值观的影响。②通过运用社会工作协会的伦理规范来做伦理抉择。③在解决伦理冲突时保持敏感度。④应用伦理推理策略进行原则上的抉择。

(3) 社会工作者身份认同及行动。①责任感及责任承担。②个人反思和自我调整。③实践行动中注重专业角色及边界。④持续的专业学习和督导以不断提升专业化。

2. 专业知识核心能力及指标

专业知识核心能力是个案工作者在专业知识方面的核心实践行为，主要表现为应用个案工作的相应知识分析与解决问题，包括以下指标：

(1) 人类行为与社会环境的知识。①运用该知识分析、理解案主生理、心理、社会、文化和精神的发展。②利用其中的概念框架分析并指引个案预估、介入、评估的过程。③批判和应用该知识理解人与环境的互动。

(2) 个案工作价值伦理知识。①运用该知识分析并解决各类型的伦理议题，如送礼、专业界限等。②运用该知识分析并解决伦理两难议题，如保密与保护权益或遵守法令的两难、案主自决与干预之间的两难、专业价值和个人价值之间的冲突等。③对所运用伦理准则和批判性思维的觉察与反思，如认识到某种文化的结构和价值可能会被压迫、边缘化或者提高特权和权利的范围。

(3) 个案工作程序和关系的知识。①收集、归纳和理解案主资料。②评估案主的优势、资源和限制。③形成共同商定的介入目标和目的。④与案主一起选择适当的介入策略。⑤客观而批判性地分析、监控与评估整个介入过程。⑥促进符合案主意愿、正向的改变，跟进与结案。

(4) 个案工作模式的知识。①运用具体的工作模式分析、理解案主及遇到的问题。②选择并应用具体的工作模式协助案主解决遇到的问题或困扰。

(5) 社会资源的知识。①分析案主的社会资源。②为案主寻找、建立或整合社会资源。

(6) 个案管理。①运用该知识分析、评估个案管理。②运用该知识进行个案管理。

3. 专业技术核心能力

专业技术核心能力是个案工作者在专业关系、个案过程的重要技巧和相关技巧等方面的核心实践行为。包括以下指标：

(1) 专业关系。①工作员在物质和精神两方面为案主及家庭的实务做准备。②建立、发展与结束专业关系的技巧。

(2) 个案过程中的重要技巧。①会谈技巧，②沟通技巧，③探访技巧，④评估技巧，⑤协调技巧，⑥转介技巧，⑦文档管理技巧，⑧资源联结与发展。

(3) 相关技巧。①情绪管理，②时间管理，③人力资源管理，④社会资本开发与管理。

4. 专业能力架构的关系

专业能力架构的三要素，即专业价值核心能力、专业知识核心能力和专业技术能力三者的关系如何呢？

简而言之，三者是动态影响与相互促进的关系。具体而言，专业价值核心能力是基础，能够促进专业知识和专业技术核心能力的应用，专业知识和专业技术核心能力在相互促进的同时，又不断强化并清晰专业价值核心能力（见图3-3）。

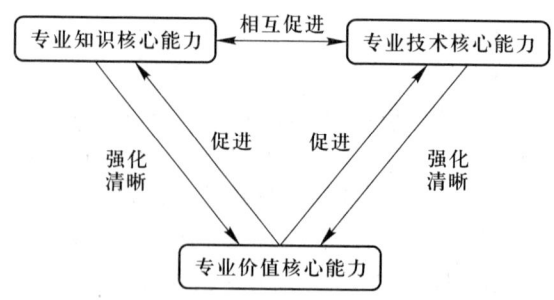

图3-3　专业能力架构的关系

(三) 专业能力的养成

个案工作者在多元知识体系建构性学习的基础上，主要通过个案实务的反复实践，以认知性、行动性和反思性的实践性对话，逐渐养成专业能力，其具体路径和机制与多元知识体系的建构性学习过程相一致。

第三节　个案工作者的心理素养

从素养论的角度来看,这里的心理素养等同于心理素质,是指以生理条件为基础,将外在获得的刺激内化成稳定的、基本的、内隐的,具有基础、衍生和发展功能的,与人的适应行为和创造行为密切联系的心理品质。① 我们认为,个案工作者的心理素养是在遗传和环境因素共同作用下形成的内在、相对稳定和具有发展功能的心理品质。以下我们主要涉及个案工作者的人格特质和心理素质两个方面。

一、个案工作者的人格特质

（一）基本特质

关于个案工作者的人格特质,科诺尔(Cournoyer)认为,个案工作者需要具有基本特质,包括同理心、尊重和真诚;同时也需要具备因情境需求的其他特质,包括自我了解、自我控制,社会工作价值、伦理义务的体认,专业知识、专业责任和自我肯定等。杰森(Johnson)则指出个案工作者需要具备以下人格特质:对人和人类行为有积极的看法、关心他人的幸福、个性开放且坦诚、能与案主分享而非控制案主、尊重人性、成熟和务实的个性等。②

对于个案工作者的人格特质,也可以从其向案主表达自己专业角色的对话来认识。卡普顿和格拉维(Compton & Galaway)提出以下15种特质及相应的对话③：

(1) 关怀之心——"我深切地关心你遇到的问题"。
(2) 相互合作的态度——"我们一起计划解决问题"。
(3) 谦逊——"请你帮我来了解你遇到的问题"。
(4) 尊重——"我认为你是一个有价值的人,我会认真看待你的想法和感受"。
(5) 开放——"我希望你了解我是通情达理、诚恳真实的人"。
(6) 同理心——"我会努力感受与理解你所感受的情况"。
(7) 投入——"我会努力分担和协助你解决问题"。
(8) 支持——"我会让你体会到我的坚定和支持你的进展"。
(9) 期许——"我对你的努力有信心"。

---

① 张大均:《论人的心理素质》,《心理与行为研究》2003,1(2),第144页。
② 许临高:《社会个案工作——理论与实务》,(台北)五南图书出版公司2003年版,第13页。
③ 许临高:《社会个案工作——理论与实务》,(台北)五南图书出版公司2003年版,第14页。

(10) 限制——"我会提醒你曾许诺要做的努力"。

(11) 面质——"我会提醒你要面对自己,不逃避"。

(12) 计划——"我会常常思考下一步的计划,更希望你与我一同思考"。

(13) 使能——"我会陪伴你、协助你努力成长"。

(14) 自我控制——"为了让你自己努力,我必须自我控制,以免你依赖我"。

(15) 工作和个人——"我和你一样是普通人,但我也代表这个机构,并且是需要发挥功能的人"。

我们认为,卡普顿和格拉维提出的15种特质及相应的对话,较全面地反映了个案工作者所需要具备的基本特质,这些内容值得个案工作者学习和借鉴。另外,在有关个案工作者特质的各类观点中,自我了解或自我控制都被列为个案工作者必需的一种特质。我们认为,包含自我了解的"自我觉察",不仅是个案工作者所必需的特质,而且是个案工作者很重要的特质,自我觉察在反映自我认识的同时也是自我控制和自我改变的第一步。在此,我们将对个案工作者"自我觉察"的相关内容详细论述。

(二) 重要特质——自我觉察

1. 自我觉察及意义

自我觉察是个人对自己感觉经验的觉知和意识,觉知是直接、具体的认知,意识是间接、抽象的认知。在与个案工作方法相似的心理辅导或咨询中,辅导者或咨询者个人及其自我觉察对于辅导关系和辅导效力具有非常重要的意义。艾鲍尔(Appell)认为,"辅导过程中,辅导者能带进辅导关系中最有意义的资源就是他(她)自己。"朱霍斯(Dyeytus)也认为,"辅导过程中,技巧只不过是一小部分,而经验丰富和察觉力敏锐的辅导者都会发现对辅导过程影响力最大的是辅导者个人"[①]。大多数咨询心理学家认为,良好的自我意识及觉察是心理咨询者所应具备的重要品质之一,科波斯(Combs)在对有关咨询效果的研究中发现,自我意识及觉察是众多优秀咨询者所强调的重要品质之一。[②] 由此可见,助人工作中专业助人者(如个案工作者或者心理咨询师)自我觉察的意义,自我觉察可以促进助人者对助人行为进行有效的自我反省,并及时进行不断的自我调整和改进,从而保证助人服务的品质和效力。

2. 个案工作者的自我觉察

个案工作者的自我觉察是指个案工作者在个案过程中,对自己的价值观、需要与动机、感受与状态、能力与职责以及文化差异等敏锐、清楚、深刻觉知和认识的过程及能力。

---

① 吴青枝:《心理辅导员的自我觉察及保持》,《思想理论教育》2003(11),第25页。

② 于鲁文:《论心理咨询者的自我意识》,《国家教育行政学院学报》2003(5),第56页。

(1) 对价值观的清晰觉察

在个案过程中,个案工作者需要时刻觉察自己的价值观是否对案主造成影响,觉察在工作中是否无意识地将自己的价值观强加于案主,觉察在自己的价值观和案主价值观发生冲突的情境中,如何有效应对并处理这种冲突。个案工作者要先澄清自己的价值观以及在辅导中的角色,然后帮助案主探索和澄清自己的信念,并以案主的价值观立场协助其解决遇到的问题或者困扰。伯根(Bergin)认为要以开放而非强迫的方式保持价值观,要表现令人信服的专业态度,而不是极力鼓吹特定的信念,同时,必须诚实地承认工作员个人的价值信念并不一定能够促进案主。

(2) 对需要动机的敏锐觉察

无论是马斯洛的需求层次理论,还是奥德弗的ERG理论,都在说明人类具有多样的需求,个案工作者也不例外。当个案工作者看到案主通过改变有勇气去面对自己遇到的困扰或挫折时,会感到满足或愉悦;或者会以与自己有某些相似经历的案主为"镜",反思自己的生活,从中获得个人成长;抑或会有强烈的被案主认可、接纳、崇拜的需求。以上种种情形,都可能是个案工作者各种需求的表现。"需求"本身既不会促进也不会破坏个案工作过程,而个案工作者反映个人需求的"行为"则会促进或破坏个案工作过程。个案工作者需要觉察并明了自己的独特需求以及它们是如何影响个案工作的过程、关系及案主的。如果个案工作者不具有敏锐的觉察,就会有意或者无意地利用案主来满足自己的个人需求,延缓或者阻碍个案工作进程;甚至由于个案工作者和案主在助人过程中权利的不对等,当个案工作者不能充分觉察自己的需求时,可能就会滥用或误用工作中的权利,进而剥夺案主自我决定和成长的权利和机会。

(3) 对感受与状态的深刻觉察

对感受与状态的深刻觉察主要体现在个案工作者对移情、反移情和个人"未完成事件"的觉知和认识。移情与反移情在助人过程中既可能是建设性因素,也可能是破坏性因素,个案工作者可以利用移情与反移情来实现助人的目的,但也极有可能将个人需求和"未完成事件"卷入到助人关系中,从而失去客观性。当个案工作者无法知道案主确切的情感变化时,只有以自己的感情变化来鉴别对方是否发生移情,因此需要个案工作者不断而深层次地觉察自己的情绪、情感变化以及与案主的关系是否具有建设性。另外,个案工作者要敏感地觉察个人生活中的"未完成事件","未完成事件"是个人生活中在情感上没有处理完结的事件,包括悔恨、愤怒、怨恨、痛苦、焦虑、悲伤、罪恶、遗弃感等。未完成事件通常会一直存在,直到个人勇于面对并解决。大多数个案工作者在个案工作时,都可能会带出个人未完成事件,如果个案工作者没有及时察觉并处理这些"未完成事件",很可能在工作中遇到极大的阻碍。当然,个案工作者个人的"未完成事件"

并没有必要全部解决才可以开始个案工作,情绪困扰、内心挣扎或焦虑体验较少的个案工作者,很难去体会案主面对困难时的内心感受和情绪,也很难协助案主接纳、面对并处理这些情绪。

(4) 对能力与职责的持续觉察

个案工作者要勇于承认自己的能力及限制,要对自己坦白、开放。若一味追求完美、全能,常常会出现自我挫败感,最终使自己濒临枯竭。个案工作者在个案工作过程中,要与案主分担责任,找到责任区分的最佳平衡点。个案工作者的责任是帮助案主自我成长,而不是越俎代庖。要善于拒绝案主的不合理要求,不要为案主承担过多,否则不利于案主自身内在力量的形成,同时也会给自己带来不必要的烦恼。个案工作者要随时检视并清楚自己的能力和职责,对超出自己能力和职责范围的事情,要坦然放弃或及时转介到其他部门和个人。

(5) 对文化差异的高度觉察

个案工作过程中,个案工作者要高度觉察文化差异的影响。这些文化差异体现在年龄、文化、能力、教育程度、民族、性别、语言、体形、种族、宗教、居住地区、性取向、社会地位等方面。个案工作者在个案工作过程中,经常会遇见来自不同文化背景的案主,如来自农村,来自城市的未成年人救助中心,来自于受虐待的家庭,来自于不同的居住地区等。在与案主的互动中,一方面,个案工作者可能将自己对文化差异的理解甚至是偏见不自觉地表现出来,还可能倾向于将自己的文化观强加于案主身上,期望案主接纳自己认同的文化观;另一方面,由于个案工作者与案主的文化差异较大,可能会使案主产生不舒服、不自在的感觉。以上两个方面都会影响助人过程。因此,个案工作者要清楚地认识到自己的文化观对个人及专业行为的影响,更要认清自己的价值、信仰及行为方式,并知道它们所具有的文化特殊性,同时积极探讨自己的文化历史,超越自己的"文化壁垒"。

3. 自我觉察的提升

个案工作者的自我觉察对于保持个案工作者的个人身心健康和工作效能具有非常重要的意义。怎样才能更有效地提升个案工作者清晰、敏锐而深刻的自我觉察呢?

(1) 善于自我总结和反思

总结与反思是提高个案工作者自我觉察能力和不断增强专业技能的重要方法。既可以针对一段个案工作或个人生活,检视个案工作者在工作和生活中的个人状态和效能,也可以着眼于某个个案过程来分析和评估个案工作者自身作出的某种行为、决策以及所产生的影响和效果。个案工作者可以通过反思性提问或者写反思性日记、填写个案评估表、观摩个案录像等方式,深入觉察、认识自己的价值观、需要与动机、感受与状态、能力与职责、文化差异及其对案主的影响,并适时作出自我分析和调整,增强对工作、生活的积极适应。例如,工作员自我提问"我在生活或者工作中看重的是什么？我对人生的信仰是什么？"等，这些提问可以帮助工作员进行价值观觉察。"我为什么要助人？我如何区别案主的需求被满足和自己的需求被满足？"等，这些提问可以促进个案工作者察觉并澄清自己的需求与动机。"我在个案工作过程中最强烈或者鲜明的感受是什么？当有这些强烈或者鲜明的感受时，我想起了什么？这些感受对案主及个案过程有哪些影响？这些感受对我个人有哪些影响？我如何看待这些感受给我带来的影响？"等这些提问可以促进个案工作者对自己的感受与状态进行察觉。

（2）积极寻求专业督导

在个案工作中，督导是个案工作者在有经验的督导者指导与帮助下，学习和改进个案工作、实践个案辅导技巧，提高自身专业水平的过程。这是一种特殊的学习方式，个案工作者在督导者的引导、帮助下，不断探索、练习并尝试运用所学到的价值观、理论和方法，及时检讨、改进，从而促进专业能力和责任感的提升。接受督导的过程不仅是个案工作者提升专业能力的重要途径，也是个案工作者保持自觉和成长不可或缺的过程。个案工作者积极、主动地寻找有经验的个案工作者作为自己的督导，定期请教、探讨，会不断增进其自我觉察和个人效能。

（3）接受咨询与朋辈辅导

个案工作者个人接受个案辅导或者心理咨询，对于提高自我觉察和反思的能力是一种相当有效的方法。个案工作者也像普通人一样，有自己解决不了的问题和认识盲点，需要通过个案辅导或者心理咨询进一步探索与认识自己。此外，可以与自己的同事、同行组成支持性团体进行同辈辅导，彼此倾吐心声，适当宣泄，分享经验，分担压力，找出克服困境的有效办法；或者参加觉察小组，互相剖析学习，提高个人的觉察和认知。

（4）参加专业培训和研讨

个案工作是一项具有挑战性、创造性的工作，要求个案工作者时刻保持开放的头脑，主动接受、学习新的知识，不断建构自己的专业知识与能力系统。经常参加一些专业培训或研讨，可以从中获得新的信息和思考，拓展个案能力，促进专业与个人成长。

（5）建立良好的支持体系

个案工作是生命与生命接触与影响的过程，个案工作者需要付出相当的生命能量。丰富的业余生活和良好的家庭及人际关系，对人与自然充满兴趣，热爱生活，都会给个案工作者带来生命的滋养，从而促进其自我觉察。

二、心理素质与心理健康

心理素质是一种稳定的心理品质或特性，而心理健康则是一种积极、良好的心理状态。从心理素质的功能来看，心理素质的高低与心理健康水平基本呈正相关。对于两者的关系，我国心理素质研究与教育专家张大均认为，心理素质包含从稳定的内源性心理基质到外显的适应性行为习惯的多层面的自组织系统，心理健康作为外显的行为表现和心理状态是心理素质的功能性成分，是心理素质健全的重要指标，二者的关系是"标"与"本"的关系。① 我们赞同学者张大均对二者关系的观点，以下将较详细阐释个案工作者心理素质的重要指标——心理健康。

（一）心理健康

在助人工作领域，"助人者的心理健康是决定助人有效的重要因素"已经是一个基本的共识。正如卡瑞（Corey）所言，"辅导可以使来访者转好或转坏；辅导者的活力与心理健康是决定辅导效果的重要变数"。

1. 定义简述

从1946年第三届国际心理大会对"心理健康"的界定，到20世纪90年代中期至今国内学术界关于"心理健康"概念及其标准的争论，可以说目前国内外学术界对"心理健康"并没有形成一个公认的界定。

综观各类定义，基本达成了以下几点共识：第一，都承认心理健康是一种内外协调统一的良好心理状态；第二，都把适应良好，尤其是社会适应良好看做是心理健康的重要表现或重要特征；第三，都强调心理健康是一种积极向上发展的心理状态。学者叶一舵在对已有"心理健康"定义整合后作出了重新界定：心理健康是个体在与各种环境相互作用中，在内外条件许可范围内，主体能不断调整自身心理结构，自觉保持心理、社会方面正常或良好适应的一种持续而积极的心理功能状态。②

2. 个案工作者的心理健康

借鉴学者叶一舵的观点，我们认为，个案工作者的心理健康是指在与个案工作的各种环境相互作用中，个案工作者不断调适心理结构，自觉保持心理、社会方面正常或良好适应的一种持续而积极的心理功能状态。其主要包含以下四点内容：第一，心理健康是心理的一种功能状态，个案工作者自我调节功能的自觉发挥是其内在属性；第二，心理健康作为一种功能状态，最终表现为个案工作者的适应状况，只有其适应正常或良好，才能体现其心理健康的正常功能或最佳功能；第三，个案工作者的心理健康既是一种状态，也是一个过程；第四，心理健康的功能发挥受内在条件（如自我系统）和外在条件（如工作环境）的制约。

（二）心理健康的标准

1. "心理健康的标准"综述

关于心理健康的标准，目前国内外亦没有形成一个普遍认可的标准。1946

---

① 张大均：《论人的心理素质》，《心理与行为研究》2003(2)，第145页。
② 叶一舵：《心理健康标准及其研究的再认识》，《东南学术》2001(6)，第172页。

年,第三届国际心理大会提出了"心理健康"具体明确的四个标准:(1)身体、智力、情绪十分协调;(2)适应环境,人际交往中彼此谦让;(3)有主观幸福感;(4)在工作和职业中,能充分发挥自己的能力,过着有效率的生活。1951年,美国心理学家马斯洛(Abraham H. Maslow)提出心理健康的十条标准,被认为是"最经典的标准":(1)充分的安全感;(2)充分了解自己,并对自己的能力作适当的估价;(3)生活的目标切合实际;(4)与现实的环境保持接触;(5)能保持人格的完整与和谐;(6)具有从经验中学习的能力;(7)能保持良好的人际关系;(8)适度的情绪表达与控制;(9)在不违背社会规范的条件下,对个人的基本需要做恰当的满足;(10)在不违背社会规范的条件下,能做有限的个性发挥。[1]

国内学者根据自己的理解,也提出了不同的心理健康标准。张春兴提出了生活适应的六条标准[2];黄坚厚提出心理健康可从四个方面去评价[3];江光荣在归纳已有观点的基础上,提出包括自我认识和自我态度、人际态度和社交能力、生活热情和有效解决问题的能力、个性结构的内在协调性在内的心理健康的四个维度[4];刘华山则归纳为六条:对现实正确的认识,自知、自尊与自我接纳,自我调控能力,与人建立亲密关系的能力,人格结构的稳定与协调,生活热情和工作效率[5]。综观这些标准,虽然表述和侧重有所不同,但它们都强调心理健康的标准反映出个体内部协调和外部适应的和谐心理功能。

对于心理健康标准的具体依据,学者们确定了以下七种:(1)以统计学上的常态分布作为标准;(2)以合乎社会规范为标准;(3)以社会生活适应状况为标准;(4)以医学上的症状存在与否为标准;(5)以个人主观经验为标准;(6)以心理成熟与发展水平为标准;(7)以心理机能的充分发挥为标准。江光荣对这些依据进行了归类,指出确定心理健康标准时存在两大原则:众数原则和精英原则。众数原则是以社会中多数成员的常态行为为正常,偏离常模者为异常;精英原则强调以人的本质力量、人的潜能实现程度为评价依据,功能充分发挥者为正常。[6]学者金德初提出心理健康是生存标准(众数标准)与发展标准(精英标准)的协调结合,生存标准立足于个人生命存在,强调个人不断调整身心,在现实环境中维持一种积极的、有效的生存状态,强调保存与延长生物学意义上的生命,尤其强调适应环境,顺从主流文化;发展标准则着眼于个人发展,指向更高水平的适应,指向更丰富、更成熟、更健全的心理生活和心理品质,更加强调能动地适应和改

---

[1] 樊富珉等:《青年心理健康十五讲》,北京大学出版社2006年版,第24~25页。
[2] 张春兴:《现代心理学》,(台北)东华书局1991年版,第633页。
[3] 黄坚厚:《青年的心理健康》,(台北)心理出版社1985年版,第3~6页。
[4] 江光荣:《心理咨询与治疗》,安徽人民出版社1995年版,第73~74页。
[5] 刘华山:《心理健康概念与标准的再认识》,《心理科学》2001(4),第480~481页。
[6] 江光荣等:《国内外心理健康素质研究综述》,《心理与行为研究》2004(4),第586页。

造环境,追求最有价值地创造生活,获得身心满足,成为崇高、有尊严、自豪的人。① 学者叶一舵在综合前两位学者观点的基础上,提出心理健康的标准就是个体适应正常或良好,并提出心理健康标准的二维适应结构。具体而言,从个体横向适应角度来看,心理健康标准分为心理适应(自我适应)标准和社会适应标准;从个体纵向适应角度来看,分为生存适应标准和发展适应标准;这两个维度共同构成心理健康标准的二维结构。综合来看,该结构既与心理健康的内涵相通,又整合了目前对心理健康标准研究的主要分歧,同时也符合联合国教科文组织提出的心理健康及其标准的研究应以生理—心理—社会为取向的模式。

2. 个案工作者心理健康的标准

个案工作者心理健康的标准参照学者叶一舵提出的心理健康标准二维适应结构(如图3-4),主要包括以下具体内容。

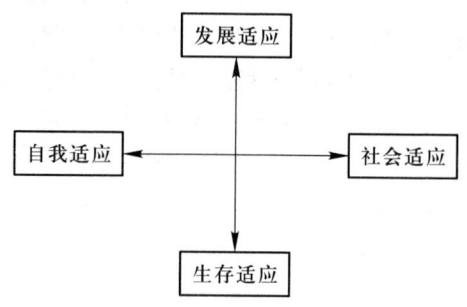

图3-4 心理健康标准二维适应结构

(1) 四种不同类型的适应

适应是心理健康的本质。由横向和纵向两个维度构成自我—生存适应、自我—发展适应、社会—生存适应和社会—发展适应四种不同类型的适应。在二维关系上,自我适应是一种调节性的心理功能,是社会适应的心理基础,社会适应是自我适应的背景和平台,支撑着自我适应的功能,两者双向互动。生存适应与发展适应的关系亦是如此。四种适应类型基本涵盖并代表了个案工作者适应的主要形式,也较为完整地体现了其心理健康的功能状态或过程。不同工作时期的个案工作者个体,可能属于不同类型,如新手时期的个案工作者属于自我—生存适应和社会—生存适应,成熟时期的个案工作者属于自我—发展适应和社会—发展适应。个案工作者要关注不同阶段的适应状态及动态变化。

(2) 适应的过程及方式

---

① 金德初:《精神健康的生存标准和发展标准》,《心理科学》1993(4),第253~255页。

作为心理健康的标准,个案工作者适应正常或良好是一个极富概括性的标准。由于个案工作者生活经验的千差万别、需求的差异与变化、个人价值取向和自我调节能力的迥异,其适应过程及方式会存在较大的差异。从理想角度来看,心理健康的标准应该是个案工作者自我适应与社会适应、生存适应与发展适应的统一,即能够在成长过程中,根据内外环境和条件的变化,不断对自己的各种适应状态进行整合,从而使自己的适应保持一种结构与功能俱佳的态势。从现实或横断面角度来看,个案工作者的四种适应并不总是统一的。不同的个案工作者可能会有不同的表现,如新手个案工作者和专家个案工作者属于不同的适应类型,只要他们能以自己的方式正常地适应各自的生活和工作,即表现为心理健康。换言之,不同类型、不同工作阶段的个案工作者在适应过程中会依据自己的做法发现并保持个人心理健康的最适度。

(三)心理健康的保持

心理健康是在相对标准下的动态平衡过程,期间存在较大的个体差异。因此,个案工作者心理健康的保持或调适的内容是多元的,概括而言包括以下四个方面。

1. 积极正向认知

根据心理学的一些观点,人有自创的能力也有自毁的能力,将自创自保的能力发挥到极致,关键靠积极正向的认知。因此,个案工作者可以应用某些个案工作的辅导模式,如叙事模式,发现自己某些认知的形成以及这些认知对自己的影响及意义,探索自己的价值观内容、形成及影响,并不断建构出积极正向的认知。

2. 反思与悦纳自我

个案工作者要通过各种自我觉察的方式认识并反思自我认知、自我感受和自我行为等,并悦纳自我的某些状态,如作为新手时的自我否定和不自信等,并随着经验、学习和反思的积累不断调整自我状态。

3. 享受休闲锻炼

个案工作者要培养或保持爱好,放松身心,娱乐休闲。应重视适度的身体锻炼,特别是有助于心理平静的活动或锻炼,如冥想或深度放松等。适度的身体锻炼,不仅能使个体血液循环加快、代谢改善,而且对心灵也是良好的安抚。

4. 积极社会交往

个案工作者能从多面向的积极社会交往中,体会到不同的爱,除了父母之爱之外,童年、少年时期的同伴和师长之爱,青年时期的同事、情侣和夫妻之爱,中年时期的亲朋和子女之爱,老年时期的晚辈之爱等等,这些伴随一生成长的"爱",能够促使个案工作者在家庭、工作和事业上增添信心和动力,让生活充满温暖、支持和快乐。

第四节 个案工作者的角色素养

个案工作者所具备的知识素养、能力素养和心理素养通过角色素养体现出来。角色是在特定的社会关系中由文化决定的,期待于个人的行为模式。个案工作者的角色素养是与其专业性质与职业身份相一致的行为模式水平。个案工作者在协助案主动员其自身资源、实现案主所追求目标的过程中,其角色素养具有多元性、动态性和统筹性的特点。

一、个案工作者角色素养的特点

（一）多元性

个案工作者角色素养的多元性主要体现在个案工作者在专业实务中扮演多种角色:倾听者与支持者、理解者与反应者、合作者与拓展者、联结者与倡导者、研究者与评估者。

1. 倾听者与支持者

个案工作者在与案主契约式的伙伴互动中,首先而且很重要的是扮演倾听者,个案工作者要用"耳朵、头脑和心灵"倾听案主讲述的经历、感受、想法和内心世界,并透过"好奇和未知"的询问倾听并发现案主的价值观、意愿和行为习惯等,从而了解案主丰富的意义世界。其次,个案工作者还要扮演支持者的角色,个案工作者对案主的支持包括情感支持和物质支持。情感支持主要体现在倾听过程中,个案工作者通过对案主的尊重与关注,表达对案主的情感支持,让案主感受到自己是谈话的中心及被尊重。物质支持主要体现在案主在追寻并实现个人生活蓝图时,将个案工作者看做是能够为其提供社会支持或资源的途径之一。此时,个案工作者在所属机构服务范畴内,提供满足案主需求和生活目标的物质资源,如人力资源、物品资源、财力资源和信息资源等。

2. 理解者与反应者

个案工作者在倾听与支持的基础上,通过沟通与会谈,理解案主的经历、感受、行为习惯、价值观、意愿和内心世界。同时,个案工作者要将理解到的案主经历、感受、行为习惯和价值观等反馈给案主,一方面得到案主的澄清和确认,另一方面得到案主新的诠释与理解。在此过程中,特别注意要避免个案工作者的价值观中心和专业权威中心,因为一旦出现个案工作者中心,包括价值观中心和专业权威中心,个案工作者将听不到案主真实、真正的"声音",也看不到案主真实、真正的"反应",案主将失去案"主"的意义,甚至失去了案主的真实存在,而个案工作者只是在对自己界定或想象中的案主开展工作。

3. 合作者与拓展者

个案工作者在与案主的沟通互动中，不是传统意义上的专家或权威，也不是案主"问题"的发现者、解决"问题"策略的提供者，而是案主的合作伙伴。在合作过程中，案主和个案工作者共同决定个案工作的方向；当双方出现差异时，主要通过合作性对话，例如通过以下提问："这个差异对双方有哪些影响？案主如何看待这个差异？案主更看重的是什么？"，引起案主对自己及所期待生活的思考、发现和新的决定。在案主方面，需要其自身各个方面的合作，如身体、感受与心智的合作，经过这些方面的合作性对话，案主将朝着自己期待和决定的方向更有效地发展。在个案工作者方面，与案主合作对话，协助案主重构意义的同时，还可以通过简短分享"合作对话对自己的影响、在合作中的收获"等为案主打开更多与自己进行对话的空间，此时的个案工作者即在扮演空间拓展者的角色，其分享的目的在于进一步为案主拓展再次审视自己、核查期待和决定的内在空间；需要强调的是，个案工作者要不断警醒自己的分享是否有"个案工作者中心"倾向，要明了个人分享的目的。

4. 联结者与倡导者

与个案工作者所扮演的支持者相关的一个角色是联结者。这一角色分别体现在具体个案和个案管理两个层面。在具体个案中，当案主需要个案工作者给予实际帮助时，个案工作者一方面要了解案主的具体需要，另一方面要清楚通过何种途径联结各种资源，并且能够与提供资源的个人、机构或组织建立联系。如为下岗或待业人员找寻并联络相应的职业介绍所或就业机构，为流浪儿童寻求教育资源等。在个案管理中，个案工作者或管理者首先要为遭遇多重问题，并且在取得及使用资源上有困难的案主寻找其所需的资源——这些资源可能来自政府部门、企业、非营利组织和非正式组织，也可能需要专业间的合作。其次要进行资源联结与整合，形成资源服务网络。第三要协调这个网络中各项提供者彼此的互动关系，即在联结中协调。整个过程中，个案工作者或管理者要关注每项个别提供者的有效性，更重要的是聚焦于整个资源服务网络能否有效协助案主解决其所想要解决的问题以及网络中每项提供者彼此之间合作关系的质量上。

当个案工作者在进行资源联结与整合过程中，发现由于各种原因导致资源分配不合理或者资源缺失时，要扮演倡导者的角色，即发挥专业权利和身份，积极倡议政府、机构及组织在政策、制度等方面进行调整或改革，或者与案主一起倡导并争取一些合理的资源和权益，如工作员向职业介绍所或者就业机构倡议为贫困单亲家庭中的下岗母亲提供就业资源的优先服务，向社区提交建议为该家庭的孩子提供减免学费的政策建议书等。

5. 研究者与评估者

个案工作者与案主一起工作的过程也可以看做是研究的过程。在此过程中,个案工作者要不断做以下方面的研究:一是个案工作过程中,案主系统产生变化的过程和影响因素;二是自己的知识素养、能力素养、心理素养和角色素养对案主系统的影响;三是案主系统对个案工作者四种素养的影响;四是与案主系统互动中,个案工作者四种素养的变化及互动。这些方面的研究都体现出个案工作者研究者的角色。在研究过程及结束时,个案工作者还要以反思性评估者的角色,通过连续对话式提问,如"有哪些证据说明案主系统的变化和影响因素?其中的关键是什么?从案主的角度,他或她认为的关键因素是什么?"、"我如何看待自己的知识素养、能力素养、心理素养和角色素养与案主系统的相互影响?"、"为什么在与案主系统互动中,自己的四种素养会产生那样的变化及互动?这说明什么?",对这些研究做过程和结果的反思性归纳、分析和整理,以此为进一步提升专业素养和实务水平提供理论指导。

(二) 动态性

从个案工作的程序来看,个案工作者的多元角色是动态变化及互动的。一般而言,在接案与建立关系阶段,个案工作者主要扮演倾听者与支持者的角色;在预估与发展关系阶段,个案工作者在扮演倾听者与支持者的同时,主要扮演理解者与反应者的角色,个案工作者通过对案主的理解和对其价值观、意愿和行为习惯等方面的反应,进一步增强了倾听者和支持者的角色,让案主感受到被理解、尊重与支持;进入到工作计划阶段,个案工作者除扮演前两个阶段的角色之外,主要扮演合作者与拓展者的角色,而个案工作者所扮演的前四种角色,为个案工作者与案主的合作及协助案主拓展对话空间创造了积极的氛围;随着服务的实施,个案工作者又增加了联结者与倡导者的角色,这两种角色对前三个阶段中个案工作者的其他角色起到了不同程度的强化作用:一方面,案主通过与个案工作者不同角色的互动增强了对个案工作功能的体验,另一方面,个案工作者再次体验到不同角色的功能;进入到结案与评估的最后阶段,个案工作者主要扮演研究者与评估者的角色,其他角色成为这两种角色充分展现的基础。

(三) 统筹性

在个案工作的程序中,我们看到个案工作者多元角色的动态性。在不同的工作阶段,工作员的角色类型和侧重有所不同,这就需要个案工作者依据案主系统的特点和变化进行弹性筹划,而不是在不同的工作阶段按部就班地扮演角色。如在接案阶段遇到相对阻抗和沉默的案主,在预估与工作计划两个阶段都要弹性筹划更多的倾听与支持、理解与反应,在此基础上,逐渐体现合作者与拓展者的角色。在此特别强调的是,个案工作者的专业价值观始终是角色统筹的核心指引。

个案工作者在角色素养的形成过程中,可能会面临一种挑战——职业枯竭。认识并预防职业枯竭,对个案工作者职业角色和角色素养的构建意义重大。

二、职业枯竭及预防

（一）职业枯竭

1. 界定

职业枯竭是心理枯竭的一种。1974年，美国临床心理学家费登伯格（Freudenberger）首次将职业枯竭一词引入心理学领域，用于特指从事助人行业的工作者无法应对外界超出个人能量和资源的过度要求，从而产生心理、情绪情感、行为等方面的身心耗竭状态。此后，关于职业枯竭的表述各不相同，较有代表性的是1981年美国社会心理学家马斯拉奇（C. Maslach）等确定的职业枯竭的三个核心成分：(1) 情感衰竭，即个体情感处于极度疲劳状态，工作热情完全消失；(2) 去个性化，即个体以消极、否定、麻木的态度对待工作；(3) 个人成就感降低，即个体评价自我意义与价值的倾向降低。我国学者沈翰认为，助人行业中的职业枯竭是个体因不能有效缓解工作压力或妥善应对工作困难与挫折所经历的身心疲惫状态。①

综合上述观点，我们认为，个案工作者的职业枯竭是由于工作性质及要求所引发的一种心理枯竭，主要表现为个案工作者在高工作压力状态下，体验到一种身心疲惫的感觉，从而出现对工作价值和自我价值评价降低的倾向。

2. 职业枯竭的特征

个案工作者的职业枯竭可以通过以下六个特征来评估判断。

(1) 生理耗竭。生理耗竭的主要表现是身体能量有一种耗竭感。首先，个案工作者会感觉到持续性的精力不充沛，然后感觉到极度的疲劳、疲惫和虚弱，身体对疾病的抵抗力也在下降，随后出现一些身心症状，比如头疼、背疼、腰酸、肠胃不适，另外还有失眠、饮食习惯的改变等，严重的会导致精神疾患。

(2) 才智枯竭。才智枯竭主要表现在个案工作者会产生一种空虚感，有一种被掏空的感觉，会觉得自己的知识、技能已经没有办法满足工作的要求，会出现思维效率下降，注意力不集中，不能很好地适应当前知识更新的情况。

(3) 情绪衰竭。这是职业枯竭一个非常显著的特征，主要表现为工作热情完全消失，情绪烦躁，容易发脾气，容易迁怒于他人；对人冷漠无情，麻木不仁，没有爱心，甚至表现出悲观、沮丧、抑郁、无助和无望。个案工作者的情感资源就像干涸了的河床，没有精力去关怀他人。

(4) 价值衰落。价值衰落主要表现为成就感下降，自我效能感和自我评价降低。个案工作者感到工作没有意思，工作变得机械化，效率很低，经常出错，觉

---

① 王茜：《心理咨询师职业枯竭成因探析》，《福建论坛·人文社会科学版》2011年专刊，第113页。

得自己什么工作都做不好,也没有能力做好助人工作,对自己所从事工作的意义和工作角色的评价不断下降,并逐渐产生不胜任感、无能感和失败感;而这些感受又会使得个案工作者减少心理上的投入,不再付出努力,之后出现消极怠工,甚至出现离职或者转行的倾向。

(5)"去人性化"。"去人性化"会直接影响到个案工作者人际交往的好坏或者质量。"去人性化"表现为个案工作者用一种消极、否定、冷漠的态度去对待周围的人,甚至是对待自己非常亲近的人,包括家人或者一些好朋友。个案工作者会表现出对他人不信任、多疑、猜测,也充满了一种批判性。如果这个特征比较严重,还会表现出一种把人视为无生命物体来看待的情况。

(6)攻击行为。攻击行为一般来说有两个方向:一个方向是对别人的攻击行为会增多,例如人际摩擦增多,会在极端情况下出现打骂一些无辜者的情况,例如将工作中的不愉快发泄到妻子或孩子身上;另一种攻击不是指向于他人,而是指向自己,可能出现自残行为甚至自杀。

3. 职业枯竭的阶段

职业枯竭是一种过程性的变化,一般而言,个案工作者的职业枯竭经历五个阶段。

(1)蜜月期。个案工作者刚参加工作,工作热情高涨,而且自身的储备也非常充足,有知识储备,也有身体能量储备。在蜜月期,有时候工作到夜里一两点都没事,第二天仍然能够精神饱满地去工作。过一段时间之后,就逐渐进入到第二个时期。

(2)能量耗尽期。个案工作者持续的工作热情不可能永远保持,随着能量的消耗,工作乐趣会逐渐减退,而且有时候会出现一种筋疲力尽的感觉,比如说失眠、身体不适等。

(3)慢性表征期。这一阶段表现为由于过度工作,导致个案工作者身体出现频繁的不适或生病,而且情绪上也容易动怒、急躁,然后逐渐变得忧郁等。如果这个阶段不开始调整工作状态的话,就会进入到危机期。

(4)危机期。这个阶段的个案工作者会有一段时间无法工作,而且社会关系也会因为职业枯竭出现种种问题,如家庭关系紧张、同事关系疏离等,个案工作者会感到焦头烂额。如果这个时候还不能调整的话,就会进入到受创期。

(5)受创期。这个阶段表现为个案工作者生理和心理问题非常严重,已经威胁到个人职业生涯发展,甚至可能危害到个案工作者的个人生命。

了解个案工作者职业枯竭的特征和五个阶段,对及时调整个人的身心状态非常有帮助。

(二)职业枯竭的成因

究竟是什么原因导致个案工作者职业枯竭?综合来看,主要有以下两个方面的因素。

1. 社会环境因素

(1) 社会变革和快速发展。这是职业枯竭产生的一个非常重要的原因。职业枯竭往往是在社会快速发展或者社会变革时期，在很多不确定性出现、变化速度非常快的时候产生。个案工作者因此会产生一种不安全感。

(2) 组织氛围和工作机制。组织氛围和工作机制会对个案工作者的职业枯竭产生一定的影响。例如在一些组织当中，某些工作缺乏自主性，不能够调动个案工作者的积极性，或者缺少个案工作者成长的机会，组织激励的措施不够有针对性，待遇也不理想，组织或机构的管理者和个案工作者沟通不顺畅，这些组织氛围或工作机制就会成为个案工作者职业枯竭的外部诱因。

(3) 超负荷的工作压力。一方面，个案工作者常常会因为体验到来自案主、自我和机构的三重压力而产生职业枯竭。另一方面，目前我国专职社会工作者较少，从业人员多在高校或机构，还承担着教师等多种角色，他们承受着较大的工作量。如果在现行的工作时间之外，被迫延长或增加工作时间，久而久之也会引发职业枯竭。

(4) 职业性质和特点。"枯竭"已经被证实是长期紧张情绪积累的结果。个案工作是一项需要大量情感投入的工作，具有以下特点：一是情感投入单向性、经常性；二是在涉及某些特殊案例时，如儿童虐待或者青少年性侵犯等，可能引发个案工作者较复杂的情绪反应；三是个案工作者要投入大量精力与情感与案主密切接触，建立良好的关系，运用专业知识、经验和技能帮助案主。与其他职业相比较而言，上述职业特点更容易引发个案工作者的职业枯竭。

2. 个人内在因素

(1) 某些人格特征

一些研究表明，某些人格和态度可能增加出现职业枯竭的危险，人口统计学变量与职业枯竭存在一定关系。从性别来看，女性更容易体验到强烈的情绪衰竭，而男性的去人性化特征较女性普遍。高危人群通常具有积极、能干等特质，往往承担太多责任，具有完美主义倾向，遇到事情不愿寻求他人的帮助。

(2) 不客观的自我评价

个案工作者大多具有帮助案主的愿望，希望通过自己的工作促使案主健康、愉快地成长。但有些个案工作者不能对自己进行客观的自我评价，盲目追求一切个案辅导的成功，认为自己可以解决一切问题，个案工作后一定能让案主发生有效的改变，这些主观认识和评价都可能给个案工作者带来挫折和伤害。

(3) 未解决的"未完成事件"

个案工作过程中，个案工作者可能体验到同情、得意、焦虑、失望、厌恶、愤怒等多种情感反应，其个人的"未完成事件"可能被案主激活。一些研究指出，助人者个人的内在反应是其受损的基础。

(三) 职业枯竭的预防

1. 建立激励和关怀相结合的组织文化

个案工作者所在的组织或团队中需要负责和关怀的领导风格和组织氛围,即高责任、高关怀,使得个案工作者处在一种积极融洽、相互支持的工作环境中,能够更有效、更健康、更快乐地工作。

2. 增强对环境和个人的认知与调适

个案工作者要通过与他人对话、写日记等方式增强对环境及个人人格特点的认知,如思考"职业特点给自己带来的影响及意义、个人特征对职业的影响及意义,自己在个案工作中看重什么"等。个案工作者应通过不断的认知和反思,确定可实现的工作目标,并通过终身学习、锻炼身体及有效放松作出积极的调适。

3. 丰富生活与增强支持

一些研究表明,全面、丰富的生活内容对形成积极的工作态度十分重要。社会心理学家马思拉奇指出:当你的全部世界仅仅是你的工作而无其他时,当你的工作出现问题时,你的整个世界就会彻底陷落。你的能力、你的自尊、你的个人定位等都依赖于你的生活,而如果你的生活如此狭窄,他们就会动荡、不牢。个案工作者要建立全面、丰富的个人生活方式,不仅要给自己留出时间,还要在这些时间内从事有意义、有所获得的活动,包括培养和发展人际关系、发展自己的兴趣爱好等。只有在个人生活和专业工作方面都丰富、全面发展,才有助于个案工作者的自我心理调节,从而消除心灵杂质,使内心纯净、高尚、升华。[①] 另一些研究发现,职业枯竭会影响到家庭的和谐度,但反过来,良好的家庭氛围也能够使得个人降低自己的枯竭程度。因此,个案工作者要建立与家庭、同事及社群的各种紧密联结,获得并增强这些社会支持对于预防职业枯竭尤为重要。

本章小结

个案工作者的素养是指个案工作者在理论知识、能力、心理等方面达到一定的水平,并养成专业的行为模式及态度;在内容上,主要包括知识素养、能力素养、心理素养和角色素养。在知识素养方面,需要个案工作者在了解实证主义、社会决定论、历史主义和社会建构主义等多样化知识观的基础上,掌握包括基础知识和专业知识在内的静态知识结构与动态的结构关系。在具备丰厚知识素养的基础上,需要个案工作者重点学习并培养包括专业价值、专业知识和专业技术等核心能力为主的能力素养,并积极应用到个案实务当中。在心理素养方面,要重点把握个案工作者的基本特质和自我觉察这一重要特质;在此基础上,要通过心理素

---

① 乐国安等:《心理咨询学》,南开大学出版社 2004 年版,第 55~58 页。

养的重要指标——心理健康认识心理素质的功能,理解个案工作者的心理素养是践行其知识素养和能力素养的根本保障。最后,在重点理解个案工作者角色素养多元性的同时,认识个案工作者角色素养形成过程中可能遇到的挑战——职业枯竭,并学习如何预防。总而言之,个案工作者的素养体现在知识素养、能力素养、心理素养和角色素养四个方面,四者的关系是:知识素养是基础,能力素养是核心,心理素养是保障,角色素养是载体,前三者相辅相成,都通过角色素养得以展现。

思考题

1. 你认为个案工作者需要具有哪些素养?为什么?
2. 如何理解个案工作者的能力素养?
3. 你认为个案工作者的心理素养在个案过程中起到怎样的作用?
4. 如何理解个案工作者四种素养的关系?

第四章

个案工作的基本技巧

社会工作技巧是将知识和价值观合二为一,并转化为行动,去回应社会关注和社会需要的实践性要素。对个案工作而言,这些实践性要素是指个案工作者基于一定的科学知识和价值信念,去帮助案主解决实际困难或问题的专业技术和能力。由此可见,科学的知识和社会工作的价值信念是个案工作技巧的基础和灵魂,科学强调客观性和可验证性,追求真理,科学知识须符合经验事实;信念具有主观性和直觉性,无可证实,但它是个案工作的标准和方向。在科学知识方面,要求个案工作者在学习掌握有关心理学、社会学及其他社会科学和人文科学理论知识的基础上,培养、训练自己个案工作要求的工作技术;在价值信念方面,要求个案工作者在培养、内化社会工作价值理念的基础上,发挥个性特长,创造性地将个案工作的技术巧妙地运用到个案工作的实践中(图 4-1)。

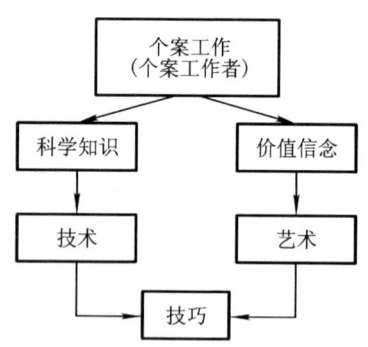

图 4-1 个案工作技巧

个案工作的具体技巧主要包括"关系技巧"和"过程技巧"。关系技巧是指个案工作者如何与案主建立信任关系的技巧;过程技巧是指通过一个什么样的过程去帮助案主发生改变和促进成长的技巧。与案主建立良好的信任关系和富有成效的助人效果的达成是需要一些共同的基本要素即基本技巧,例如沟通、记录、评估等(图 4-2)。在接下来的三章中,我们将分别讨论个案工作的基本技巧、具体的关系技巧和过程技巧。本章将通过对个案工作沟通、个案工作记录和个案工作评估等基本技巧的讨论,为后面两章的个案工作具体技巧奠定基础。

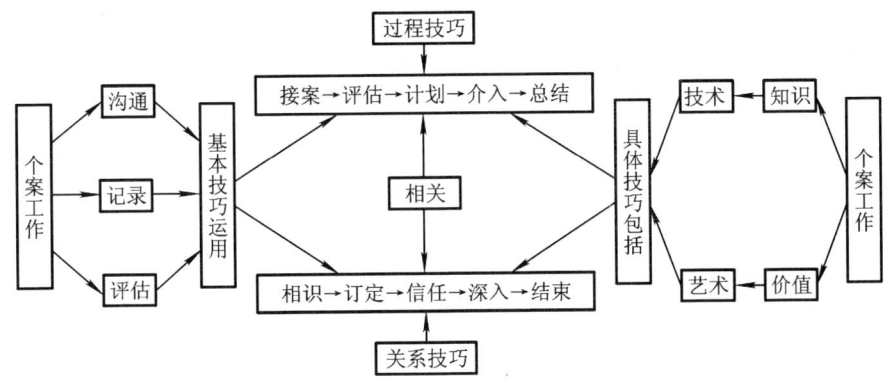

图 4-2 个案工作实务要素图

第一节 个案工作沟通

一、人际沟通

(一)沟通的含义

我国台湾学者李保悦把沟通界定为:沟通是双方当事人以言词或非言词的方式相互交换观念、感觉和态度的过程。非言词的表达包括脸部的表情、语气、音调、手势及姿势等。李保悦认为,所有沟通都具有交互活动、相互影响及相互联系的性质,它不但包含双方当事人消息的传递、接受及处理的过程,还包括该过程中双方情感的互动。

台湾学者廖荣利把沟通界定为:一个人和另外一个人(或两个以上的人)之间的理念、资料、感受和感情,以及态度的传递过程,并且这种传递过程通过一些符号来完成。

大陆学者翟进(2001)综合以上两位台湾学者对沟通的界定,将沟通定义为:双方当事人(一个或多个)借助语言或非语言符号彼此互相交换观念、感受、态度、资料、情感等内容的双向互动过程。并且,将沟通的基本要素归纳为:沟通的主体——双方当事人,可以是一个,也可以是多个;沟通的媒介——语言或非语言符号;沟通的内容——观念、感受、态度、资料、情感等;沟通的性质——双向互动过程。

综合上述学者的观点,我们对沟通至少应从如下方面进行理解:

1. 沟通是一种交叉式的信息交流,强调信息反馈式的双向互动。沟通应该是一个不断的、循环往复的信息反馈过程。我们在分析个案工作的本质特征时已经讨论过,信息交流有两种方式,平行式的交流和交叉式的交流。平行式交流是指彼此把自己有的信息供给对方,但双方所传达的信息之间没有联系。例如:

甲:我肚子有点痛。
乙:我昨天刚考完英语四级。
甲:下午的课我不想上了。
乙:大四的时候我还想考六级。
……

从上例的对话中我们看到,甲告诉了对方两个信息:一是我肚子痛(感受),二是我下午不想上课(意愿)。乙也告诉了对方两个信息:一是我考完了英语四级(消息),二是我想大四的时候再考英语六级(意愿或打算)。甲、乙是在把自己有的信息供给对方,但是,他们所传递的信息之间没有任何联系,完全是各说各的,对对方说的话完全不关心、不回应。这样的交流意义何在呢?甲告诉乙自己肚子痛,是想与乙分担自己的痛苦,潜在的需要是想得到乙的关心和安慰,想得到乙对自己下午不想上课的理解、原谅和同情,也许还有想请乙帮助请假的愿望,但乙没有给甲一点回应。这样的交流对甲意味着自己说的话毫无价值和意义,乙对自己的身体不关心。而乙告诉甲自己考完英语四级,可能有九成的把握能过关,还准备大四的时候考六级,是想和甲分享自己的快乐和喜悦,想得到甲的祝贺、肯定和鼓励。甲毫无反应,乙没有得到期望的对自己成绩的赞美和肯定,甚至会怀疑是否对方嫉妒自己有意不理睬。由此可见,这样的交流是失败的,不利于人际交往。

交叉式交流是彼此把自己有的信息供给对方,并且双方传达的信息之间有密切的关系,后者传达的信息是对前者传递信息的反馈或回流。同样是上面的例子:

甲:我肚子有点痛。
乙:怎么了,是着凉了,还是吃什么东西了?
甲:我也不知道怎么搞的,下午我不想上课了。

乙:那你好好休息吧,我帮你和老师说一下。
……
乙:我昨天刚考完英语四级。
甲:怎么样,过了吧。
乙:应该没问题。
甲:祝贺你!
乙:我想大四的时候考六级。
甲:太棒了!我给你加油。
……

从上面的交流中,我们看到,信息交流双方是在围绕着一个话题展开的。在这里,反馈的因素起了非常重要的作用。所谓反馈,原本是电子工程学的概念,意指发出去的电波的回流。而在信息交流中,反馈是指发出去的信息的回流。交叉式的信息交流强调信息的反馈,重视发出去的信息的回流过程,只有双方当事人彼此对对方的信息进行不断的回应,使得每一个主题信息都能做到螺旋式上升的交流,才能达到理想的沟通效果。尤其是在个案工作的沟通中,要求工作者运用跟进式的谈话,不断探索案主面对的问题、困难及他们所处的"情境",澄清案主的心理事实、问题所在和需要,才能取得有效的助人效果。

2. 沟通所传递的内容包括知识信息和价值信息。人们沟通所要传递的是某种思想、观念、态度、情感、知识、资料等相关信息。这些信息内容概括起来包括两部分:一部分是关于科学或知识方面的信息,例如某种知识、理论、资料、数据、消息等;另一部分是关于价值方面的信息,是人的某种价值信念、道德准则、人生态度及对科学知识的理解。科学信息是从前人文化遗产及个人生活经验中学习得来的,人们追求它的客观性、真实性和准确性;价值信息是人在成长经历中通过与坏境的互动,对社会相关文化价值观念的内化而成,具有很强的主观性和个性化色彩。应该说明的是,虽然在传统实证论科学观念下科学信息是客观的,但认同、选取什么样的知识及对知识的理解又具有很强的主观性。因此,沟通过程,是双方当事人对信息进行把握、筛选、给予的主动性和过程。

个案工作沟通,要求工作者对案主传递的是科学的、对案主解决问题和困难有帮助的信息,同时,要求工作者有适当的价值介入,工作者必须有基本的是非标准和对正义、真理的坚持。

3. 沟通的表现形式为符号互动。符号即传播符号,意指具有某种象征意义的信息的代表或代码。沟通是一种信息的交流,信息交流不同于物品交换,物品交换是交往双方彼此给出并收回物品,交换行为便完成或实现。但信息的交流远没有物品交换那么简单和容易,这主要是由信息的本质所决定的。信息是我们用于外部世界、并使外部世界为我们所感知的过程中所交换的内容。思想、观念、情感、知识等信息是无形的，它只存在于我们的大脑当中，我们无法把称作信息的东西从我们的大脑中拿出来，放到别人的大脑中去，我们能做的只能是找一种可以交流的工具替代我们所要交换的东西，或者说话给别人听，或者写字、做手势、做表情给别人看，或者通过对时间的控制和空间的把握将自己所要传递的信息用对方能够明白的方式表现出来。传播学把这些能代表信息的东西称作传播符号，传播符号可以分为语言符号、身体符号和环境符号。要想取得良好的沟通效果，双方当事人都应该具有一定的对传播符号的熟知、运用和读解能力。

4. 沟通过程中信息损失的不可避免性。任何信息沟通都不可能取得百分之百的效果或不可能没有信息的丢失，这是由信息的性质和人类的局限性决定的。信息沟通过程一般来说包括四个阶段，即编码阶段、传递阶段、解码阶段和反馈阶段(图4-3)。

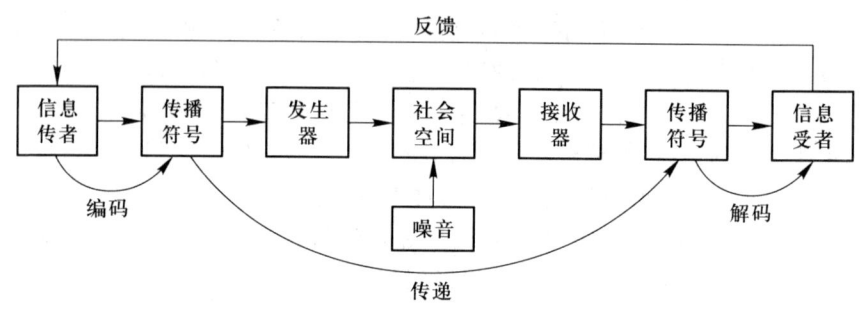

图4-3 信息沟通过程

在这个过程中会有三种因素影响信息的传递：信息传播者的信息加工技术、信息接受者对信息的理解能力和接受意愿及信息传递过程中社会空间的干扰因素。首先，在编码的环节上，任何一个信息传播者都不敢说自己能够将要表达的信息100%地变成能够交流或传递的符号，并通过自己的说话表达出来，如果我们用数学的语言来形容，我们所要传达的信息的总量是100，那么，在编码的环节上，因为信息传播者的思维能力和表达能力的限制或情绪的影响，他做不到将所要传播的信息100%地变成符号并表达出来，信息可能会损失10%，信息的总量就变成90。例如，一位含辛茹苦地把孩子抚养大并对孩子寄予无限希望的单亲母亲，面对不求上进、惹是生非、触犯法律的孩子的那种失望、伤心、委屈、心痛、恨铁不成钢等复杂的心理，使她在会见工作者时可能做不到完全、准确、清晰地表达。其次，在信息传递的环节上，信息沟通会受到许多来自社会空间中各种因素的干扰，例如面谈场所的其他声音、光线等的影响，电话沟通、网上沟通时线路因素的影响等。这时，信息可能又减少了10%，信息的总量变成了80。再次，在解码的环节上,信息接受者不可能按照信息传播者的原来意义来理解并完全接受信息,这并不是说,信息的传播者(如工作者)一定比信息的接受者(如案主)的水平高,而是因为受各自生活空间的影响。这里的生活空间是指人受其成长经历、生活环境、社会文化等因素影响而形成的价值倾向、个性特征及个人需要等。信息的沟通只有在双方相同或相似的生活空间内进行,才能达至完全的理解,而任何两个人,都只有部分的相同或相似生活空间,不可能所有的生活空间都相同。正是从这个意义上,我们看到了个案工作的意义重大与工作任务的艰巨,与案主的沟通对个案工作者来说是一种挑战,工作者要接待不同年龄、不同职业、不同生活经历、不同个性特征的案主,要面对案主各种各样的问题。要想成为优秀的个案工作者一是必须要尽可能地丰富自己的生活阅历,二是要努力培养自己对人、对生活的兴趣、热情和感知能力。

5. 沟通是创造意义的过程。任何沟通都是在具体的情景中进行并实现的,除了双方当事人彼此给予的信息内容之外,当时的情景及互动也会创造意义。因此,沟通不仅是传递信息的过程,更是创造信息的过程。当一个人在叙述一个故事的时候,由于受到讲述当时的情境的影响,这个故事已经不是它原来的面貌了,这里还可能加入了叙述者本人的理解和创造。

6. 沟通可以有不同的形式或种类。从沟通所使用的符号来看,沟通可分为口头语言沟通(如面谈、电话等)和文字沟通(如信件、公文)等;从沟通参与者的范围来看可分为一对一的个别沟通和多人参与的沟通。个案工作作为工作者与求助者的专业沟通通常有会谈(面谈)、电话沟通、信件(包括文本书信和电子邮件)沟通及网上聊天沟通等形式。

(二) 沟通的效果

人际沟通的目的无外乎是分享感受、获取信息、寻求帮助、说服他人等,鉴于此,良好的沟通效果应该是:

1. 对方接收到信息,即我说的话对方听清楚了,或我写的字对方看清楚了;
2. 对方理解信息,即明白了我说的话或写的信的意思;
3. 对方接受信息,即我的想法对对方产生了影响,对方同意了我的看法,并愿意按照我的希望发生改变或合作。
4. 对方产生心理愉悦,良好的沟通效果必须是让对方心悦诚服。让人清楚、理解、同意自己的意见并据此发生改变并不难,可以采用"以利制人"或"以权压人"的手段。但沟通与此不同,即便有明确的目的,沟通也是以情感人,以理服人。沟通不仅要表达清楚所要表达的信息,晓之以理、动之以情,说服对方"就范",还要点对方的"笑穴",给他好心情,令他愉悦。

特别需要说明的是,这里所讨论的是一般的人际沟通,特别是指那些有明确目的的沟通行为。需要特别注意,个案工作强调沟通双方的平等与尊重,特别是不可以令案主产生被说服、被强迫,或不得不同意的感觉,因为这是个案工作的理念所不允许的。

(三)沟通的原则与技巧

为了取得如上的沟通效果,应该从三个层面作出努力:

1. 树立尊重理念。尊重的意义包含许多层面,就尊重概念本身而言,它有尊敬、重视、郑重、正式等意义。尊重沟通对象,首先应重视对方,将对方视为独立、有价值、有尊严的个体;其次,应接纳对方,无条件地接纳对方整个的人,包括他的优点和不足,但接纳并不等于认同;再次,应关注、关怀对方,令人感受到温暖。尊重意味着平等,人的经济地位、社会地位可能有相当大的差别,但人格是平等的、无差别的,尊重沟通对象就是要尊重对方的人格,人格代表着人应有的权利和个性,尊重权利,就是要时刻意识到对方应有的权利,警醒自己在沟通中是否剥夺或忽视了对方的自主权、自决权和话语权。个性是指人具有稳定倾向的心理特征的总和,尊重个性,就是要允许对方的独特,不可以按自己的标准要求对方。尊重在人际沟通中非常重要,马斯洛的需要理论认为,尊重是人的基本需要,被人尊重,会令人产生价值感和自信心,感受到生命的意义。尊重既是关于人性的基本理念,也是人应该培养的一种品格和对人的心理态度。品格的培养是需要过程的,培养尊重品格的过程包括这样几个阶段:(1)意识醒觉,培养对尊重人的重视和敏感;(2)求知学习,了解关于尊重的知识,明白尊重的含义是什么、如何做才是尊重;(3)反复实践,将所学到的关于尊重的知识落实到自己与人相处的行为中,这是一个反复的过程;(4)形成习惯,将对人的尊重形成一种动力定型;(5)进一步内化到个人的品格中。

2. 培养同感能力。同感是指感受他人的感受。同感与了解不同,通常而言,了解主要是指主体动用自己心理的认知区域去了解客体及与客体相关的信息,而信息的内容更多的也是有关认知或行为方面的。同感则特别强调主体应动用自己心理的情感区域去感受对方的情感和情绪。当一个人知道有人不仅了解自己为什么有所为有所不为,而且还知道自己的内心体验,明白自己的感受,心中便会生出对对方的感激、信任和友好之情。因此,当一个人清楚准确地向对方表达同感的时候,对方就会走近你,这无疑会收到良好的沟通效果。

同感能力的培养需要从两个层面作出努力:第一个层面是培养自己的感受能力。感受能力的培养和提高,首先要对人有兴趣,喜欢并习惯观察、关注、关怀人;其次对人对事物要有敏感性,善于发现和体会人的心理变化和细微差别,这需要较为丰富的生活阅历和不断的努力。培养同感能力的第二个层面的努力是提高表达同感的能力,即巧妙地运用有声语言和身体语言,真切、及时、全面地表达自己对对方情感和情绪的了解。对个案工作沟通而言,仅仅这些还不足够,作为一个专业的助人者,工作者不仅要及时、准确地向案主表达自己对他的感受,更重要的是还要告诉案主这些感受所代表的意义,从而帮助案主能够从更高的层面认识和了解自己及自己所面对的问题。

3. 训练沟通技巧。对人尊重的态度和同感的理解是需要通过语言(传播符号)来传递或表达的,在前面的讨论中,我们已经认识到,沟通是一种符号的互动,因此,沟通双方运用传播符号的能力和艺术是取得良好沟通效果的关键。

(1) 如何运用语言符号

这里的语言即指自然语言,是指以语音为物质外壳、以词汇为建筑材料、以语法为结构规律而构成的体系。通常我们可以把语言符号理解为说的话和写的字(包括图形)。从个案工作的角度看人际沟通行为,主要是说话的艺术,即口头语言艺术。培养口语能力可以从几个层面作出努力。

第一,把话说得悦耳。人们通过口头交流信息的第一感觉是从声音刺激开始的,悦耳的声音会令人心情舒畅。当然,人的声音条件是有先天差异的,但后天的努力可以弥补先天的不足。可以从基础的发声练习做起,然后进行语音、语调、语速的训练,把握好说话声音的高低、轻重、刚柔和语速的快慢。

第二,把话说得清楚。沟通必须让人明白所要传达信息的意思,这就要求沟通者思维有条理,吐字清晰,把意思说明白。

第三,把话说得准确。这要从两个方面努力,一是严格按照语法的规律和要求说话,完整地表达句意,在有把握理解语言环境的基础上,可以进行恰当的句子成分的省略。二是说话用词尽量科学准确,这也是避免沟通中出现误会的关键。

第四,把话说得恰当。要想把话说得恰当,必须把握好说话的四大要素:一是主体要素,说话必须符合特定的身份。人在不同的社会关系中会有不同的身份,与人沟通首要清楚自己是以一个什么样的身份在说话,不要说不符合身份的话。例如,当你以一个社会工作者的身份在说话时,就应该受社会工作者这个角色行为规范的制约。二是客体要素,说话必须针对具体对象。我们通常把"见什么人说什么话"用来否定那些能说会道之人,其实,抛开其他因素,"见什么人说什么话"这句话本身没有错,与人交流就应该见什么人说什么话,就应该以对方接受的语言和方式进行沟通,谈话的范围不可逾越对方思想、经验、文化等所及的范围,否则就难收到好的沟通效果,甚至是无法沟通。三是时间要素,说话必须把握好时间性机会。该说的时候没说,便坐失了良机;不该说的时候说了,操之过急,同样达不到预期的目的。四是空间要素,说话必须注意场合。一方面要学会寻找和创造有利于自己谈话内容的场所,另一方面要培养自觉能力,自觉地接受某些场合对人的限制和约束。

第五,把话说得巧妙。把话说得巧妙可以说是导演导不出来的戏,要靠说话者本人在长期的语言实践中去磨炼和积累,但是有一些特别的环节对沟通是有重要意义的。例如,如何说好第一句话?怎么才能开启对自己有利又令对方愉悦的话题,一般的原则是寻找对方的兴趣谈话区域和自己的有知区域,而要避开对方忌讳的区域和自己的无知区域。再如,谈话中的转移话题也是沟通的关键环节,如果经常突然地、频繁地转移话题,会令对方不愉快,甚至反感生厌。一般来说,转移话题有三种正确的方法:总结性地转移话题、选择一句承上启下的话和巧妙自然地过渡到另一个话题。又如,询问是沟通中经常用到的技术,除非对方主动地把你想要了解的信息都在你询问之前和盘托出了,否则沟通中可能会不断地询问,是询问引导了沟通的进展。因此,询问的艺术非常重要,询问不可生硬、过急,应尽量用陈述句,少用疑问句,开放式提问会令你得到更多的信息。另外,沟通中赞赏的艺术、默语的运用、回应的技术等,我们将会在个案会谈中详细地讨论。

(2) 如何运用身体符号

身体符号是指能够传递信息的人的眼神、面部表情、身体的姿势、动作及仪表等。专家认为,在人面对面的信息沟通中,有65%的社会意义是通过身体符号传递的。身体符号具有无伪装性特点,人可以话不由衷,但强装笑脸总要露出破绽。人们可以通过恰当的身体符号向沟通对象表达自己对对方的尊重、接纳、关心,更可以通过细心观察对方的身体符号解读其内心世界。身体符号的运用应该把握明意、自然、个性、美感等原则。明意是指身体语言的运用一定要语意明确,既要自己清楚所要传达的信息,又要保证所表现的符号对方能够理解,毫无目的的摇头晃脑不仅传递不了信息,还会令人生厌;自然是指人的表情动作不矫揉造作,是自然的表现和流露;个性是指每个人的身体语言应该是独特的,正如一位大师所说,一个人的手势应该像他的牙刷一样只属于他个人所有,机械地模仿他人常常会弄巧成拙;美感是指人的身体语言应该优美,给人以美的享受。

(3) 如何运用环境符号

环境符号是指能够传递信息的时间和空间因素。时间在信息传递中具有不可替代的作用。与人约会姗姗来迟,传达给对方的可能是不认真、时间观念不强、对对方不重视等信息,进而会引起对方很多的心理活动:失落、不信任、不愿意合作等;说话的时间性机会把握不好,常常是影响沟通效果的重要因素,人们常犯的错误就是抢话,缺乏对人的等待和耐心。空间因素是指人与人之间的距离、位置以及沟通场所的气氛。谁都知道远远地打招呼表示热情和友好,认识的人擦肩而过没有任何表示说明彼此的敌意或冷淡。一般而言,人与人之间相隔0~15厘米是亲密距离,其语意是亲密而热烈;15~75厘米是个人距离,语意是亲切友好,75~215厘米是社交距离,语意是严肃而正式;215厘米以上是大众距离,表明彼此之间没有心理的联系,但在一些特殊的场合如拥挤的公共汽车上则是例外情境。由此可见,应该视交往对象的关系把握与人沟通的距离,例如,

0~15厘米的亲密距离,通常是夫妻、情侣或亲子关系的人之间会有这样的接触,其他的如握手、礼节性的拥抱等只用于一般的社交活动中。另外,人与人之间的距离习惯会因文化习俗的不同而有所差异。人与人之间的位置也会传递有意义的信息,通常而言,边角位置适合亲切地交谈,面对面的位置除非特别熟悉的朋友,否则会因完全的暴露角度和无法躲避的目光接触而给人压迫感。环境中的光线和气味也会影响沟通效果,柔和的灯光、淡淡的芳香会放松人们的心情,增进友好的气氛。聪明的人总会选择或布置令人愉快的沟通环境。

二、个案会谈

(一)个案会谈的界定

会谈一词由英文 interview 翻译而来,也有人称为"协谈"、"面谈"、"约谈"等。个案会谈是指个案工作中工作者与案主面对面有目的的专业谈话。个案会谈是一般人际沟通的特例,除了具有如上一般人际沟通的特点之外,还具有如下的特点:

1. 会谈目的的明确性。个案会谈具有明确的目标,即协助案主解决他们面对的困难或问题,并通过这一过程帮助案主培养、恢复、增强自助能力。

2. 会谈内容的选择性。由于个案会谈具有明确的目的,因此,会谈就不同于一般的随意聊天、漫无边际的闲谈,而是要有选择性地围绕会谈的目标开展,会谈的内容是有范围和用心选择的。但对案主的谈话不可作生硬的限制或随意的打断。

3. 会谈过程的计划性。个案会谈是一个正式安排的工作者与案主的会面,事先必须约定会谈的时间、地点和会谈时间的长短。工作者应该对一个个案工作需要的总的会谈时间、每次的会谈时间、会谈的主要内容、每次会谈内容的连续性、会谈的场所等都有所考虑,进行精心准备,做到心中有数,并且要将这些计划落实到文字上。

4. 会谈角色的规定性。个案会谈对工作者与案主都有职责的要求与规定,工作者有引导会谈朝向特定目标的责任,个案会谈要求工作者始终把握会谈的方向、控制会谈的进度与节奏、掌握会谈的内容,除此之外,工作者还必须适时注意表达对案主的同感、引导案主充分表达、减轻案主的心理压力、与案主建立信任关系以满足案主的心理需求。个案会谈对案主角色也有要求,例如,案主必须具备表达能力和领悟能力,没有表达能力和领悟能力的人是无法参与个案会谈的,在此基础上,案主应该是努力沟通并愿意试用工作者所提供的服务。个案会谈是工作者与案主朝向既定目标的互动过程,只有案主积极参与并努力配合,个案会谈才能收到好的效果。

5. 会谈的非互惠性。一般的人际沟通无论是从主观动机,还是从客观效果上都是参与沟通的双方共同受益的,彼此是互利互惠的关系。个案会谈则不然,虽然从客观效果来看,工作者也会在与案主互动的过程中有所受益,例如他(她)会从案主身上学习到某种东西,会在与案主探索问题和解决问题的过程中有所收获,得到成长,但是从主观动机的角度,工作者绝不可以从任何个人需要的角度来思考问题和与案主互动,个案会谈的唯一目的是协助案主解决其问题或困难,工作者的一切考虑,都应围绕着案主的需要。因此,个案会谈中工作者与案主的关系绝非互惠。

6. 会谈的非娱乐性。个案工作会谈的目的是帮助案主解决他所面对的困难或问题,要想实现这个目的,必然需要案主的参与配合及身体力行,需要案主在思想观念、情绪情感及行为方式上发生某些改变。对案主来说,改变自己并不是一件容易的事,有时甚至是很痛苦的事。因此,个案会谈不都是愉快的,不能只说对方想听或愿意听的话,不愉快的谈话在个案会谈中是不可避免的。

(二) 个案会谈的过程

个案会谈的过程在这里是指单次会谈的谈话结构。个案工作从某种意义上来说,就是由内容相关的一系列的会谈构成的,一个个案需要的服务时间与会谈次数会因案主呈现的问题或困难的性质、严重程度、成因的复杂性、解决问题的条件及案主本人的个性特征而有所不同,有的个案可能需要为期半年、每周两次的会谈,有的个案可能只需要五六次的会谈。单次个案会谈的时间一般规定为50分钟左右,每次会谈的内容应该是不同的,但谈话的结构是有共性的,一般而言,每次会谈都包括开始、发展、结束三个阶段。

1. 会谈的开始阶段。会谈的开始阶段通常是用简短的话语来"暖身"。如果是第一次会谈,在会谈的开始阶段,工作者要完成的任务或作出的努力有:表达对案主的接纳、同感和关怀;多倾听,鼓励案主充分表达;介绍机构的服务情况及个案工作的特点和功能;与案主订立专业关系;帮助案主进入角色并明确自己的职责等。如果不是第一次会谈,会谈的开始阶段工作者应该做的工作有:见面时表达关怀的问候;询问上次会谈之后这段时间里案主的特别经验与感受;了解"家庭功课"(如果有的话)完成的情况;给予适当的鼓励等。

2. 会谈的发展阶段。这是会谈的主体,在会谈的发展阶段要完成该次会谈的主要任务,例如,一次探索案主问题成因的会谈,工作者的任务就是要通过各种沟通技巧,了解案主的过往经历,案主现在所处的情境,案主问题的性质、严重程度及持续性。如果是一次疏导情绪的会谈,工作者的主要任务应该是帮助案主学习并实际操作具体的放松技术。在会谈的发展阶段,工作者要注意控制谈话的范围,把握谈话的深度,恰当地转移话题。

3. 会谈的结束阶段。工作者应在会谈结束前约10分钟开始做该次会谈的结束工作。在会谈的结束阶段,工作者的工作任务主要有:协助案主处理情绪,在会谈中,案主可能会因谈话内容或与工作者沟通互动方式而产生强烈的正面或负面情绪,工作者有责任在案主离开之前帮助案主恢复平静;向案主布置"家庭功课",交代案主在下次会谈前的这段时间应该做的努力;向案主交代下次会谈的时间、地点及会谈的大概内容;最后,工作者应对案主"礼貌送客",工作者不可以先于案主离开会谈室。不可小视"礼貌送客"的意义,它意味着工作者对案主的关怀自始至终,而离别时的温暖也许会令案主在一段时间之内都能保持好心情。

(三)个案会谈应注意的因素

这里包括会谈前、会谈进行中及会谈结束后的有关事项。

1. 工作者的心理准备

尽管对资深的工作者来说,会谈的程序已是轻车熟路,但是,每次会谈前做心理准备都是必要的,对于新的工作者来说更是如此。首先,工作者要清理自己的情绪,保证会谈是在自己良好的情绪状态下进行,如果自己有心事,应该或是转介给别的工作者,或是更改会谈时间;其次,工作者应该对已经掌握的案主及其问题的资料进行详细的阅读和思考;最后,尽可能地想到会谈中可能出现的一切情况及其应对措施。

2. 会谈场所安排

不同服务机构的会谈场所的安排和布置,会因机构文化的独特性而呈现不同的风格,设施也不尽相同。但一般情况下,会谈场所都应具备如下条件:①独立封闭的房间。半封闭或开放的场所不适合个案会谈。如在大的房间里以屏风隔出的空间里进行会谈会令会谈双方都缺少安全感。②空间大小适宜。过大的空间会影响倾心交谈,也浪费资源;空间过小,影响空气流通,也给人以压迫感。③房间布置简明单纯。不要有过多的摆设和杂物,以免案主分心。工作者与案主用的桌椅可移动,家具的质量、颜色、款式应给人亲切、温暖、舒服的感觉。④房间空气畅通、清新,光线适宜,温度、湿度适宜。⑤会谈时不受电话铃声、敲门声音或他人的打扰。⑥房间外围环境清静不吵闹。

3. 工作者的仪表

人的仪表是人的气质和修养的外在表现,如果工作者穿着过于随便、不整洁,或穿奇装异服,很难让案主对其产生尊敬、信服和信赖的感觉。因此,工作者的仪表很重要,工作者应把自己的仪表看做是自己人格修养的一部分、工作者角色规范的一部分。在会谈室里面对案主,既是一个工作的正式场合,也可以看做是与朋友相约的私人会面;穿着打扮既不可过于随便,也不要太郑重古板,否则会将人拒之以远,不利于案主放松、倾心地谈话。工作者的着装应以端庄、典雅为宜,同时要根据案主的年龄、性别、职业、文化等因素的不同选择适宜的着装。

4. 双方的称谓

在人际交往中,一个称谓往往决定双方的关系定位,并影响着双方的心理距离。个案工作中的工作者与案主是一种专业的助人关系,彼此恰当的称谓很重要,如果称谓不合适,将影响工作者与案主的互动。在与案主的初次见面时,工作者可以将自己机构对工作者一般性的称呼方式告诉案主。例如,香港的一些社会工作机构对女性工作者是姓的后面加"姑娘"的称呼,如"赵姑娘"、"李姑娘"等;中国内地的一些福利机构对工作者的称呼是老师,如"张老师"、"王老师"等,还有的机构称"小姐"、"先生"等。工作者对案主的称呼应视案主的年龄、性别、职业、文化而定,一般工作者对案主以"姓"称呼较妥,如"张先生"、"黄太太"、"李小姐"等,除非案主要求直呼名字。当案主特别要求工作者直呼案主的名字或其他昵称时,工作者一定要澄清此要求的意义,如果发现案主借助特殊的称呼作为某种特殊情感的寄托,必须拒绝使用其称谓。对于小孩子,工作者可以直接称呼其姓名或名。

5. 会谈中的记录

工作者在会谈过程中进行文字记录,是一件很困难的事情。过多的书写,会影响与案主的交谈,也会令案主产生不安全感,担心自己的隐私被暴露。而且,书写的速度远不如说话的速度。但若不作记录,过后很难无遗漏地将所要记录的内容写下来。尽管会谈过程中作文字记录较困难,机构及工作者还会尽量做一些弥补:有心的工作者会学习速记的技术,有的机构也会印制一些便于记录书写的表格。有时,工作者可以通过征求案主同意后作录音记录,以便事后整理文字记录。

(四)个案会谈技巧

1. 支持性技巧

支持性的技巧是指工作者通过身体及口头语言的表达,令案主感到被尊重、被理解、被接纳,从而建立信心的一系列技术。支持性技巧的运用,可以帮助案主开启话题,令案主在没有压力的情况下表达自己的感受和看法,主动地参与个案工作的过程。支持性技巧主要有专注、倾听、同理心、鼓励等。

(1)表达专注

专注是指工作者面向案主、愿意和案主在一起的心理态度。在某些人生的重要时刻,有人陪伴是非常重要的。比如,对于失去亲人的人来说,有朋友陪伴在身边就已经足够了。"与我为伴"对人来说确实是很有意义的感受。前来求助的案主,都是遇到生活中的种种困难或问题,内心或多或少会有无助感、孤独感和无力感,当工作者以专注的神情面对案主,案主就会感觉"他(她)与我同在"、"他(她)在专心地陪伴我",这无疑会给案主带来心理的支持,增强面对困难的勇气和信心。具体说来,专注行为有三方面的功能:一是可以给案主带来安全感,稳定案主情绪,令案主容易敞开心扉倾诉自己的内心世界;二是专注行为可以缩短工作者与案主的心理距离,促进发展良好的专业关系;三是专注于案主有利于工作者全面观察、了解案主。

专注行为的品质,反映着工作者知觉能力的敏感程度,优秀的个案工作者都会注重培养自己专注的能力。专注技巧既表现为通过生理上的专注行为来表达心理上的专注,也表现为心理上的专注带动生理上的专注,生理上的专注与心理上的专注是互相制约、互相影响的。生理上的专注行为主要表现在如下几个方面:

面向案主:工作者以一种参与的态度面对案主,这种表现意味着"我愿意帮助你"、"我愿意留在这陪你"。面向案主的角度可以视当时情况而适当调整。

上身前倾:工作者坐在椅子上,上身略微前倾。前倾的姿势意味着"我对你和你说的话感兴趣"、"我对你是友好的",而后倾的身体姿势则意味着"我觉得很烦"。但是,要注意前倾的角度不要过分,否则会令案主不舒服,或感到压迫和威胁。

开放的姿势:工作者开放轻松的姿势,意味着对案主及案主所说的事采取接纳的态度。开放的姿势表现在双手放开而不是抱住双肩。

良好的视线接触:会谈中工作者应与案主保持稳定、坦诚的视线接触,而不是眼睛盯在别处或四处巡视,否则会让案主觉得你心不在焉,或你不愿意与案主发展这种亲密的关系。但工作者也不要目不转睛地盯着案主不动,可以想象,在这样的视觉压迫下,案主是不可能保持轻松开放的心态与你谈话的。

(2) 主动倾听

主动倾听是指工作者主动积极地运用视听觉器官去搜集案主信息的活动。专注与倾听是不可分开的,是同一种行为的不同侧面,专注主要强调工作者如何向案主表现专注态度,注重信息的输出,其主要目的是让案主感觉被重视;而倾听主要是强调搜集关于案主的一切情况,是一种信息的输入行为。完全主动的倾听包括下面三方面的内容。

倾听案主的话语信息:工作者在会谈中的一个重要职责就是鼓励案主多说话,自己多倾听。工作者的倾听不是盲目的,而应该是有目的的,在倾听时要注意分辨案主叙述中的经验部分、行为部分和情感部分。案主的经验信息是指曾经发生在案主或相关人员身上的一切事情。例如:"我去年三月就下岗了",这是案主失业的经验。倾听案主的经验信息对于了解案主及案主的问题具有非常重要的意义。案主的行为信息是指案主或相关人员做了或无法做到的事。有些案主可以自在地讨论他们的经验,却不愿意谈论他们的行为,因为人们可以不必对经验负责,但却应该对自己的行为负责。但是,工作者一定要倾听案主的行为信息,特别是要了解在关于案主的问题上,案主都做了些什么。例如,"为了忘掉她,我每天把自己喝得大醉",案主用喝酒的行为解除情感上的痛苦。案主的情感信息是指伴随着某次经验或行为所引发的情绪或感受。例如,"昨天晚上我对妈妈大吼大叫,现在想起来我很内疚"。

观察案主的身体语言信息:工作者不仅要倾听案主说的话,还需要在此基础上观察案主的身体语言。因为有声语言不可能完全独立地传递信息,总有身体语言相伴左右,人在说话时,脸上总有一定的表情或手势、动作,身体语言往往起着对有声语言的辅助和强调作用。比较于有声语言,身体语言在信息传递中有更大的优势,如身体语言可以独立传递信息,从案主双腿不停抖动的动作就可以知道案主内心的紧张和不安。而且,身体语言还可以起到戳穿有声语言伪装的作用,有时,从案主躲避工作者的目光,就知道案主在说谎。另外,我们常常有穷于表达的经验,身体语言可以传递有声语言表达不了的信息。因此,作为个案工作者,在会谈中必须仔细观察案主的身体语言信息。

解读案主其人:倾听的最深层意义是要解读案主这个人——包括他的生活、行动及与其问题相关的内容。工作者用眼睛观察案主的身体语言,用耳朵倾听他的话语信息,这还不够,还必须在此基础上动用自己的大脑,迅速地进行思考判断,解读案主整个的人。

要做到如上完全主动的倾听绝非易事,工作者需要付出极大的努力,"不走神、快记忆、速思维、巧回应"应该是工作者努力的目标和方向。要警惕倾听时常犯的错误,例如,选择性的倾听、批判性的倾听、过滤性的倾听、同情性的倾听以及急于回应或打断性的倾听等。

(3) 同理心

同理心是指工作者进入并了解案主内心世界,并将这种了解传达给案主的一种技术与能力。同理心包括情绪同理和角色同理两个层面的内容,情绪同理即同感,是指工作者如同亲身体验地感受案主的感受,是一种受他人状况感动的能力。角色同理是指工作者了解案主的情境、参考构架及观点的能力。角色同理要求工作者尽量放下自己的参考构架和文化背景,站在案主的角度去理解案主的问题及其相关的行为。当然,在个案工作关系中,工作者不可能做到完全的价值中立,工作者个人的文化背景是不可能完全抛开的。但是,作为个案工作者必须时刻要有这种警觉,经常检视自己价值的介入。角色同理对于引发助人功能、建立专业关系、发展亲和性、协助确认问题及协助案主探索自我与困扰情境都有很大的帮助。

同理心作为一种会谈技巧,由三个层面的要素组成:一是觉知的能力,包括被感动的能力和理解能力。要想同理案主,就得先了解案主,懂得案主,理解案主。正确觉知的基础,首先是培养自己对事物的敏感性,提高感受能力;其次要对案主专注地倾听。二是语言表达能力,包括说话能力和身体语言能力。如果工作者不把内心对案主的感受、观点、看法、行为等的了解和理解告诉案主,那么这份了解便是无意义的。而工作者如何告诉案主自己对他的了解和理解,其效果和作用又会有差异。一般来说,陈述句和征询式、不确定式的语气效果比较好,例如,"你心里很伤感、很失落,因为他长大了,就要离开你了"、"尽管我不肯定,但我还是觉得你很伤心、气愤,你认为他背弃了你"。三是传达的及时性,同理心的传达必须是及时的,迟到的表达可能完全失去意义,提前、着急的表达,会影响同理的准确性、正确性和全面性。什么是传达的最好时机,这要依具体情境而定,需要工作者去自行把握。

工作者要培养和提高自己的同理心能力,应注意三点:一是给自己思考的时间,工作者不要急于表达,有时可以巧妙地为自己争取思考的机会,例如"让我看看,我是不是明白了你的意思和感受……"。二是恰当反应,不要自己滔滔不绝地演讲,也不要任案主没完没了地说个不停,应该在适当的机会做恰当的回应。三是工作者应把握自己的情绪,使之与案主情绪相协调,不要表现得比案主更激动,也不要在案主激动的情况下,自己无动于衷。

(4)鼓励支持

鼓励是指工作者通过恰当的话语和身体语言,去鼓励案主继续表达他们的感受和看法的技术。鼓励的技巧可以起到让案主表达、支持案主去面对和超越心理上的挣扎、增强案主自信及创造彼此信任的专业关系的目的。鼓励应该在工作者察觉了案主的退缩行为之后运用。工作者通过专注与倾听,发现了案主沉默、逃避目光接触、避免直接对话、吞吞吐吐等情形,应该给予及时的鼓励。鼓励案主继续表达可以用话语如:"请继续"、"你说得很好",也可以用身体语言的支持,如身体前倾、微笑地注视、点头、用手示意、眼神鼓励等。工作者应考虑到在个案会谈中案主特别需要鼓励的时刻,例如刚刚见面时、需要表达个人看法时、需要做决定时等关键时刻,尤其需要工作者的鼓励与支持。另外,工作者的鼓励应针对具体的情境或案主的具体行为和话语,而不是笼统地评价个人素质,例如:"你刚才说得很清楚,就这样说下去",而不是"你很有勇气"。

2. 引领性技巧

引领性技巧是指工作者引导案主具体、深入地探索自己的经验、处境、问题、观念等的技巧。运用引领性技巧的目的是促进案主在相关主题上作较为具体、深入、有组织性的表达和探讨,增进工作者对案主的认识和了解,协助案主作较深入的自我探索以达至更深的自我觉知,以推动会谈的进程。引领性技巧主要有澄清、对焦、摘要、面质等,下面介绍三种技巧。

(1)澄清

澄清是指工作者引领案主对模糊不清的陈述作更详细、清楚的解说,使之成为清楚、具体的信息。澄清也包括工作者解说自己所表达的不甚清楚的信息。

澄清技巧的运用对个案会谈非常重要。沟通本来就是困难的事情,每个人的内心都是一个独特的世界,各自拥有不同的生活空间,不是通过几句话就可以了解的。况且,话语只是想要表达的内容的形式,内容与形式之间的差异和距离会妨碍沟通的效果。个案工作者与案主之间不是一般的人际沟通,而是要深入地互动,工作者必须对案主有较全面、深刻的了解才能真正按照其需要提供帮助。这种深入的会谈,不可能一蹴而就,而是需要不断的反馈、澄清,才能对有关问题有较深入的了解和理解。工作者在运用澄清技术时应注意以下几点:①多用开放式的提问引发案主作更多的表达,例如:"从他离开你到现在的这三天你都做了些什么?"适当运用封闭性的提问澄清具体的信息,例如:"你是说他离开你之后你再也没有去找他?"②邀请案主作举例说明是澄清的较好方法,例如:"你不喜欢他处理问题的方式,你可以具体说说,例如……"。③感觉到不清楚的信息应及时澄清。④工作者传递给案主信息后,应注意观察案主的反应,如发现案主疑惑、不解,要及时澄清。⑤澄清的技术应该运用在个案会谈的始终。

(2) 对焦

对焦是指将游离的话题、过大的谈论范围,或同时出现的多个话题收窄,找出重心,并顺其讨论。对焦可以使会谈减少跑题、多头绪的干扰,使会谈能够集中在相关主题上进行深入、具体的讨论。但工作者在运用对焦时应注意处理好与鼓励技巧的冲突,鼓励技巧的理念主张让案主多说话、尽量表达自己,这就免不了会出现谈话漫无边际的情况,因此,对焦技巧的运用不可以生硬,应考虑偏离主题的程度及所持续的时间,来决定在恰当的时机进行对焦。另外,工作者自己应注意,避免自己将话题带离主题。

(3) 摘要

摘要是指工作者把案主过长的谈话或不同部分所表达的内容进行整理、概括和归纳,并作简要重点的摘述。摘要技术的运用,可以帮助案主理清自己混乱的思路,突出案主在想法、感受、行为、经验上的特点或模式,促进案主对自己有较清晰的了解。要想做正确的摘要,工作者必须对案主保持专注、聆听,并在倾听的同时迅速串联谈及的内容和感受的重点,在此基础上,进行综合归纳,然后用简明扼要的语句清楚地表达出来。例如,一位案主在诉说了15分钟之后,工作者回应到:"你的烦恼是从你入读'法律专业'开始的,你觉得法律专业不合你的兴趣,但又没可能转专业;你想不读了,但又不知明年能否考上,家里人也会跟着担心、伤心。我说得对吗?"要注意,摘要不可以是长篇大论地重复案主的话,而只是点出谈及的主题和重点就可以了。另外,工作者作完摘要后,还应向案主查证摘要是否准确,容许案主否定、接纳或更正工作者的摘要。

3. 影响性技巧

影响性技巧是指工作者通过影响案主,使其从新的角度或层面理解问题或采取其他方法解决问题的技巧。个案会谈不仅仅是倾听和同感的回应,这一切既是个案工作对人的理念的体现,同时也是帮助案主发生改变的前奏,案主要解决其所面对的困难或问题,必须在认知、情绪、行为等某些方面作出改变。发生怎样的改变及如何改变,需要工作者的影响和帮助,这正是个案会谈的意义所在。影响性技巧主要有提供信息、自我披露、建议、忠告和对质。

(1) 提供信息

提供信息是指工作者基于专业特长和经验,向案主提供所需要的知识、观念、技术等方面的信息。提供信息包括提供案主不知晓的新信息和帮助案主改正已有的错误信息。案主也许在某些方面具有丰富的知识,例如,案主可能是医生,可以治病救人;可能是教师,能教学生读书写字;可能是计算机专家,能拆装电脑、编排程序。但他们可能对人的心理和关于人与社会的了解和认识远不足够,生活中发生了困难或问题解决不了,需要专业的社会工作者帮助。工作者在提供信息的时候首先要了解案主的知识背景,分析其对信息的敏感能力和接纳能力,选择适当的方式提供信息。

(2) 自我披露

自我披露是指工作者选择性地向案主披露自己的亲身经验、处事方法和态度等,从而使案主能够借鉴他人的经验作为处理自己问题的参考。自我披露可以引导案主从其他的角度去思考问题,或参考别人的方法解决自己的问题;自我披露还可以为案主树立坦诚沟通的榜样,工作者的坦诚开放、与人分享自身的经历和感受的做法,会感染案主使其愿意表露自己的内心世界;自我披露对促进工作关系也是十分有利的,工作者的自我披露可以拉近与案主的心理距离,发展融洽的专业关系。工作者在自我披露时要注意:①认真衡量欲披露的亲身经验与当下讨论的案主的问题及情境是否紧密相关,披露的内容是否能给案主带来建设性的帮助。②自我披露之后,应带领案主进行讨论,让案主分析是否可作为解决自己问题的参考,如果案主否定了工作者所披露的经验的参考价值,应尊重案主的取舍。③工作者应考虑到自己与案主之间的年龄、性别、教育、社会阶层、文化等方面的差异,尊重案主的独特性。④注意检视自己是否出于个人需要而自我披露。在个案工作的专业关系中,其互动是非互惠性的,工作者一切所为都是出于案主的需要,自我披露同样是为了帮助案主找出解决问题的办法。因此,工作者的自我披露应适可而止,不可以占用过多的时间,也不宜频繁披露。

(3) 建议

建议是指工作者对案主的情况、问题有所了解和评估后,提出客观、中肯、具建设性和有助于解决问题的意见。作为专业的助人活动,在个案会谈中,工作者通过对案主问题及相关信息的了解,总会发展出具体的解决案主问题的思路,工作者应该向案主提出这些意见。但是,工作者首先需要考虑清楚意见或方法的可行性、背后的理念及理论的正确性。而有时如何向案主提出这些建议比方法本身的意义还要重大,如果工作者生硬地强行要求案主按照自己的意见做,违背案主个人意愿,非但帮不了案主,反倒会伤害案主的自尊,造成不进反退的后果。因此,如何向案主提建议非常重要。①工作者应以商量的口吻、征询式的态度清楚说出所提议的内容,例如:"如果你愿意的话,可以给自己制定一个作息时间表,让自己有规律地生活。"②向案主说明作出该建议的原因或理据。③与案主充分讨论其建议的适合性和可行性,让案主清楚具体的做法。④工作者的建议不可以过早提出,以免影响案主发展新思路。⑤不可以将意见强加于案主,工作者可以鼓励案主采纳自己的建议,无论工作者认为自己的建议多么正确和重要,都要本着案主自决的原则,让案主自行取舍。

(4) 忠告

忠告是指工作者向案主指出案主行为的危害性或案主必须采取的行动。例如:"如果你还是每天翻查你丈夫的包,他会觉得自己不被尊重,会严重影响你们夫妻之间的感情。""你不能再和你的儿子睡在一个床上了,他都快17岁了,这对他的成长非常不利。"忠告通常是针对一些比较严重的事件或行为,但是,是否严重是一种价值的、道德的判断,是很主观化的。你认为每天翻查丈夫的包和17岁的男孩与母亲睡在一起是不好的、严重的问题,也许案主不以为然。因此,工作者一定要反复斟酌自己的判断,而忠告之后,工作者应该耐心地讲清道理,提供案主不知晓的知识和视角,使案主有所领悟。否则,是收不到忠告的目的和效果的。

(5) 对质

对质是指工作者发觉案主的行为、经验、情感等有不一致的情况时直接发问或提出疑义的技术。通过对质,工作者可以协助案主觉察到自己的感受、态度、信念和行为不一致和欠缺协调和谐的地方。对质含有攻击性、面对面冲突的意思,有导致危机的危险,因此,工作者在使用对质时要特别注意以下几点:①对质的使用一定要有先决条件,那就是在专业关系中已经产生了接纳、尊重、同感、真诚和温暖。②对质强弱程度的不同会产生不同的效果,工作者最好采用尝试性的对质,例如:"我不知道自己是否误会了,你……"。③工作者要用爱心去作对质。

三、个案访视

(一) 个案访视的意义

个案访视是指在个案工作的过程中,工作者为了了解案主的问题或促进案主的适应,到案主平时生活过的环境中拜访有关人员的一种专业性访问。因访视场所的不同,个案访视可分为家庭访视、学校访视、单位访视及社区访视。

个案访视的意义在于达到以下目的：

1. 了解案主的适应情况。有时，仅凭个案会谈，工作者对案主的了解是不足够的，需要向熟悉案主的有关人员进行了解访问，这样可以从不同的角度了解案主的适应情况。

2. 协助有关人员了解案主的困难。在个案工作的实践中发现，案主的家人、朋友、同事、上司常常不知道或不全知道案主的困难或问题，这是由于案主不同的心理缘故造成的，或不想让亲人、朋友担心、挂念，或不想被同事、邻里同情、嘲笑。而有时，为了解决案主的问题，需要这些人对案主处境有一定的了解和理解，工作者就要通过拜访案主所在的单位、社区、家庭等有关人员，向他们说明案主的有关困难或问题，以得到他们的了解和理解。

3. 协助有关人员对案主的适应产生积极的支持。通过拜访有关人员，说明案主的困难，求得他们的了解和理解的目的是为了得到支持资源。例如，单位了解了单亲母亲的困难和处境后，能够为其提供一个住所，或给予适当的经济补助。社区了解了下岗女工的困难后，为其提供一份合适的工作等。

4. 协助案主增进适应能力。有些时候，案主需要其他社会资源的帮助。例如，工作者与一位因失恋而精神颓废的青年会谈，帮助他疏导情绪，通过"理性—情绪治疗"方法，使其变非理性信念为理性信念，重新建立生活方式。但这种改变的坚持是绝对需要家人帮助的。再如，帮助一位少年建立良好的学习和生活习惯，只靠工作者的努力是不够的，也必须得到家人的配合和帮助。

个案访视正是个案工作与其他助人专业如医生、心理医生等的区别所在。个案工作将案主的困难和问题进行个人和社会的双重归因，主张动用资源解决案主的问题。而所谓的资源除了案主本身具备的生命潜质之外，主要就是要动员一切可以利用的社会资源。案主能够利用的社会资源就潜藏在他们的家庭、学校、单位及社区，对这些资源的利用和开发是个案工作者的职责。因此，到案主工作和生活的地方访问相关的人员，对了解案主的困难和问题情境、动员支持资源是十分可取的方法和手段。

（二）家庭探访的发展

如果追溯个案工作的发展历史，不难发现，个案工作是从家庭探访发展而来的。19世纪末，英国牧师查默斯作为个案工作历史上第一批友好访问者的带头人，经常出没在贫穷的家庭，了解贫民的疾苦和需要，对贫民进行道德的劝导和经济上的援助，并主张发展访问者与案主之间的友好关系。这种"家庭探访"的方式作为协助有困扰家庭的方法之一被沿袭下来。但是，家庭探访也不断地遭受各种各样的批评。早期有人批评"家庭探访"太过普通，不算是什么专业技巧。后来有学者认为这种家庭访视的一些做法忽视了案主的自尊，访问者将自己严谨的、道德的、中上阶层的价值标准和生活方式强加在无助者的头上。由于对家庭访视的批评,社会工作者把助人的场所从家庭移到了机构的办公室。

20世纪50年代家庭治疗理论兴起,家庭访视的方法才又被认可和重视。家庭治疗理论主张把家庭作为个案工作的对象,强调通过观察家庭成员的实际互动来了解家庭的结构和问题,这样,家庭访视便是不可缺少的方法。

以单个个人为工作对象的个案工作的家庭访视与早期的家庭访视和家庭治疗中的家庭访视都有差异。早期的家庭访视的访问对象主要是案主本人,通过了解案主的疾苦,帮助解决其困难和问题。家庭治疗中的家庭访视,主要是指对家庭所有成员及其家庭生活进行参与式的观察,例如,观察家庭进餐、观察一天的家庭生活等,并在观察的基础上,进行适当介入,把家庭作为工作的场所。个案工作中的家庭访视,是把案主的家庭成员作为访问的对象,以了解案主的情况,或改变家人对案主的看法。

(三)个案访视的注意事项

为了使个案访视达到预期的目的,应须注意如下事项:

1. 明确访视目标和访视目的

在这里,访视的目标是指"看什么"、"听什么"、"问什么"以及"问谁"。访视的目的是指"为了什么"、"改进什么"。访视的目标和目的是工作者在访视前必须考虑清楚的,而且应该落实在文字上,拟定一个访视的提纲,以作为访视的指引。访视目标和目的不同,安排的访视时间和所用的访视技巧也有所不同。例如,一次家庭访视的目标是要看案主生活的家庭环境,了解案主的父母亲对案主的有关问题的看法、经验、感受和行动,那么访视的时间一般应放在晚上主人下班之后,可以不必着严肃的正装,最好带一件小礼物。如果案主的父母是老人家,谈话可先从问候、关怀老人身体开始,这样会给人以亲切感,令老人温暖。而访视单位或机构情况就不相同,目标是观察案主的工作环境,访谈一两位案主的同事或领导,听听他们对案主平日里的表现的看法、评价和感觉。这样的访视应该是在白天,而且要提前约定。因到访的是一个工作的场所,工作者的着装应正式些,说话也不像在家庭那么随便。

2. 做好访视准备

在访视之前,工作者除了确定访视的目标和目的、撰写访视提纲之外,还要做一些其他的准备工作。例如,先了解受访者的有关资料,包括姓名、职业、年龄、学历、文化、宗教、籍贯等背景资料,为访谈中应该如何说话、如何问话做好准备。再如,要事先记下受访者的地址、电话以及交通路线,以免浪费时间和精力。另外,要充分估计到访视过程中可能发生的问题,以免事情或问题发生而措手不及。

3. 注意访视仪表

进行个案会谈时工作者要注意仪表,进行个案访视更应讲究仪表,因为,个案访视是一次正式的专业性访问,工作者是到自己不熟悉的环境中访谈有关人员,双方大都是第一次见面,工作者的仪表对其留给对方的初次印象影响非常大,对方很可能就从工作者的仪表中产生好感、信任或不舒服、不信任的感受,这种感受就将决定对方是否积极配合工作者的工作。因此,工作者至少要花一些心思着装打扮。工作者的着装,一方面要遵循社会美的标准,即着装打扮应符合特定的访视时间、访视地点和访视对象;另一方面,也要遵循艺术美的标准,即着装打扮体现出美感,例如,根据自身的身高、形体、肤色、脸型、气质等因素选择服装的面料、颜色和款式。总之,工作者的着装打扮应给人以端庄、舒服和美的印象。

4. 把握访视态度

个案访视是一种正式拜访。拜访一词,具有尊敬、谦虚之意,体现个案工作尊重人的理念和工作者谦和的态度。拜访一词还有打搅、骚扰的意思,是指工作者对受访对象正常工作或生活的一种打搅,因此工作者应该表达对受访对象的歉意。工作者除了应该把握的对受访对象的尊重、谦和及致歉的态度,还要注意在言行中体现接纳、关怀、真诚的态度。另外,工作者应时刻意识到自己代表所在机构的形象,代表着社会工作者的专业形象,态度和言行须严谨有修养,且尽量合乎当地文化风俗,使用受访者的语言,以促进双方更好的合作。

第二节 个案工作记录

一、个案记录的意义

(一) 个案记录的界定

个案工作记录(简称"个案记录")通常指文字记录,是工作者以专业知识为判断基础,对与案主互动过程中的有关情况进行条理性文字记录的活动。

实务个案工作的记录者主要是工作者本人,但如果是教学模拟个案或实务个案工作的观察,一般是观察员做记录。工作者作文字记录主要是在会谈之后书写,因为会谈中忙于书写会影响案主的情绪及案主与工作者的互动。一般要求观察员的个案记录要详细,包括工作者与案主说的话、身体语言、环境因素及观察员即时的感受和思考。工作者的个案记录应从专业知识的角度出发,加上对访谈内容的归纳、选择和判断。

除文字记录之外,个案记录还有录音记录和录像记录两种方式。录像记录是通过录像设备,将工作者与案主接触的过程录下来,可以是全程录像,也可以是重点环节的录像。录像记录的优点是可以再现工作过程,有声音、有图像、有利于工作者对自己的会谈技巧和处理方法进行检讨和评估,了解自己的长处和不足,从而提高个案工作的技巧;录像记录也有利于督导员对工作者的个案工作进行督导,能够有针对性地分析工作者个案处理的得失;录像记录的最大价值是有利于示范教学活动,可以作为教师讲解、分析有关方法与技巧的极好素材。但是,录像记录也有局限性:录像记录需要的设备和器材费用较高,资料存放和保管不方便,因此,一般情况下,都没有必要做全程的录像记录;另外,录像记录只能保持原始资料,无法作重点提示和归纳摘要。因此,单纯的录像记录是不够的,即便作了录像记录,也仍然需要文字记录的配合和补充。

录音记录是通过录音设备,将工作者与案主的谈话录音下来。录音记录的设备虽然比录像设备费用低,但也存在资料不便管理的问题。录音记录的限制比录像记录大,录音记录只能记录声音,不能记录图像,无法再现工作者与案主的身体语言,而这些信息对个案工作有非常重要的意义。实际的个案工作中,录音记录通常作为文字记录的辅助方式。另外,需要特别说明的是,录像记录和录音记录方式的运用,牵扯一个专业伦理持守的问题,个案工作要求,除非征得案主同意,工作者不可以录音或录像形式记录与案主的谈话及影像。

与录像记录和录音记录相比,文字记录既简单又抽象,包含了工作者对个案工作过程及对案主谈话内容的诠释和创作,不可能完全地再现原始信息。但是,正是这种创作的空间,给了工作者记录当下内心感受和想法的机会,使得个案记录不是一个简单的再现或重复,而是对访谈原貌的整理和升华,这也正是文字记录的意义所在。

(二)个案记录的功能

个案记录是个案工作不可缺少的基本环节和要求,也是个案工作的基本技术。但是,不同的工作者对于记录的认识和重视程度存有很大的差异。缺乏经验的新工作者往往觉得记录是可有可无的工作,仅仅对衡量工作者的工作量有意义,所以,记录经常是只言片语、潦草应付。而资深优秀的工作者则非常重视记录的意义,他们总是在会谈之后,立即将会谈的重要内容记录下来存档,以免事后有其他的工作或事宜的纷扰而影响记录。迈尔斯(Miles)等人的研究指出,资深的工作者平均花在阅读和书写记录上的时间要占他全部工作时间的10%～30%。汉密尔顿(Hamiltom)认为,一个好的记录应该是一个弹性的工具,反映个案的类型、机构的功能及服务的实际情况,好的记录是基于良好的事实报道和良好的思虑。记录的目的包括行政、服务、研究和教学[①]。许多学者对个案记录的功能和作用进行了不同的阐述,概括起来,个案记录的功能与作用表现在如下

---

① 黄维宪、曾华源、王慧君:《社会个案工作》,(台北)五南图书出版公司1996年版,第296～297页。

方面：

1. 个案记录是工作者执行工作的依据

通常而言，个案工作都不会是一次性的，而是需要工作者与案主多次的会谈互动才能完成，一般的个案都需要持续几周、几个月，进行十几次、几十次会谈，有的个案工作甚至需要持续几年的时间，需要上百次的会谈。在这么长的时间里，案主会发生很大的变化，会谈的内容也会有很大差异。如何将个案工作每次会谈的内容互相衔接，保证此次会谈是上次会谈的延续，唯一的依据恐怕就是个案记录了，工作者可以从个案记录里看到前次会谈的情况，依此决定该次会谈的计划。

2. 个案记录是工作者进行专业反思的依据

对专业的反思，是个案工作实务工作者必须要做的事情，只有在实践的基础上不断反思，才能使专业得到发展和进步，才能为案主提供更适切的服务。因此，个案工作者的职责之一，便是根据个案记录，对专业活动进行深入反思。工作者的专业反思可分为对自己工作的检讨和对个案工作实践进行专业反思两方面的内容。工作者对自己工作的检讨，就是依据自己的个案记录情况，对自己在会谈中表现出来的价值理念、对案主谈话的回应、对案主情绪的处理以及介入等情况进行总结检查。认真总结自己的工作得失、经验教训，从而确立努力的目标和方向。工作者对专业的反思是指，工作者通过个案工作的实践，对个案工作所规定的专业理念、所运用的理论知识和主要的介入方法进行检验，发现需要改进的部分，从而促进对个案工作的理论坚持和理论发展。

3. 个案记录是机构研讨和督导工作的依据

机构的个案研讨，是个案工作的重要环节，有声望的社会工作服务机构都非常重视个案研讨工作。一般而言，个案研讨工作从时间安排上看，有固定的个案研讨日，如每周一次、每月一次，或出现了特殊案例时随时讨论。个案研讨的唯一依据就是个案记录，工作者依据个案记录向参加研讨的同事报告个案情况，或印发个案记录，参会者依据其资料发表自己的意见和看法。督导工作是个案工作实务的重要组成部分，也是机构管理的要求，每位工作者都有相应的督导。督导的任务是，通过阅读个案记录和倾听工作者的陈述，帮助、督促工作的推展。督导制度要求每位督导者都要对工作者的心理状况及其所担任的个案工作进行详细的跟踪和了解，对工作者的表现提出具体的意见和要求。由此可见，没有个案记录，督导工作将无从下手。

4. 个案记录是接受转案的机构或工作者工作的依据

个案工作中经常会有转案的工作。例如，工作者与案主互动了一个阶段后，发现案主有患抑郁症的可能，需要转介到精神治疗机构，如果将此案主与其个案记录一同转介过去，接案的精神治疗机构就可以依据其个案记录，对案主的情况有详细的了解。再如,因某种特殊原因,工作者不能继续工作的情况是经常发生的,工作者手中没有完结的个案工作需要继续,必须将其转给其他的工作者,转案工作的交接中必须提供个案记录。

5. 个案记录是个案工作评估的依据

作为一项专业的助人活动,个案工作无论是对专业、对案主,还是对机构、对社会都要有交代,因此个案工作评估工作是必不可少的。无论采用什么样的评估方法,个案记录总是重要的参考依据。例如,结案时通过案主自己表达的感受和对自己的看法,或工作者通过对案主的观察和感受,评估案主的情况是变好了,还是变化不大,其依据是个案记录中所记载的案主最初的情况及经过工作者帮助以来发生变化的情况。

6. 个案记录可用于教学的案例分析

个案记录的另一个重要的价值和作用是作为个案工作教学的案例分析。社会工作是实践性很强的学科,个案工作的教学活动绝不可以仅仅是教师课堂上的讲授,而更多的、更重要的是案例教学及学生模拟及实际的个案实践。案例教学需要有从实际个案实务工作中得来的个案记录作为案例。因此,个案工作实务中的个案记录非常重要,只有从实践中得来的案例,才是真实的、贴近生活的,也才是真正对学生有帮助的。

7. 个案记录可用作有关社会研究的参考

案主们带来的问题是多样且具有社会性的,从案主个别、具体的问题可以透视出深刻的、普遍的社会问题。社会工作作为一项助人专业、一门应用性科学,其产生和发展的最大动力就是出于对社会问题的回应;而个案工作是一种解决社会问题的微观方法,是以个别的方式,通过工作者与案主的深入互动,帮助具体的个人解决他们的种种困扰和困难。对社会问题的处理和回应是建立在深入研究的基础之上的,社会研究除了要运用量化的方法,通过一定规模的问卷调查得出具有统计学意义的数据,从而发现问题,也必须重视质性研究的方法,通过深入访谈,了解研究对象的内心世界,发现问题的深刻原因和行为的内在动力。个案记录是最好的深入访谈的资料,通过对相关类型个案记录的研究,可以获得用其他的研究方法得不到的资料。

二、个案记录的原则与要求

(一) 个案记录的原则

原则是对人行为的制约和约束。个案记录原则是指在记录的过程中,记录者必须遵守的基本准则。

1. 资料的完整性

个案记录要求个案记录的资料是完整的、全面的,而不是残缺的、片面的。

一般来说，下列内容不可缺少：①基本资料：包括案主个人的背景资料，如案主的姓名、性别、年龄、籍贯、职业、住址、文化程度及特别的特征等；案主家庭的基本资料，如家庭成员的状况、年龄、收入、健康状况、与案主的关系等；个案基本资料，如个案编号、申请日期、个案来源、主要评估内容等；其他关系人或机构的基本资料。这些内容通常用固定的表格填写，不同的机构的表格可能有差异，但基本的内容要求都是不可缺少的。②案主的"人在情境"资料：包括案主的生理、心理及社会适应情况，案主的社会支持情况等。③案主的"问题情境"资料：包括案主问题的性质、程度、强度、问题的成因、解决问题的阻力和助力等。④工作者的评估、处理及介入情况等。

2. 资料的清晰性

个案记录要求所记载的资料是清晰可读的，而不是混沌不清、难以读解的。个案记录不只是记录者本人的事，而是对工作、对专业、对案主的交代，从个案记录的功能分析中我们已经知道，个案记录将有许多的用途，会有许多人分享。因此，必须保持个案记录的清晰。保持个案记录清晰的方法首先是要做到尽量工整地书写，如果可能，最好打印；其次是可以分段，根据谈话内容或谈话中的间歇，将个案记录分成几个段落；最后，要进行简要归纳。

3. 资料的独特性

虽然个案记录有一定的要求，且有一些固定的表格，但并不是说所有的个案记录都要具有千篇一律的样式。除了填写固定的表格，在具体内容的记录中，应体现不同案主及其问题的个性化色彩，也可以体现不同工作者的不同记录风格。在这一点上，任何一间机构都不应扼杀工作者的创造性和艺术性。需要说明的是，这种创造性和艺术性必须是建立在事实的基础之上的，创造和艺术化的是形式，而不是内容，内容是事实的再现，是案主的相关情况及与工作者的互动情形，这些是个案工作的真正依据。

4. 资料的真实性

保证记录资料的真实性是个案工作专业伦理的基本要求，工作者必须从实记来，不可随意添枝加叶或歪曲记录。工作者保证所记录的资料是真实可靠的需要三个层面的努力：一是在认知的层面上，要求工作者认同并重视真实性的意义；二是在意志的层面上，持守真实性原则；三是在具体的行为层面上，努力认真把握，真实地记录会谈的有关情况。

5. 资料的保密性

保密性原则是个案工作最重要的原则之一，承诺案主保守秘密是取得案主信任、开展个案工作的基础。保密性原则在个案记录中的体现有两个层面：一是在会谈过程中，工作者无论是做录音记录、录像记录或文字记录，都必须先征得案主的同意，向案主说明记录的目的和意义，并承诺案主为所记录的资料保守秘密,如果案主不同意录音或录像,绝不可以背地操作。保密性原则在个案记录中的另一个体现是,工作者及机构要妥善保管好案主的个案记录资料,不得随意存放或丢失,阅读个案记录必须经过严格的审批程序,只有符合使用个案记录资料的有关规定,方可取卷阅读。个案记录的保密性原则,是严肃的专业伦理的持守问题,保密性原则的贯彻执行情况也是检验工作者专业修养的重要指标。

(二)个案记录的要求

在遵循如上个案记录基本原则的基础上,如下的要求可作为工作者在具体的个案记录操作中的参考:

1. 以会谈后记录为主

个案会谈是工作者与案主一个特殊的会面,案主通常都是怀着忐忑不安的心情来面见工作者的,需要工作者谨慎、小心地陪伴和带领,才有可能使案主从不良的情绪状态中走向与工作者无拘束、无顾忌的互动。在这个过程中,需要工作者高度的投入,如果工作者不是全神贯注地专注于与案主的交谈,而是低头写字,这势必会影响会谈,不仅会影响工作者了解案主的信息,也会影响案主的表达。另外,案主看到工作者不停地记下自己所说的话,内心难免会担心自己隐私的暴露,产生不安全感。这样就会对整个个案工作的行进带来障碍。因此,工作者应该在会谈中尽量不做记录,或少做记录,更不要低头书写不看案主。文字记录主要应该在会谈之后来做,而且是结束会谈马上做记录,以免遗忘会谈的内容。有的工作者在会谈时尽力征得案主同意进行录音,便于会谈后进行文字整理,这是很好的方法。

2. 符合机构的要求

不同的机构有不同的服务功能,对个案记录的要求也会有不同,工作者应该依据机构的要求撰写个案记录。首先,应严格按照机构印制的个案记录表格认真填写;其次,按照机构要求记录的重点,详细记录相关内容。因不同机构的服务理念的差异,强调的服务着眼点也不一样,因而要求记录的重点也不同。工作者有不同意见可以进行记录,但机构要求的部分应该尽量保证记录。

3. 正确使用专业术语

为了保证个案工作的专业性质和便于专业间的沟通,工作者在进行个案记录时,应正确使用专业术语,这也是对工作者专业水平的要求。如果专业术语使用错误,不仅会影响工作者的专业形象,影响沟通,给工作带来负面作用,有时也会给案主造成伤害。例如,案主只是对自己要求高一些,想让自己更完美一些,工作者就诊断其为强迫症。或案主只是对异性工作者印象好些,就被工作者视为"移情"。这样的个案工作对案主的作用是消极的。

4. 简明扼要

详细地记录个案工作的过程,甚至工作者与案主的每一句对话固然是好的,但是,对于每天要接待几个案主的工作者来说,这是难以完成的事。因此,除非特别的需要,对个案工作服务的内容,可以进行简明扼要的记录,但重要的资料不可以省略。对工作者与案主及案主与相关人员的互动情形,不用无遗漏地记录对话,可以用具体的描述性的方式来记录,但一定要避免工作者的主观臆断。记录中需要表达工作者个人的看法、感受及建议的部分,一定要以事实为基础,且不要长篇大论。

三、个案记录的形式与方法

关于个案记录的具体形式与方法,每个服务机构都有自己明确的规定。一般情况下,机构管理的个案案宗包括四部分的内容:个案卡、个案记录、工作者的工作报告及其他资料。其中个案卡、工作者的工作报告及其他资料主要用于机构对个案的管理。而个案记录主要用于专业的分析、回顾、评估及存档之用。下面将对个案卡和个案记录的内容进行简要的说明。

(一)个案卡

个案卡通常是一个质地较硬、便于管理和检索的卡片。个案卡记录着个案记录卷宗最精简的信息,包括案主的姓名、性别、年龄、职业、籍贯、住址、父母姓名、工作者的姓名、接案和结案日期、个案号码及简短的评估等资料(参见表4-1)。

表4-1 个 案 卡

序号	
姓　　名_____年龄_____	籍　　贯_____
住　　址_____	性　　别_____
父母姓名_____	职　　业_____
评　　估	接案日期_____
	结案日期_____
	工 作 员_____

(二)个案记录

在这里,个案记录包括摘要表和个案史两部分内容。

1. 摘要表

摘要表通常是一张与个案史所用纸张大小相等的硬纸,无固定的格式。摘要表上面记载的资料有:个案号码、申请日期、案主背景、案主家庭成员背景、案主重要人际关系、个案来源、服务机构名称及记录内容简短摘要等资料。

2. 个案史

个案史就是个案记录的内容。记录个案工作的内容有不同的方法,常用的有过程式记录和摘要式记录。

(1) 过程式记录

过程式记录是指将工作者与案主在会谈过程中的互动内容详细记录下来。按照表达角度的不同,过程记录可分为叙述式记录和脚本式记录两种。

叙述式过程记录是指,记录者或工作者以第一或第三人称的角度,陈述个案会谈的过程。例如:

"在会谈的刚一开始,案主有些紧张,总是低着头,话不多,说话时不看我。我尽量表现出对她的友好和接纳,慢慢引导,渐渐地她的话也多了。当我问她是否记得从什么时候开始不敢当众讲话时,她便滔滔不绝地告诉了我她从小学到高中的经历,她说从小学到高中,她都是被老师表扬的好学生,几乎所有的说话机会都让她自己占了,课堂上老师总是点着她的名让她发言,各种活动中,她总是代表学生发言。可没想到,到了大学,第一次班里的自我介绍,就砸了……她可能是对自己要求太高了……"

从如上的例子中可以看到,叙述式的过程记录,可能会因工作者把握上的差异,记录的详细程度有所不同,但是,一般而言,过程记录必须包括有关的基本资料、案主与工作者的谈话内容及身体语言、工作者的感受与反应、工作者的观察和思考等内容。

脚本式过程记录也叫对话式的记录,如同剧本一样,将会谈过程呈现出来,使得记录有立体感,给人以真实的现场感受。脚本式记录更多地用在观摩个案实务中,由观察员进行记录。例如表4-2:

表4-2 脚本式过程记录表

对话内容	其他观察	案主/工作者分析	我的感受
张:是的。我爱人脾气不好,经常打他。			
工:他爸爸打他时通常你拉不拉着?		想知道背后夫妇双方教育孩子的态度是否一致	
张:不拉着。我想我们的态度应该一致。	犹豫了一下后回答工作者	在为自己找借口	我肯定不会这样
工:这次你爱人打他时你在做什么?			
张:我还没起床,在床上躺着。	回答得很慢	有点儿不好意思	这个女人可能不勤快

续表

对话内容	其他观察	案主/工作者分析	我的感受
工:你的小孩从小是谁带大的?		想了解孩子的成长环境	了解这个情况很重要
张:跟着我们一起生活。			
工:他的处事方式更像谁?		想了解家人对孩子的影响	
张:像他爸爸。但是,与他爸爸沟通很困难。其实,我爱人非常爱孩子,但是他……	长篇大论	可能是做教师的职业病,喜欢表达	说个不停,给人的感觉不舒服。在家里肯定是话多
工:让黄先生自己说说好吗?		想让黄说话	黄一直没有开口的原因一是刚才来时的不愉快。但主要原因可能是习惯了他夫人常常代他说话
黄:(案主黄先生)这孩子也不知怎么个事儿,跟我没感情,我真稀罕他,要啥都给他买。	很重的东北口音		一个不讲教育艺术的家长,简单行事
张:是啊!他考上"七一"学校,他爸爸奖励给他1万块钱。	抢话说		这种做法不合适,高中学生支配1万块钱
黄:可他不愿意和我接近,他妈若是不在家,他不和我在一个屋待着,我在这个屋,他在那个屋,我在那个屋,他就在这个屋,不跟我说话。	工作者面向黄一脸的无奈	鼓励黄说话,不想让其妻代替说话	黄不懂如何与儿子相处,他简单地认为:只要我爱儿子,心里对儿子好就是个好父亲,儿子也会明白。但事实却不是这样,这令他很困惑
张:他们两人难得有时间相处,他爸爸很少和我们一起吃饭,总在外面喝酒,经常醉醺醺的回来得特别晚,孩子已经睡了。即便是有时间在一起他对孩子不是打就是骂,孩子能愿意和他在一起吗?有一次,他爸在家把地拖得很干净,他放学回来不小心踩脏了,他赶紧蹲下来擦,但是,他爸爸还是大骂了他。我就和我爱人吵了起来,为儿子辩护。	责怪地不看黄	对黄经常酗酒非常不满 心里对丈夫不满和对儿子的心疼	可能黄不仅对孩子有暴力行为,而且对其妻也有暴力行为。夫妻关系可能存在问题,孩子的问题只是问题的一个侧面 张不应该当着孩子的面与丈夫吵

续表

对话内容	其他观察	案主/工作者分析	我的感受
工:你责怪你爱人时,你儿子是什么反应?			
张:他特别愤怒地看着他爸爸。			
工:你刚才说孩子现在在外婆家不肯回来,那他和外婆的感情一定很好吧?			话题转得很快
张:是的,他和我妈感情很好。我妈妈劝他回家,告诉他我们都很着急,可他就是不回来。		着急孩子不回家	
工:这一个月他都一直没回家吗?			
张:回来几次拿东西,拿完就走了。这孩子以前比较听话,经常晚上我帮他复习功课(详细地叙述如何帮孩子复习物理、化学、英语、数学等)		想起孩子的优点	
工:你爱人打孩子,他外婆是什么态度?	打断案主的说话	不关心孩子的优点,不关心案主的心情	对案主缺乏理解
张:认为不应该打。其实这孩子以前挺好的,有一年他用我们给他的压岁钱,给我们每个人买了一件礼物,以后就没有了。	不停地说	总想说孩子的优点	做母亲的心理,特别是孩子一个多月没有回家住了,每天想念儿子的心情可想而知,所以过去儿子的优秀表现都想起来了
工:孩子出走你们一定很着急,但是这个信息孩子没有感觉到。你们的沟通有问题,父与子的信息是通过母亲传递的;这次父母与孩子之间的信息是外婆来传递的。你们必须直接向孩子传达你们的关怀。			

（2）摘要式记录

摘要式记录一般结构性很强，通过某种方式或角度归纳、组织资料，来表达工作者对某一工作内容的总结、概括及基本观点。摘要资料一般要设定一个标题大纲，将所要陈述的内容放于其中。我们可以把过程式记录理解为是原始资料的记录，而摘要式的记录是记录者对原始资料的分析、总结和归纳。摘要式的记录可分为接案摘要、评估摘要、阶段摘要、转案结案摘要等。

接案摘要：接案摘要是在与案主第一次会谈之后进行，主要阐明案主到机构的根本原因、问题性质及对机构的期望和要求。通常而言，案主向机构求助时，工作者都要与案主实施40分钟左右的接案会谈，了解案主的基本背景、求助动机、问题情境等情况。不同的机构安排的接案会谈人员不同，有的机构专门设置接案人员，接案员与案主会谈后，将接案摘要交付相关的领导或督导主任，督导主任会根据案例的具体情况，选派合适的工作者接手个案。有的机构没有设置专门的接案人员，谁接手谁来做。不管接案的是什么人员，都必须进行接案摘要记录。

评估摘要：评估摘要是在工作者与案主有了一定的接触，资料收集到了某种程度的时候，需要对案主及其问题情境进行评估，以利决定案主所需要的服务。应该说，评估工作贯穿在整个个案工作的始终。随着与案主互动的深入，不断得到新的资料和认识，就要随时进行评估。因此，评估摘要是经常要做的工作。

阶段摘要：阶段摘要是指对个案工作每一阶段的工作进行摘要记录。阶段的划分可以时间为标准，如一个月或两个月做一次摘要；也可以工作内容为标准，如收集资料的工作基本完成后或介入工作告一段落后进行总结摘要记录。

转案结案摘要：转案工作是经常遇到的，因某种原因，机构或当前负责某一个案的工作者不能继续为案主提供服务了，而案主仍然需要帮助，这就要将个案转介到其他的机构或本机构的其他工作者那里。这时，交付个案的工作者必须对以前的工作情况进行总结式的摘要，将其记录与案主一同交付给转介的机构或本机构的其他工作者。当个案工作完结时，结案摘要是一定要做的，工作者应该对整个个案工作的过程进行概括性的总结，反思工作的经验教训，为以后的工作提供借鉴。

第三节　个案工作评估

在新管理主义、证据为本及社会问责的压力下，社会工作服务评估日益受到重视。个案工作服务是社会工作最早发展的专业方法，与其他的专业方法比较，个案工作的资源投入最大（工作员与案主比例），服务时间最长（长的可达几年），对个案工作服务的评估更加重要。

一、个案工作评估的意义

（一）个案工作评估的界定

个案工作评估是指系统地运用科学研究的方法，对个案工作服务目标和介入计划的设计、实施过程及其服务的有效性进行专业判断的过程。

（二）个案工作评估的含义

根据如上对个案工作评估的界定，我们对个案工作评估应有如下的理解和把握：

1. 个案工作评估的内容是广泛的。个案工作评估不仅是对个案工作目标、计划及有效性的评估，也包括对案主的功能及问题情境、工作员的表现、相关的社会资源以及阻碍社会资源的障碍的评估。

2. 个案工作评估的手段是多样的。个案工作评估内容的广泛性决定了个案工作评估必须运用多种手段收集资料。会谈本身就是一种资料的收集，在会谈中，工作员通过倾听案主、观察案主，获取与案主相关的信息资料。个案工作结束时，也可以通过深入访谈的方法，让案主进行描述性的谈话，对自己的状况进行自我评估。除此之外，工作员还需要设计相关的问卷，通过向案主及相关人员发放问卷、回收问卷，获取相关资料。

3. 个案工作评估是持续性的。个案工作评估贯穿在个案工作的始终，例如，在个案工作初期，工作员通过与案主的互动、沟通，了解到大量关于案主问题的相关资料，就要及时地对这些资料进行分析、归纳和评估；在个案工作进行的过程中，随着案主与工作互动的加深，案主对工作员信任度的增强，以及工作员其他的工作，如访视工作等的进行，会有不断的新发现、新认识，需要重新评定一些事实或问题；在个案工作终结时，要对整个个案工作进行整体的评估。

4. 个案工作评估渗透了专业判断。个案工作评估体现了一次又一次的专业评判和决策，例如，决定见谁、收集什么资料、如何介入等。判断的专业性要求工作员要时刻保持避免主观臆断的警醒，一方面要认识到，专业判断不等于自己就是独一无二的专家、权威，要避免自己的主观性主宰了一切；另外，专业判断与决策一定要以事实为依据。

5. 个案工作评估需要案主的参与。个案工作评估不只是工作员和机构的事情，如上所说，工作员不可以假定自己就是解决问题、进行专业判断的独一无二的专家权威。个案工作评估必须要有案主的参与，尤其是个案工作初期和过程中的评估，必须在工作员与案主的互动中实现，没有案主的参与，工作员的评估便成为无源之水、无据之论，属于工作员的主观臆断，这样的评估是毫无意义的。个案工作的结果评估也必须有案主的参与,只有案主自己才最清楚自己发生的改变。

(三) 个案工作评估的功能

个案工作评估内容的广泛性、方法多样性、过程持续性、判断专业性决定了个案工作评估具有多样化的功能:

1. 决定工作方向

虽然个案工作有明确的目标,即帮助案主解决面对的困难或问题、提升适应能力、挖掘生命的潜能,趋向自我实现。但面对每个具体案主时,工作员还需要通过深入了解和准确评估,才可摸索着带领案主朝向具体的目标互动。在这个过程中,不断而准确的评估是非常重要的,也是必不可少的。没有对相关资料不断的了解再了解、评估再评估,个案工作很难保持沿着对案主有利的方向前行。

2. 反馈调整办法

评估是对个案工作中所实施办法的评定和检验,通过评估,我们将知道什么样的方法是有效的,是应该坚持的。评估的结果也会告诉我们什么样的方法是需要调整和改进的。只有通过对个案工作过程中相关问题、情况及回应方法的不断评估,才会不断地反馈信息,使工作的失误降到最低点。

3. 激发工作员热情

对工作员工作表现的评估,可以激发工作员的工作热情,激励工作员更加关注案主,更投入地工作。个案工作是通过工作员与个别案主之间深入的互动和了解,对案主的困难和问题作出恰当的解决。在这里,工作员的投入程度是个案工作效果的关键。而工作员的投入状态和程度是一个软性的指标,无法量化,只有通过激发工作员的内在动力,培养其工作热情,才能充分地调动工作员的积极性,挖掘工作员的潜能。通过对工作员工作表现的评估,及时对工作员的努力作出肯定和赞扬,对调动工作员的积极性,激发其工作热情,无疑是有利的。

4. 对相关方面交代

从制度层面讲,个案工作作为一项专业服务,需要多方力量的支撑:社会及政府支持、专业授权、案主需求等,因此,个案工作必须对有关各方作出交代。首先,个案工作必须对案主交代。通过评估,案主能够随时知道或了解自己面对问题的真实情况、共商的策略是否已有效地付诸实施、问题是否解决及解决的程度、确定的目标是否实现以及自己的需要是否得到了满足。其次,个案工作需要对社会交代。社会个案工作是得到社会及政府的认可和大量资助的专业,它有责任对社会交代,证明自己在多大程度上实现了专业目标和发挥的功效。通过个案工作评估,个案工作者要向财政来源、向社会服务机构及向全社会表明社会个案工作的作用和社会功能。最后,个案工作评估也是对社会工作专业本身的交代。作为一项助人专业,我们需要确定介入与结果之间的关系,确定社会个案工作的理论、方法和工作员的操作实施是否具有功效。

5. 促进专业发展

个案工作评估的一个重要功能便是促进专业的发展。虽然社会工作发展到今天已经具有一百多年的历史,但是,按照佛莱克斯纳、林德曼和格林伍德关于专业的标准,无论是业内还是业外人士,都还一致认为社会工作是一个处于发展中的专业,其专业化程度远不如医疗、法律等成熟专业。在社会工作专业方法当中,个案工作起源最早,专业化程度高于小组工作和社区工作,但仍然是处于不断发展和完善之中。因为,人的需要是不断发展变化的,这也正是社会工作作为一种人文科学与自然科学那样精确不变的不同之处。个案工作这种专业的发展性是需要专业评估来引路导航的,只有通过经常不断的专业评估,才能检验个案工作理论知识的正确性,不断促进个案工作的理论知识趋于完善;只有通过不断地专业评估,才能了解案主的实际需要,使专业服务更能满足案主意愿,得到社会的认可。

二、个案工作评估的类型

个案工作(社会工作)服务评估具有多种类型,可以根据不同的关注性质而有不同的划分。本节以个案服务方案进行的时间顺序为主轴分析比较不同类型评估的适用性。斯克里文(Scriven)将评估分为形成评估(formative evaluation)和总结评估(summative evaluation),前者是服务方案进行或发展过程中的评估,后者则是服务方案结束后的评估。波萨瓦克(Posavac)和凯里(Carey)将评估区分为需求评估(evaluation of need)、过程评估(evaluation of process)、结果评估(evaluation of outcome)和效率评估(evaluation of efficiency)。需求评估属于服务方案执行前的评估,过程评估是服务方案进行过程中的评估,结果评估与效率评估是服务方案执行后的评估。以时间为顺序,参考上述关于评估的分类,我们把个案工作的评估分类总结如下(表4-3)。

表4-3 个案工作服务评估分类

类型	时间	服务方案(制定)执行前	服务方案执行中	服务方案执行后
1		需求评估	形成评估	结果评估
2		生态系统评估		过程评估
3		资源评估		效率评估
4		资源障碍评估		

(一)服务方案执行前的评估

个案工作服务方案制定、执行前的评估也即预估(assessment)或诊断(diagnosis)。"诊断"一词可以追溯到里士满 1917 年写的《社会诊断》一书。这里之所以不用"诊断"的概念,原因有二:其一,"诊断"是医学用语,有相当强的临床取向,着眼于问题。社会工作强调"资源"取向,不是只敏感于案主的问题,更重要的要着眼于案主内在未被挖掘的潜能和社会资源。其二,诊断一词太过强调工作员的专家角色,而个案工作评估更强调案主的参与,评估更多地被理解为工作员与案主一道探查有关情况,强调案主参与问题解决过程。

预估工作包括案主问题或需求评估、案主生态系统评估、服务资源及资源障碍评估,其目的是保证服务方案的设计切合案主的需求。

1. 需求评估

需求评估是指接案之后通过各种方式收集资料,对服务对象的问题与需求作出评定或评量。不同的需求概念对服务方案的设计和评估有不同的意义和影响。布拉德肖(Bradshaw)曾提出四个关于需求的概念:① 规范性需求(normative need),即专业人员、行政人员依据专业知识和现有的政策规范,在特定情况下所界定的需求标准。例如,为贫困案主服务所依据的现有政策规定的最低生活保障等。② 感觉性需求(perceived need),即案主通过想象和感受觉知的需求。例如,在个案会谈中,案主自我陈述中反映出的个人期望的需求和想要的服务。③ 表达性需求(expressed need),当案主把自身的感觉性需求通过行动来表达和展现时,即成为表达性需求。④ 比较性需求(relative need),比较与类似的情境与服务差距后形成的需求。

2. 生态系统评估

生态系统评估是指对案主个人的生态系统和其所处的社会生态系统进行的评量。案主个人的生态系统包括案主个人的生理、心理及社会功能。对案主生理层面的评估,主要包括对案主的生理体征、健康状况及生命周期等情况的了解与评定,对案主心理层面的评估主要包括对案主的认知、情绪与情感、人格特征、自我等因素的评估,对案主社会功能的评估主要是对案主的人际关系、角色功能等方面的评定。对案主社会生态系统的评估包括案主的微观系统、中观系统、外观系统及宏观环境的考察。微观系统是指介于发展的个人与环境之间的复杂联系,是一种包容个人的中间组织,例如家庭、学校、工作单位等;中观系统是指介于包容个人的主要组织之间的联系,例如,对于一个学龄青少年,其家庭与学校的联系,家长与老师的互动对其具有非常大的影响;外观系统是微观系统的一种延伸,它们或许不会直接影响个人的发展,但它们可以影响和包容微观系统或中间组织,而个人在这些中间组织中被影响、被限定,甚至被决定何去何从;宏观系统是指文化的支撑部分,例如社会的经济、社会、教育、法律和政治体系等。

3. 资源评估

资源评估包括对案主个人资源的评估和社会服务(支持)资源的评估。个案工作者要善于协助案主挖掘自身的资源与优势,包括案主个人的能力、个性、动机、愿望、经历等一切有利于案主改变的元素都要努力挖掘。社会支持资源包括案主的非正式网络,如家人、朋友、邻居等及社会正式支持网络,包括各种专业组织、服务机构等可调动的资源。

4. 资源障碍评估

阻碍案主使用资源的障碍归纳为三类:即外在障碍、内在障碍及恒久性失功能。关于这部分内容,在第九章第四节有较详细的介绍。

(二) 服务方案执行中的评估

服务方案执行中的评估主要是形成评估。形成评估的对象是正在进行中的个案服务,关注的是服务方案的实施或落实过程,强调"形成"与"发展"的功能,通过对过程的监测(monitoring)和回馈(feedback),不断调整方案以达成目的,并协助方案的继续执行。形成评估需要注意对"关系"、"计划(方案)"、"介入行动"三个持续重叠的过程进行不断的评估与调整。

(三) 服务方案执行后的评估

服务方案执行后评估是总结性评估,指对整个个案工作实施程序和实施效果的评定,它包括结果评估、过程评估和效率评估。

1. 结果评估

结果评估是对个案工作目标实现程度的评估,关心的是通过与案主的互动及相关的行动,案主的问题或困难是否得到了解决,案主在多大程度上发生了改变。

2. 过程评估

过程评估是对个案工作实施中运用的技术、方法和策略的评估,关心的是工作中的各种步骤怎样促成了最终的介入结果,而不是结果本身。如果说结果评估关心的是案主的需要被满足的程度,那么,过程评估检查的则是服务计划的合理性、工作员的角色表现、工作员与案主的关系以及环境资源在其中发挥的作用。

3. 效率评估

效率评估关系到服务成本。个案工作本来就是一个高成本的服务方法,一名工作员在同一个时间只能为一位案主服务,这里评估的主要是耗时、资源与具体策略的选择。

三、个案工作评估的原则

(一) 主观性与客观性相结合

评估是一种主观判断,是建立在客观资料基础上的主观判断。评估工作是一个过程,而不仅仅指得出来的结论,评估过程与科学研究相类似,包括三个步骤,即资料收集、资料分析与发现及专业判断。要保证评估的准确性与科学性,就必须解决好主观性与客观性的关系。在这里,主观性与客观性的关系体现在两个方面,一是评估主体与现实资料的关系,二是工作员与案主的关系。无论评估主体是工作员还是案主,抑或其他的人员,在评估工作的这三个步骤里都有一个价值介入的问题,收集什么资料、如何收集,用什么方法分析资料、分析的视角怎样,从中发现什么等都不可避免地会受评估者本人价值观的影响。我们能够做的一是尽量学会全面地看问题,全面收集资料;二是运用科学的方法;三是提高意识警觉,时刻警醒自己,将主观影响降到最小。工作员一方面要警醒自己强烈的价值介入的影响作用,另一方面,有责任提醒其他的评估者坚持客观性原则。我们一直强调个案工作评估中案主的参与,因此,如何整合工作员与案主的不同意见、看法和感受,是评估工作中非常重要的问题,在工作员的"专业权威"面前,案主倾向于服从、认同而较少坚持己见,因此,工作员一定要多倾听案主的意见和感受,只有案主自己最清楚自己的变化和感受,工作员没有权力替案主评估自己。

(二) 全面评估与重点评估相结合

评估工作渗透于个案工作的方方面面,持续于个案工作的始终,需要工作员随时对所听到、看到、感觉到的信息做判断。但这并不是说,事无巨细都要运用科学的方法与程序对所有的信息进行评估,而是要有所选择、有所侧重,在全面收集资料的基础上对重要的部分进行重点评估。这就要求工作员清楚哪些是重要的,需要重点评估的,哪些是次要的,只做一般性评估就可以。通常而言,案主的问题性质与严重程度、解决问题的阻力与助力、案主的人在情境、介入计划的可行性及介入结果等是需要进行重点评估的,工作员应保持对这些方面的信息的敏感,仔细、全面地进行信息收集,以便作出较为正确的评估。

(三) 质性方法与量性方法相结合

质性方法与量性方法是科学研究的概念,量的研究是一种对事物可以量化的部分进行测量和分析,以检验研究者自己关于该事物的某些理论假设的研究方法。量的方法有一套完备的操作技术。质的研究是通过研究者和被研究者之间的互动对事物进行深入、细致、长期的体验,然后对事物的"质"得到一个比较全面的解释性理解[1]。评估工作也是科学研究,要通过收集资料、分析解释资料,作出总结评估(研究发现)。管理主义要求评估工作用数字说话,用指标说话,以量的方法对所要评估的项目或内容进行评估和测量。但是,个案工作作为

---

[1] 陈向明:《质的研究方法与社会科学研究》,教育科学出版社 2000 年版。

专业的助人实践,其实践活动的对象是个性存有差异且处于不断发展变化中的社会人,对人的情况及其变化的评估,仅用数字说话是不足够的,有时也是不适合的。更主要的方法应该是通过深入的谈话和观察,在会谈的互动中,对有关情况得出解释性的理解,通过描述性的语言进行评估。质的方法另一个有利于个案工作评估的因素是其在自然情境中收集资料,而不是如量的方法在实验环境下收集资料,个案工作中工作员与案主之间是一种角色与个性的互动,工作员的角色要求就是鼓励、催化案主真实地表现自己,在自然的情境下收集资料。因此,个案工作评估中应该将质的方法与量的方法结合运用。

四、个案工作评估的方法

(一) 评估研究设计的方法选择

如前所述,个案工作评估需要结合运用质性方法与量性方法,美国学者金斯伯格(Leon H. Ginsberg)将评估研究设计的范畴从探索性到控制性进行了梳理(图4-4)。

探索性 ←→ 描述性 ←→ 解释/预测性 ←→ 控制性
定性设计 ←――――――――――――→ 定量设计

图4-4 评估范畴

1. 探索性设计(exploratory design)

探索性设计也称预实验研究设计,是最不严格的研究设计。探索性设计可以帮助工作员熟悉某种现象或收集有关介入与结果之间的初步资料,为进一步的研究确定变量,利用这些通过探索所获得的资料来建构假设并进行进一步的调查。探索性的设计包括个案研究、横截面调查设计、纵向个案调查设计。在个案工作评估中,探索性设计可以用于接案之初对案主的问题与需要、案主的"人在情境"、解决问题的资源与障碍等方面的评估。

2. 描述性设计(descriptive design)

探索性设计收集的是关于可能变量的资料,这些变量以后可以用于描述性研究。描述性设计可以用于个案工作具体实施行动的描述,可以考察案主在工作员介入前后的变化,但无法控制其他解释的可能性。描述性设计包括单组前测—后测设计、定组比较设计及实践序列设计。

3. 解释性设计(explanatory design)

解释性设计是在探索性与描述性设计的基础上,对个案介入对案主的影响,或案主的行为变化之间的关系的解释,这些设计是想在自变量(个案介入)和因变量(案主行为变化)之间建立因果关系。而其他的解释必须得到控制或完全被排斥。

4. 实验设计(experimental design)

实验设计是最严格的评估研究设计,它对影响内在效度的因素进行高度的控制。其基本内容包括:①向实验者(组)和控制者(组)随机分配个体;②把因变量(介入方法)引入实验者(组),但不影响控制者(组);③比较实验者与控制者因变量值的变化。

在个案工作评估中,经常用到前三种设计,而很少采用实验设计。这是因为:①实验设计非常严格,在现实世界中非常难做;②实验设计一般需要至少一个相对的群体介入,并不适用于个案介入;③出于专业伦理的考虑不选择实验设计。实验设计有悖社会工作关怀与正义的价值理念,社会工作关怀的理念要求社会工作服务以案主最大利益为考量,实验设计具有伤害服务对象的风险;社会工作正义的理念要求平等对待服务对象,控制组的处理有悖于社会工作的价值观,例如在虐待儿童的家庭服务中,两个孩子小刚与小力都是我们服务的对象,我们不可以因研究评估的需要而放弃对小刚父母的介入,而只选择对小力提供服务,工作员没有权力将服务对象人为地分为实验组与对照组,这是对服务对象的不公平和不公正。

在个案工作服务中,经常用到的具体评估方法主要是单个案设计。

(二)个案工作评估的单个案设计

1. 单个案(single case)设计的含义

单个案设计也被称为单对象设计或单系统设计,是指一套用来观察一个确定的对象(案主身上的一个特定问题和目标)的变化的经验性程序,随着时间的推移,这个对象被重复测量[①]。也就是说,单个案设计只关注服务对象(被介入或干预的案主)的变化,不另外设控制组进行观察,以时间序列中的变化资料进行介入前后的对比,找出差距。单个案设计只关注两点:案主的目标行为是否有变化和尽量控制干预变量以确定干预与所观察到的案主改变之间是否存在因果关系。

单个案设计的核心内容在于干预的单位是一个单一个案,而不是一组系统,它与对象小组设计是不同的。单个案设计评估的宗旨是判断随着服务的提供,案主的状况是否得到改善。有些学者也把这种单对象设计称为经验实务(empirical practice)、研究实务(research practice)或科学实务(scientific practice)。在西方国家,很多社会工作学院都开设此课程。

2. 单个案设计的结构与程序

(1) AB 设计

---

① [美]Leon H. Ginsberg 著,黄晨熹译:《社会工作评估原理与方法》,华东理工大学出版社 2005 年版。

在单个案设计中,最基本的结构是 AB 设计,A 代表介入或干预之前的基线资料,B 是干预资料。我们需要前后收集 AB 两组的资料,并将两组资料进行对比,找出差距,可以理解为是介入带来的改变。虽然 B 是介入或干预治疗的过程中的资料,而不是服务过程结束之后的资料,但对于案主目标行为的改善也能看到因果变化。

对于 A 基线资料的测量是否应一次性完成,学者们有不同的意见。有些学者认为对案主进行一次可靠的介入前测评就足够了。但有很多学者认为基准阶段要进行若干疗程,持续到指标稳定——指标不再发生变化为止。例如,服务于一个有课堂扰乱行为的少年,对其基准行为第一次观察是一堂课 15 次侵犯他人,而第二次观察只有 3 次,那么,基准测量应该继续,直到测量值相近为止。学者们认为,要正确了解服务对象,获得稳定的资料,基准测量的最少次数是 3 次。

获取了 A 基准资料之后,对案主进行适切介入,在介入的过程中不断收集 B 干预资料,观察案主的变化。通过前后两组资料比较找到的差距被理解为是介入或干预带来的改变。

但是,在单个案设计中因为没有控制组的对照,我们无法排除案主目标行为的变化与其他的因素有关。为了避免 AB 设计的不足,以下方法可以做一定意义上的弥补。

(2) ABAB 设计

ABAB 设计是单个案设计中最重要的方法。其操作程序是,首先,进行基线 A1 的资料收集后,开始第一次的干预 B1,然后停止 B1 的干预;接着,进入第二次 A2 的基线测量,考察案主的目标行为是否恢复到了 A1 的水平。之后,重复干预 B2,对比 B1 和 B2,如果 B2 获得的资料与 B1 相同,我们就更有理由肯定个案介入服务对案主改变的作用。因此,ABAB 设计不是看似简单的重复,而是提高了个案介入服务与案主变化之间因果关系的逻辑推理。

(3) 多项设计

多项设计主要是指研究者(服务者、评估者)对一个案主的多个目标行为进行测查。例如,对于一个酗酒虐妻的案主的个案介入过程中,首先把他的问题行为分解为酗酒、对妻子施暴、夜不归宿三个目标行为,对这三个目标行为分别进行基线测量,然后只对夜不归宿进行干预,同时,保持记录酗酒和对妻子施暴的基线状态。当干预到一定程度夜不归宿的行为没有了,但酗酒与虐妻仍然没有改变时,我们用同样的方式对酗酒进行干预,并记录酗酒的行为改变,同时假定虐妻行为没有改变(事实上酗酒与虐妻具有非常高的相关性,一般情况下,戒酒之后,虐妻的行为自然消减或消除),然后用同样的方法对虐妻进行行为干预。多项设计展示出每个行为改变都与不同的时间点的干预有着密切的关系。

(4) ABCD 设计

ABCD 设计是指，在通过测量建立基线 A 之后，进行多种不同类型的干预，考察案主的变化，以评估哪项干预最成功。例如，面对吸毒案主，西方国家的工作员会运用替代性药物、认知调整与意志锻炼、福音等多种介入方法，以测评案主戒毒效果。

（三）个案工作评估中收集资料的方法

个案工作评估中经常用到的收集资料的方法或工具主要有叙述性资料和标准化问卷、量表等。

1. 叙述性资料

叙述性资料是指工作员通过访谈、观察、会谈记录、自我评估报告等方法收集到的资料。访谈时通过对案主的谈话与询问、对与案主相关人员的访谈及对服务机构人员的访谈等可获取相关资料。观察是个案工作评估最方便的收集资料的方法，因为自始至终工作员都在与案主面对面地互动。在个案会谈中，工作员可以通过观察案主的动作表情及语言的变化，对有关情况作出评估，例如，在刚刚接触案主的时候，你会观察到案主"眼睛无光，表情冷漠，不愿说话"。经过了一段时间的会谈之后，你发现案主开始"主动讲话，偶尔有笑容"，到工作结束的时候。你看到案主"眼睛发亮，脸上挂满笑容，积极地讨论问题"等。工作员还可以通过到案主的家庭、单位、学校及社区中参与案主的工作和生活，观察案主与人互动，了解有关的情况和信息。例如，星期天你来到案主家里，看到案主总是按照自己的意愿干涉 13 岁儿子的行为，而她求助的问题是孩子不听话，经常与自己发生冲突。工作员通过观察案主在实际生活中的表现，就得到了某些关于案主所谓问题的成因，而这种在自然情境下获取的观察资料比案主自己的表述更真实。会谈记录是个案工作评估最重要的依据，它清晰、真实地记载着工作员与案主互动的过程，反映着案主从认知、情绪情感、行为以及精神面貌的变化历程；自我评估报告是案主自己发出的心声，案主是最有资格对自己变化进行评价的评估者。自我评估可以是书面文字的，也可以是口头报告的，包括案主对自己变化的描述、内心感受的分享、对生命经历的反思等。比较于数字，叙述性资料具有个性化、情感性、深刻性等特征，是个案工作评估中必不可少的依据。

2. 标准化测量

标准化测量包括指标问卷和各种量表等。

指标问卷是指工作员根据评估的需要自行设计的问卷，在这里，与一般性的问卷调查不同，个案工作的评估主要关注的是个体变化信息，而不是群体差异信息，所以，通常不会发放大量的问卷，问卷设计也相对简单。例如，在个案介入之后评估案主的情绪状况，可以在接触案主之初和介入之后，让案主分别填写同一份"情绪等级"问卷（表 4-4），如果在案主求助时选择的情绪等级是"2"，而结束个案工作时选择的是"8"，就可以看到个案工作的效果，案主的情绪提高了六个等级。再如,对一个学校生活适应困难的儿童案主介入后的评估,可先将要介入的案主目标行为分为课堂行为、身体的自我控制和常规礼貌三类(表4-5),之后进行介入,在介入过程中进行测量(表4-6)。

表4-4 情绪等级问卷

您现在的情绪状态是:

说明	糟糕透顶									非常好
等级	1	2	3	4	5	6	7	8	9	10
选择										
时间										

表4-5 案主目标行为分类

行为序号	课堂行为	身体的自我控制	常规礼貌
1	举手,老师同意后再讲话	行走时紧跟前面的人,双手保持在身体两侧	让人帮忙时说"请",接受帮助后说"谢谢"
2	上课时保持安静	坐着时双脚放在地上,眼睛看着前方	等别人说完再说话
3	在每项活动中都听老师的指令	不用手时双手放在大腿上或桌子上	在课堂上或午餐时讲话要用适当的语调
4	课堂发言或和老师说话时看着老师	小组活动时轻声说话	小组活动时和他人分享玩具,一同参加活动

表4-6 介入测量

目标行为 \ 周	基线	1	2	3	4	5	6	7	8
课堂纪律	17	25	30	20	31	33	35	34	35
身体的自我控制	9	15	20	17	22	26	29	28	30
常规礼貌	8	10	15	14	18	20	22	24	24

标准化量表是指学者们在科学研究的基础上制定的,各种人类服务的研究者和实务工作者熟悉的各种测量工具。对于社会工作来说,沃尔特·哈德逊(Walter Hudson)制定的哈德逊量表(Hudson Scales)较为常用,该量表涉及许多社会和个人的问题和行为,包括测量婚姻满意度、孩子对父母的态度、朋辈关系以及对同性恋的态度等,还可用来评估案主的总体功能。

本章小结

本章讨论了个案工作会谈、记录和评估三个基本技巧。第一节主要讨论个案会谈技巧,首先,在图式分析沟通的过程的基础上,强调了语言符号、身体符号、环境符号及反馈在沟通中的重要意义及运用策略；接着重点讨论了个案会谈的支持性技巧、引领性技巧及影响性技巧，在支持性技巧中，特别强调了专注、倾听、同理心及支持鼓励的技巧的运用。在引领性会谈技巧中，重点强调澄清、对焦、摘要等技术的运用。在影响性技巧方面，讨论了提供信息、自我披露、建议、忠告以及对质的技巧的运用。最后，从目的、态度、准备和仪表等方面提出个案访视应特别注意的因素。第二节介绍了个案工作记录的一般方法，首先从对个案记录的理解、个案记录的功能角度讨论个案工作记录的意义，之后从资料的完整性、清晰性、独特性、真实性、保密性等方面讨论了个案工作记录的原则，并提出了以会谈后记录为主、符合机构要求、正确使用专业术语、简明扼要等具体要求，最后，介绍了常用的个案工作记录的过程式记录和摘要式记录方法。第三节依据"是什么"、"为什么"和"怎么做"三个层面讨论个案工作评估的技巧，需要重点理解和把握的是对评估的分类和具体的方法与设计，希望学习后能够熟练运用单个案设计对个案介入进行有效的评估。

思考题

1. 你如何理解个案工作的技巧是知识与价值的融合？
2. 你如何理解个案会谈作为人际沟通特例的意义？
3. 结合实例说明个案会谈的支持技巧、引领技巧和影响技巧。
4. 如何理解评估在个案工作中的意义？
5. 结合具体案例运用单个案设计方法进行个案介入评估。

第五章

个案工作的专业关系

个案工作是一种专业性的助人工作,个案工作者与案主在个案工作中结成的是一种专业关系。个案工作要达成助人的目标必须重视这种关系的专业性质。

本章首先讨论专业关系的含义,随后讨论建立良好专业关系的基本条件。接着通过探讨案主在个案工作中的基本心理需求,确定个案工作者必须遵守的基本原则。最后讨论妨碍个案工作专业关系建立的因素。

第一节 个案工作专业关系的含义

一、专业关系的含义

专业关系是为达成特定目标而结成的关系。特定目标是双方关系的基础,特定目标一旦达成,专业关系就告一段落。关系的单一性、功能性,正是专业关系的特点。

个案工作专业关系有其不同于其他专业关系的独特性,但首先它与其他专业关系一样,也是一种职业关系。个案工作者是服务的提供者,而案主是服务的消费者。个案工作者作为致力于达到一定目标的社会工作机构的代表,其使命在于执行机构的任务。个案工作者是肩负特定使命、执行特定社会功能的专业人士。

在个案工作过程中,个案工作者要始终把握住个案工作的目标,并以此为中心展开工作。在这个过程中,工作者要始终明了和意识到自己作为专业助人者的角色,并要使案主理解与感受到工作者这一角色定位。只有这样,工作者与案主才能积极合作,共同努力,达成治疗的目标。

为了清楚理解个案工作者在个案工作过程中的专业角色,我们讨论一下专业关系的含义。

（一）专业关系有明确的目的

建立个案工作专业关系的目的，是解决案主生活适应上的困难，以增进他的生活适应能力。解决案主的问题、改善案主的社会生活功能始终是个案工作的中心，工作者与案主的关系就是围绕这一中心建立起来的。

（二）专业关系是一种职务关系，而非私人关系

工作者是机构使命的执行者，个案工作者是以机构所赋予的角色，与案主建立关系，并运用机构的资源来协助案主。这种关系不同于私人关系。在日常生活中，我们经常可以看到，家人之间、朋友之间、同事之间也经常会有纠纷调解、心理安慰与情绪疏解性质的助人活动，其成功与否以及成功的程度取决于双方的关系，但这与专业关系是不同的。专业关系除了强调工作者所提供的服务是专业性的，同时也突出了工作者与案主的关系仅仅是助人与被助的关系，除此之外没有其他任何关系。如果偏离了这种特定的关系，不仅不能帮助案主，甚至可能对案主造成损害。所以工作者在职业活动中必须严守专业自我，以与日常生活中的自我区分开来。

（三）工作者与案主之间良好关系的形成是手段，而非目的

工作者与案主之间良好的关系是促成案主信任的基础，但是在个案工作中，良好关系的形成是有目的的，个案工作者不能无原则地讨好、取悦案主。有时为了协助案主的改变和成长，必须冒着冲突抗拒的危险去面质案主。因此，良好关系的形成只是手段而已，绝对不是目的。

（四）专业关系不允许工作者在个案工作过程中获得个人的心理满足

案主是个案工作的唯一目标，个案工作要以案主的一切为依托，工作者是绝对地给，而案主是绝对地取。如果个案工作者在专业服务中有任何满足个人心理需要的动机与行为，如试图博取案主的赞赏等，则必然会偏离工作目标，影响专业关系的建立。

（五）专业关系的存在是有时间性的

专业关系是为了协助案主处理问题而形成的，所以案主问题解决后，维持专业关系的条件或前提也就消失了。由于专业关系已经没有存在的必要和意义，所以这时专业关系必须结束。就个案工作本身而言，工作者与案主之间只有工作（或专业）关系，不存在私人关系，所以专业关系的结束，也就意味着工作者与案主不再有任何关系。在适当时候结束专业关系，让案主独立解决问题也有促使案主成长的积极功能。专业关系的时间性表明工作者不宜在个案工作过程中与案主发展出私人性的关系。

（六）专业关系要求工作者提供专业性服务

根据社会工作的目标与社会科学有关人以及人际关系的知识，个案工作发

展出一整套个案工作的价值、知识与技术。工作者必须遵循并借助这些知识为案主服务,离开了专业知识,个案工作的专业关系也就不能成立。

(七)建立良好的专业关系的主要职责在工作者

在个案工作关系中,工作者与案主是互动的两方。在把握、维持、发展专业关系中,工作者始终处于主导的地位。虽然个案工作的目标与重心在案主,工作者只是承担协助者、媒介者与催化者的角色,但是如果缺少了工作者的参与,个案工作也就无法开展。建立、维护与发展专业关系,提供有利于案主改变的气氛与刺激,是个案工作者的任务。工作者无权指责案主的不合作,相反要检讨自己在建立专业关系过程中的不当言行。

个案工作过程是个案工作者凭借专业知识与技能,协助案主发挥潜能、调整态度,从而解决案主的问题并增进案主自我发展的过程。个案工作专业关系是为达成这一特定目标而结成的特定关系,个案工作者的角色定位与行为原则都是围绕这一目标而产生的。在个案工作过程中,个案工作者必须牢牢把握专业关系的目标性、功能性和职业性。

二、专业关系的性质

关于个案工作专业关系的基本要素,在社会工作文献中经常提及的有:①尊重(与其相对的是拒绝),②同感(与其相对的是空泛的建议),③真诚一致(与其相对的是不一致),④工作者的自我袒露(与其相对的是自我封闭),⑤现实性(与其相对的是逃避),⑥具体性(与其相对的是抽象性)[1]。波尔曼(H. Perlman)认为,个案工作者与案主之间的专业关系要素,除正确的同感、非占有的温暖、接纳、真诚外,专业关系的目的和权威尤其重要。康普顿和格列威(Compton & Galaway)认为,所有个案工作的专业关系有七项要素:①关心他人(concern for the others),②承诺与责任(commitment and obligation),③接纳和期望(acceptance and expection),④同感(empathy),⑤真诚与一致性(genuiness and congruence),⑥权威和权力(authority and power),⑦目的(purpose)[2]。现以康普顿和格列威的观点为框架,作一具体阐述。

1. 关心他人

个案工作者对案主的关心,表现在工作者想了解案主到底发生了什么事,并很愿意协助案主去解决问题。对他人的关心是建立专业助人关系的必要前提。工作者对案主的关心来自于社会工作的价值观与信念,只有在无条件肯定案主

---

[1] S. Eisenberg & L. Patterson. *Helping Clients with Special Concerns*. Chicago: Rand McNally College Publishing Company, 1979:3.

[2] B. Compton & B. Galaway. *Social Work Processes*. Illinoise: The Dorsey Press, 1975:163.

的生活和需要的信念下,才能表现出真正的关心。

2. 承诺与责任

当工作者决定接案,等于向案主作出了某种承诺,即工作者愿意尽力协助案主解决问题,工作者就此对案主负起了一份责任。在现代个案工作中,这种承诺与责任往往以契约的形式固定下来,这一契约包括治疗的目标以及评估目标达成情况的方式、替案主保守秘密、会谈的时间与地点等。一般而言,契约一旦制定,工作者不得随意单方面改变,改变契约必须征得案主的同意。工作者的承诺与责任是案主信任的基础。

3. 接纳与期望

接纳就是接受案主这样一个人,接受他的优缺点和言行举止,而不去批评或怀疑他。接纳是一种非评判的态度,能给人温暖、自由和安全感,它有助于案主的自我开放和自我探索。为了做到接纳,我们必须抛弃以自己喜好的标准来评判他人的习惯。接纳并不意味着工作者赞同案主的价值观或行为,而是相信案主当前不合理的思想与行为是有复杂的历史与现实原因的,虽然不一定合理,却是可以理解的。工作者为了协助案主,要积极了解案主,而非去评断对错或好坏。接纳的态度来自于对人的潜能的基本信心。一个人的行为、言语、心理、情绪可能是消极的、错误的、非现实的,但这并不妨碍他为我们所接纳、尊重,因为,作为一个人,他有向善的动力和实现自己潜能的能力。他(她)的问题是在成长过程中因为能力不足、判断力不成熟、资源缺乏或机会被剥夺等而产生的。

期望是个案工作者对案主的正向的希望,表明工作者对案主改变的坚定信心,而这种乐观的态度有助于把强烈的希望植入案主的内心,使其也对自己产生信心。

4. 同感

同感就是尝试进入案主的内在心理世界,用案主的眼光来看问题。工作者允许案主有属于自己的想法和感觉,同时又会尝试进入案主内在知觉世界中去体会和了解案主的感受和思想。正确的同感,不仅有助于专业关系的建立,还能协助案主疏解被压抑的情绪,增进案主的自我了解和解决问题的能力。同感是准确地知觉他人内在的参考架构和一直持续的情绪要素。同感强调"进入",也强调"抽离",个案工作者能进入案主的感觉和内在参考架构之中,同时又保持客观性,随时能够跳出案主的感受和思维。本章第二节还将就同感问题作更详尽的阐述。

5. 真诚与一致性

真诚是指不虚假、不欺骗、不使用策略,真实地表达自己的感受和想法。真诚的人其口语和非口语的表达是一致的,给人整体的感受。工作者能否开放自我,以真实的自我与案主互动,是由工作者的成熟度与自信心决定的。真诚的人能了解自己的价值观,能觉察自己的感受和行为表现,并且能接纳自己而不欺骗自己。所以一个人首先要对自己真诚,然后才有可能对别人真诚。真诚并不意味着工作者无所不言,其实,为了案主的利益,工作者可能会有所隐瞒,但这并不违反真诚的原则。真诚是一种基本态度,它产生于工作者的自我开放,如工作者在与案主相处中不需要掩饰什么、显示什么,不存在自我防卫机制。相反,想到什么说什么,即使对案主有损也在所不惜,这绝不是真诚。

6. 权威和权力

在个案工作过程中,工作者对案主拥有一定的权威,这是正常的,也是工作者能促使案主改变的一个重要因素。工作者作为助人者对被助者本来就具有权威,当然这种权威还需要在实际工作过程中发展与强化。权威将使个案工作者容易引导案主思考问题及解决问题;在必要时,案主容易接受来自个案工作者的建议和忠告。机构和个案工作者的专业权威相当重要,专业关系中若无权威因素,则个案工作者不易影响案主。同时,个案工作者对案主也拥有一些权力,如是否提供服务、是否提供经济补助、一周见面的次数等。权威与权力在个案工作中虽然是必需的,但个案工作者应知道社会工作的目标是助人自助,所以权威与权力主要用来协助案主解决问题,而不是用来操纵案主,为案主作决定。

7. 目的

对于一个从事某项选定工作的人来说,其主要使命在于完成职务要求而不是其个人的其他目标。社会工作的目标是助人,个案工作者与案主的专业关系是为达成助人目的而建立的,并非毫无目的、随意发展且无期限。在个案工作过程中,工作者有义务不断去审视自己工作的目的,并使自己的行为趋向这一目的;同时专业关系是靠工作者与案主的共同努力建立起来的,所以在工作过程中,工作者有必要让案主了解个案工作的目标。

三、专业关系的意义

首先,良好的专业关系是个案工作达成助人目标的基础。

个案工作者与案主之间的专业关系必须以良好的关系为前提。良好的关系能产生轻松、舒适、愉快、信任、喜欢、温暖、和谐和心理上的安全感。在这种温暖与安全的气氛下,案主容易减除防卫心理,产生自我开放的心态。这一方面降低了信息交流的扭曲,使彼此的沟通更加顺畅愉快;另一方面可以增加工作者对案主的影响力,有助于提高案主学习的意愿与效果。这样案主把精力放在学习上而非自我防卫上,其结果常常是案主能够发挥他的潜能,增进学习或改变的效果。同时在这种良好关系下,工作者才能够冒挑战、冲突和不愉快的危险,面质或指出案主不适当或矛盾的行为,从而进一步协助案主成长。

如果双方关系是负面的,有敌意、防卫、不舒服、焦虑、紧张、不信任、不和谐和心理上的威胁感,案主就会逃避沟通。如果必须沟通,案主的防卫心理也使他无法开放与坦诚地沟通,容易产生批评、拒绝、报复、反击或过分敏感的心理,以致扭曲沟通的信息。在不良关系下,学习的效果很差,工作者无法引发案主改变的意愿和动机,案主的精力常放在应付外界的刺激和压抑内心情绪上,无法真正面对自己,以达到改变的目的。

其次,专业关系不仅是助人活动的基础,同时也是个案工作治疗的重要手段和中介。

良好的个案工作专业关系本身就对案主具有治疗作用。个案工作者不像其他专业人士,可以借助外在工具完成工作,如医生的用药动刀等。个案工作者的主要活动就是与案主会谈,会谈的过程既是建立与加深专业关系的过程,也是对案主进行治疗的过程。在个案工作会谈中,建立良好关系的技术,如同感、接纳、真诚等,本身对案主的情绪与心理就具有治疗作用。正如廖荣利指出的,专业关系"指专业人员与案主的内心感受和态度表现的动态交互反应关系,工作人员通过此种交互作用以协助案主社会生活适应能力的改善和增强"[①]。

第二节　个案工作专业关系的建立

个案工作过程是工作者与案主建立专业关系的过程,也是一个助人的过程,良好专业关系的建立与助人功效的取得是同一过程的两个方面。在个案工作开展之初,个案工作者应着力于良好专业关系的建立,为此必须认识与实施达成良好专业关系的基本条件。这些基本条件不仅是建立专业关系所必需的,而且其本身就具有治疗的功能。这些条件主要不是一些技巧,而是工作者的态度。

一、建立专业关系的基本条件

卡科贺夫(Carkhuff)和贝伦森(Berenson)在《超越辅导与治疗》一书中认为,治疗的效果主要不在于工作者的理论取向和技巧,而在于能否在专业关系中提供一定程度的促进条件,这些促进条件包括同感、尊重、真挚和简洁具体。他们相信不仅是个案工作者,任何为他人提供帮助的人都需要具有这些基本条件,才能达到助人的效果。

而卡科贺夫的弟子特鲁克萨(Truax)则用研究证实,在治疗过程中,只要卡科贺夫的四项条件中出现两项时,就能产生有效的治疗。他更提出了三项具有

---

① 廖荣利:《社会个案工作》,(台北)幼狮文化事业公司1986年版,第56～57页。

治疗功能的重要条件,就是真挚、非占有式的温暖以及准确的同感。

卡尔·罗杰斯(C. Rogers)认为在个案工作过程中,有一些条件是必需的,这些条件具有治疗功能,可以促进案主的性格改变。这些具有治疗功能的基本条件是:①真诚;②正确的同感;③无条件完全地接纳。罗杰斯所强调的三个基本条件为其他个案工作者所重视,至今在个案工作领域内仍很有影响。

德莱尼(D. Delaney)等人曾经动态地考察工作者与案主之间的相互影响。他们把"工作者对案主"的态度以及"案主对工作者"的态度的关系揭示如表5-1①:

表 5-1　工作者与案主之间的相互影响

工作者对案主	案主对工作者
同感的了解	知道工作者明白我的感受
温暖和接纳	知道工作者尊重我,他很仁慈,一点也不苛刻,是完完全全地接纳我,所以我不会感到有威胁
真挚和诚实	知道工作者并不虚伪,也没有戴假面具,而是表里一致地和我交流
专业能力	知道工作者有能力帮助我处理问题

在个案工作中,工作者必须尽力建立一个良好的人际关系,以对案主产生治疗性的效果。在这一关系中,尊重、真诚、富于同感和表达简洁、具体等是产生效果的关键。这四项条件中的前三项尊重、真诚、同感涉及个案工作者的态度,而第四项表达简洁、具体则涉及个案工作者的表达能力与技巧。这四项具有治疗功能的基本条件,必须自始至终地贯彻于整个个案工作过程中,否则就会影响个案工作的开展与效果。当然在个案工作的不同阶段、面对不同的案主时,工作者也有必要按个别化的原则作出适当的调整,以使案主获得最大的益处。下面具体论述这四项建立专业协助关系的基本条件。

二、同感

在个案工作中,同感是指个案工作者能够体会案主的感受,也能够敏锐地、正确地了解这些感受所代表的意义,并且能够把这种了解传达给案主。所以同感包括两个方面:一是体悟;二是体悟的传达。当然首先必须有体悟,然后才谈得上体悟的传达,但仅能够体悟,并不表示能传达体悟,传达体悟本身需要一些特殊的技巧。

我们强调同感,是因为我们认识到客观世界在每一个人的主观世界中的反映是不同的,所以同样的事件会引起人们不同的情绪、感受与反应。比如有人可

---

①　D. Delaney & S. Eisenberg. *The Counseling Process*. Chicago:Rand McNally,1972:51.

能会因生病卧床不能上班而忧心如焚,而有人可能视此为一个休整的机会而心情轻松。于是同一件事,引起的情绪与反应可以是相当不同的。

同感的出发点是案主的感受,案主的感受就是案主看事物的眼光。不管这种看待事物的眼光是积极的还是消极的、正确的还是错误的,对案主来说都是实实在在的,这就是他眼中的世界,就是他所真真切切感受到的。所以把握住案主的感受是进入案主内心世界的必要步骤。

同感不同于一般的了解。在一般的了解中,我们只要大致勾勒出事件的轮廓就可以了,而同感则必须体会到案主的感受、体察他的思想。换句话说,一般的了解只需站在客观的立场上,保持中立的态度即可,而同感则必须站到案主的立场上,与案主达到一定程度的感情共鸣。同感还需要了解案主感受背后的意义,也就是为什么案主会具体这样地感受,这样才能完整地探索案主的内心世界。

为了达到同感的了解,个案工作者首先要放下自己的参照标准,设身处地地以案主的参照标准来看待事物,将自己放在案主的地位和处境中来尝试感受其喜怒哀乐,经历其所面对的压力,并体会其作决定和采取行动的原因。

同感要求工作者能够从案主的语言与非语言沟通中推断出其内心的感受、信念和态度。它强调的是对于言语背后所隐藏的信息的把握,即从案主说话中体悟到言语背后所包含的意义。

在个案工作中同感的了解有十分重要的意义。首先,同感是与案主建立良好关系的必要条件;其次,同感是工作者了解案主的必要途径;最后,同感也是工作者协助案主进行自我表达、自我探索和自我了解的方式。通过反映或道出案主此时此地的内心感受,尤其是那些他极力想避开、不敢承认的感受,如恼怒、嫉妒等,案主会感到我们很明白他,从而有一种舒畅和满足感,而这种感受会促使他继续作表达和剖白,从而协助案主表达一些较为隐晦的感受和案主未清楚意识到的情绪,扩展其所能感受的领域。

在个案工作中缺乏同感,就很难达成助人的目标,其对专业关系的损害主要表现在以下几点:

1. 当案主觉得工作者不明白自己时,就会觉得工作者并不关心自己,就会感到失望,这样自我表达的欲望就会减弱甚至消失。

2. 工作者没有同感,往往是因为没有放下主观的看法,这样就容易批评案主,使案主反感和受伤害,以致破坏专业关系的发展。

3. 工作者不能充分了解案主时,会作出不适当的回应,这会影响到案主的自我探索;由于偏离了重要的课题,会妨碍案主的自我了解。

4. 由于工作者对案主缺乏了解,工作者可能会由于主观而为案主提供不适当的治疗方案。

5. 当案主觉得工作者对他没有正确的了解时,很可能退出治疗。

但是要真正做到同感并不容易,因为我们往往习惯了主观地看事物,往往以自己的经验和感受来作判断,以致无法与案主达成同感,无法接纳案主的看法和立场。工作者和案主之间的较大差异是达成同感的阻碍,彼此在性别、年龄、宗教、社会经济地位、教育水平与文化上的种种差异都会阻碍同感的发生。例如工作者有很强的家庭观念,而案主却是一个破坏别人家庭的第三者,这时工作者可能会发现自己难以与案主达成同感。有些天主教信仰的个案工作者可能发现自己无法与同性恋或堕胎的案主达成同感。个案工作者也是常人,具有某些偏见是正常的,但作为专业助人的个案工作者必须能认识到自己的局限,摒除自己的偏见。为了达成同感,个案工作者必须不断反省,澄清自己的内心感受,以达到相当程度的自我了解与自我控制。但摒除偏见并非易事,也是有限度的。当个案工作者发现自己无法控制偏见,从而可能妨碍专业服务的提供时,应该及时回避,更换其他工作者继续提供服务。

在此有必要把同感与同情分开。仔细体会同情这一概念,我们发现它既含有感情上过分投入与认同的意思,又包含着怜悯的意味。这两点都会损害个案工作的专业关系。工作者在全神贯注地投入案主的内心世界,与其一同感觉身处的情况,分享其"主观世界"的同时,也必须保持自己的独立性,坚守自己助人者的角色。如果在感情上过分投入,把案主的困扰当成自己的困扰,就无法协助案主了解其问题所在。在怜悯的态度中,给予者与接受者的地位是不平等的,给予者只有处于一种较优越的地位才有"资格"去怜悯别人。而在同感中包含着对案主的尊重,所以给予者与接受者的地位是平等的。在个案工作中我们极需要培养同感,但却绝对不要产生怜悯之情。有些人认为处于问题困扰中的案主需要怜悯,其实不然,因为当案主需要别人帮助时,通常有一段时期自我形象会偏低,而且常常会过分敏感,害怕别人轻视他,所以怜悯对专业关系的形成是有损的。

工作者仅仅明白案主的感受、信念和价值观是不够的,同样重要的是,工作者要懂得将他的体悟正确地传达给案主。那么,怎样才算正确的同感呢? 1961年,特鲁克萨提出了一套量表来测量同感的程度,后来经过卡科贺夫的修订,形成了一个用来测量工作者同感程度的五级量表。下面我们举例说明这个五级量表。

在一次会谈中,案主说了如下一段话。

案主:"我觉得很难过,很难过,因为我从来没有担心过会考,就算想到这问题,也只是估计自己有没有可能取得优良的成绩。唉! 想不到居然会不合格,真是越想越不服气! 其实这次考试并不难,班上成绩中下的也都应付过去了,怎么会想到……老师,我觉得会考根本就不能正确地评估出一个人的成绩,况且读书也不应为了考试,所以我也想开了,决定找份工作,投入'社会大学',相信这还实在些呢,对不对?不过,爸爸妈妈却骂了我一顿,坚持会考是正途,一定要我重读,然后再参加会考。和他们争执了几天,都没有结果,我真烦死了!"

对案主的这些话,工作者可以有不同的回应,但不同的回应所产生的效果是不同的,下面五种回应方式反映了同感的五个层次(见表5-2)。

表 5-2 同感的五个层次①

工作者	同感的层次	五个不同层次的具体阐述	感受	程度	内容
一	5	你一向成绩很好,从来没有想过会考会不及格,故此特别感到失望与难过,也有点气愤;与父母商谈后,似乎非重读不可,但自己实在有点不甘心,故此内心很矛盾	√	√	√
二	4	因为会考不及格,所以你感到很失望,很难过,也不清楚前面的路该如何走,心中很混乱	√	√	√
三	3	因为会考不及格,所以你感到很失望,很难过	√	○	○
四	2	你一向成绩很好,但想不到会考却失败了	○	○	√
五	1	你为什么感到如此悲伤呢?	○	○	○

在第一层次的回应中,工作者似乎根本没有留意案主所说的话。他问案主为什么感到如此悲伤,这是个十分不适当的问题,充分反映了他没有留心倾听,完全忽略了案主所表达的重要感受。

在第二个层次,工作者的回应虽然在内容上是和案主表面所说的一致,但可惜他只领会了案主十分表面的感受,所以在回应中就只有内容上的复述,缺乏感情的要素。从他的回应中,充分反映出他的倾听不很准确,以致了解得不够全面。

卡科贺夫曾经提出,如果要在个案工作过程中产生治疗性的功效,工作者最低限度要能达到第三个层次的共鸣同感。在第三个层次中,工作者的回应与案主所表达的意义和感受协调一致,他的回应显示他对案主的表面感受有正确的了解,但他仍未能对案主较深的感受作出回应。工作者第三个层次的回答虽然没有对隐藏于言语背后的感受作回应,确有不足之处,但基本上,他的回应对案主可以产生治疗性的功能。

---

① 林孟平:《辅导与心理治疗》,(香港)商务印书馆1996年版,第196页。

至于第四个层次,工作者达到相当深的同感,在回应中他所表达的感受深于案主所能表达的。换句话说,由于工作者可以将案主深藏于言语背后的感受也表达出来,案主可以经历和表达原来没有觉察和没有表达的感受,同时,也因此能够掌握这些感受背后的意义。

第五个层次做到了最准确的共鸣同感,无论在表面或深入的感受上,他的回应都很准确。他不但明白案主很失望难过这些表面的感受,甚至连很深入的如气愤、不甘心和矛盾等也作了准确的回应。在这层次作回应的工作者掌握并向案主传达了全面而正确的同感了解。

上述五个层次的同感程度,可以简略地分为基本同感与深度同感,基本同感是对案主的事件、感受与情绪的理解与回应,使案主觉得个案工作者了解他。而深度同感则往往能把案主内心深处、自己也不太清晰的感受与期望转达给案主,帮助案主达到更高层次的自我理解。

能否达成同感与工作者的人格有很大的关系。工作者必须是一个心理健康、人格完善的人,他在生活中不会因惧怕而逃避,有较强的自信心,敢于接受生活的挑战并不断成长。总之,工作者首先必须是一个对自己的人生感到满足的人,才能真正关心他人,与他人达成同感。

这是助人工作与其他工作的不同之处。许多工作的工作技术与工作者的人格无关,而助人工作要达到目标,不仅需要助人者的专业技巧,更需要助人者人格的力量。在很大的意义上,工作者是靠自身的内在人格力量促使案主改变的。这一特点表明助人工作者内在人格完善的重要意义。

工作者在日常生活中也应以同感的原则与人交往。同感是一种普遍有效的人际交往的原则,我们很难设想一个在日常生活中经常对人作出主观批判与责难的人,在个案工作中会很好地与案主达成同感。因此,工作者有必要在平时与人的交往中,实践同感的原则,日常生活中的操练也为工作者同感能力的提高提供了广阔的练习机会。

三、尊重

罗杰斯在1957年的论文中提出了"无条件的尊重",并认为"无条件的尊重"是促使案主产生建设性改变的一个重要条件。在他看来,尊重是无条件的,就是说这份尊重并不决定于案主的行为,因为当我们接纳一个人时,是整体地接纳,不但包括他的长处,连短处也都一起包括在内。

尊重的表达方式是多种多样的,而违反尊重原则的表现也是多种多样的,下面,我们根据尊重的强度,分以下几个层面论述:

1. 尊重案主,最低限度是工作者不能指责、嘲笑和贬抑案主

案主被看成有价值的人,因而受到尊重,工作者不能嘲笑、贬抑案主。嘲笑

与贬抑不仅会极大损害专业关系,而且是对案主人格的侮辱,将对案主的心理造成灾难性的影响。

2. 尊重表现为向案主表达身体的关注与心灵的关注

关注也是表示尊重的一种方式。相反,在工作过程中东张西望、心不在焉或随意浏览其他东西、不耐烦地打断案主叙述,都是对案主不尊重的表现。只有当工作者对案主有兴趣,强烈希望给予案主帮助,他才可能表现出全神贯注的态度,对案主的一言一行都细加体会。

积极而热衷的倾听者通常会以一种有兴趣而且情绪高昂的姿势面对并靠近对方,似乎告诉对方"我正很有兴趣地用我所有的感官接收你希望传达给我的所有讯息"。专注的倾听者维持着兴趣盎然的表情,不时还作出一些鼓励的姿势(如点头、微笑、手势等)。这种肢体语言表达了对另一个独立个体的关注。

3. 尊重表现为对案主的思想、情感、行为的接纳

许多学者都强调指出,接纳是尊重的先决条件,没有接纳,就谈不上对案主的尊重。泰勒(Tyler)认为:接纳主要包含了两个方面:其一是我们愿意承认每一个体在任何一方面都是不同的;其二就是认识到每个人的人生过程都是一个很复杂的奋斗、思想和感受的模式。

案主的思想、情感、行为即使是负面的、消极的与破坏性的,但只要我们在总体上相信案主的本性是善良的,是有向好的动力与潜能的,而其此时此地的不良情感与行为是生活中的种种原因导致的,我们还是可以接纳案主的。只有这样,才能把案主本身与他的具体表现分开,在尊重其作为人的价值的同时,无条件地接纳其具体表现。接纳是容忍地理解,即相信案主的表现有其理由与无可奈何之处。接纳也表现在工作者对案主的非评估性、非审判性和非批评性的态度上。判断是非曲直是审判者的职责,而个案工作者不是法官。助人的个案工作者更像一个医生,关心的是如何救治病人,而不是调查导致病人伤害的责任。通过接纳,工作者给案主提供了一个安全的环境,让案主可以自由地探讨自己的内心世界,表达自我。

在个案工作中,工作者有不同于案主的看法是常有的事,那么工作者是否允许表达这种与案主不同的意见,表达出来是否违背接纳原则呢？学者们在这点上的看法相当一致,认为在个案工作过程中,工作者可以表达其不同的意见,但有一个前提,就是必须考虑专业关系的强度是否能经得起这样的考验。在个案工作的后期,工作者与案主已建立了相当良好的关系,探索到某些核心问题时,工作者常采用对质的方法指出案主的不正确的思想、情感与行为。但在个案工作的初期,在专业关系刚刚建立,还没有牢固,案主还抱有许多猜忌与疑虑时,工作者应先多听案主的叙述,而不是过早地下判断。接纳是建立专业关系的一条重要原则,但当专业关系相当稳固后,工作者是可以对案主的某些行为与思想进

行反驳的。

4. 尊重也表现为对案主的温暖、关心与喜爱

温暖、关心与喜爱也是表示对他人尊重的方法之一,但温暖、关心与喜爱已经突破了一般性的尊重,是尊重的较高境界。

卡科贺夫认为,温暖是表达尊重的重要条件之一。罗杰斯在谈及无条件接纳时,也很同意工作者应对案主有温暖的表现,他指出,我们要感受自己对案主有温暖的态度,要喜欢案主,关心案主,并且尊重案主。盖兹达(G. Gazda)更是将温暖视为建立专业关系的一个促进因素,他对温暖的界定是:"一个以身体表达同感和尊重的方法,通常是通过不同的方式来传达,例如身体手足的姿态、声调、抚摸和面部表情等。"[①]

当然在温暖的表达中,我们要注意在不同文化中非语言表达的特点。比如东方人与西方人相比,要含蓄内敛得多,如果使用西方人习惯的拥抱、抚摸,甚至轻吻等来向案主表示亲切与温暖,往往会导致误解,引起不良后果。

温暖、关心与喜爱的表达都需要工作者相当的感情投入。一方面,我们当然要防止情绪过分投入,以致干扰了治疗过程;另一方面,我们也要认识到温暖、关心与喜爱在帮助案主重新感觉到自己的价值上的重大意义。温暖、关心与喜爱是工作者向案主表示尊重的积极方式,这不仅对案主建立自信有极大的好处,而且使案主在专业关系中有一种安全感,从而可以积极地面对自己和面对人生。

5. 尊重还表现在尊重案主的自决权上,不随意操纵案主

当我们意识到案主是一个独特的生命,有自己处理问题的方式和权利,这时我们就能尊重其选择,他有权利选择参与个案工作或放弃个案工作,他有权利选择治疗的目标与措施。操纵与控制,都倾向于把案主视为一个不成熟的、缺乏理性的、需要他人为其作选择、定向的人,实质上表现出对一个独立存在的生命的不尊重。

如果个案工作者能够将自己对案主最真挚的尊重传达给他,让他感到自己是个有价值的人,是个有潜力的自由个体,就会导致案主的改变。盖兹达具体地说明:如果个案工作者能够相信案主是有价值的,同时又能将自己的信任传达给案主,案主便会因此觉得自己是有价值的,会开始重拾信心,克服自己的失败和不足,改正先前那种错误的看法,这样他才可以与工作者合作,才可以投入接受帮助和解决问题的过程中。[②]

工作者对案主的尊重程度,取决于工作者本人所持的人性观。伊根

[①] G. Gazda. *Human Relations Development*. Boston: Allyn and Bacon, 1973: 87.

[②] G. Gazda. *Human Relations Development*. Boston: Allyn and Bacon, 1973: 56.

(G. Egan)认为:"尊重不单是一个态度,不单是对人看法的一种,尊重是一种价值,换言之是用行为表达出来的一种态度。"①。一个对人的看法完全负面和极端悲观的工作者,实在很难对案主产生信任和尊重。一个人如果在这最重要的问题上没有起码的积极信念,是根本不可能在个案工作中有效帮助他人的。

在实际生活中,我们发现有些人的行为到了令人发指的程度,我们会觉得这些人像魔鬼一样可恶。由于这些人的行为,我们似乎很难相信人人都有善心,都有改变的潜能与动力,我们也很难尊重他们。但是个案工作的原则要求我们必须相信案主的价值与潜能。我们应该理解案主之所以变成这样的人是有其独特的原因的。如果我们不着眼于案主是一个"怎样的人",而只是着重案主是一个"人",我们就可能会较容易接纳他,并对他表示出应有的尊重。

工作者只有相信案主作为人的价值与自我实现的潜能,才可能在与案主接触的过程中始终尊重案主,而不管案主的具体表现如何。个案工作者必须具有积极、正面的人性观,至少要相信人的可塑性和可改变性。工作者应该对自己所持的人性观经常进行反思,以符合个案工作的原则。

四、真诚

多年以来,"真诚"一直被公认为专业关系中最基本的要素。罗杰斯曾表示,自己常常在想真诚是否是影响个案工作专业关系的唯一因素。这种看法可能有点极端,但也显示出真诚在专业关系建立中的重要作用。几乎所有学者都同意,除非工作者能够在个案工作过程中显示出一定程度的真诚,否则案主是不可能有所改变的。

真诚是指工作者在专业关系中能够以真正的自我出现,也容许自己的感受适当地在个案工作过程中表现。一个真诚的个案工作者,不会有防卫式的伪装,不会将自己隐藏于专业角色的后面,同时,更不会像一个技师一样完成例行工作。相反地,工作者会很开放、很自由而又个人地投入整个关系中。真诚是一种不设防的状态,俗话所说的"打官腔"、"玩深沉"正好与真诚相反。

一个真诚的工作者,是一个内心与外表一致、言语与行为一致的人。这种表里如一的人也就是人格统一的人。真诚是一种内在的品质,可谓是"诚于中,形于外",人无法勉强自己表现出真诚,即使勉强也往往极不自然,无法取信于人。所以如果工作者不具有统一的人格,他是无法表现出真诚的。

与真诚相对的就是工作者躲在专业角色的面具下,不愿以真正的自己投入到一个真正的关系中。如果工作者在专业关系中,总想刻意显示什么或掩盖什

---

① G. Egan. *The Skilled Helper*. California:Brooks/Cole,1975:95.

么,他就会在这上面花很多时间精力,从而无法全神贯注到对案主的服务中。如果他把助人工作看成临时扮演的一个角色或戴上又可脱下的一个面具,会导致专业自我与真正自我的分离。个案工作者的"专业自我"虽然不同于其"真实自我","但"专业自我"在本质上与"真实自我"还是有密切关系的。一个"真实自我"不完善的人无法在助人专业中表现出良好的"专业自我"。我们强调谨守"专业自我"时,我们是指必须遵守专业工作的基本原则,而在说以真正的自我投入时,我们是指在遵守工作原则的前提下,还需要工作者个人化的投入。一个优秀的个案工作者不会把个案工作原则当作外在的、刻板的教条去遵守,相反,他会把个案工作的原则融合到其专业活动中,成为其言行的一部分,这时其"真实自我"与"专业自我"在很多方面达到了统一。

在现实生活中,人们对缺乏真诚的交往已习以为常。中国文化传统中的"面子"观念,也是妨碍真诚交往的因素。当人与人的相互交往缺乏真诚,流于表面化和非人化的时候,人们的共处就不会再有促进成长的功能;相反地,却会产生负面的效果。人不能诚实相交是因为彼此的不信任,彼此之间有太多的批评指责,太少体谅与宽容,以致人人都为自己设下防线,放出烟幕,以维持表面的平静与和谐。

当人一旦戴上了假面具之后,就要花尽心思来维持种种伪装,要用很大的精力来掩饰真正的自我。这个过程消耗了许多精力,以致我们没有足够的精力来建设性地成长,而是日渐与自我疏远。当人要伪装和戴假面具的时候,还会令人产生极大的焦虑。现代有许多人酗酒、吸毒和服用镇静剂,除了表面的问题外,人们其实是以此来逃避面对自己、逃避面对内心的焦虑和许多莫名的恐惧,但他们不知道这种自欺欺人的行为的代价是相当惊人的。

在个案工作过程中,工作者很重视表现出真诚的态度。一方面,工作者的真挚诚恳可以解除案主的面具与伪装,使案主不再害怕受到伤害;另一方面,工作者的真诚提供了案主学习的一个良好榜样,使案主逐渐放下伪装,自由自在地表达自己心中的喜悦、兴奋或是伤痛与失望。而且开放和表里一致,可以促进彼此之间达成理想的沟通,而这种沟通正是个案工作成功的重要因素之一。

真诚还表现在适当的情形下工作者的自我表露——工作者与案主分享自身的经验,以及工作者表达自己的感受与看法。自我表露是真诚状态下的自然行为,工作者要勇于面对自己的感受,而不是压抑自己的感受。如果工作者的某些感受的出现妨碍了治疗进程,工作者应该坦诚地讲出来,与案主进行讨论。比如,对于案主的某些轻佻做派,工作者非常看不惯,工作者不妨说出自己的感受,这可能比压抑自己的感受更可取。

做到真诚并不容易,工作者对自己的了解和接纳是真诚的基础。工作者必须要有一个健康的自我形象,要有一定的自信。一个有安全感的工作者不必分散精神,也不必花费精力去防御和防卫。由于工作者真诚待人,不加伪装,工作关系会发展得很自然和流畅,不会令案主产生混淆和错觉。

那么真诚是否意味着工作者可以口无遮拦,想到什么就说什么呢?当然不是。真诚并不等于什么都可以随意说出来,真诚并没有要求工作者表达他所有的感受,而只是要求工作者不讲假话。除非我们所说的有助案主的成长,否则不必将所有感觉到的思想和感受都与对方分享。我们必须牢记工作过程的目标是为了案主的利益,对于某些可能会伤害案主的话,我们当然不应随意说。

对此有人可能觉得有些矛盾,一方面要求工作者表里如一,一方面又因怕伤害案主而可以隐瞒一些实情,这应该如何理解呢?其实真诚要强调的,主要是工作者解除伪装与面具。伪装与面具,往往是工作者出于自身的原因而利用案主。而为了案主的利益隐藏一些事情时,工作者并不存在伪装与面具。如果隐瞒是出于满足工作者的某种心理需要,就违背了真诚的原则。

总的来说,真诚是个案工作成功的关键因素,但真诚是不能强求的,是工作过程中自发自然的表现。达到真诚的关键是工作者能接纳自己、欣赏自己、有相当的自信,不要求自己全知全能,更不要求自己完美无缺。除此之外,真诚还需要工作者对案主有真心的喜爱,对人有乐观的看法与基本的信任。

五、简洁具体

简洁具体的意思是指我们在治疗过程中,用字措辞不但要适当,还一定要简单清楚、具体明确,要避免含糊不清、模棱两可的用语。

在治疗过程中,案主说话往往相当杂乱和空泛,用词不够精确或过分概括化。这导致工作者无法确切理解案主的思想与感受,也导致案主无法分辨自身不同的感受和经验。所以工作者有必要协助案主清楚、具体、个人化地表述自己的问题与感受。比如案主对工作者说:"我真感到晴天霹雳似的。"对于这样过分一般化的表述,工作者有必要引导案主对"晴天霹雳"作出详细、具体的描述,即要求案主具体地说出这些词语背后的感受。这种进一步的阐述有利于案主对自己的感受有更清晰的了解,而对工作者来说,经过这一步骤,达到正确的同感就比较容易了。

同时,为了具体化案主的感受与看法,工作者也可以用尝试性、探索性的语气来表达,征询案主的意见并作出修正。为了保证达成正确的同感,工作者在治疗过程中有必要经常向案主询问自己所理解的是否正确,以便随时作出调整。例如:

工作者:"不知我理解得对不对,听你的话,你似乎痛恨父母整日打麻将而不关心你。"

案主:"不!我不同意你的说法,我并不是痛恨他们。"

工作者："对不起,我可能听错了,我希望你能举些具体例子,好让我更清楚你对父母的感受。"

工作者这种试探性的表述,可以澄清不正确的认识,达成对案主感受的具体而深入的把握。同时试探性的表述,表达了工作者达成同感的真诚愿望,这会促使案主更开放地自我表达。

同时,对于工作者本人而言,在回应案主时,应尽量采用具体、清楚、准确和特殊的字眼,针对案主的特殊的、独一无二的困难和情况作回应,这样案主才能继续对问题作更深入、更准确的探讨,从而对自己的问题有正确、深入和实际的了解。但实际上在治疗中,不少工作者喜欢作一些概括化的判断,给案主贴上标签。例如:

"你是个绝对民族主义者。"

"你缺乏女性的温柔。"

"你的想法有点盲目崇洋。"

"我不同意你的悲观主义的观点。"

这种大而不当的判断,往往阻碍了对案主独特问题的深入探讨。下面是一个典型的例子。

案主:"我与丈母娘的矛盾是不可调和的,开始我还让着她,处处迁就她。但现在我不得不说话了,即使吵架我也不怕。如果我再忍让下去,孩子要完全被她搞坏了。她没有来时,孩子很少生病,现在生肺炎完全是因为她的缘故。晚上给孩子盖三床被子,一点小毛病就上医院。我告诉她医院是病菌最集中的地方,而且医生为了得奖金开大处方,拍 X 光副作用很大,但她就是迷信医生,还说我是为了省钱不顾孩子的死活。"

工作者:"你一点不相信西医,看来是个反对现代医药的人。"

这样的断语不仅缺乏对案主问题与感受的真正回应,而且中断了案主的感受。适当的回应应该是:

工作者:"你丈母娘在养育孩子方面与你意见不太一致,你特别反感孩子一有病就往医院里送,认为对小孩子不利。你们都关心孩子的健康,但你们在怎样做对孩子有利这一点上发生了冲突。我能理解你的心情,一方面你为孩子的健康担忧,另一方面你丈母娘对你动机的怀疑又使你气愤。所以,你思想负担很重,这是可以理解的。"

这样,就把问题引向深入探讨的正确途径上了。

"简洁具体"是一种语言风格、一种说话技巧,但它并不是一种纯技术性的操作。能否达到"简洁具体"很大程度上还取决于工作者的专业能力与水平。只有认识到位,才能很快抓住问题,并用简洁具体的语言切入问题。相反,那些冗长而不得要领的会谈,往往反映出工作者缺乏驾驭全局的能力,而不仅是缺乏必要的语言技巧。

六、介入初期工作者易犯的错误

专业关系是贯穿于个案工作的整个过程的。个案工作的过程,就是建立、保持与维护专业关系的过程。但个案工作的开始阶段,是建立专业关系的关键时刻,尤应为个案工作者所重视。

在个案工作的最初阶段,个案工作者通过引导案主叙述问题而达成三个目的:

1. 使个案工作者了解案主的生命中的事件,以及案主对这些事件的看法与感受。

2. 使案主通过叙述个人的问题而得到某种程度的情绪宣泄。

3. 使案主通过叙述个人的问题而对问题有清楚的认识。

除非案主愿意与个案工作者分享他的经验,否则个案工作者无法协助案主。所以了解案主的生命经历,以及案主本人对这些经历的看法与感受,是个案工作的基础。同时案主的自我叙述与自我反省,又可以使案主宣泄情绪,从而较客观冷静地面对问题。人们都有这样的体会,当你把问题讲出来,与人分享时,感觉就会好一些。而在尝试把自己的处境、感受说给别人听的过程中,许多事情似乎因叙述而贯穿起来,从而对事件的本质得到新的认识。

个案工作者必须牢记个案工作的目标所在:让案主叙述其经验,让痛苦的情绪经由陈述的过程获得解放,并由陈述而自己厘清问题表象下的真正本质。但刚刚从事个案工作的新手往往忽略这一点,往往急于教导案主,而打断了案主的叙述与自我反省。个案工作的新手通常倾向于为问题寻求解答而忘记解决问题终究是案主本身的责任。"咨商者在审慎的揭露过程之前就对个案问题作出建议,将使咨商过程产生短路,抹煞个案自我导引的潜能,而且通常与情境不符。"①

建立专业关系是个案工作的首要步骤。在个案工作中,投入时间和精力建立一个具有互相依赖、开放、舒适的关系是绝对必要的。这些正面的支持性条件为个案工作提供了一种自然的基础,使个案工作顺利发展。在这一阶段,表达"同感"是特别重要的。只有当案主觉得工作者了解他的问题、他的感受,才可能与工作者合作来解决他的问题。而且同感的表达将鼓励案主深入地探索自己的问题,从而使工作者对案主的问题有一个深入全面的了解。为了更好地理解工作者在个案工作中正确的回应方式,我们有必要了解错误的回应方式。总的来

---

① L. Patterson & E. Welfel 著,吕俐安译:《咨商过程》,(台北)五南图书出版公司1996年版。

说,错误的回应方式不利于对问题的深入探讨与对案主感受的回应,往往因为缺乏同感,否定了案主的感受,中止了探讨的话题,以致整个工作过程受到极大的损害。下面我们具体举例说明在个案工作专业关系建立初期经常出现的几种错误的回应方式。

案主:"我与女朋友谈了三年恋爱,我非常喜欢她,事事为她着想,但她还是离我而去。我无法忘掉她,做什么事情都无精打采。看来我这个人不会有女孩子喜欢的,我只能打一辈子光棍了。"

1. 工作者:"没有用的人才会因为感情问题而一蹶不振。"

评论:简单归类、责备、轻视案主。

2. 工作者:"你算男子汉大丈夫吗?这么一点事就把你搞成这个样子,也太没有出息了吧!"

评论:不认同案主、批评案主。

3. 工作者:"年轻人应该以事业为重,怎么能因个人感情问题上有一点挫折就悲观失望呢?"

评论:以教条批评案主,否定案主的感受。

4. 工作者:"你一向感觉良好,想不到栽在一个小姑娘手里。"

评论:语带讥讽,有幸灾乐祸之嫌。

5. 工作者:"你不应该这样想,如果这样悲观失望,失去自信,真的不会有女孩子喜欢你了。"

评论:否定案主的感受,推断案主可能面临的不良结果。

6. 工作者:"不要太伤心,时间是良药,事情很快就会过去的。女朋友已经离你而去,再伤心也没有用,别把自己身体搞坏了。"

评论:虽然同情案主,却又否定了他的感受。

7. 工作者:"如果我是你,我就会把她忘了,重新开始新的生活。"

评论:以自己的观点给予建议,但完全忽略了案主的感受。

8. 工作者:"你应该再与你女朋友谈谈,也许是有什么误会,你们毕竟谈了三年恋爱,如果她对你一点也没有感情,她早离开你了。"

评论:忽略了案主的心境和情感,只专心于教导。

9. 工作者:"大概是因为你最近工作压力较大,对她关心少了,使她觉得你是个没有感情的工作狂,所以她才离你而去。"

评论:分析案主的情况,但却没有对他的感受作适当的回应。

10. 工作者:"你竟然谈了三年恋爱,我好几次谈了三天就被女朋友蹬了。与我相比,你已经很不错了。"

评论:试图用幽默的方法安慰案主,转移他的视线,但忽视了案主的感受。

11. 工作者:"你还年轻,一次恋爱失败有什么大不了的,失去了她,你可能会找到更好的。"

评论:安慰案主,企图大事化小,小事化无,但却忽略了案主的感受。

12. 工作者:"天涯何处无芳草,像你这样的小伙子很快就能开始新的恋爱,请相信我的判断。"

评论:不切实际地作出不负责任的承诺,鼓励案主作空想。

有些工作者会过分心急地要为案主解决问题,一方面这个目标很值得商榷,而另一方面这种取向会令工作者听不清楚案主的心声。有些工作者企图用幽默或大事化小、小事化无的安慰来协助案主,可惜这只会使案主产生不被尊重和不被了解的感觉。此外,无论是批评、指责、教导、分析等,都只会中断与案主的探讨,以致很难找出问题的症结,从而大大削弱治疗的效果。

第三节 案主基本需求与工作者的对策

案主在寻求帮助时,会有一些基本的心理需要,由此发展出了个案工作的基本原则。个案工作的一系列原则是达成个案工作专业关系必须牢牢把握的基本准则,离开了这些基本准则,必将导致专业关系的瓦解与个案工作的失败。

一、专业关系的动态性

专业关系的形成与发展是案主和个案工作者之间感受和态度表现交互反应的一个过程,案主把各种内在心理需求,以口语或非口语的方式传达给个案工作者;而个案工作者在敏锐地察觉并试图了解后,再反馈给案主;然后案主再以口语或非口语的方式,对个案工作者的言行作出反应。这一来一往的互动过程,使得关系的性质随着互动而不断地变化发展,专业关系是在这一动态的过程中建立起来的。

案主因为其本人无法处理的问题或困扰来找工作者,因此案主经常会带有因问题而引发的愤怒或罪恶感、无法解决困难的挫折感,以及对寻求帮助所产生的不安等。工作者应以接纳、尊重、真诚的态度对待案主,提供温暖、支持、安全感,以减除案主的焦虑不安,促使案主坦诚开放地表达自己的情绪与感受。成功的个案工作专业关系,由工作者与案主的三种互动构成:

1. 来自案主对工作者的互动

案主带着基本心理需求向工作者求助,他一面陈述自己的问题、自己的软弱之处,一面带着恐惧、怀疑的心理猜想着:这位工作者是否很仔细地听我的经历?是否理解我的处境与问题?是否能帮助我解决困难?是否尊重我?还是把我看成一个失败者?是否会强迫我做我不想做的事?是否会泄露我的秘密?

这种不信任与怀疑,使案主表现出不愿开放自我的态度,有时甚至会采用不合作甚至敌意的方式。

2. 来自工作者对案主的互动

工作者敏锐地觉察案主的需求与感受,并了解其中所含的意义,而后适当地反应。通过态度的表达,工作者传达出这样的信息:我了解你的问题、你的优点与弱点,并将继续尊重你是一个"人",我并不想评判你,我非常关心你,并愿尽力帮助你,但一切决定将由你自己作出。

3. 再由案主对工作者的互动

案主逐渐明白工作者的反应,于是身心松弛下来,开始以友善开放的心态配合工作者的工作,并通过语言或行为向工作者传达这份了解。

当然,如此划分只是概念性的,三种互动实际上是交错的,时时刻刻发生于案主与工作者的接触过程中。工作者只有牢牢把握个案工作的专业关系,恰当回应案主的基本心理需求,才能顺利达成个案工作的目标。

二、案主在求助过程中的基本心理需求

即使是主动寻求协助的案主也感受到一些对个案工作过程的焦虑以及面对难题的心理抗拒。这种焦虑有些是根源于个案过程既存的本质,因为这个过程要求案主把自我以及私人生活有关的讯息与一个似乎是完全陌生的人分享。案主可能会暗自思忖一些问题,如"这个人不知会怎么看待我透露给他的讯息?"、"如果我很诚实地把我真正的问题、压力与怀疑说出来,不知道他会对我有什么印象?"这些焦虑有部分来自不确定性:"究竟接受治疗会在我身上发生什么事呢?"

比斯台克把案主在个案工作过程中的基本心理需求归纳为下列七种:

1. 需要被视为独特的人,而非一个个案、一种类型或某类人。

2. 有表达内心感受的需求,包括负面、消极的感受。这些感受可能是恐惧、不安全感、怨恨、不平、敌意等。

3. 需要被视为一个有价值、有尊严的人,而不是一个依赖、软弱、失败或犯错的人。

4. 需要获得他人的关切、了解与回应。

5. 对个人的问题,希望能不受批评或指责。

6. 对自己的生活,有自我选择与决定的权利与机会,不愿被人催促、指挥或强迫行事。只希望得到帮助,而不希望被支配。

7. 期望与个人生活有关的隐私获得保密,不愿意让亲戚朋友及社区其他成员知道他的问题,更不愿因向机构求助而声誉受损。

案主也许会意识到这些心理需求,也许没有意识到,但这些心理需求是案主

在求助过程中的基本心理反应,是不容忽视的。通常案主不会明确地以言语方式把这些基本心理需求表达出来,但这些需求会在案主的行为、表情、神态中显露出来。敏感的工作者应该能敏锐地捕捉到这种需求,而给予适当的回应。

三、个案工作的应对原则

工作者只有深入理解互动过程中案主的基本心理需求,才能适当行为,达成良性的互动关系。与案主的七种基本心理需求相对应,比斯台克提出了个案工作有七个基本原则。这些原则集中反映了个案工作的一些基本经验,是个案工作者与案主建立专业关系所应遵守的基本行为准则,对于个案专业服务来说,具有重要的指导意义。

1. 个别化原则

个别化原则就是将案主看成独特的个人,重视案主对待困难和问题的个人感受与看法。这一原则要求个案工作者认同和了解每个个案的独特性,并运用不同的原则和方法来帮助案主达成较好的适应。

尽管案主们的问题看来很相似,工作者也很可能会把他们分类与组合,然后以一定的模式去处理。但是,个别化的原则仍是重要的,因为只有靠个别化原则才能确保个案工作者对每个个案作出适当、精确以及有独特功效的诊治。个别化原则表明了个案工作的复杂性。个案工作的对象是人,而人的状况与问题是复杂的,所以个案工作不能以刻板的方式进行。从一定意义上说,个案工作是一门艺术,需要个案工作者具有敏锐的观察能力与灵活的处事技巧。

2. 接纳的原则

接纳的原则要求承认案主有自由表达情感(包括负面情感)的权利,个案工作者应投入地聆听,既不阻止,也不责备。在案主过去的生活经验中,这些感受未能充分表达,积压在心头,扭曲了案主对自己和他人的看法,因此,个案工作者应有意识地让案主表达其内心的感受。

接纳是一种容忍的了解。工作者应包容案主的感受、想法和看法,包括案主的优点和缺点、积极和消极的情绪、建设性和破坏性的态度及行为。接纳并不等于个案工作者对案主的意愿和价值判断持赞同态度,而是不采用否定、责备、拒斥的态度。工作者接纳的态度有助于形成一种和谐自由的气氛,使案主能畅所欲言地谈出自己的思想,表达出本人需要个案工作者知晓理解的感觉与感情,以便个案工作者能够更有针对性地进行工作。

在接触之初,案主可能会将个人性格弱点或行为习惯投射到工作者身上,表现出敌意的怀疑、公然的或隐藏的愤怒,或出现退缩的或自我隔离的反应。对此个案工作者必须意识到自己作为助人者的角色定位,要接纳案主的感受与行为,并试着去寻找案主行为背后的深层原因。

3. 承认的原则

应承认案主作为一个人的价值、发展的潜能以及改变的能力。社会关系适应不良的人常受指责并倾向自责,以致自我形象非常低劣,对自己的能力疑虑重重,经常表现出过分的敏感与自卫,尤其忌讳被人看成无用或失败的人。因此,个案工作者绝不能以轻视、反感、责备的态度对待案主,而应对案主抱尊重的态度,帮助案主从防卫中解脱出来,以更切实的方法来面对自己和处理自己的问题。

4. 理解关怀的原则

在个案工作中,个案工作者需要适度的情感介入。工作者如果不投入感情,肯定会表现出冷淡、冷漠与例行公事的态度。这种冷冰冰的、置身事外的态度是无法达成助人的功效的。助人工作是心灵与心灵的碰撞,没有相当的热情与投入,是很难产生成效的。

案主常常希望自身感受或表达的情感,能获得工作者的了解、支持与共鸣。工作者真诚的关心与期望给予案主心理上的支持,加强其安全感与信任感,是促使案主改变的动力。

5. 非评判的原则

工作者的角色是了解和帮助案主,而不是对案主作出是非对错的评判。评判的态度也是审判的态度,其目的是得出某种价值判断,这会引起案主的紧张,从而阻止他的自我表达。因此,工作者必须以非评判的态度了解案主及其问题,在适当的时候向案主说明工作者的工作是帮助他(她),而不是审视他(她)、评判他(她)、给他(她)作结论。这有助于案主客观地正视自己的问题,并作建设性的改变。

6. 案主参与及自决的原则

个案工作要取得成效,离不开案主的积极参与。个案工作不是包办代替,而是助人自助,与提供物质帮助相比,帮助案主建立适当的人格、感情与行为模式是更重要的。从这个意义上说,个案工作的真正目标不是外在的,而是内在的,所以只有案主积极参与,才可能真正产生功效。在个案工作实施的早期,案主参与的原则没有被充分认识,所以许多个案工作者一心只想"给东西和为他人做事",虽然愿望很好,但效果却并不好,甚至产生了很多消极影响,如增强了案主的依赖心理、使案主丧失自尊心等。

案主自决原则承认案主有自己选择和决定的权利。个案工作者不是救世主,也不是裁判者,而只是帮助的提供者。对于一个社会的正常运转,个案工作者可能是不可缺少的,但对社会中的每个成员,是否愿意接受帮助以及希望接受怎样的帮助,必须由他们自己作出决定,不能强加于人。个案工作者应处于分担、支持、提示的地位,他可以告诉案主如何获得帮助,但该建议是否被采用则由案主自己决定。当案主求助时,并不意味着要放弃自我决定的权力,即使案主有放弃、逃避或推卸"自我决定"的倾向,工作者也应尽力使其恢复自我选择的能力。只有在案主不具备作积极和建设性决定的能力,如年龄太小、精神不健全等,或者案主有违反法律、道德,对他人构成直接威胁的情况下,才考虑限制案主的自决权。

7. 保密性原则

保密性原则就是保守案主在专业关系中所显露的秘密。为了寻求帮助,案主需将自己的问题以及与生活有关的事项告诉工作者,其中可能包括案主内心不为人知的隐秘感受和先前的一些不良行为。因此,一方面个案工作者对不必要的事项不要深究,另一方面对必要的资料应注意保密。即便案主没有提出保密要求,工作人员也应对案主的一切资料予以保密,这是个案工作的基本准则。

保密的方式包括不向他人透露案主的姓名、资料;不向他人提及会谈的过程及内容;不让外人旁观。另外,还需注意避免让不同的案主在等待约谈时相互碰面。坚持保密性原则能使案主产生安全感,从而敞开心扉。

上述七项个案工作基本原则是密切相连的,违反其中任何一项原则,都意味着整个个案工作专业关系的失败。只有七项原则的共同作用,才能使案主产生温暖、安全、尊重、自由和和谐的感受,才能成功建立起个案工作的专业关系。

第四节 移情与反移情

在个案工作中,经常会出现一些因素,破坏个案工作的专业关系。对此,个案工作者必须有清醒的认识,才能排除干扰,坚守个案工作的基本原则。其中移情(transference)与反移情(counter transference)就是主要的干扰因素。

一、移情

在个案工作中,移情表现为案主不把工作者看做帮助他解决问题的专业人员,而是把早年情感生活经验中对某特定人(尤其是父母)的特殊感受或反应投射到工作者身上,把其当做案主早年情感生活经验中的某特定人看待。

移情是精神动力学上常用的名词。精神动力学认为,每个人的行为都有其内在的潜意识上的意义,一个成年人当前对别人的态度和反应常受其早年生活经历的影响。案主在早期生活中和那些对其心理影响较大的人接触时的态度与反应模式将会带入其随后的成年生活中。在移情过程中,由于对象的错置,案主的态度与反应常常是不适当的,妨碍了正常的交往。

来到机构求助的案主,大多处在无助的状况中,且有扭曲的感觉与心理,容易退缩到儿童时期对父母保护的需求以及对权威的恐惧的情绪状态。因而，在个案工作过程中，案主容易产生移情反应。

移情有正向与负向两种。正向的移情，表现为案主对个案工作者情绪的依恋和理想化，甚至于把异性的工作者当做恋人；负向的移情如敌意、激动或愤恨，表现在无助的、抗拒的、否认的或追求赞许等行为上。移情反应如不经适当处理与疏解，将极大地损害专业关系的形成与服务目的的达成。

虽然移情对专业关系是一种干扰，但并不是无意义的。移情是案主不健全的心理机制的一种反映，对于工作者了解案主与案主自我了解都有重大的意义。所以专业人员对移情的发生应有足够的敏锐感觉，以便能深入探究移情的深层的心理意义。同时，对转移的感情除给予有效的释放与宣泄外，还需给予适当的澄清，使案主意识到其感情的非现实性，从而促进专业关系的建立。

二、反移情

在个案工作中，除了案主会发生移情外，工作者也会发生反移情。所谓反移情是指工作者对案主产生一种非现实的感情、态度与反应。这种感情往往是专业人员过去与他人关系的经验之一，如今把它转到其所服务的案主身上。

反移情也有正向与负向两种，即工作者对案主的过分认同和认同过少。过分认同使工作者完全站到案主的立场上，与案主同乐同悲，只看到案主的长处，而看不到案主的问题，这使工作者无法协助案主面对问题和寻求改变。而认同过少则往往产生于案主的粗暴与敌意，这激起工作者的感情困扰，使其把对早年经历中某个特定人物的态度转移到案主身上，因此无法客观地了解案主的能力或长处，无法提供温馨和支持的气氛，甚至不自觉地与案主作对。

反移情表明，工作者也是人，也会有自身的问题与心理需求；有时也会将自己的个人偏见、冲动等态度自觉不自觉地带到个案工作过程中；甚至可能借着案主的反应来满足自己的心理需求。

反移情会严重影响专业关系的性质。为防止反移情出现，个案工作者应自觉排除任何不切实际、不正确的个人动机、主观愿望与感情色彩，以助人者的身份全力协助案主解决问题，一切以案主的利益为中心，不带任何个人的心理需求。自我认识、督导以及咨询服务有助于使反移情获得部分的改善。

在个案工作过程中，工作者如能及时发现自己的反移情，则有利于纠正、克服这种不良的感情与反应。布雷默和肖斯强（Brammer & Shostrom）在其《治疗心理学》（Therapeutic Psychology）一书中，提出了个案工作者自我检查反移情的19个项目，现列举如下：

1. 发现自己昏昏欲睡，无法集中注意力与倾听；
2. 发现自己在否认焦虑的存在；

3. 发现自己在座位上坐不稳,并且感到紧张;
4. 感到自己过分感情化地面对案主的困难;
5. 发现自己对案主所说的内容采取有选择的反应和解释;
6. 发现自己过早地做了不正确的反应和解释;
7. 发现自己不断地低估或遗漏案主的深层次的感受;
8. 发现自己对案主产生莫名其妙的讨厌或喜爱的反应;
9. 发现自己过分袒护案主,在案主谈到受权势压制时,产生冲动性同情反应;
10. 发现自己无法为案主着想,并且对案主的烦恼感受不能产生应有的反应;
11. 发现自己倾向于与案主争辩,并对案主的批评产生防卫或责难的反应;
12. 觉得该案主是最优秀或最恶劣的;
13. 发现自己的思想在会谈过程中被案主的幻想所占据,甚至对此有夸大的反应;
14. 发现自己习惯性地延迟会谈,或对某些案主有敷衍的现象;
15. 发现自己借戏剧性的话题使案主发笑或产生强烈的感情;
16. 发现自己过分注意案主的隐私资料;
17. 感到自己强迫性地采取过早的解释和建议;
18. 发现自己梦及案主;
19. 发现自己借口太忙而不与案主会谈,并把责任归于机构领导。

布雷默和肖斯强在提出以上19项反移情表现后,还提出了包含13项内容的自我反思检测表。这一检测表的作用是通过自我批评和反思,以增进自我了解和自我控制。

1. 为何对案主作出这样的反应？其理由何在？
2. 作那些说明时有何种反应？
3. 为何向案主传递那些意念？
4. 为何问那种问题？
5. 如此行为是否符合协助案主之道？是否仅为了好奇而问那些问题？
6. 为何作此劝告？是否由于自己感到案主期待答复所有的问题？而自己是否有自作聪明的反应？
7. 是否因主观的看法而影响那些问题？
8. 为何案主缺乏爱和缺乏安全的感受,会使自己产生如同身受的感觉？
9. 为何(或为何不)要求该案主的丈夫或妻子同来会谈？会不会是由于我过分同情案主而对有关人员产生拒绝感？
10. 为何在首次会谈时说得太多,而较少让案主诉说其发生的事？会不会想使案主认为自己知识丰富而希望他会继续来？

11. 为何对案主未前来赴约感到那样烦恼？会不会是我对自己的专业能力没有信心？

12. 当案主应终止辅导或应转案到其他机构时，为何自己不愿意让案主走？

13. 是否在利用案主以满足自己个人的需求，或让案主在利用自己？

个案工作者诚实地面对自己和自己的感受是朝向自我控制的第一步。认识自己的主观性，觉察和接受自己的限度，则较有可能进行自我的改变或者至少是自我控制。

同时工作者也可以借助外力的协助去除个人的盲点和增进个人改变与控制的力量。其方式有利用督导者的协助、利用咨询、接受精神分析或心理治疗、参加成长小组、同辈的督导、接受专业教育和在职训练等，这些都能协助工作者了解自我主观性的涉入程度，是增进自我认识和自我控制的有效途径。

本章小结

本章在分析阐述个案工作专业关系的含义与性质的基础上，从不同的层面和角度讨论了如何建立专业关系。第一节集中阐述了个案工作关系的含义和性质，专业关系的含义包括明确的目的性、关系的非私人性、关系的手段性、不允许工作者在关系中获取个人满足的规定性、存在的时间性、提供服务的专业性，以及强调工作者对关系负有主要责任。专业关系的性质体现在关心他人、承诺与责任、接纳与期望、同感、真诚与一致、权威与权力，以及明确的目的等方面。第二节讨论专业关系建立的基本条件，即同感、尊重、真诚与简洁具体，并分析了工作员在服务初期容易犯的错误。第三节围绕着案主需要被视为独特的人、需要表达感受、需要被视为有价值和尊严的人、需要得到关怀与了解、需要不被批评、需要有生活自主权、需要个人隐私获得保密等七个方面的需要，讨论了工作员应坚守的个别化、接纳、成人与尊重、理解与关怀、非批判、案主自决、保密等原则与对策。在第四节，讨论了案主对工作员的移情及工作员对案主的反移情问题，并详细介绍了工作员及时检视与纠正反移情的方法。

思考题

1. 你如何理解专业关系的含义？
2. 分析建立专业关系的基本条件。
3. 工作者在助人工作中如何处理案主的移情问题？

第六章

个案工作的程序

　　个案工作程序就是开展个案工作的基本步骤。前面几章所说的个案工作的哲学和价值体系、个案工作者具备的素质、个案工作的技术等内容都要整合在这个工作程序中予以运用并完成,以便达到有效助人的目的。

　　国内外学者对个案工作程序有不同的划分,张薩顺在 1985 年将这些划分做了归纳,认为总体上来说有两类:从时间上来划分,诺森(H. Northern)、康普顿和格列威(Compton & Galaway)把个案工作程序分为开始阶段、中间阶段和结束阶段[①];按服务内容来划分,布雷默(Brammer)、廖荣利、曾华源等把个案工作程序分为接案和建立关系、资料收集和分析、诊断和计划、治疗和服务、结案和评估、持续的治疗等几个阶段[②]。但总体来说,无论什么样的划分,个案工作必须经过初步接触与建立关系;资料收集和问题评估;制定目标和服务方案;服务计划的落实;结束服务、评估和服务跟进等几个阶段,而且每个阶段专业关系的建立都是贯穿始终的核心。需要进一步说明的是,划分出这些阶段并不意味着各个阶段之间是截然分开的,而只是为了展现和了解各个阶段的主要特点和突出的作用,以及说明上一个阶段任务完成不好就会影响下一个阶段任务的完成。同时要注意在各个阶段个案工作者必须自始至终地贯彻和落实社会工作的价值观以及与案主建立良好的专业关系。

　　在助人工作中,工作者与案主之间是一种专业关系,其目的区别于朋友、同事等关系。该关系是建立在工作者对案主无条件接纳、真诚关怀、帮助具体有

---

　　① H. Northern. *Clinical Social Work*. New York:Columbia University Press,1982. B. R. Compton & B. Galaway. *Social Work Processes*. Homewood,IL:Dorsey Press,1979.

　　② L. M. Brammer. *The Helping Relationship:Process and skills*. New York:Prentice-Hall,1979. 曾华源:《社会个案工作》,(台北)五南图书出版公司 1985 年版。

效、同感表达深切精准等要素的基础上。良好的关系能产生轻松、舒适、愉快、信信、喜欢、温暖、和谐和心理上的安全感。在这种温暖与安全的气氛下，当事人容易减除防卫心理，产生自我开放的心态。良好的专业关系本身就能起到很好的治疗作用。

第一节 接案与建立关系

这一阶段的目的是通过与求助者的初步接触，对其带来的问题进行初步评估，并依据机构的功能与求助者商讨是否可以提供服务，使求助者成为案主，这个过程也称为"接案"。接案时，建立一个良好的专业关系非常重要。因为良好的专业关系能保证工作者在助人过程中明确助人的目的，避免工作者获得个人心理满足，以便在一定的时间内达到有效的助人目的。

一、案主现实性的心理反应

良好专业关系的开端是需要工作者了解案主前来求助的现实性的心理反应。现实性的心理反应是指案主面临求助时出现的一种正常的心理反应。正如我们与人交往时常常对这个人的第一印象至关重要，求助者是否愿意接受机构所提供的服务，很可能也是从第一次对机构或者是对接待他的工作者的印象开始的。所谓良好的印象开端是成功的一半，从这个意义上说，对求助者的帮助和治疗以及双方专业关系的建立在没有进入正式的会谈前已经开始了，因此工作者在接待求助者时的态度以及对求助者所带来的现实性心理反应的了解显得很重要。工作者对求助者的现实性心理了解得越多，心理准备越充分，就越有可能与求助者建立初步的专业关系。

求助者现实性的心理反应可能有如下表现：

1. 他可能不需要立刻接受服务，仅仅是进行询问和试探；
2. 面对陌生的人讲出自己的问题尤其是隐私的问题感觉非常难为情；
3. 求助者意识到要承认自己也是产生问题的一部分原因很痛苦，无法面对；
4. 求助者过去的一些成功和不成功的求助经验对他这次的求助有影响；
5. 求助者的求助能力是不一样的，有些人很容易寻求帮助，而有些人则很难；
6. 求助者是被强迫来到机构而不是主动寻求帮助的。

因此，工作者对求助者的现实性心理反应有了了解之后，才有助于与求助者建立初步的专业关系，鼓励求助者变为案主。

二、工作内容

当工作者了解到求助者的现实性心理反应之后,就需要作相应的准备:

(一)了解求助者的求助意愿并进行适当的处理

如前所述,求助者来到机构后的心态很复杂,因此工作者必须详细了解并加以区分,对不同的求助者采取不同的处理方法。对不需要立刻服务的求助者要对其问题进行一个简单的评估,看是否真的不需要立刻服务还是别的原因,不同情况应不同对待;对询问信息的,工作者要尽可能地提供一些有帮助的信息;对于有求助意愿的,要鼓励他(她)成为案主。

(二)促使求助者进入案主的角色

对有求助意愿的求助者,工作者要给予鼓励,树立其解决问题的信心和对机构及工作者的信心。在这里,建立初步的信任关系很重要,工作者的态度、机构具有的能够给求助者提供必要帮助的资源等都是鼓励求助者成为案主的必要条件。但一定要切记,不能为了让求助者接受服务而过分劝说,要给求助者思考和选择的机会,要理解求助者一时不愿接受服务的苦衷。

(三)澄清求助者的期望

求助者到了机构之后,一般情况下对机构抱有很大的期望,希望能够解决自己带来的问题。当他了解到机构不可能为求助的人都提供满足其期望和需要的服务,就有可能产生失望、沮丧等情绪。澄清求助者的期望对求助者来说非常必要。工作者需要做到:

1. 介绍机构的服务范围,告诉求助者可以做什么和不能做什么,以便为不适合本机构的服务对象及时提供适当的转介服务(后面详细谈到)。

2. 工作者要清楚地告诉求助者,问题的解决需要双方共同的努力,而不仅仅是工作者和机构单方的事,减少求助者的依赖心理,增强求助者对解决自己问题的责任心。

(四)初步评估问题和需要

了解求助者的需要,对其问题进行简单评估,目的是决定机构是否需要对求助者提供服务。为此工作者需要了解以下这些问题以便作出初步的评估:

1. 求助者的求助意愿如何?是主动还是被动的?

2. 求助者的主要问题是什么?怎么产生的?求助者期望达到什么目标以及需要什么结果?为什么此时此刻会来求助?

3. 求助者曾经为此寻求过什么帮助和自己做过什么努力?

4. 服务机构所掌握的资源或工作者自己的能力如何?能否为求助者提供必要的服务?

5. 机构对求助者的要求和求助者对机构和工作者的期望是否可以互相协

调、达成一致？

当工作者对上述问题进行初步评估之后，需要与求助者一起分享，以便保证结论的准确性。

当我们对求助者所带来的问题进行了初步的评估之后，认为机构和工作者可以为求助者提供适当的服务，同时求助者也希望与机构建立初步的口头或书面的契约关系，这个时候，求助者才真正成为案主。

三、转介

转介是个案工作中常用的方法，它是针对一些非本机构或者工作者所能提供服务的个案，经过必要的程序，而转送到其他机构或者个人，使求助者能够得到适当的服务。转介对求助者来说是一种关系对待。之所以在个案工作中将此作为一个工作程序或者服务手段，是因为对每个人来说，寻求帮助不是一件容易的事；与别人谈论自己所处困境的时候，也是最容易受伤的时候。因此工作者决不能以"不适合服务或其他的理由"随意处理求助者，处理不当可能会给求助者带来第二次伤害，使求助者寻求帮助的自信心受到打击。

通常有下列两种情况可以提供转介服务：

1. 工作者判定求助者所需解决的问题不属于本机构服务的范围。
2. 服务机构仅仅为某一些区域的人提供服务，求助者不属于这个区域。

四、接案的技巧

接案过程基本上从收集身份资料开始，协助求助者说出他（她）的困难和需要，最终双方一起决定是否接受机构的服务。在这个过程中，工作者需要适当地采用一些技巧。

1. 避免将求助者定义为"问题人"。尽量避免问求助者"你有什么问题"，这种提问有认定"求助者有问题"的嫌疑，使之产生心理的不愉悦感受。可以尽量转化为"你有什么需要跟我谈"等这样的问句，让人觉得舒服，有安全感。

2. 专注的聆听是工作者在这个时期最重要的技巧。工作者借助表达专注的姿势、表情及眼神，一方面传达对求助者的关切，另一方面对求助者的陈述和动作给予谨慎的注意，关注其隐藏在话语后面的情绪和潜台词。

3. 简明扼要、具体化。此种方法可以帮助工作者使用清楚、简洁的语句准确描述求助者的生命处境，也可以帮助求助者准确地了解自己的问题以及会谈的目的，减少求助者的求助焦虑，让求助者感受到工作者听明白了自己所陈述的问题，体会到一种被尊重的感觉。

4. 表达同理心和无条件的接纳。工作者只有对求助者复杂、矛盾的求助心情以及所带来的问题给予无条件的接纳，才有可能促使求助者进行无拘无束的自我袒露。

5. 激发求助者的希望和平衡不舒服感,以此增强求助者成为案主的动机,这里包括将求助者的问题界定在一个能够解决的范围内等。

6. 工作者在提供服务之前,要评估自己的服务能力,不能过早或过多地给予求助者承诺,以避免助者产生错误的期望。

之所以要掌握接案的技巧,是因为该技巧有助于工作者与求助者建立轻松、舒适、愉快、信任、温暖的关系,让求助者从心理上产生安全感。有助于求助者减低心理防卫、促进开放的心态。如果双方关系是负面的,有敌意、紧张、不信任等,个案工作就无法达到助人的目的。

第二节　收集资料与问题判断

当求助者成为案主之后,我们就进入了第二阶段。这一阶段的主要目标是尽可能详细地收集与案主所带来的问题有关的资料,从中了解问题的成因,确定问题的性质,发现解决问题的入手点。

一、收集资料的重点

我们能否正确了解案主的问题,在很大程度上取决于我们得到的资料如何。我们强调"人在情境中",个人的行为是个人与外在环境互动的结果,个案工作的功能之一就是恢复个人与环境的适应能力。因此了解案主问题的重点是要掌握案主个人和环境的情况以及案主与环境互动的情况。

特别值得注意的是,我们所收集的资料一定是与案主的问题有关的,不是对每一个案主都需要详细收集下面所有的资料。

（一）个人资料

1. 基本资料

包括籍贯、年龄、性别、教育程度、婚姻状况、职业、收入状况等。需要注意的是,这些资料的收集一定要与案主的问题有关,而不是查户口。

2. 生理方面

人的心理问题可以导致生理的疾病,同样生理的疾病也能影响人的心理。因此首先排除案主生理方面的因素是非常重要的。如对案主的病史的了解,有无残疾、遗传病以及长期性疾病,目前的生理状况如何等。

3. 心理方面

通过运用一些心理测量工具以及工作者的会谈和观察,可以监测和了解案主的智力水平、兴趣、人格特征、自我概念、自我防卫机制等。

4. 价值观

包括对人和事情的看法，案主的行为与其价值观是否一致等。

5. 能力

了解案主对问题的分析能力以及过往面对冲突、困惑的处理能力。

（二）环境资料

这里包括案主的家庭环境、朋辈环境、社区环境和工作环境等与案主问题相关的环境信息。

1. 家庭环境

家庭是案主最亲近的环境系统。主要了解案主与家庭成员之间的关系、家庭内的规则、家庭的历史等资料。

2. 延伸的环境系统

包括案主的朋辈环境、社区环境和工作环境等。工作者要对与案主问题有重要关系的人或系统（单位、社区）给予特别的关注，这些可能都是了解案主问题以及解决案主问题的重要资源。

3. 交互作用

交互作用是指个人与其环境发生作用的状况。案主的问题有时候会出现在与环境的交互作用上。因此工作者需要了解案主与周围人是如何建立关系的。当案主有问题的时候，他们可以提供帮助和支持吗？对这些问题的了解有助于我们更深刻地了解案主，以及提供一些解决案主问题的信息和资源。

二、收集资料的技巧

收集资料是一个很能体现工作者工作艺术的工作。要避免生硬和太过直接，而在保持和案主流畅的谈话中，不着痕迹地完成。这需要工作者比较丰富的经验和一定的工作技巧才能达到。初学者一般在收集资料时显得比较生硬。

（一）直接收集资料

一般情况下，如果案主有求助的意愿，他会主动说出与问题有关的信息和资料，有的时候，案主没有提及或无意识地提及一些信息，而这些对工作者了解案主的问题很有帮助，这时工作者可以直接提问。例如，案主说婚姻出现了问题，情绪非常不好，常常感觉全身乏力，甚至常常有自杀的念头。除了婚姻本身的问题之外，你就可以直接问他最近的身体状况、有无疾病，是否看过医生等，因为案主的心理困扰可能导致身体疾病，反之身体的疾病也会加重情绪和心理困扰。

（二）间接收集资料

有些时候，案主因为与工作者之间不够信任，或者因为本身的一些顾虑，他并不能直接说出工作者希望了解的信息,而工作者认为这些信息对了解案主的问题很重要,在这种情况下,工作者可以间接地提问。比如,案主说自己希望离婚,但无法让丈夫同意,自己对婚姻感到很恐惧等。工作者从说话的神态、语气等非语言和语言中明显感到这个案主正经历家庭暴力,工作者可以寻找合适的机会间接地提及问题,如"据我了解,有些家庭常常发生家庭暴力,不知是否你也知道或者了解?你对此怎么看?"等等。间接提出问题可以避免案主的尴尬,也能尽快了解案主的问题所在。间接收集资料的方式还包括注意观察案主的非口语信息如表情、语调、姿态、位置、打扮等来判断案主状况。

三、问题的判断

在社会工作实践中,了解案主问题的过程称为"评估"(有时也叫"社会诊断")。评估的目的就是识别形成、延续案主问题的主客观因素及其与环境的关系,以便决定适合案主问题的服务。

(一)判断原则

1. 坚持个别化的原则

有些时候,案主带来的问题似乎是一个很普遍的问题。比如,案主是一位下岗女工,面临下岗后的种种生活压力。但每个人下岗的原因,以及对待下岗的态度和应付下岗的能力是不一样的,因此我们判断下岗女工的问题也要个别化,不能用一个普遍的方法解决某个案主的问题。

2. 判断过程注重双方的参与

尽管工作者对案主的问题有自己的专业判断,但是对案主问题的判断一定要有案主的参与和认定,既不能左右案主的判断也不能单方认定。

3. 判断过程中工作者警惕自己的价值偏见

工作者要警惕判断过程中是否有自己强烈的价值观介入,从而影响对案主问题的准确评估。警惕的方法之一就是尽可能用多种途径收集资料,以便保证资料的准确性;在判断过程中尽量多反省自己是否对案主的问题认定过于武断,或者对案主的问题过于积极和热情等。

4. 避免将问题简单归因

案主的问题的成因很复杂,常常很多的问题交织在一起,而且案主的问题是变化的,因此我们不可能将案主的问题归结为一个简单的原因,看到问题之间的相互关联对解决问题是有利的。

(二)判断视角

判断视角是指社会工作者在评估过程中所采用的立场和观点。不同的观点和立场会导致对问题认定的不同角度,从而产生不同的解决问题的方法。可供考虑的判断问题的视角有:女性主义、家庭功能、人格系统、行为偏差、个人能力问题、人际互动障碍等。

例如,案主是一个与电影《廊桥遗梦》中的女主人公相同经历的人,面对她的问题,持女性主义价值观的工作者可能就会尊重案主独立的感情需求,而不仅仅将她作为一个家庭角色的扮演者,鼓励案主积极面对情感,以及积极面对因这段感情而带来的问题。一个具有以"家庭为本"价值倾向的工作者可能就会更多地考虑家庭的稳定而放弃和牺牲案主自己的情感需求。

因此,工作者需要了解自己在评估问题时所持有的问题视角是什么,尽可能在一个问题的评估中多用一些其他视角考虑问题,因为单一的视角会产生看问题和解决问题的局限性。

四、确定问题

收集到了足够的信息,并对此进行分析后,接下来便是确定案主的问题。

(一)确定问题的内容

1. 案主的问题是什么

案主的问题可能很多,而且多种问题相互交织在一起,但我们不可能同时解决案主的所有问题。因此要与案主讨论,对问题划分出主次,划分出问题解决的优先次序。

2. 问题产生的原因是什么

导致案主问题的原因很多,需要找到案主首要问题所产生的原因,这样才可以对症下药。

3. 案主曾经为解决问题作过的努力

从案主曾经所作的努力中我们了解到他(她)是否有足够的解决问题的动力,用了什么方法,以及他(她)所用方法的原因和效果等。了解了这一点,工作者就可以对案主应对问题和解决问题的能力有一个简单的评估,对有助于解决问题的方法,鼓励案主多用;对无助于问题解决的方法可以探讨放弃,为制定切实可行的服务计划做好准备。

(二)确定问题的技巧

对问题复杂的案主,确定案主的关键问题所在直接关系到我们提供的帮助是否有效。下面几点技巧可以帮助我们确定案主的问题:

1. 从多个问题中选择案主急于解决的问题

解决案主最急于解决的问题,应该是一般的解决问题的原则。但有些时候,工作者根据专业判断感觉案主急于解决的问题也许并不是案主问题的最主要的矛盾。遇到这种情况,我们要坚守以案主为本的原则,与案主一起讨论并需要对处理这个问题讲究策略性,既要照顾案主解决问题和看问题的能力,又要遵循对解决问题有利的原则。比如一个案主前来向工作者求助亲子关系问题,但工作者很快发现与她问题相关的还有婆媳关系和夫妻关系不和,这些关系中尤其是婆媳关系对她和孩子之间的关系影响很大,想解决亲子关系也必须解决婆媳关系。但案主认为亲子关系是最急于解决的,我们就不能强迫案主解决婆媳关系,因为可能案主认为解决婆媳关系有难度。在这种情况下,我们必须尊重案主的意愿,从多种关系中将焦点先集中在亲子关系上,以此为中心寻找解决夫妻关系和婆媳关系问题的可能性。

2. 双方共同决定多个问题中的最主要矛盾

有时候案主认为自己的苦恼很多,但自己也不清楚什么是主要问题,这就需要工作者与案主共同商量找到一个主要问题。比如某案主认为自己最近很不走运,远在外地的父亲去世,作为长子自己没有尽到孝心而内疚不已,从悲伤和愧疚中无法自拔。妻子留下4岁的孩子到外地工作,自己又当爹又当娘,精疲力竭;工作单位正在裁员,自己由于学历不高等原因很可能是被裁的对象。多种困扰交织在一起。经过案主与工作者的讨论之后,将问题的焦点放在如何不被单位裁员上,案主也表示认同,假如单位将他裁减下去,失了业的他,不仅无法帮助他的母亲和孩子,可能自己的婚姻也会因此出现危机。

3. 从多个问题中找到对案主来说最容易解决的问题

有些情况下,案主和工作者都意识到解决问题的根源所在,但由于案主解决问题的能力和条件所限,案主只能解决对自己来说最容易的问题。比如某案主认为她与男朋友之间经常发生口角,争执的原因是自己觉得男朋友婆婆妈妈,管得太多,像自己的母亲。她一方面觉得不能控制自己的脾气,但另一方面担心这样下去会失去男朋友,很矛盾地寻求工作者的帮助。工作者发现她与母亲的关系非常紧张,母亲对她管得很多,她很讨厌,以至于到了不说话的地步。她把对母亲的不满投射到男朋友的身上,把与母亲的沟通方式也投射到男朋友的身上,因此要解决她与男朋友相处的问题根源可能要解决对母亲的看法和与母亲相处的方式,而这一点也正是案主自己最不开心、内心强烈希望解决的。但母亲在外地,因此她决定将与男朋友的问题作为主要问题,相比较更有条件解决。

工作者切记,案主问题的解决不一定在助人的过程中,或许改变会发生在助人关系结束后,甚至需很长的时间,切不可操之过急。

第三节 制定目标和工作计划

当我们明确了案主的问题之后,就可以制定明确的改变目标以及具体实施的方案。

一、制定目标的原则

(一) 对案主来说通俗易懂、易接受

无论怎样,我们制定的目标一定要简洁明了,尽力避免专业的和艰涩的词句。案主可能是不同文化层次的人,简洁明了的目标可以让案主明白自己的努力方向。例如,工作者诊断出案主的婚姻出现问题是因为案主对丈夫有一些不合理的要求和看法,但工作者在确定目标的时候尽量避免用"改变非理性信念或改变错误的婚姻认知"等这样的专业词汇,尽量用"让案主认识到自己对丈夫要求的不合理"等通俗易懂的词句。

(二) 目标与工作者和案主解决问题的能力一致

制定的目标一要考虑案主解决问题的能力和动机,二要考虑工作者的能力,两者合力才可以有效地解决问题。很多时候,案主解决问题的动机和能力是随着问题的逐步解决而慢慢加强和恢复的,因此一开始的目标不宜定得太高。定的目标要有层次,分为初级目标、中级目标和高级目标,或许初级目标中也要根据案主的能力定出不同的层级。另外,工作者要认识到有些情况下自己对案主的问题有认识上的局限,解决问题的能力也有限制,因此制定的目标也要与工作者的能力相协调。很多时候,工作者看到案主的问题所在,并急于让案主承认问题并很快改变,然而,案主认识到自己的问题不仅需要时日,也需要条件,更需要案主面对问题的能力提高,所以,目标定得太高,会让案主无所适从,或许会逃离助人关系,工作者一定要把握分寸。

(三) 目标与机构的功能保持一致

案主问题的解决与机构所能提供的资源和服务有关,如果所定目标与机构的功能不适合,有可能使案主得不到适当的资源支持和有效的帮助。如果我们坚持以案主为本和对案主负责的精神,所定的目标应该与机构的功能相互适合。

(四) 制定的目标是案主和工作者共同协商的结果

目标不是案主或者工作者单方决定的,如果一方对所定的目标有意见,就不能成为最后的目标,所定的目标必须是在双方充分讨论的基础上达成共识的结果。这样可以提高案主解决问题的信心和能力,以便有效解决案主的问题。

二、目标的类型

根据帕特森和白妮(Patterson & Byrne)的分类,将目标分为直接目标、中间目标以及终极目标三种。

(一) 直接目标

直接目标是针对案主提出的现实性的问题进行探讨,促进案主的自我了解

和自觉。直接目标与案主问题直接相关,这个目标一般是案主急需解决的,非常直观、明了。比如,案主需要解决失恋后的情绪困扰问题等。

(二) 中间目标

中间目标一般是协助案主认识自己、接纳自己和欣赏自己,建立健康的自我形象和适当的生活方式等。上述案例中的案主也许能够从失恋的情绪中走出来,但案主经历失恋打击后并没有对自己形成一个正确的认识,也不再接纳自己。因此进一步让案主恢复自信、接纳自己、形成正确的自我认识,成为解决案主问题的中间目标,否则他遇到其他的事情还会出现不能接纳自己、不自信等问题。

(三) 终极目标

终极目标就是使案主能够自我认识、自我促进、自我实现,接纳自己也接纳别人,有良好和深入的人际关系,开放的态度、诚实有创造力,有责任感,达到现实的自己和理想的自己协调一致等,这是个案工作的最高境界,也是工作者最高的工作目标。当然这个目标也不是个案工作本身或几次辅导和治疗就能够达到的,也不是个案辅导中可以完成的任务,是案主一生所要追求的目的,而且是要经过工作者和案主持之以恒的长期努力和奋斗才能达到的。

三、制定目标的步骤

工作者可以通过下面四个步骤协助案主制定出目标[①]:

(一) 工作者重述案主的问题,以便再次确认问题

工作开始阶段,案主对自己的问题有自己的认识,对机构和工作者也有自己的期望,但与工作者经过一段时间的讨论后可能对自己的问题会产生一些新的认识,对工作者和机构有一些新的期望,因此工作者在制定目标前需再次重述案主的问题,得到案主对问题的确认后,与案主一起确定问题。

(二) 协助案主列出与问题相关的问题,以便再次确定问题的重点

根据系统论的观点,一个问题的产生必然与其他问题相关。如前所述,案主很可能在一堆的问题中找不到主要的矛盾,或者案主认为要解决的主要矛盾与工作者对问题的专业判断不一致,在这种情况下,工作者与案主一起确定问题就显得更为重要。

(三) 协助案主确定问题解决的优先次序

工作者协助案主找到问题的重心之后,就可以依次排列出解决问题的优先次序。前面提到,问题之间是相互影响、相互作用的。抓住了主要矛盾,其他问

---

① 曾华源:《社会个案工作》,(台北)五南图书出版公司1985年版。

题的解决相对就容易一些，顺序排列也一定要与案主一起进行。

（四）协助案主明确他（她）想要的结果

明确案主想要的工作结果，也就是工作者协助案主要达到的工作目标。案主对自己想要的结果越确定，工作的目标就越清晰。清晰的目标是增强案主改变的动力，同时工作者也需要在此目标的基础上制定工作计划。

选择目标时带有很大的价值判断，交织着案主和工作者的价值取向和生活经验等。如果案主与工作者在选择目标上有分歧，工作者要坦诚地告诉案主自己的理由和背后的价值观念，同时也要协助案主明白自己的价值观，双方在充分讨论的基础上达成共识，才可以形成工作目标。这个过程中，工作者要严格遵守专业伦理道德。

四、制定工作计划

制定工作计划是个案工作的一个重要步骤和内容。服务计划不是随意制定的，要考虑为案主提供最合适的服务，机构所能提供的资源和帮助、工作者的能力以及工作者对资源的了解和掌握程度等。

一份计划书应该包括以下方面的内容：

1. 案主的基本情况，包括姓名、年龄、婚姻状况和职业等。
2. 简要准确描述并列出案主的主要问题和相关问题。
3. 案主要达到的结果与工作者的工作目标。

工作目标分为直接目标和中间目标，在每个目标中又可分为多个子目标，对所有的目标按照轻重缓急依次排列。

4. 基本工作阶段，以及每个阶段需要采用的方法和需要动用的资源。按照目标，我们可以划分为不同的阶段，每个阶段所采用的方法是不一样的。案主的问题可用很多种不同的方法去解决，工作者要尽可能多地考虑并列出。工作者在列出这些方法的时候也要考虑案主的学习能力、思维习惯、沟通能力等，以便所用的方法可以被案主接受。

工作者应清晰地列出各个阶段可能要动用的资源，包括机构可以提供的资源以及机构外可以寻求到的资源等。

5. 达到目标所用的期限。工作者为案主提供的服务并不是没有时间限制的，规定一个时间表有助于促进案主珍惜和很好地利用资源，能使案主有信心在一定的时间内解决自己的问题。

6. 联系方式。案主留下自己认为安全和便捷的联络方式，以便于联络。

五、签订工作协议

工作协议是由工作者与案主共同承诺合作实现双方所同意的目标和计划，

是促使双方关系具有承诺和责任要素的重要途径。签订协议对工作者和案主双方都具有约束作用。对工作者来说，协议提供了案主参与服务的保证；对案主来说，它可以明了工作者提供服务的内容以及工作者的期望。协议的内容包括：

1. 服务目标；
2. 服务的内容以及采用的方法；
3. 双方应该享有的权利和义务，如工作者遵守职业伦理，对案主的问题保密，案主要完成工作者布置的家庭作业，保证个案辅导的时限等；
4. 服务的时间、地点和次数；
5. 双方签字。

有些时候，协议也可以是口头的。

在确定问题与目标、制定服务计划阶段，工作者要坚决贯彻专业关系中"无条件尊重"的要素。"无条件尊重"被认为是促使案主产生建设性改变的一个重要条件。在与案主一起讨论问题、制定目标与计划时，要尊重案主的思想、情感行为，无条件接纳案主的价值等，让案主感受到温暖，尊重案主自决，而不要操控案主。只有工作者创造这样的一个助人的关系环境，案主才能发生改变。

第四节 服务计划的实施

本阶段是计划执行的一系列过程。这一阶段变数很多，因此无法详细地描述具体的过程应该是怎样的。不论其变数如何，仍有一些最基本的东西可以掌握。

一、工作者的角色

由于案主的问题不同，所需要的帮助不同，因此工作者在其介入过程中，不同的阶段以及不同的问题面前，扮演着不同的角色。一般来说，工作者在介入过程中需要扮演使能者、联系人、教育者、倡导者、治疗者等角色。

（一）使能者

使能者的意思是工作者利用自己的知识与技巧使案主发挥自己的能力，促使案主自身发生改变。社会工作者坚信人是有潜能的，因此工作者要做的就是协助案主尽量表达感受、鼓励案主的每一个进步，让案主感觉到自己的价值和能力并进而调动起来，积极面对自己的问题，解决自己的问题。

例如，有位妈妈陈述她因为是学学前教育专业的，同时又从事学前教育的工作，因此对自己的孩子有很大的期望并投入了很大的精力教育孩子，希望孩子与众不同。然而孩子在成长中出现一些行为问题，比如频繁开始"拿"商店的小东西。妈妈觉得这是天大的打击，变得非常沮丧，甚至怀疑自己的教育能力。工作者扮演使能者的角色，在辅导的过程中协助案主看到她在教育孩子上成功的一面，比如孩子的智力综合水平比同龄人强，同时协助案主看到自己可以发挥研究方面的优势，对自己的儿子进行个案研究，研究经常"拿"东西是一种什么样的儿童心理，找到孩子出现这个现象的原因所在，而这个研究的成果对其他家长也有借鉴作用。这位家长在工作者的鼓励和协助下，不仅找到问题的原因所在，而且发表了这方面的观察报告。在这个个案中，工作者扮演使能者的角色，重新协助案主坚定了她教育孩子的信心。

（二）联系人

联络资源是工作者一个重要的助人方法。对案主实施有效的帮助，在很多的情况下要动用一些资源。一方面，工作者需要了解案主的需求，另一方面，工作者掌握着一些资源。但他（她）还需要清楚了解有些问题应该通过什么途径到哪里去寻找什么资源，并与提供资源的机构直接进行工作上的联系，因此工作者在介入中常常扮演联系人的角色。

在一个个案中，某位单亲母亲前来求助，她因为单亲和下岗带来心理压力很大，多次想自杀。当工作者了解到案主下岗在家，没钱让小孩上幼儿园等情况后，除了为这位母亲提供心理辅导外，工作者一方面联络机构的职业介绍所提供就业信息和机会，另一方面积极为其办理贫困证明并为其孩子找到可以减免费用的幼儿园，最后案主放弃了自杀的念头，鼓起勇气重新开始生活。工作者在其中扮演了一个联系人的角色。

（三）教育者

社会工作者在与案主的关系中扮演的教育者角色与学校师生关系中的教师角色不太一样，工作者并不进行知识技能的传授，而是有些时候作为榜样进行人际关系的示范，扮演一些角色甚至讲一些道理等。

在一个对亲子关系辅导中，工作者发现妈妈与女儿之间的沟通方式是导致双方关系紧张的原因之一。妈妈总是用怀疑和不信任的语气对女儿说话："你这次考得好谁知道是怎么回事，或许瞎猫撞见了死耗子"；"你们班那个男生喜欢你根本不是你好看而是你傻可以欺骗你"等，让女儿觉得很反感。因此在介入的过程中，工作者特意示范给母亲如何更好地与女儿沟通，对母亲启发很大，在这里工作者就扮演了教育者的角色。

（四）倡导者

当工作者在协助案主争取一些服务资源的时候，发现由于种种原因资源分配不合理或者缺少资源，使得案主得不到合适的服务，解决不了案主的问题。工作者此时要扮演倡导者的角色，利用自己的权利和身份，积极倡议机构实行一些改革或动员案主一起争取一些合理的资源和权益。

例如在前面所述的单亲母亲个案中,工作者发现职业介绍所并没有为下岗的单亲母亲提供一些便利条件,社区也没有为贫困的单亲家庭的孩子提供的减免学费的政策,因此工作者积极向有关部门建议要求职业介绍中心为单亲母亲提供优先的服务,并写了政策建议书建议为该母亲的孩子提供减免费上学等。这些建议在工作者以及机构的推动下最终得以实现,在这里工作者扮演的就是倡导者的角色。

(五)治疗者

很多的情况下,案主有很大的心理困扰,工作者运用自己的知识和专业训练帮助案主宣泄郁闷的情绪,提高案主对自己的认知能力,学习一些新的处事技巧以应对生活中的困难等。工作者在这种情况下扮演了一个治疗者的角色,与心理辅导员的角色一致。

在某个案中,案主是一位大三的女生,与她恋爱四年的男友突然提出分手,理由很简单——爱上了另外一个女孩子。这个打击不仅让案主对自己失去了信心,而且在很长一段时间里不知如何与男孩子们相处,害怕投入感情而再次被伤害。整个辅导过程中工作者应用了鼓励、同感、对质、澄清以及其他一些人本治疗的方法,对案主表示了高度的同感、尊重和接纳,一方面让案主压抑的情绪得到充分宣泄,另一方面协助案主重新恢复自信。在此个案中,工作者就扮演了治疗者的角色。

二、工作者的工作内容

虽然工作者面临不同的案主和他们带来的各种不同的问题,解决的方法也千差万别,但仍有一些基本的工作内容,包括:

(一)支持与鼓励

很多前来求助的人会怀疑自己的能力,缺乏自信,比较自卑等,在介入的过程中,工作者可以通过语言和非语言等方式向案主表达尊重、信任和接纳,对案主的每一个进步都给予及时的鼓励,以便案主放下自我防卫心理,鼓起解决问题的信心和勇气。工作者鼓励案主从两方面看问题,看到问题的消极一面也看到积极一面;同时工作者作为案主有力的支持者和陪伴者,与案主一起走过生命中艰难的时光。可以说支持与鼓励自始至终贯穿整个的介入过程之中。

(二)情绪疏导

有些时候情绪的疏导比问题的解决更为重要,当案主沉浸在情绪中不能自拔的时候,常常不能形成对问题本身的客观分析。而情绪疏导可让案主对事件所带来的情绪得到宣泄,让案主比较理性地思考问题。因此个案工作中非常重视对案主情绪的及时疏导,工作者凭借小小的鼓励、反映感受、表达同感、正面回馈等方法,及时疏导案主的情绪。而及时疏导情绪如同在专业关系中不断加入润滑剂,可以增进双方的关系,创造一个温暖安全的关系环境,让案主自由地表达和宣泄自己被压抑的情绪。有些情况下,我们也许不能解决案主的问题,但疏导情绪可以让案主的心情变得好一些。

(三) 观念澄清

在很多情况下,解决案主的问题不是改变发生的事件本身而是改变案主对事件的看法,因为产生问题的根源是案主对问题的认识和看法。因此澄清观念就是工作者利用多种方法如对质、总结、自我袒露、辨别非理性的信念等,协助案主反省自己对事物的看法和态度,检视自己思考问题的方式,使案主对自己的个性、情绪和问题有进一步的了解,澄清和修正以前非理性的信念,建立更合乎实际的逻辑思维方式。

一般来说,在介入阶段工作者与案主已经建立了比较良好的专业关系,但观念澄清的方法仍要小心使用。有些多少年来已经定型的观念不是在短时间就可以改变的,工作者在澄清案主观念的时候既要考虑案主对自己问题的认识能力和改变能力,又要考虑自己与案主的专业关系建立的安全和信任程度。

(四) 行为改变

当案主对问题有了一个客观合乎逻辑的认识之后,其行为也应该有很大的改变。工作者需要借助一些行为治疗的方法比如角色的扮演、奖赏与惩罚来帮助案主减少或者消除不适当的行为方式,建立新的行为方式。与观念改变相比,行为改变更不是一朝一夕的事,工作者要注意案主每一个进步并及时给予鼓励,同时要耐心对待案主行为的倒退和维持原状,注意观察背后的原因。很多时候,案主已经形成了多年的或者自己意识不到的行为习惯,因此改变也有一定的困难,工作者要有足够的耐心和宽容度。

(五) 环境改善

"人在情境中",是社会工作的一个重要理念。社会工作者认为案主的问题常常与环境联系在一起,因此环境的改善是个案工作者的一个独特的程序,同时也是个案工作与心理辅导工作的主要差别所在。

这里的环境指对案主的问题有直接影响的环境,比如家庭、单位、社区、朋友、一些相关的政策等。工作者有责任帮助案主获取和争取合适的资源,积极协助案主改善产生其问题的环境,给案主有效的帮助。

(六) 信息提供

介入过程中,案主有时需要工作者提供一些与自己问题相关的信息和资源,使案主对自己的处境有进一步的认识,增加其解决问题的信心和能力。但工作者常常要清楚地知道,不是案主需要的信息工作者都要提供,提供信息要从下面两个方面考虑。第一,要考虑提供的信息对案主问题的解决是否有积极的或者正向的作用。如一个面对离婚的案主询问,问题是现今离婚率的高低以及在离婚率中有多少是婚外恋所致？如果工作者知道案主的问题是因为丈夫有婚外恋所致，其回答就要考虑是否对案主起到正向作用、信息提供到什么程度，以及如何将信息用案主可以接受的方式传达出来等。第二，提供信息要准确可靠，讲明信息的出处。

（七）直接干预

直接干预也叫危机干预，一般在案主处在危机状况下、在法律赋予权力的范围内使用。有时候工作者在未得到案主或其家人同意的情况下，有必要进行一些直接的干预行动，如把受虐的孩子与父母分开，或对正在实施自杀行为和有强烈自杀企图的案主进行干预等。

一般情况下，危机干预和处理都有专门的机构进行，因此如有可能工作者应将处于危机状况下的案主尽快转介到专门的机构，比如将正在经历家庭暴力的女性案主转介到妇女避难所等。但目前中国专门的危机干预机构很少，加上一些服务机构的工作者对危机干预的常识很少，没有经过专门的训练，因此对危机的干预一定要谨慎。

第五节　结案与评估

任何助人的活动都有一个期限，结案与评估阶段的任务就是工作者结束与案主之间的关系，并对整个服务过程进行一个回顾、总结和评估，其目的是巩固已有的改变，增强案主自身的解决问题的能力。结案和评估是一个事先计划好的活动。

结案与评估阶段是个案工作中一个动态的重要过程，是将整个助人过程加以综合的过程，处理适当，会使案主将整个服务中的收获转化为正向的力量。但处理不当也可能出现前功尽弃的局面，因此处理结案对工作者是一个很大的挑战。

一、进入结案阶段

有些情况下结案并不意味着案主的问题得到彻底的解决，进入结案阶段有下列情况：

1. 工作者和案主都觉得目标已经达到，在这种情况下双方提出结案的意愿。

2. 案主觉得自己离开工作者后有能力解决自己的问题。

案主在接受服务过程中，不断地与工作者讨论自己的问题，不断地进行思考理清问题的头绪，也许问题尚未解决，案主就已觉得自己很清楚自己的问题所在，也找到了解决问题的方法，相信自己能够解决问题，因此决定提前结案。

3. 工作者和案主感觉专业关系并不是很好,希望结案。

在有些情况下,工作者和案主双方都觉得在服务过程中由于种种原因导致双方或者一方对另一方的不信任,双方或者一方希望结案,在这种情况下,工作者就需要结案或者根据需要进行转介工作。

4. 工作者感觉案主出现了一些新的问题需要其他一些机构或者工作者为案主继续提供服务。

在服务过程中可能会出现几种情况,一种情况是工作者已经完成自己的机构范围内能够提供的服务,对案主的一些其他需要则要求另外的专门机构提供服务,比如案主的婚姻问题得到解决,但关于其性冷淡的问题则要转案到专门的机构进行辅导和治疗。

5. 其他一些原因比如工作者因为一些不可预测的原因要离开等。

这种情况通常发生在工作者或者案主一方因为种种原因要离开原地而不能继续,因此其中一方提出结案。这种情况下如果是工作者离开,而案主的问题没有得到解决,案主又同意转案,就要涉及转案工作。

出现上述五种情况,就需要结案,但在第3、4、5种情况下可能需要在结案之后进行转案工作。

二、结案中案主的心理

(一)案主矛盾的心理

一方面,案主为自己的问题得到解决或者自己的能力得到提升而高兴;另一方面,为结束一个可以信赖的关系而感到难过,也对自己的将来信心不足而感到焦虑。因此面对结案,案主可能会产生矛盾的心理。

(二)案主的行为退化

有些案主面临结案时,表现出行为的退化,尤其是儿童,想到比较信任的工作者要离开自己,会表现出行为的退化、恢复早期的行为模式等。

(三)否认结束或者拒绝接受结束的提议

有些情况下也会出现案主以自己的问题没有得到解决,或者觉得自己仍没有能力面对以后的生活等为由,拒绝和否认工作关系的结束。有时可能指责工作者的判断是错的,而表现出愤怒、悲伤或者失望等情绪反应。

由此可见,结案的过程和处理结案时案主的情绪反应是非常重要的。

三、工作者的处理方法

当我们了解到案主面对结案时的心理后,工作者要注意做以下的工作:

(一)提前告知

工作者根据服务的进程对结案的时间有个大概的确定,一旦确定,工作者应该提前告知案主结案的时间,以便让案主有充分的思想准备,避免案主在毫无思想准备的情况下结案,导致前功尽弃。工作者可以用这样的话:还有两次的会谈,我们就会结束这样的工作关系,你要做好结束的心理准备。

(二)稳定并进一步增强案主已经获得的成就

帮助案主回顾整个个案的过程,从经验中肯定案主日后处理问题的能力和适应生活的能力,巩固案主已经获得的成就,增强结案后案主面对自己问题的信心。

工作者可以用这样的问题询问和启发案主:

- 你能回忆一下自从我们在一起以来你的变化吗?
- 你觉得哪些方面你有改进?哪些方面你的能力有所长进?
- 今后你仍需要做些什么来巩固你的进步?

(三)探讨影响案主问题解决的因素

进一步讨论对案主的问题有影响的因素,目的是协助案主更深刻地认识到离开工作者之后要面对的处境,对未来有更多的把握和信心。

工作者可以启发案主说:今后,你认为会有什么因素影响你已经取得的进步和成就?

- 你想好有什么应对的策略和方法吗?

(四)处理案主与工作者分离的情绪

前面谈到案主在离开工作者的时候有种种的情绪反应,工作者面对案主各种情绪不要认为这些情绪都是负面的,处理的过程对案主来说也是一次学习的机会。工作者要鼓励案主将结案的情绪表达出来,与案主一起回顾整个服务的过程,讨论结案的事情以及结案后的跟进计划等,让案主感受到并不是工作者放弃了案主。同时工作者也要把握自己的情绪,过度的情感介入不但会影响案主的独立成长,也会让自己受到伤害。

四、转案

并非所有的结案都顺利,如前所述的几种情况下工作者要做转案的工作。转案是指在本机构接受服务的案主,在有充分理由的前提下,转介给其他的机构或者工作者继续按照工作程序为其提供服务。

有些案主得知需要转案后,可能会产生被抛弃、工作者不负责或者对自己缺乏关心等感觉,加上怀疑接替者的工作能力,对转案表现出抵触情绪。工作者也会因为转案表现出对案主的内疚、对新的接替者不信任。新的接替者可能会为自己不能提供像原来工作者一样的有效帮助以及要与案主重新建立一种信任关系等而表现出一些焦虑和担心。三方的情绪在转案过程中都要认真对待和处理。

涉及转案时，工作者需要介绍接替者和案主认识，等接替者离开时与案主讨论对接替者的看法。工作者需要当着案主的面告诉接替者案主的情况，避免案主产生疑虑。

五、总结评估

评估是指对工作者或机构督导为案主提供的服务的有效性进行评定。其目的是积累经验，作为以后工作的借鉴。评估的过程是一个巩固社会工作实践效果的过程。

（一）总结评估的目的

评估的目的是为了了解整个服务的效果。对工作者来说，可以从评估结果中看到自己的工作成果和能力，促进自己专业能力进一步成长；对案主来说，可以从中学习一些解决问题的策略；对机构来说，可以更好地把握工作者服务的成效，以便为衡量工作者的工作效果和改进机构服务质量提供依据。评估的过程是一个对工作者自己、案主、机构、社会以及对专业交代的过程，表明工作者对工作的严谨态度和认真负责。

（二）总结评估的困难及策略

评估环节在工作过程中常常被忽视，一方面可能由于机构或者工作者本身认识不到其重要性，另一方面是评估的技术不够，很难对一个复杂的过程进行清晰的评估，加上有时候案主也不配合，因此使得评估程序缺失或流于形式。

鉴于此，首先机构要制定出详细的评估制度和措施，其次工作者要学习和掌握一些评估的方法可供借鉴，同时工作者在服务的最后要根据自己的服务创造性地发展一些评估方法。在评估过程中最重要的是工作者要突破自己的面子，勇于评估自己的工作成效，真实地分享自己的经验和不足。

（三）总结评估应注意的方面

1. 注意让案主参与

评估不是工作者单方面的评估，而是和案主一起进行的一个评估过程。关键是引导案主对整个过程进行回忆、总结。案主参与评估过程很重要，因为评估是案主回顾自己成长过程的一个重要途径，为案主提供一个再学习的机会，另外对于工作者的工作是否有成效，案主最有发言权，只有经过案主认可的工作成果才是真正的工作成果，案主的评价是评估工作者工作绩效的重要指标。

2. 坚持为案主保密

保密是工作者自始至终都需要遵守的职业道德。在评估中机构要用一些资料，可能涉及案主的一些隐私，工作者和机构一定要坚持案主为本的思想，妥善处理。

3. 工作者要透明、坦诚

评估过程中涉及对工作者工作绩效以及工作者态度等的反思和检讨,因此对工作者来说也许是一个不愉快的过程,尤其在同事和督导评估时,工作者更要做到坦诚、透明,正确对待大家的评估意见。

(四)总结评估的内容

1. 实现目标的测量

每个个案都是不同的,因此很多情况下,工作者和案主会在结束时讨论出自己的目标测量体系,用等级测量或者其他形式测量。

2. 对案主影响的测量

可以用问卷的形式或者口头表达的方式让案主自我陈述对自己的影响。这种方法的优点是比较简单,花时间少,但评估不够深入。

3. 督导和同事对工作进展的评估

不同的机构有一套自己的专业评估方法,来评估工作者的工作质量,这些评估过程不免产生很多的专业判断,因此评估过程中双方的讨论以及工作者本人的坦诚开放的心态很重要。

对于评估的具体方法,工作者可以根据自己的经验和服务现状灵活选用或者创造性发明。

六、跟进计划

结案并不意味着完全终止了服务,一般来说,工作者根据需要与案主讨论结案后的跟进事宜,让案主自己说出适合他(她)的跟进方式。另外对工作者来说,跟进也是持续评估工作绩效的一部分,如果案主离开工作者后仍能保持服务的效果,在某种程度上说明服务起到了良好的作用;如果案主离开服务关系后很快恢复了原来的现状,可能工作者也要检视自己的服务效果。因此跟进计划应该是整个服务的一部分,而不能可有可无。但跟进的程度要根据案主的需要和问题的解决情况而定。

本章小结

本章我们主要探讨了个案工作的基本工作程序以及专业关系在各个阶段的重要性。在实际的工作过程中,个案工作各个阶段之间不是泾渭分明的,而是相互交织在一起、没有明显的分界。不同的学者将个案工作划分为不同的阶段,但仍然有几个最基本的阶段:初步接触与建立关系,资料收集和问题评估,制定目标和服务方案,服务计划的落实,结束服务、评估和服务跟进等几个阶段。每个阶段有其不同的工作目标、重点和方法,每个阶段的任务环环相扣,上个阶段的任务完成不好可能会影响到下一阶段工作任务的完成,因此整个过程中不仅需要整合工作者个人的经验、技能,而且需要工作者调动各方的资源进行配合,同时更需要工作者将案主自身也作为资源的一部分,充分调动其潜能,积极配合,保证服务工作的有效性。

思考题

1. 个案工作的过程中每个阶段的工作重点是什么?
2. 在整个工作程序中有哪些东西是贯穿始终的?
3. 如何理解在个案工作的不同阶段中"案主的参与"?

第七章

个案介入模式

在开展个案工作过程中需要运用个案工作的服务模式。个案工作的服务模式是社会工作者针对某个服务对象或者某个家庭开展专业服务、设计专业服务程序和专业服务方法的重要依据。虽然个案工作的服务模式纷杂多样,但可以根据介入的对象简要将它们分为个案介入模式和家庭介入模式。这一章我们将着重介绍一些常用的个案介入模式,包括心理社会治疗模式、认知行为治疗模式、理性情绪治疗模式、任务中心模式和危机介入模式。心理社会治疗模式的核心是在个案工作过程中将心理因素和社会因素有机地结合起来,而认知行为治疗模式的重点是把个案工作的两类重要治疗技术——认知治疗技术和行为治疗技术融合在一起,理性情绪治疗模式则是把个案工作从情绪、认知和行为延伸到信念的层面,任务中心模式的重点是借助个案工作中的一项核心工作——任务的制定和执行,帮助服务对象迅速消除面临的问题,危机介入模式则围绕着服务对象常常陷入的危机处境开展直接的个案介入活动。

第一节 心理社会治疗模式的内容及特点

最早使用"心理社会"这个名词的是在美国史密斯学院(Smith College)教授社会工作的社会学家汉金斯(Frank Hankins),她在 1930 年首次提出"心理社会"这个概念。1937 年,美国哥伦比亚大学的汉密尔顿(Gordon Hamilton)出版了《个案工作的基本概念》一书,对心理社会治疗的个案工作理论模式进行了整理,不过此时的心理社会治疗更为注重吸收精神分析学的理念和方法。后来美国芝加哥大学的托尔(C. Towle)对汉密尔顿的个案工作理论模式进行修正,系统阐述了心理社会治疗模式的有关理论,完善了心理社会治疗模式。托尔主张,对个人的理解必须从"人在情境中"着手,认为人的行为是由内在的心理因素和外在的环境因素相互作用导致的。20世纪60年代,另一位美国哥伦比亚大学的社会工作教授霍利斯(F. Hollis)在综合各种相关理论的基础上出版了《个案工作——一种心理社会治疗》一书,发展了心理社会治疗模式,使心理社会治疗模式成为个案工作中的一种重要的服务模式。目前所使用的心理社会治疗模式的基本概念和主要技巧来自霍利斯的总结和提炼。

一、心理社会治疗模式的内容

心理社会治疗模式综合了许多相关理论,如精神分析理论、自我心理学、学习理论、社会角色理论、社会互动理论以及家庭理论和系统理论等,并在这个过程中形成了自己独特的理论逻辑框架。心理社会治疗模式的主要内容包括基本的理论假设和具体的治疗技巧。

(一)心理社会治疗模式的基本理论假设

心理社会治疗模式具有一个很重要的特征——开放性,它在吸收众多不同理论之后形成了自己独特的理论逻辑框架。它的理论假设的核心主要包括以下四个方面:

第一,对人的成长发展的假设。心理社会治疗模式认为,个人生活在特定的社会环境中,受到包括生理、心理和社会三个方面因素的影响。这三个方面的因素相互作用,一起推动个人的成长和发展。因此,不能简单地认为服务对象的问题是由某个或者某方面因素影响导致的,它是各种因素综合作用的结果。心理社会治疗模式要求社会工作者运用"人在情境中"这个系统理论的概念,把服务对象放到他所生活的日常社会环境中去认识,通过了解服务对象所处的社会环境把握服务对象的问题。

第二,对服务对象问题的假设。心理社会治疗模式强调,服务对象的问题与服务对象感受到的来自过去、现在以及问题处理过程中的压力有关。因此,服务对象的压力来自以下三个方面:(1)过去的压力。它是指服务对象在成长早期感受到的因愿望没有获得满足或者情绪冲突没有消除而产生的压力,这样的压力会干扰服务对象当前的生活,妨碍服务对象适应新的环境。(2)现在的压力。它是指服务对象感受到的来自当前社会环境的压力。如果这种压力过大,就会使服务对象早期的问题表现出来。(3)问题处理过程中的压力。这种压力是服务对象在应对外部环境要求时因理性处理能力和对自己情绪控制能力欠佳所导致的。在这样的压力下,服务对象应对外部环境的能力就会下降。在上述三个方面的压力的共同影响下,服务对象不仅会出现内部心理的困扰,也会出现人际交往的冲突。

第三,对人际沟通的假设。心理社会治疗模式认为,人际沟通是保证个人与个人之间进行有效沟通交流的基础,是形成个人健康人格的基本条件。其中家庭成员之间的沟通尤为重要,对人的自我功能和超我功能的形成发挥着重要作用。因此,服务对象的不良的自我和超我功能都会在家庭成员之间的交往中呈现出来,并且直接影响着服务对象的人际交往方式。

第四,对人的价值的假设。心理社会治疗模式坚持认为,每个人都是有价值的,都有自己的优势,即使是暂时面临困扰的服务对象,也具有自身有待开发的潜在能力。

依据以上这些基本的理论假设,心理社会治疗模式要求个案工作者在个案工作中坚持以下七项原则:个别化、接纳、当事人自决权、不批判态度、表里一致、保密和有节制的情绪反应。

(二)心理社会治疗模式的治疗技巧

心理社会治疗模式的具体治疗技巧有很多。根据服务提供的方式,可以把心理社会治疗模式的技巧分为直接治疗技巧和间接治疗技巧。所谓直接治疗技巧是指直接针对服务对象开展辅导、治疗的具体方法。与此相对应,间接治疗技巧是指通过辅导第三者或者改善周围环境间接影响服务对象的具体技巧。

在直接治疗技巧中,又可以根据社会工作者与服务对象的沟通状况以及治疗的目标分为非反映性(non-reflective)直接治疗技巧和反映性(reflective)直接治疗技巧。非反映性直接治疗技巧是指社会工作者直接回应服务对象的要求,向服务对象提供各种必要的服务,而服务对象只处于被动服从位置的各种辅导技巧。这种辅导技巧不关注服务对象自身怎么看、怎么想,也不引导服务对象对自己的状况和经历进行反思。

非反映性直接治疗技巧主要包括:(1)支持。支持是指通过社会工作者的了解、接纳和同感等方式减轻服务对象的不安,舒缓服务对象的压力,给予服务对象必要的肯定和认可。例如,社会工作者在倾听服务对象的描述过程中,经常运用关注的眼神、接纳的态度等方式表达自己的理解和支持。(2)直接影响。直接影响则是社会工作者通过直接表达自己的态度和意见促使服务对象发生改变,它包括强调、提议、忠告、坚持和干预。强调是指社会工作者通过突出服务对象好的方面增强其改变的动机;提议是指社会工作者根据服务对象的实际情况提出某些建议,由服务对象自己确定是否需要采纳;所谓忠告是指社会工作者向服务对象提出某些社会工作者认为必须采取的行动。与提议相比,忠告具有较明显的强制性,直接表现了社会工作者的价值观;坚持是指社会工作者直接指出服务对象的不良行为可能导致的严重后果,并且指导服务对象采取积极有效的措施。坚持通常是在服务对象的行为后果比较严重而且社会工作者的治疗时间比较紧张的情况下采用的一种服务技巧,它的强制性更为突出;干预是最具强制性的一种治疗技巧,是指社会工作者直接介入服务对象的实际生活,以避免服务对象生活状况的恶化。(3)探索—描述—宣泄。探索—描述—宣泄是指社会工作者通过让服务对象解释和描述自己困扰产生的原因和发展过程,为服务对象提供必要的情绪宣泄的机会,以减轻服务对象内心的冲突,调整服务对象不良的行为。在运用探索—描述—宣泄个案治疗技巧时,社会工作者需要区分两种完全不同性质的宣泄:建设性宣泄和破坏性宣泄。建设性宣泄是为服务对象表达负面或者被压抑的情绪提供机会,并促使服务对象更准确地认识自己、了解自己;破坏性宣泄只是让服务对象在情绪宣泄过程中更加专注于负面的情绪,出现自虐、自怜或者拒绝社会工作者的帮助等现象。

反映性直接治疗技巧是指社会工作者通过与服务对象相互沟通交流引导服务对象正确分析和了解自己问题,并且掌握自己的内心状况和行为反应与外部环境之间关联方式的各种具体技巧。这种辅导技巧比较关注反映服务对象自己的感受和想法。

反映性直接治疗技巧主要包括:(1)现实情况反映。现实情况反映是指社会工作者帮助服务对象对自己所处的实际状况作出正确的理解和分析的技巧。(2)心理动力反映。心理动力反映是指社会工作者协助服务对象正确了解和分析自己内心的反应方式的技巧。(3)人格发展反映。人格发展反映则是社会工作者帮助服务对象重新认识和评价自己的以往经历、调整自己人格的技巧。

除了直接治疗技巧之外,心理社会治疗模式还拥有间接治疗技巧,即通过改善周围环境或者辅导第三者间接影响服务对象。间接治疗技巧的运用对象很广,包括服务对象的父母、朋友、同事、亲属、邻里和社区管理人员等,它扩展了个案服务介入的焦点,构成心理社会治疗模式技巧中不可缺少的有机组成部分。一般而言,由于第三者只是社会工作者的合作者,不可能像服务对象那样拥有强烈改善自己生活状况的要求。因此,间接治疗技巧通常包括在直接治疗中常用的支持、直接影响、探索—描述—宣泄和现实情况反映等四种技巧。

案例

服务对象,男,12岁,上小学四年级,和奶奶住在一起。父亲再婚后,对服务对象不闻不问,服务对象手摔伤也不找医生治疗。据班主任反映,服务对象有时很冲动,无法控制自己的行为,有暴力倾向,对其他同学很有影响力。从三年级升到四年级,服务对象开始向好的方向转变,成绩也有所提高,但情况不稳定,有时还是不能独立完成作业,上课也时常走神。服务对象比较擅长体育,经常代表班级参加学校的比赛,获得过600米、立定跳远、掷铅球等冠军。他自己也为此感到很自豪。服务对象有四五个好朋友,经常一起下棋、一起聊天。班主任非常关心服务对象,但怕自己经常找他伤到他的自尊心,希望社会工作者能够给他更多的关注。

社会工作者接手这个案例之后发现,帮助服务对象消除学习困扰不仅涉及服务对象个人心理的调整,同时还包括服务对象外部环境的改善,特别是服务对象与奶奶和班主任之间的沟通,它们为服务对象提供重要的社会支持。于是,社会工作者决定从直接和间接两个方面帮助服务对象:一方面,直接协助服务对象总结学习的经验,分析学习中面临的困难,并且和服务对象一起制定每天的学习计划,指导服务对象改善学习的方式。另一方面,社会工作者找到服务对象的奶奶,让奶奶了解服务对象的学习安排和取得的进步,改善服务对象与奶奶之间的沟通。此外,社会工作者还与服务对象的班主任联系,让班主任了解社会工作者的工作安排和服务对象的改变状况。整个辅导介入分为八次面谈,每周面谈一次,每次面谈一个半小时至两个小时,内容包括学习指导和社会支持改善两部分。期间,社会工作者还与服务对象的班主任进行了两次面谈和四次电话沟通。在辅导介入的开始阶段,社会工作者将服务介入的工作重点放在服务对象学习安排和学习方式的改善上,希望通过服务对象的改变为周围环境的改变提供契机。因此,在第一次和第二次面谈时,社会工作者首先运用游戏的方式创造轻松和谐的沟通气氛,让服务对象能够自由表达自己内心的想法和感受,并且重点借助接纳和同感的方式,让服务对象感受到社会工作者对他的理解和支持,舒缓服务对象内心的压力,慢慢提高服务对象的情绪管理能力;与此同时,针对服务对象自尊心比较强的特点,社会工作者首先和服务对象一起分析他在学习方面取得的进步和一些好的学习方式,然后再讨论他在学习中面临的困难,与服务对象一起制定了每天的学习计划,并且要求服务对象每天按照学习计划的要求学习,每周检查服务对象完成学习计划的情况。第三次和第四次的面谈重点是改善服务对象与奶奶之间的沟通,社会工作者向奶奶介绍服务对象每天的学习计划以及近来的表现,要求服务对象每次作业完成之后主动告诉奶奶,增进相互之间的了解。在服务对象完成学习任务之后,社会工作者还邀请服务对象和同伴一起玩游戏,加强他们之间的交流。期间,社会工作者还不定期地与服务对象的班主任联系,了解服务对象在学校的表现。等到服务对象的学习有了一些进步,社会工作者来到学校,与服务对象的班主任交流服务对象的学习表现,希望班主任能够在学校多给服务对象一些肯定。因此,第五次、第六次和第七次面谈工作的重点,是帮助服务对象把自身的改变与家庭关系的改善以及学校环境的改善结合起来,形成良性的循环。第八次面谈时,服务对象的学习已经有了不小的进步,而且他与奶奶以及班主任的关系有了明显的改善。社会工作者决定将这次谈话的焦点锁定在辅导介入活动的结束以及跟进服务上,和服务对象以及奶奶一起商量如何巩固已经取得的进步。

二、心理社会治疗模式的特点

心理社会治疗模式的特点表现在个案工作服务开展的过程中。心理社会治疗模式依据生理医学模式的概念,把服务过程分为研究、诊断和治疗三个实施阶段。这三个实施阶段相互影响、紧密关联,形成心理社会治疗模式自身的特点。

第一,注重从人际交往的场景中了解服务对象。心理社会治疗模式的研究阶段是指从第一次与服务对象接触到完成与服务对象问题有关资料的收集。心理社会治疗模式认为,在收集服务对象资料的过程中,只有把服务对象放回到具体的人际交往的场景中,并把服务对象目前的内心冲突与以往的经历联系起来,才能准确揭示服务对象困扰产生的真实原因。实际上,研究阶段不会停留在资料的收集,即使是诊断和治疗过程也会伴随着研究。

第二,运用综合的诊断方式确定服务对象问题的原因。心理社会治疗模式的诊断阶段是指对服务对象的有关资料进行整理和分析,寻找服务对象问题产生、变化的原因和过程。心理社会治疗模式的诊断包括三个方面:心理动态诊断、缘由诊断和分类诊断。心理动态诊断是对服务对象的人格的各部分之间的相互关系进行评估;缘由诊断则是对服务对象困扰产生、变化的过程进行分析;分类诊断是对服务对象问题的生理、心理和社会三个方面的影响因素作出判断。

第三,采用多层面的服务介入方式帮助服务对象。心理社会治疗模式的治疗阶段是指对服务对象的心理困扰和人际关系失调的各方面因素进行调整和修补。它采用多层面的服务介入方式帮助服务对象,主要用于五个方面的治疗工作:(1)减轻服务对象的不安;(2)减轻服务对象系统功能的失调;(3)增强服务对象的适应能力;(4)开发服务对象的潜在能力;(5)改善服务对象的人际交往关系。

第二节 认知行为治疗模式的内容及特点

认知行为治疗模式是将认知治疗原理和行为治疗原理结合一体的一种治疗模式,它是行为治疗流派中的一个重要组成部分,其思想来源根植于行为治疗的原理,这种原理可以追溯到20世纪初的心理学家巴甫洛夫(Pavlov)总结的经典条件作用理论(又称反射性条件作用理论)。30年代,美国著名的心理学家斯金纳(B. K. Skinner)提出操作性条件作用理论,并把操作性条件作用的原理运用到人们日常生活中的不适应行为的矫正上。到了70年代,另一位美国心理学家班杜拉(A. Bandura)创立了社会学习理论,强调人的认知在学习中的作用。显然,社会学习理论已经注意到人的认知因素,非常关注人的认知在人的行为形成中的重要作用。70年代之后,由于受到贝克(A. Beck)等人的影响,行为治疗模式逐渐重视认知在行为改变中的地位和作用,尝试把行为因素和认知因素结合起来,出现认知行为治疗的取向。在社会工作领域,施瓦茨(R. Schwartz)在1982年对认知行为矫正概念进行了总结。

一、认知行为治疗模式的内容

认知行为治疗模式的主要内容涉及认知、行为、情绪三者之间关系的假设、行为治疗的三种学习理论、学习中的认知因素和具体的治疗技巧。

(一) 认知行为治疗模式的基本理论假设

认知行为治疗模式,顾名思义,是以人的认知和行为作为关注焦点的治疗模式,它包含两项基本的原则:一是认知对人的情绪和行为有着重要的影响;二是人的行为能够影响人的思维方式和情绪。

认知行为治疗模式假设,人们在日常生活中就要对日常发生的事件进行评估,这样的评估就会影响人们的情绪和行为,而行为又会反过来影响人们的认知和情绪。这样,认知、情绪和行为就会围绕着日常生活中的事件形成相互影响的循环圈。例如,如果小张认为自己在接下来的同学聚会中开不了口,会遭到别人的笑话,这样的认知就会让小张感受到紧张、焦虑等情绪反应,推动小张采取回避的行为方式,尽可能躲避公开说话的机会。而这样的回避行为又会加强小张对自己的否定评价,强化内心的不安和焦虑的情绪。久而久之,小张就会对自己产生负面的评价,见到公开说话的机会,就会紧张、不安,采取回避的行为,认为自己没有能力应付这样的场合。可见,认知行为治疗模式把人的问题归结为认知、行为和情绪三者之间相互影响的结果,并不是由认知或者行为单方面因素发挥作用导致的。因此,针对服务对象的问题需要从认知、行为和情绪三个方面同时着手,这样的个案辅导策略才能是有效的。

就认知因素而言,它包括三种不同意识状态的层面:意识(consciousness)、自动念头(automatic thoughts)和图式(schemas)。意识处于意识状态的最上层,它是人们作出理性认识和判断的基础,监督和评估人们与周围环境之间的互动交流,把人们过去的记忆与现在的经验连接起来,并且为人们未来的行动作出规划。自动念头是人们在实际处境中快速流动的意识状态,处于意识的下层。它具有难以言表、快速消失,并且伴有强烈情绪反应的特点。图式是意识状态的最深层次,它由人们的一些核心信念组成,是对自己和周围环境的最基本认识,影响人们对周围环境信息的处理。如果人们遇到问题,就会在意识的三种不同层面上表现出来。当然,开展的治疗活动也就需要针对意识的三种不同层面。

从行为治疗来看,它以三种学习理论作为自己的理论基础。这三种学习理论包括经典条件作用理论、操作性条件作用理论和社会学习理论。

第一,经典条件作用理论。巴甫洛夫曾经做过一个实验,在给狗喂食物之前加上中性的刺激:铃声。经过多次反复之后,一听到铃声,狗就会流唾液。这个实验就是经典条件反射机制建立的研究。所谓经典条件作用理论,就是有关在刺激与无条件反射之间加入中性刺激建立条件反射的理论。由于人有语言能力,因此可以建立以语言为基础的复杂的条件反射系统。

第二,操作性条件作用理论。有机体采取某种行为之后,就会使环境发生某种改变,环境改变的状况又会反过来影响有机体,促使有机体调节自己的行为。这就是操作性条件作用。有关操作性条件作用机制建立的理论就是操作性条件作用理论。斯金纳曾经做过一个非常出名的操作性条件作用的试验,把饥饿的老鼠关进笼子。老鼠在乱窜中踩踏到笼子中的杠杆得到食物。经过多次踩动杠杆得到食物的尝试之后,只要一饥饿,老鼠就会踩动杠杆。

第三,社会学习理论。观察学习是学习的一种重要方式,尤其人类的学习,很多时候需要借助示范、观察和模仿。儿童对成人的观察和模仿就是很好的例子。有关观察学习的理论就是社会学习理论。

以上三种学习理论揭示了三种重要的学习方式,虽然它们各不相同,但在一些基本的认识上却非常一致。这三种学习理论都强调:(1)以行为作为理论研究的中心,探讨行为习得、改变的规律;(2)以学习作为核心,研究行为学习的具体机制和条件;(3)注重外部环境在行为习得中的作用。

施瓦茨认为,在以上这些行为治疗的模式上还需要增添认知的因素,才能更为有效地调整服务对象的行为。这些认知因素包括:

第一,信息加工过程,即信息获取、储存和利用的具体方式和过程;

第二,信仰系统,即个人的想法、态度、对自己和他人的期望以及个人的经验等;

第三,自我表述,即影响自己行为和感受的个人表述方式;

第四,问题解决和处理的方式,即有效解决和处理困境的思维方式[1]。

(二)认知行为治疗模式的治疗技巧

认知行为治疗模式是一种以问题为导向的短期治疗模式,关注服务对象的此时此地的经验和感受。当然,它同时也关注服务对象的家庭背景、创伤经历和儿童早期的发展状况等。一般情况下,认知行为治疗模式根据服务对象问题的复杂程度安排5至20次的面谈。对于一些特别困难的案例,像人格障碍等,辅导面谈的次数可能超过20次。每次面谈的时间大约45至50分钟,每周一次。认知行为治疗的技巧包括个案概念化(case conceptualization)、合作式的治疗关系、苏格拉底式的提问(Socratic questioning)、结构化和心理教育(structuring and psychoeducation)以及认知重塑(cognitive restructuring)等。

1. 个案概念化。根据服务对象的心理结构和问题的特性将认知行为治疗模式的原理个别化,以适合具体的个案。它要求从服务对象的具体情况出发,根

---

[1] R. Schwartz. Cognitive-behavior Modification: A conceptual review. *Clinical Psychology Review*, 1982(2). 267-293.

据认知行为治疗模式的原理设计针对具体问题的服务介入计划。而不是相反,依据认知行为治疗模式的原理直接安排治疗活动。

2. 合作式的治疗关系。治疗师依据理解、友好、同理等原则与服务对象建立信任、平等的合作治疗关系,组成调查研究小组,一起观察,一起建立问题的假设,一起设计和执行服务治疗计划等。在认知行为治疗模式中,服务对象承担着重要的责任,他们可以参加治疗计划的讨论,也可以自由地表达自己的意见和想法。

3. 苏格拉底式的提问。通过采用对话式的提问方式调动服务对象的好奇心和探索能力,揭示服务对象的无效的思维方式和行为方式。认知行为治疗模式强调让服务对象参与具体的学习过程,而不是强迫服务对象接受所谓的治疗理论和概念。

4. 结构化和心理教育。通过让服务对象设计日程的安排和提供反馈的方式,帮助服务对象规划自己的生活安排,提高服务对象的学习能力,最充分地发挥面谈辅导的治疗效果。而心理教育是指运用服务对象日常生活中的经验呈现治疗的概念和要点。当然,在运用心理教育的治疗技巧时,需要借助一些工具,如自助的读物、手册和量表等。

5. 认知重塑。通过认知错误的辨认、理性选择方式的例举以及认知排演等方法帮助服务对象认识和改变无效的自动念头和图式,加强服务对象的理性认知的能力。

此外,认知行为治疗模式在工作中经常运用行为治疗的一些技术。这方面的治疗技术比较多,这里只重点介绍比较简单实用的放松练习、系统脱敏、满灌疗法、厌恶疗法、模仿、果敢训练和代币管制等七种技术。

1. 放松练习。放松练习是认知行为治疗技术中应用最广的治疗技术之一,要求服务对象通过身体的放松舒缓生理和心理的紧张。最常见的是一种渐进式紧张—松弛放松法,即首先要求服务对象保持某部位肌肉的紧张,接着放松这部位的肌肉。这样,通过紧张和放松不同部位的肌肉逐渐学会放松整个身体。

2. 系统脱敏。如果服务对象对某物或者某事感到害怕、恐惧,不敢接近,就可以运用系统脱敏的行为治疗技术。在运用系统脱敏治疗技术之前,首先需要根据服务对象担心焦虑的程度按低到高的顺序排列成不同的等级。从低等级开始,在服务对象感受到这一等级的担心和害怕之后,让服务对象做放松练习,减轻担心和害怕。接着,按照同样的方式进行下一阶段的放松练习,直到消除所有的担心和害怕。

3. 满灌疗法(又称快速脱敏法)。为了克服系统脱敏法治疗时间长的缺点,满灌疗法采取了与系统脱敏法相反的治疗策略,从服务对象最害怕的开始,让服务对象处于最严重的紧张中,迫使服务对象直接面对最担心的处境,经过不断重复让服务对象对害怕的处境变得习以为常。

4. 厌恶疗法。为了帮助服务对象逐渐放弃不适应的行为,可以使用厌恶疗法,即让服务对象的不适应行为与某种厌恶性反应建立联系,迫使服务对象体会到不愉快的经验并逐渐放弃不适应的行为。

5. 模仿。模仿是运用比较广的一种行为治疗技术,包括两个方面的内容:榜样的示范和模仿练习,即首先由社会工作者或者其他工作人员示范需要学习的行为让服务对象观察,然后让服务对象练习需要学习的行为。但在实际工作中,由于条件的限制,有些时候服务对象没有练习的机会,这种模仿称为被动模仿。如果服务对象同时具有示范观察和模仿练习的机会,这样的模仿就是主动模仿。

6. 果敢训练。果敢训练主要用于提高服务对象的人际交往的能力和自信心,让服务对象能够根据人际交往中的不同处境作出积极有效的回应,既能主动表达自己的要求,又能敏锐感觉他人的权利。果敢训练通常分为以下几步:(1)了解人际交往中的无效行为;(2)分析无效行为背后的信念;(3)挑战和改变无效行为背后的信念;(4)寻找有效的行为;(5)扩充有效行为的储存库。

7. 代币管制。为了让服务对象的正确行为与强化物直接联系起来,增强服务对象的正确行为,可以使用代币管制的方法,即用一种替代币的方式计算服务对象作出正确行为后获得的报酬。代币管制的实施需要经历5步:(1)确定行为修正计划,包括需要达到的目标行为、目标行为的测量标准以及修正的时间等;(2)根据服务对象的喜好选择强化物;(3)建立代币管制,包括代币的类型、管理的方法和人员等;(4)执行计划;(5)逐渐取消代币管制,使服务对象在自然环境中维持正确的行为。

案例

服务对象,女,32岁,从小是个非常听话的孩子,学习成绩优异。但是,14岁遭遇的一次强暴经历彻底改变了她的生活,从此她的学习成绩一落千丈,情绪极不稳定,经常一个人自言自语、发呆,甚至连坐在教室读书都感到困难,被医生诊断为精神分裂症。在父母亲的辅导和帮助下,服务对象最终考取了一所师范大学学习钢琴。大学的生活并不轻松,服务对象几乎每半年就要进医院接受药物治疗。大学毕业后,服务对象分配到一所中学当音乐教师,但是因为与同事和领导的关系处不好,最终辞掉了这份工作,开始当家教辅导孩子学习钢琴。最近,服务对象发现,自己教孩子学习钢琴都感到困难,总是出现被父母亲或者孩子家长嘲笑的幻觉,很难让自己集中精力,因此脾气也变得越来越暴躁。服务对象对自己目前的状况感到很无奈、很沮丧,知道自己应该好好教孩子学习钢琴,不要想其他的,但是就是控制不住,总是看见这些幻觉,希望社会工作者能够帮助她把这些困扰她的幻觉赶走。

社会工作者经过与服务对象的几次接触之后发现,服务对象面临的幻觉困扰和暴躁的情绪反应以及退缩、自责的行为方式三者之间有着紧密的联系,它们相互纠缠在一起,相互作用、相互影响,一起构成服务对象的困扰。依据服务对象的状况,社会工作者制定了同时从认知、行为和情绪三个方面着手帮助服务对象的计划,整个辅导介入包括10次面谈,每周面谈一次,每次约一小时。在服务介入的开始阶段,社会工作者的工作重点是打破服务对象的幻觉、暴躁情绪以及退缩、自责行为三者之间的恶性循环。社会工作者首先用心聆听服务对象的倾诉,让服务对象把自己的担心和不安表达出来,舒缓服务对象内心的紧张情绪。接着要求服务对象有意识地寻找自己的幻觉,记录幻觉出现的次数、内容和方式,变被动害怕幻觉出现为主动了解幻觉,消减服务对象内心对幻觉的担心,改变服务对象应对幻觉的方式。经过这样的两次面谈之后,社会工作者和服务对象开始一起寻找有效应对幻觉的具体方法,并且协助服务对象在平时的生活中尝试这些方法,调整日常生活的安排。同时,社会工作者要求服务对象寻找幻觉没有出现的时刻,运用放松练习帮助服务对象慢慢学习放松自己。经过6次面谈辅导之后,服务对象不再像辅导开始时那么紧张,有了一些克服幻觉的信心。在接下来的两次辅导面谈中,社会工作者引入认知重塑的治疗技术,针对服务对象内心不时出现的"垃圾"、"累赘"等念头和图像,通过成功经验的列举和错误认知的辨认帮助服务对象逐渐认识到:这样的遭遇不是自己的过错,自己也是想尽力做好一些。在第9次和第10次辅导面谈中,社会工作者将工作的重点放在服务对象改变行为的强化上,让服务对象帮助父母亲做一些力所能及的家务,减轻父母亲的压力,增强父母亲对服务对象的肯定;同时指导父母亲学习如何协助服务对象处理那些让他们感到头疼的问题,使服务对象的改变能够及时得到父母亲的肯定和支持,逐渐提高服务对象的理性认知能力,促进服务对象的认知、情绪和行为形成良性的循环。

二、认知行为治疗模式的特点

认知行为治疗模式是在行为治疗模式基础上结合认知治疗的要素而产生的,它的目标就是想克服行为治疗模式的限制,把人的内部信息的加工过程也纳入到治疗模式考察的范围内。因此,认知行为治疗不同于一般的行为治疗模式或者认知治疗模式,具有自身的显著特点:

第一,认知和行为因素的结合。认知行为治疗模式非常注重服务对象行为的改变和学习规律,在此基础上,结合人的内部信息加工的特点,把人的内部意识的变化过程也作为考察的内容。这样,借助于对人的内部意识过程的了解,认知行为治疗模式能够更为准确地把握服务对象行为变化的规律,把认知和行为因素有效地结合起来。

第二，采用综合的方式开展个案辅导工作。行为治疗模式注重人的行为的改变和学习规律，认知治疗模式强调人的内部信息加工的过程和方式。实际上，人的行为改变一定涉及内部信息的加工过程；同样，人的内部信息加工过程的改变通常也会带来人的行为的变化。认知行为治疗模式既看到人的行为改变的规律，又看到人的认知加工的特点，使内部和外部有机结合起来，采用综合的方式开展个案工作。

第三节 理性情绪治疗模式的内容及特点

理性情绪治疗模式是由美国心理学家艾里斯（Albert Ellis）在总结自己多年的临床经验的基础上提出的。由于对当时流行的心理分析方法和行为治疗模式的不满，艾里斯开始尝试创立自己的理性情绪治疗模式，他发现揭示服务对象早期经历并不能帮助服务对象解决问题，也无法保证服务对象在以后的生活中不再出现其他类似的困难，而且靠自由联想和反映感受等非指导性治疗技术很难改变服务对象的非理性信念。艾里斯在临床实践中渐渐认识到，这些非理性信念恰恰是影响服务对象情绪的重要因素，也对服务对象的行为发挥着重要作用。于是，他从服务对象的理性、情绪和行为等方面着手，希望能够彻底消除服务对象在情绪和行为上出现的困扰。

到了20世纪50年代，艾里斯开始形成自己的理性治疗模式，他强调采取主动、指导的治疗策略，同时从理性、情绪和行为等多个方面着手帮助服务对象解决面临的困扰。艾里斯与哈帕（R. A. Harper）合作，在1955年正式提出一种新的治疗模式，并把它命名为理性治疗模式（RET）。艾里斯坚信，一个人如果能够保持理性的信念，就不可能产生情绪困扰，行为也就不会出现偏差。在60年代，理性情绪治疗模式受到多方的批评，因为它与当时流行的心理分析治疗模式、行为修正模式和人本治疗模式的基本理念不一致，推崇一种主动、指导的治疗策略。为了向人们推广理性治疗模式，艾里斯在美国纽约成立了理性生活学会和理性情绪治疗研究所，并且撰写大量的学术论文和普及读物。经过十多年的努力，越来越多的实务工作者开始尝试理性情绪治疗模式。到了80年代，理性情绪治疗逐渐被人们所接受，成为一种重要的个案辅导治疗模式。

一、理性情绪治疗模式的内容

理性情绪治疗模式的主要内容包括它对理论基础的假设、对心理失调机制的理解以及在个案工作过程中所运用的具体的治疗技巧。

(一) 理性情绪治疗模式的理论基础

理性情绪治疗模式以人本主义作为自己的理论基础,认为人的存在是有价值的,这种价值不是由人的身份、能力或者才智等因素所决定,也不会因为遭受挫折、能力欠佳或者他人的贬抑而降低,这是人天生的固有本性,使人不断追求成长和自我实现。这种趋向在实际生活中表现出两种不同的倾向,一种倾向是发展出健康、理性的生活方式;另一种倾向则发展出不良的、非理性的生活方式,像过分概括化、易受暗示、逃避成长和追求完美等,容易使人出现心理失调。这种非理性的发展趋势如果遇到一些外部环境的因素,如生活中的不幸经历、儿童时期成人价值的过分内化等,就会促使服务对象发展出非理性的信念。艾里斯认为,人就是人,既有优点,也有缺点,人的价值不是绝对的,只能在某种程度上进行自由选择,改变目前的生活状况,使自己的生活变得更好。艾里斯强调,每个人的生活都要受到他人和环境的影响,无法完全随自己的意志而定。因此,理性情绪治疗模式所坚持的基本理论假设是:人的自由选择是相对的,受到环境和周围他人的影响。

理性情绪治疗模式对人的心理失调的原因和机制进行了深入的分析,提出比较有影响的 ABC 理论。A 代表引发事件(activation events),是指服务对象所遇到的当前发生的事件,事件的形式既可以是具体的事情,也可以是服务对象的思想、感受、行为或者对以前事件的回忆等,只要能够引发服务对象的变化,就可以称之为引发事件;B 代表服务对象的信念系统(beliefs),是指服务对象对当前所遭遇事件的认识和评价。它既可以是理性的,也可以是非理性的;C 代表引发事件之后出现的各种认知、情绪和行为(consequences)。

通常认为,服务对象的认知、情绪和行为都是由引发事件直接导致的,但理性情绪治疗模式指出,服务对象的认知、情绪和行为的反应受到服务对象的信念系统的影响,在 AC 之间还有一个信念因素发挥着作用,只有通过服务对象的认识和评价,引发事件才能真正影响服务对象。例如,服务对象最近参加了一次考试,没有通过,心情变得很沮丧,认为自己很失败,什么事都做不好。最近一次考试没有通过就是引发事件 A,心情变得很沮丧是结果 C,真正导致心情沮丧的原因不是考试没有通过,而是服务对象内心的信念 B,认为自己不应该考不过。如果服务对象用一些非理性的信念看待引发事件,像要求自己所遇到的人都喜欢自己,这种非理性信念就会促使服务对象在情绪和行为上出现困扰。理性情绪治疗模式认为,有效的帮助方式是对服务对象的非理性信念系统进行质疑,即对非理性信念进行识别和辩论。这样才能协助服务对象克服各种非理性信念,最终使服务对象的情绪和行为困扰消除,帮助服务对象形成一种积极的理性生活方式。

所谓非理性信念是指那些把特定场景中的经验绝对、普遍、抽象化之后与实际情况不符的想法和观点。其中的所谓绝对化是指服务对象对自己的要求过高,希望自己的生活完美无缺。例如,服务对象希望自己做的每一件事情都应该是完美无缺的,不能出现任何错误。普遍化是指服务对象把自己对某件或者某些事情的看法概括为所有事物的普遍特性,如经历几次失败之后,服务对象认为自己天生就是笨。而抽象化是指服务对象把具体场景中得出的经验抽象为一般的准则,例如,强调如果自己尊重别人,别人就会尊重自己。根据临床实践的经验,艾里斯总结出 11 种常见的非理性信念,并作了评析:

第一,我们绝对需要每一位生活中重要人物的喜欢或赞许。艾里斯认为,争取自己生活中重要人物的赞扬是必要的,但如果希望获得所有重要人物的喜爱则是一种非理性的信念。

第二,一个人应该在各方面,至少在某一方面有成就,有才干,这样才会是有价值的人。艾里斯认为,即使在某一方面,大部分人也无法做到出色,如果要使自己在所有方面都有成就,这是无法办到的,是一种非理性信念。

第三,有些人是卑劣的,他们应该为自己的恶行受到严厉的责备和惩罚。艾里斯指出,没有人不犯错误,如果要求自己和别人不犯错误,这是一种不切实际的想法。

第四,如果遇到与自己希望不一致的事情,就认为很糟糕。艾里斯认为,烦恼和不安并不能使境况发生任何改变;相反,纠缠在情绪的困扰中只会使情况变得更糟。如果遇到与自己价值观不符的事情,就认为很糟糕,这是一种非理性信念。

第五,人的不快是由外部环境因素造成的,人无法控制自己的悲伤和情绪困扰。艾里斯强调,别人的不公正指责不会伤害人,只有当服务对象对这些批评和指责感到敏感时,才会受到伤害。如果遇到不愉快的事,就将责任推卸给外部环境,这是一种非理性的信念。

第六,常担心危险或者灾难性事件的发生。艾里斯认为,考虑危险事件发生的可能性,并设法避免它出现;如果发生了,就设法补救,这才是理性的行为。相反,如果常担心危险或者灾难性事件的发生,就会加剧内心的不安和焦躁,这是一种于事无补的非理性信念。

第七,逃避困难和责任比面对它们更容易。艾里斯认为,虽然逃避困难和责任可使服务对象得到暂时的安全和解脱,但会给服务对象的以后生活带来更大的麻烦和困扰。因此,一个理性的人只有通过介入实际的生活,并且承担自己的责任,才能增强自己的自信心,使自己的生活变得更好。

第八,人应该依赖别人,而且需要依赖一个比自己强的人。艾里斯强调,一个人依赖别人,只会使自己逐渐丧失能力,变得无法为自己作出决定,无法根据实际的需要采取有效的行为。因此,依赖别人是一种非理性的信念。

第九,人的行为受到过去经验的影响,只要一件事情对人产生了影响,这种影响就会持续一辈子。艾里斯认为,一个理性的人会接受过去经验对现实行为的影响,但同时也会设法客观分析这种影响的程度和状况,以便改善目前的生活状况。如果一个人以过去的经验为借口回避目前行为改变的责任,这是一种非理性的信念。

第十,应该对别人的困难或情绪困扰感到不安。艾里斯指出,每个人所能改变的是自己,人只能为自己的行为负责。一个理性的人会客观地指出别人的问题,并帮助别人克服困难;如果无法做到,也不会因此感到不安。相反,如果因为别人有困难或情绪困扰就感到担忧,甚至以此为借口回避自己的问题,这是一种非理性的信念。

第十一,对于任何一个问题,都应该有正确的、完美的解决方法,如果找不到,就会很糟糕。艾里斯认为,世界上不存在完美的解决方法,追求完美是不切实际的,只会使问题永远无法解决。因此,找不到完美的解决方法就认为很糟糕,这是一种非理性的信念。

以上的这 11 种非理性信念在个案工作中经常遇到,这些非理性信念会导致服务对象出现情绪和行为的困扰。

(二)理性治疗模式的治疗技巧

理性情绪治疗模式比较注重综合运用各种服务介入技巧,不仅仅局限于理性情绪治疗模式本身,但就它自身的治疗技巧来说,主要包括非理性信念的检查和辩论。

第一,非理性信念的检查技巧,即对服务对象情绪、行为困扰背后的非理性信念的原因进行探寻和识别的具体方法。它主要包括:(1)反映感受。让服务对象具体描述自己的情绪和行为困扰,表达自己的各种感受,从而帮助服务对象识别出行为和情绪困扰背后的非理性信念以及产生的根源。(2)角色扮演。让服务对象扮演特定的角色,重新体会当时场景中的各种情绪困扰和行为表现,了解情绪困扰和行为表现背后的非理性信念。通过角色扮演,社会工作者还能够帮助服务对象理解各种非理性信念与他的情绪困扰和行为表现之间的联系,了解非理性信念在其生活中所发挥的作用。(3)冒险。让服务对象从事自己所担心害怕的事,从而使情绪和行为困扰背后的非理性信念呈现出来。在使用这种个案辅导技巧时,社会工作者需要鼓励服务对象把冒险后的感受与冒险前的体会进行比较,以便准确揭示其中的非理性信念。(4)识别。根据非理性信念的抽象、普遍和绝对等不符合实际的具体特征分析、了解服务对象情绪困扰和行为表现背后的非理性信念。一般而言,在辅导的初期,社会工作者需要帮助服务对象识别一些较为具体的非理性信念,等到服务对象开始了解自己情绪困扰和行为表现背后的非理性信念时,社会工作者就可以帮助服务对象认识一些较为一般化的生活哲学和人生信条。

第二，非理性信念的辩论技巧，即对产生服务对象情绪和行为困扰背后的非理性信念进行质疑和辨析的具体方法，以帮助服务对象形成较为理性、现实的生活方式。非理性信念的辩论技巧主要包括：(1)辩论。让服务对象对自己的非理性信念的不合理的地方进行质疑，动摇非理性信念的基础。辩论通常有两种方式：一种是对服务对象的非理性信念的根基进行提问，使非理性信念的反逻辑、不合常理之处显现出来。这种技巧称为质疑；另一种是帮助服务对象区分意愿和需要、要求和必须以及理性和非理性观念等，使服务对象能够识别和消除自己的非理性信念。这种技巧称为辨析。(2)理性功课。帮助服务对象改变非理性信念的语言模式，如"必须……"、"应该……"等，从而形成理性的思维方式。通过这种语言方式的转变，社会工作者就能够帮助服务对象学会以合理的、现实的方式界定自己所处的场景。(3)放弃自我评价。鼓励服务对象放弃用外在的标准评价自己，逐渐消除非理性信念的影响。理性情绪治疗模式认为，服务对象的价值不需要任何外在的条件，它是服务对象先天固有的存在特性，如果服务对象从外部寻找自己的价值标准，就会形成各种非理性信念。因此，帮助服务对象放弃外在的价值评判标准是帮助服务对象消除各种非理性信念的有效途径。(4)自我表露。借助社会工作者表露自己感受的方式，让服务对象观察和学习理性的生活方式。在理性情绪治疗模式看来，社会工作者通过表露自己不仅使服务对象了解社会工作者对他的同情心，同时也为服务对象学习合适的、理性的生活方式提供机会，让服务对象明白在特定的处境下该做什么和怎样做。(5)示范。通过社会工作者的具体的示范行为，让服务对象理解和掌握理性的行为方式。与自我表露不同，示范更强调社会工作者通过展现具体的应对行为，让服务对象了解在特定的处境下怎样应付面临的具体困难和怎样调整自己的情绪。(6)替代性选择。社会工作者借助替代性方法的寻找，帮助服务对象逐渐克服喜欢极端化的非理性信念。在使用这种个案辅导技巧时，社会工作者需要鼓励服务对象尽可能多地想象不同的生活方式，并且引导服务对象比较这些不同的生活方式，从中寻找出最为合理的应对方式。(7)去灾难化。让服务对象尽可能设想最坏的结果，直接面对原来担心害怕的事件(灾难)，从而使服务对象担心害怕的非理性信念显现出来。理性情绪治疗模式认为，当服务对象害怕或者担心自己的不利处境时，就会不自觉地夸张自己处境中的不利因素，从而妨碍服务对象有效应对面临的困扰。去灾难化技巧的运用就是希望能够打破服务对象这种因为担心或者害怕而产生的恶性循环，让服务对象明白害怕或者担心自己的不利处境，只会导致更糟糕的结果。(8)想象。让服务对象想象自己处于困扰的处境中，并通过设法克服不合理的情绪和行为的反应方式学习和建立理性的生活方式。在使用这种个案辅导技巧时，社会工作者需要及时帮助服务对象体会自己的变化,分辨自己的理性和非理性的信念,鼓励服务对象通过反复练习学会理性的生活方式。

案例

　　服务对象,男,11岁,小学四年级学生,自父母离异后与母亲生活一起,由母亲负责他的日常起居和学习。由于母亲没有什么文化,很难找到好工作,工资待遇不高,经济上有一定的困难。服务对象以前在一所公立小学上学,但是由于表现不好,经常打架、捣乱,被老师劝退了,来到现在就读的一所民办学校。在民办学校老师的表扬和鼓励下,服务对象在行为表现和学习上有了一定的进步,开始主动写作业,打架和捣乱的次数明显减少了,而且学习成绩也有了一些提高。但老师认为,服务对象目前学习还不是很认真,上课很容易开小差。母亲也发现,服务对象贪玩,学习自觉性不强。她在家的时候,服务对象能够认真做作业;只要她一上班,服务对象就会跑出去玩。因此,母亲经常给老师打电话,希望和老师一起合作,把孩子教育好。

　　经老师的介绍,社会工作者接手了这个案例。在和服务对象的接触过程中,社会工作者发现,服务对象学习不努力、自觉性不强的一个很重要的原因是,服务对象认为自己是"差生",是"坏孩子"。于是,社会工作者决定运用理性情绪治疗模式的原理帮助服务对象。整个辅导介入包括六次面谈,每周面谈一次,每次约一小时。为了帮助服务对象认识到自己的这些非理性信念和学习不努力、自觉性不强的关系,社会工作者有意识地提问服务对象,让服务对象例举自己转到民办学校之后取得的进步,强化服务对象只要自己努力也能学好的信念,逐渐消除服务对象认为自己是"坏孩子"、"差生"的想法。此外,社会工作者还从服务对象最强的科目——数学入手辅导服务对象的学习,并且在辅导服务对象学习的过程中注意调动服务对象的兴趣,运用服务对象的能力,让服务对象看到自己的潜力,逐渐改变对自己的消极认识和评价。当服务对象取得任何一点进步的时候,社会工作者就及时给予肯定,增强服务对象的自信心。两次面谈辅导之后,服务对象的学习动力有了明显的提升,对学习的自信心也有了明显提高。在接下来的两次面谈辅导中,社会工作者将工作的重点放在服务对象理性行为方式的形成上,和服务对象协商学习的安排,一起制定每天的学习计划,并且在每次的面谈辅导中检查服务对象学习计划的执行情况,帮助服务对象逐渐形成良好的学习习惯。在第五次辅导面谈中,社会工作者与服务对象的母亲进行了深入交谈,了解母亲对服务对象的要求以及在指导服务对象学习中的具体困难,并且与母亲交流指导服务对象的经验,让母亲对服务对象的改变给予及时的肯定,以帮助服务对象巩固学到的理性的生活方式。在第六次辅导面谈时,社会工作者与服务对象以及母亲一起协商辅导服务结束后的跟进服务,让母亲承担起肯定和支持服务对象的作用。

二、理性情绪治疗模式的特点

理性情绪治疗模式以服务对象的非理性信念的检查和辩论为中心形成了目标清晰、要求明确的治疗方法。从理性情绪治疗模式的运用过程来看,它的运用特点具体包括五个方面:明确辅导要求、检查非理性信念、与非理性信念辩论、学会理性生活方式和巩固辅导效果。

第一,明确辅导要求。在服务对象接触理性情绪治疗模式的开始阶段,社会工作者首先要做的,除了与服务对象建立良好的合作关系之外,还需要根据服务对象的具体情况清晰简洁地介绍理性情绪治疗模式的基本原理,让服务对象认识到,真正导致自己情绪、行为困扰的原因是自身拥有的非理性信念,而不是引发事件。

第二,检查非理性信念。当服务对象了解了困扰产生的真正原因是自己的非理性信念时,就需要鼓励服务对象寻找这些情绪、行为困扰背后的非理性信念,并且协助服务对象理解这些非理性信念与具体的情绪、行为困扰之间的联系。

第三,与非理性信念辩论。找到非理性信念之后,服务对象接着面临的任务是与这些非理性信念展开辩论,认识和了解这些非理性信念的不切实际的地方以及可能产生的危害,并且采取具体的行动改变目前的生活状况。

第四,学会理性生活方式。了解了非理性信念以及可能产生的危害之后,服务对象就需要在社会工作者的指导下运用理性的信念替代原来的非理性信念,并且与具体合适的情绪和行为反应方式连接起来,逐渐建立理性的生活方式。

第五,巩固辅导效果。通过一些具体的练习帮助服务对象在自己的实际生活中运用理性的生活方式,巩固辅导的效果。

第四节 任务中心模式的内容及特点

任务中心模式的发展可以追溯到20世纪60年代,为了回应当时在个案工作开展过程中服务效率低下的实际问题,雷依德(William J. Reid)和沙尼(Ann W. Shyne)合作开展了一项为了促进个案工作服务效率的研究。1972年,雷依德和艾泼斯坦(Laura Epstein)合作出版了《任务中心个案工作》一书,具体讲述在有限的时间内实现由服务对象自己选定的明确目标的任务中心模式。任务中心模式是一种短期治疗的模式,它强调在短期内对服务对象的问题采取有效的调适,帮助服务对象解决问题。在发展初期,任务中心治疗模式受波尔曼(H. H. Perlman)问题解决学派的影响,把问题解决作为个案工作的焦点,认为个案工作的目的就是协助服务对象解决他(她)所不能解决的问题,并且挖掘、培养和提高服务对象解决问题的能力。20世纪70年代,由于雷依德和艾泼斯坦的大力推广,任务中心模式被广泛用于社会工作的不同领域,并且受到不同国家和地区的普遍欢迎。80年代,雷依德在研究中发现,将长期治疗删减后,其治疗效果与全程的长期治疗效果一样,他坚信有计划的短期治疗也是很有效的。这为任务中心模式的治疗效果提供了科学研究的证据。

任务中心模式之所以能够得到迅速的发展和推广,除了它自身比较容易学习和把握外,它所强调的短期治疗的观点与社会发展的要求相一致。随着20世纪七八十年代西方社会福利制度的改革,在社会工作领域,越来越注重服务的效率,强调服务的时间限制。另外,任务中心模式比较注重兼收并蓄,它只提供个案工作的一个基本框架,社会工作者可以不受某一种理论的限制,根据实际需要吸收不同模式的辅导技巧,并将它们运用于实际服务中。

一、任务中心模式的内容

任务中心模式的主要内容涉及对人性的基本假设、对问题和任务的界定以及具体的治疗技巧等。

(一)任务中心模式的理论基本假设

任务中心模式认为,每个人都具有解决问题的能力,这种能力是人与生俱来的,它帮助人在困难的处境中找到有效的方式应对面临的问题,促进人的健康成长。一个人遇到问题,并不意味着他没有解决问题的能力,而是因为个人能力暂时缺失引发问题。因此,社会工作者的作用不是替代服务对象作出决定,而是相信服务对象自身拥有自主性,尊重服务对象的改变愿望,尽可能地挖掘和激发服务对象的潜能,让服务对象面对自己生活中的问题,并且鼓励服务对象采取积极的行动改善目前的生活状况。在这个过程中,服务对象才能学习如何解决面临的问题,提高解决问题的能力,避免今后在生活中发生类似或者新的问题。

任务中心模式提倡一种短期的治疗策略,把个案工作介入的焦点集中在为服务对象提供简要有效的服务上,希望帮助服务对象在有限的时间内实现自己所选定的明确目标。任务中心模式认为,高效的服务介入必须符合五个方面的基本要求:(1)介入时间有限;(2)介入目标清晰;(3)介入服务简要;(4)服务效果明显;(5)介入过程精密。

在任务中心模式的逻辑框架中有三个重要的概念:问题、任务和服务对象。

对于问题,任务中心模式有自己的看法,认为除了考察服务对象本身的问题之外,还需要把问题与服务对象的社会生活联系起来,看它们在服务对象的社会生活中是怎样呈现的。任务中心模式强调,社会工作者在确定问题时需要坚持以下几项原则:(1)问题是由服务对象提出的或者能够被服务对象接受的;(2)问题能够通过具体的行动解决;(3)问题能够清晰地界定;(4)问题不是由他人界定的,而是来自于服务对象自己的需要;(5)问题的解决能够给服务对象带来某一方面的改变。

与问题相关的是任务。在任务中心模式看来,所谓任务就是服务对象为解决自己的问题而需要做的工作。通过完成特定的任务,社会工作者才能帮助服务对象逐渐实现最终的目标,消除面临的问题。显然,任务是个案服务介入工作的核心,是实现服务介入工作目标——解决问题的手段。目标和任务之间的关系类似于目标和手段之间的联系。解决问题是目标,完成任务逐渐消除问题是手段。在界定任务时,任务中心模式强调,只有把以下三个因素融合到任务中,这样的任务才是最好的,而且也是可行性的。这三个方面的因素是:(1)服务对象的问题;(2)服务对象解决这个问题的能力;(3)服务对象的意愿。

为了保证任务的实施和目标的实现,任务中心模式认为,社会工作者需要明确界定服务对象。并不是所有的求助对象都能成为任务中心模式的服务对象,任务中心模式对服务对象有明确的要求,主要包括两个方面:(1)服务对象必须是愿意承担自己的任务并且作出承诺愿意尝试完成任务解决问题的求助对象;(2)服务对象处于正常的生活状态,具有自主的能力。

此外,任务中心模式在运用任务实现目标过程中非常关注服务对象的自主性。任务中心模式认为,服务对象的自主性包括两个方面的主要内容:(1)服务对象具有处理自己问题的权利和义务,即由服务对象自己决定是否需要处理问题、处理什么问题以及怎样处理问题等,提高服务对象的参与程度;(2)服务对象具有解决自己问题的潜在能力,即社会工作者在服务介入过程中尽可能发挥服务对象自身拥有的潜在能力,提高服务对象解决问题的能力。

(二)任务中心模式的治疗技巧

任务中心模式把沟通视为社会工作者与服务对象之间进行交流的工具,无论在辅导面谈之内还是之外,社会工作者只有借助具体的沟通行动,才能把自己的想法传递给服务对象,推动服务对象发生改变。任务中心模式认为,有效的沟通行动必须具备两个要素和达到五种功能。这两个要素是:

第一,有系统。社会工作者需要根据所处的介入阶段以及此阶段的目标和任务与服务对象沟通,这种沟通需要集中焦点、不节外生枝,同时又与整个服务介入过程紧密相连,做到层次分明、循序渐进。

第二,有反应。社会工作者需要给予服务对象及时的回应,鼓励服务对象积极表达自己的想法和意见,并让服务对象体会到社会工作者对他的关心和尊重,了解和分享社会工作者的经验和感受。

沟通行为需要达到的五种功能具体包括:

第一,探究。明确服务对象的问题和需要承担的任务。在确定了服务对象的任务之后,还需要进一步明确如何执行任务,如服务对象已经做过什么努力,在实施任务过程中服务对象可能遇到什么困难,服务对象有什么方式应对这些困难等,帮助服务对象明了面对的问题及其需要完成的具体任务。

第二,组织。规划与服务对象沟通的方式和目标,包括介入目标的解释、介入时间的安排、行动的规划和服务对象的参与方式等,帮助服务对象了解任务的具体内容和进程以及与社会工作者的互动方式。

第三,意识水平的提升。通过提供相关的资料,帮助服务对象提高对自身和周围环境的认识和了解。需要注意的是,帮助服务对象提升意识水平的资料,必须与服务对象需要完成的任务和解决的问题有关。

第四,鼓励。强化或者激励服务对象那些有助于完成任务的行为和态度,提高服务对象解决问题的能力。

第五,方向引导。向服务对象提供完成任务所需要的建议和忠告,让服务对象及时了解完成任务的有效途径,以保证服务对象的行为能够有效应对面临的问题,使个案工作不偏离所需要完成的具体任务。

另外,任务中心模式还吸收了个案工作中的功能模式的观点,把时间限制作为重要的辅导手段,通过不断提醒服务对象剩余的辅导时间,增强服务对象的改变动力,让服务对象更加专注于目前需要完成的任务。

案例

服务对象,男,12岁,小学5年级学生,半年前,跟随打工的父母亲来到城市上学。服务对象有位姐姐,也在该城市打工,平时在单位吃住。由于学习基础不好,服务对象在语文和英语学习方面跟不上班级的进度,加上个头偏小,时常受同桌的欺负。老师发现后,给他调换了座位。目前服务对象在学校受欺负的情况已经很少发生,他和新同桌以及几位老乡玩得很好,经常一起上学、一起回家。让老师和父母亲感到头疼的是服务对象的语文和英语,平时测试服务对象只能勉强及格,而且作业也写得潦草。父母亲只有小学文化,无法直接指导孩子的学习,唯一能做的是虚心听取别人的意见。为此,父亲专门请教了大学生,认为背诵字典能够提高语文成绩,于是他给孩子买来了新华字典,要求孩子每天背诵。此外,父亲还规定孩子每天听半个小时的英语磁带。服务对象自己也希望能够提高语文和英语的学习成绩。对于数学,服务对象很自信,学得很好也很有兴趣。父母亲和老师都认为,服务对象目前的主要困难是提高语文和英语的学习成绩。平时,母亲的工作比较忙,服务对象的学习主要由父亲来负责。每天下午放学回家后,服务对象先在父亲的监督下完成作业,然后再看一会儿电视。

社会工作者和服务对象的家庭接触之后了解到,除了服务对象的父亲希望服务对象能够提高语文和英语的学习成绩之外,服务对象自己也想提高语文和英语的学习成绩,而且服务对象的生活和学习很有规律,每天在父亲的监督下能够完成学习任务。于是,社会工作者与服务对象以及服务对象的父亲一起商定服务对象语文和英语学习的目标——语文期末考试成绩80,英语期末考试成绩70分;同时,社会工作者还与服务对象制订了每天英语学习和语文学习的任务。除了完成学校的作业,服务对象每天听写半小时的英语和预习或者复习半小时的语文课文,英语的内容由社会工作者根据服务对象的进步情况来安排;语文的内容则按照学校教学的进度来确定。此外,社会工作者还与服务对象的父亲制定了每天监督孩子学习的任务。这样,在第一次辅导面谈中,社会工作者就与服务对象以及服务对象的父亲规划好了整个辅导介入的计划,内容包括辅导介入的目标、服务对象每天的学习任务、父亲每天的监督任务以及辅导介入的次数等。为了调动服务对象的积极性,社会工作者还要求服务对象在辅导介入计划书上签上自己的名字,把辅导计划书贴在自己学习的书桌前,以提醒服务对象每天的学习安排和辅导的开展进度。接着,社会工作者每周与服务对象以及服务对象的父亲面谈1次,面谈的时间约一个半小时到两个小时,了解服务对象每天英语和语文学习的情况以及服务对象父亲监督的情况。在辅导介入的开始阶段,社会工作者在抽查服务对象的学习效果过程中非常注意发掘服务对象在英语和语文学习中的潜力,例如服务对象喜欢听英语小故事,喜欢朗读语文课文,社会工作者就将这些特点结合到学习的安排中。如果服务对象遇到困难,社会工作者就会耐心地替他分析,一起寻找解决的方法。此外,在每次辅导面谈中,社会工作者还认真了解服务对象的父亲监督孩子学习的情况,与服务对象的父亲一起总结任务执行的状况,分析服务对象学习的特点和取得进步的原因以及可能面临的困难,一起探讨接下来的努力方向,让服务对象的父亲与孩子之间的沟通更为顺畅。经过一个学期的努力,社会工作者最终帮助服务对象实现了预定的语文和英语学习成绩提高的目标。整个辅导介入包括两次需求入户调查和十次辅导面谈。

二、任务中心模式的特点

任务中心模式的一个显著特点是注重服务的效率。为了提高个案工作的服务效率,任务中心模式不仅要求对服务对象的问题和需要完成的任务进行清晰界定,同时还要求对服务对象作出明确界定,并且针对个案服务介入过程进行精密组织,以实现在有限的时间内达到最佳的效果。任务中心模式的影响远超出一种治疗模式的作用,它所提倡的这种有明确目标、有具体任务、有清晰途径、有一定时间限制的短期治疗策略,为社会工作者提供了完全不同于以往的注重非指导的发展方向,这样的发展方向更切合社会工作实务工作场景的要求。不过,任务中心模式也受到不少批评,认为这种将服务对象的关注焦点集中在目前需要完成的任务和需要克服的问题上的做法,很容易掩盖问题背后所隐藏的更为根本的社会结构不合理和社会资源不足的问题。

第五节 危机介入模式的内容及特点

早在1943年,林德曼(E. Lindermann)在一项意外灾害适应的研究中发现,每个人在生命的历程中都会遭遇一些危险的处境,出现情绪等方面的危机,需要一定的时间接受和适应这种不幸的经历。1946年,林德曼与卡布蓝(G. Caplan)合作,提出"危机调适"的概念,认为压力、紧张和情绪的调适与危机有紧密的关系。20世纪50年代,美国开始从事预防自杀的研究,成立了预防自杀的危机介入中心。从60年代开始,危机介入模式受到普遍关注,这与卡布蓝的努力分不开,他一直从事危机调适的教育和咨询工作。1974年,美国将危机介入模式正式列入社会服务的重要项目,并且在社会工作领域逐渐推广危机介入模式。

一、危机介入模式的内容

危机介入模式的内容主要包括危机的定义、危机的发展阶段和危机介入的基本原则。

(一) 危机介入理论

危机介入模式是一种具体的工作方法,属于短期治疗策略中的一种。它虽然没有完整系统的理论基础,但在不断吸收其他理论以及总结自己的实践经验基础上,形成了一些重要的理论假设和基本的概念。这些理论假设和基本概念成为危机介入模式的理论核心。

第一,危机的定义。危机是指一个人的正常生活受到意外危险事件的破坏而产生的身心混乱的状态。危机介入模式就是针对服务对象的危机状态而开展的调适和治疗的工作方法。危机通常可以分为三类:(1)成长危机,即每个人在成长过程中需要面对不同的任务而产生的危机。如升学、升职、结婚、孩子出生、退休和变迁等,这些生命成长过程中的转折时期对人的成长产生很大的影响,如果处理不当,就会出现危机,妨碍个人的健康发展。(2)情境危机,即因生活情境的突然改变而引发的危机。这类危机可能由突然的自然灾害引发的,如火灾、地震或者水灾等导致的生活的突然改变,使灾民及其亲属陷入危机中。情景危机也可以是由社会生活突发事件引发的,如亲人的意外死亡、遭遇意外的车祸或者患上疾病等,这种不期而遇的意外事件给当事人造成极大的压力,很容易使当事人陷入危机中。(3)存在性危机,即因人生中的重要问题或者重要决定所产生的剧烈的内心冲突和不安。存在性危机常常与人对自己生活状况的感受联系在一起,让人陷入一种无法排解、挥之不去的焦虑中。

第二,危机的发展阶段。危机出现之后,服务对象的身心会出现一系列的变化以应对现实生活中的危机情景。危机的发展一般可以分为四个阶段:(1)危机发生。在这一阶段,服务对象面对生活中的意外危险事件而无法控制自己的紧张和不安,无法有效应对意外危险事件,从而导致危机的发生。(2)应对。危机出现之后,服务对象就会寻找其他的途径和方法解决面临的困难。(3)危机解决。在寻求应对危机的方法和途径过程中,服务对象就会形成解决危机的方法,或者消极退缩停止问题解决的努力,或者积极面对形成新的有效策略。(4)恢复期。危机产生之后,服务对象的身心处于极度的紧张状态,经过调适和治疗就会形成新的身心平衡状态。

(二)危机介入的基本原则

危机介入模式是围绕着服务对象的危机而展开的调适和治疗工作,注重不同服务介入技巧的综合运用,目的是在有限的时间内快速、有效地帮助服务对象摆脱危机的影响。在综合运用这些不同的服务介入技巧时,危机介入模式形成了有效调适和介入危机的一些重要原则:

第一,及时处理。由于危机的意外性强、造成的危害性大,而且时间有限,需要社会工作者及时接案、及时处理,尽可能减少对服务对象及其周围他人的伤害,抓住有利的可改变的时机。

第二,限定目标。危机介入的首要目标是以危机的调适和治疗为中心尽可能降低危机造成的危害,避免不良影响的扩大。只有把精力集中在目前有限的目标上,社会工作者才能与服务对象共同协商和处理面临的危机。

第三,输入希望。因为当危机发生之后,服务对象通常处于迷茫、无助、失望的状态中,所以在危机中帮助服务对象的有效方法是给服务对象输入新的希望,调动服务对象改变的愿望。

第四,提供支持。在帮助服务对象面对和处理危机过程中,社会工作者需要充分利用服务对象自身拥有的周围他人的资源,为服务对象提供必要的支持。当然,同时也需要培养服务对象的自主能力。

第五,恢复自尊。危机的发生通常导致服务对象身心的混乱,使服务对象的自尊感下降。社会工作者在着手解决服务对象的危机时,首先需要了解服务对象对自己的看法,帮助服务对象恢复自信。

第六,培养自主能力。危机是否能够解决最终取决于服务对象是否能够增强自主能力。虽然服务对象在危机中自主能力有所下降,但社会工作者不能认为服务对象缺乏自主能力,整个危机介入过程就是社会工作者帮助服务对象增强自主能力面对和克服危机的过程。

案例

服务对象,男,15岁,初中三年级学生,个头不高,体质比较弱,近视。服务对象平时喜欢看书,学习非常优秀,在全年级中名列前茅,尤其数学,总是全年级第一。服务对象对自己的学习充满自信。但是,在最近的一次考试中出现了意外,服务对象的学习成绩第一次出现了不及格,而且一向自信的数学也只达到了一般水平。知道考试结果后,服务对象非常沮丧,把自己锁在房间里,一声不吭。第二天,服务对象对父亲说他不愿意再上学了,担心同学笑话他。在父亲的一再鼓励下,服务对象来到学校,但发现自己很难记住老师抄写在黑板上的句子,主要是因为担心自己没有看仔细遗漏了内容,于是看了一遍又一遍,努力想记住它,但总是记不住。不久,看书时也出现同样的情况,反复阅读同一段文字,但就是记不住。不得已,服务对象选择了休学。在家轻松了几天之后,服务对象感到心里空落落的,白天父母亲上班,家里只剩下他一个人,整天无事可做,只能上网消磨时间。服务对象感到越来越没有安全感,情绪变得起伏不定。经常与父亲吵架,抱怨父母亲对他关心不够。一次,因嫌父母亲做的饭菜不可口,服务对象与父母发生了激烈争吵,并且威胁要结束自己的生命,服务对象的父母亲无奈之下向社会工作者求助。

  社会工作者在入户了解服务对象的过程中发现,服务对象对自己目前的生活状况也感到很不满意,希望自己每天能够安心学习,以便一年之后顺利复学,恢复到以前的精神状态。服务对象的父母亲则希望孩子能够懂点儿事,体谅父母亲的辛苦,安排好自己的学习,以便以后继续上学。针对服务对象以及服务对象父母亲的要求,社会工作者把服务对象顺利复学作为辅导介入工作的焦点,以调动服务对象以及服务对象父母亲的改变愿望,通过推动共同的改变愿望,帮助他们逐渐摆脱相互指责、相互抱怨的恶性循环;此外,社会工作者分别与服务对象和服务对象的父母亲拟定了近期内努力的目标,例如,在辅导介入的第一次面谈中,社会工作者不仅与服务对象协商每天学习的安排和户外活动的时间,而且还与服务对象的父母亲商讨协助服务对象安排好学习和生活的具体任务,鼓励服务对象从目前已经做到的每天看语文书、听英语磁带、做数学练习题开始,逐渐增加每天的学习任务,并且建议服务对象的父母亲多肯定服务对象所做的努力和取得的进步,每周至少一次带服务对象参加他所喜欢的一些户外活动,如爬山、打篮球等,帮助服务对象舒缓内心的压力,改善服务对象父母亲与孩子之间的沟通。在第二次和第三次辅导面谈中,社会工作者把工作重点锁定在两个方面:一方面用心倾听服务对象的描述,给服务对象提供充分的空间表达自己对目前生活的不满、失望和不安,及时肯定服务对象所做的努力,让服务对象体会到社会工作者对他的理解和支持,帮助服务对象逐渐认清自己的努力方向;另一方面与服务对象的父母亲一起探讨在帮助服务对象安排好学习和生活中面临的具体困难,一起寻找解决方法,并且指导服务对象的父母亲学习有效疏导服务对象情绪的技巧,提高服务对象的父母亲对服务对象的支持能力。等服务对象渐渐有了学习的兴趣和信心时,社会工作者与服务对象的父母亲一起协商如何鼓励服务对象参加学习兴趣班,让服务对象走出家门,寻找自己的玩伴,摆脱"整天无事可做"的危机处境;同时,通过参加学习兴趣班也可以帮助服务对象改善生活习惯,提高服务对象对生活的管理能力,为服务对象的复学做好准备。在社会工作者和服务对象父母亲的共同努力下,经过六次辅导面谈,服务对象开始主动走出家门,参加兴趣班的学习,结交了一些同龄伙伴,对自己的学习和生活安排更有信心了,和父母亲的交流也有了明显的改善。

二、危机介入模式的特点

由于服务对象处于危机的状态中,社会工作者必须在非常有限的时间内快速、有效地解决服务对象的困扰,让服务对象摆脱危机的影响。危机介入模式对社会工作者提出了很高的要求,同时这也形成了危机介入模式的特点,即迅速了解服务对象的主要问题、快速作出危险性判断、有效稳定服务对象的情绪和积极协助服务对象解决当前问题等。

第一,迅速了解服务对象的主要问题。由于服务对象在危机面前通常表现出迷茫、不安和不知所措,而且时间又非常紧迫,社会工作者需要将自己的注意力集中在服务对象最近的生活状况上,采用开放式的提问方式帮助服务对象整理自己的想法和感受。

第二,迅速作出危险性判断。危机之后经常伴随服务对象的一些破坏行为。因此,作为危机介入模式的一项重要任务,社会工作者在了解服务对象的主要问题过程中需要对服务对象采取破坏行为的可能性和危险程度进行评估,以便给予及时的介入和治疗。

第三,有效稳定服务对象的情绪。服务对象的情绪在危机中通常是非常不稳定的,表现出紧张、不安、迷茫、无助和沮丧等,社会工作者需要借助简洁易懂的语言、专心的聆听、感情的支持等技巧稳定服务对象的情绪,与服务对象建立信任的合作关系。

第四,积极协助服务对象解决当前问题。一旦服务对象的情绪稳定之后,社会工作者就需要协助服务对象分析危机产生的原因,并根据危机发生的原因制定以解决当前问题为主要目标的介入计划。在服务对象的周围他人的支持下,协助和检查计划的执行,帮助服务对象克服危机的影响。

本章小结

本章介绍了个案工作中常用的五种个案介入模式:心理社会治疗模式、认知行为治疗模式、理性情绪治疗模式、任务中心模式和危机介入模式。心理社会治疗模式将社会工作中的心理因素与社会因素结合起来,既关注服务对象内心的动力和变化,同时也关注服务对象所处的社会环境以及服务对象与社会环境之间的互动关系，心理社会治疗模式的一项显著特点是采用直接治疗和间接治疗相结合的服务策略。认知行为治疗模式把认知治疗原理与行为治疗原理融合在一起，关注服务对象的认知、行为和情绪三者之间相互影响的方式。理性情绪治疗模式扩展了个案工作的服务介入层面，把服务对象的信念也纳入个案工作的服务内容中，强调非理性信念才是服务对象问题产生的根源，认为社会工作者需要对服务对象的非理性信念进行识别和辩论，以便帮助服务对象形成理性的生活方式。任务中心模式采取一种短期的治疗策略，认为个案工作既要对服务对象的问题进行清晰的界定，同时也要对服务对象的任务甚至服务对象本身进行明确的规定，以保证个案工作具有明确的目标、明确的任务和明确的途径，在一定的时间限制内实现最佳的服务效果。危机介入模式注重对服务对象的危机处境进行直接干预，遵循及时处理、限定目标、输入希望、提供支持、恢复自尊和培养自主能力等原则，帮助服务对象从危机的处境中逐渐摆脱出来。虽然这五种个案介入模式的工作焦点、工作原则和服务技巧各不相同，但它们都是个案工作的重要服务模式，为社会工作者从不同角度、不同侧面帮助服务对象提供了必要的理论逻辑框架和具体的服务介入程序和技巧。

思考题

1. 心理社会治疗模式的治疗技巧包括哪些？
2. 认知行为治疗模式是怎么看待人的认知、行为和情绪之间的关系的？
3. 理性情绪治疗模式是怎样理解人的心理失调机制的？
4. 任务中心模式的核心概念有哪些？
5. 危机介入模式在工作中遵循的基本原则是什么？

第八章

家庭介入模式

个案工作包括面对个人的辅导以及涉及与个人问题息息相关的家庭治疗。家庭是社会工作的主要服务对象。家庭治疗是在传统个人心理治疗的基础上发展出来的。在心理治疗的历史上，人们很早就认识到家庭对个人成长与心理健康的作用，也认识到生活中的烦恼主要来自于与朋友、恋人、家庭成员的不愉快关系。"20世纪最具影响力的两种心理治疗方式，弗洛伊德的心理分析与罗杰斯的案主中心式治疗，都是以心理问题乃源自与他人间不健全互动为前提，而认为最好的舒缓方式即是在治疗者与患者间建立私密的关系。"①

早期心理治疗虽然看到了人际互动在心理治疗中的重要性，但介入途径仍局限在个体心理治疗。这种治疗方式不是通过家庭，相反是回避家庭；不是介入现实的人际互动，相反是以躲进会谈室回避现实的人际互动。盛行于早期的心理治疗都是对案主的单独治疗，家庭治疗没有容身之处。

会谈室中个人治疗是针对个人及其性格入手，但是问题的产生不只在于个人，也有环境因素，特别是家庭环境对人的影响尤其大，所以仅仅以个人为对象有时并不能真正解决案主的问题。有些案主经过治疗取得了一定的成效，但很快又会回复到治疗前的状态，究其原因，在于其生活的家庭环境没有改变。家庭治疗法以整个家庭为治疗单位，通过改变家庭的结构与交往方式以发挥家庭的功能，从而使个别家庭成员的问题真正得以解决。

家庭治疗创始于20世纪50年代，于60年代继续发展，至70年代臻于成熟。1975年到1985年期间，是家庭治疗的黄金期，出现了不同的模式与流派，这些竞争性的治疗模式扩大了家庭治疗的影响，确立了家庭治疗的地位。时至今日，家庭治疗仍是心理治疗中重要的一支。

---

① M. P. Nichols & R. C. Schwartz 著，王慧玲等译：《家族治疗概论》，(台北)洪叶文化事业有限公司 2002年版。

个案工作在其诞生之初,非常重视与家庭一起工作。社会工作的基本理念就是重视环境对个人的影响,强调在环境中治疗个人。美国早期社会工作课程的第一课即为"在需要救助家庭的居住地所作的治疗"。早期的社会工作者"友好访问员"把家庭而非个人视作治疗单元。"友好访问员"亲自登门造访家庭,对案主的家庭进行系统观察,同时对个人及家庭提供社会服务。这些为家庭治疗所重视的元素,在个案工作的诞生之初就具有了。但个案工作的发展却因为受心理治疗的影响而走入了个人治疗的会谈室,直至心理治疗发展出家庭治疗的模式,个案工作才重新返回其原有的传统。

本章介绍结构家庭治疗、萨提亚家庭治疗、叙事家庭治疗这三个主要的家庭治疗模式,以使读者对家庭治疗模式有所了解。

第一节 结构家庭治疗模式

一、理论背景

结构式家庭治疗(Structural Family Therapy)模式是由米纽秦(Minuchin)创立的。米纽秦于20世纪60年代初创结构家庭治疗法,而到70年代,结构式家庭治疗法已经盛极一时,成为家庭治疗领域中最具影响力的模式。米纽秦就职的费城儿童辅导中心因此成为世界知名的场所,成千上万的家庭治疗者曾在此接受结构家庭治疗的训练。

米纽秦早年曾在纽约的贫民窟中使用当时极盛行的心理分析治疗法去帮助边缘青少年,但他发现这种方法的效果有限。因为心理分析治疗法的有效施行,案主必须有相当的语言表达能力与自我观察能力。但是贫民窟的孩子理性发展不足,而且生活在一个以拳头说话的环境中,他们对语言的内容并不真正关心,所以语言分析对他们的作用相当有限。对他们来说,直接通过改变他们的交往方式,使他们获得新的体验、感受和行动,是更有效的治疗方法。由此奠定了结构家庭治疗法的一个特点,就是着重交往的过程,而不只是谈话的内容。

贫民窟的家庭大多是"缺乏组织"的,家庭破碎、父母不尽职、孩子缺乏管教,青少年的问题很大程度上与家庭的结构不完整且功能的失调有关。所以米纽秦以家庭作为治疗的重心,他应用帕森斯的核心家庭理论分析家庭的结构与组织,他认为治疗的目的在于去除阻碍家庭功能发挥的结构,取而代之以较健全的结构,使家庭的功能得以发挥。他有关结构式家庭治疗法的主要著作有《家庭与家庭治疗》《家庭治疗技巧》《心理生理病家庭》等。

米纽秦不仅有丰富的临床治疗技巧和经验,而且其理论基础与治疗原则也

相当清晰扎实,其主要理论观点如下:

1. 以家庭作为治疗的单位;
2. 相信个人的问题是家庭交往过程中的问题反映;
3. 家庭功能发挥不良是因为家庭的结构不合理,通过改变家庭的结构与组织,可以使家庭的功能得到正常的发挥;
4. 不把个人行为问题作为治疗的焦点,而把改变家人的交往方式作为治疗的中心;
5. 治疗不采用直接的、一对一的谈话方式,而是多元化、多层次地介入家庭成员的交往过程中;
6. 注重此时此地的现实情况,而不注重对家庭历史的回顾与家庭问题成因的追溯[①]。

结构家庭治疗模式假设个人问题与家庭的动力、组织有着密切的关系,它特别重视家庭结构的影响,认为个体的问题症状都是家庭结构缺陷造成的副产品,必须在家庭结构发生良性改变之后,个体的问题才能够减轻或消除。所以它以改变家庭的结构为治疗的首要目标,治疗者不直接去解决个人的问题,而是在重建家庭结构过程中扮演积极主动的促进者角色。当家庭的结构改善了,其正常的功能就得到发挥,困扰个体的问题也就迎刃而解。"在这个架构下,治疗的方向是改变家庭的组织结构。当结构转化之后,成员们在此团体中的定位也随着改变。结果每个成员都会体验到改变。"[②]

二、基本概念与假设

结构式家庭治疗模式是以一些对家庭动力与组织的基本假设为前提的,据此判断正常家庭与功能失调家庭,它有三项基本要素:结构、次系统及界限。

（一）家庭系统

家庭是一个系统,由家庭成员组成。在系统中,每个家庭成员有它特定的角色与功能,他们彼此依赖、互相影响。每个家庭成员的变化都会影响到家庭,而家庭的变化也对每个家庭成员发生影响。

家庭并不是单个家庭成员的简单相加,作为整体的家庭有着超越于单个家庭成员的结构,这个结构反映的是家庭成员的交往与关系,而不是单个家庭成员个体的特质。所以结构式家庭治疗法认为,单独地了解每一个家庭成员,并不能达成对家庭的了解,只有通过观察家庭成员的具体交往过程,才能真正了解家庭成员的关系与相处方法,才能从整体上把握家庭的结构。

---

① 高刘宝慈等:《个案工作与家庭治疗理论及案例》,香港中文大学出版社1997年版。
② S. Minuchin. *Families and Family Therapy*. Cambridge, MA: Harvard University Press, 1974.

系统概念的出现，显示了长期占主导地位的"线性因果"观念的局限性，在家庭系统内成员的影响是相互的，很难分辨出谁是因、谁是果，所以必须用"循环因果"的观念才能正确认识。结构家庭治疗通常不会寻求其潜藏的原因，而是直接试图打断循环性的互动模式。

（二）家庭结构

家庭结构是家庭成员互动的组织模式，是在家庭成员的交往过程中形成的，也表现在家庭成员的交往过程中。家庭结构是抽象的，离开了家庭成员的交往过程，结构也无从把握。但它又是实实在在存在的，因为它制约着家庭成员的交往过程。家庭结构可以说是固定化了的交往关系，并因为期望在家庭内建立规则而受到强化。家庭成员之间的互动是了解家庭结构或组织的一条途径，如在家里妈妈管教孩子，孩子就会找奶奶投诉；儿子起床让母亲叫醒，母亲每天早上就成为儿子的闹钟，这些就是家庭的结构。治疗者工作的重心不是倾听交往内容，而是注意交往的过程，从中可以透视家庭的结构形态。

家庭的事务千头万绪，具体的交往过程也千变万化，但交往可以形成稳定的模式，而模式则反映了内在的结构。把握住了结构，就把握住了无数家庭问题的症结，就可以直接改变家庭结构来解决家庭问题，而不必单独地处理具体的事务，这正是结构家庭治疗法简洁明快、不致陷于琐碎事务的原因。

结构式家庭治疗模式用次系统、界限、角色和责任分工及权力架构来具体把握家庭结构。

1. 次系统（subsystem）。在家庭中，基于代际、性别和共同兴趣的不同，家庭成员之间还可划分成较小的系统，叫做次系统，例如夫妇次系统（妻子与丈夫）、亲子次系统（父亲或母亲与子女）、兄弟姊妹次系统及延伸的子系统（祖父母、其他亲戚甚至社区与学校）等。通常家庭系统由多个次系统组成，一个次系统包括两位或两位以上家庭成员。家庭成员在不同的次系统中扮演不同的角色，如一个核心家庭中的男子，可以扮演夫妇次系统中的丈夫角色、亲子次系统中的父亲角色、原家庭兄弟姊妹次系统中的兄弟角色。

在结构家庭治疗模式中，次系统有适当的任务与功能。当一个次系统的家庭成员占据或侵犯一个其不属于的次系统时，表明家庭的结构出了问题。结构治疗法最关心的是确保父母次系统与儿女次系统适当隔离。

2. 界限（boundary）。家庭作为一个系统有其界限，使它与周围的环境分隔开来。同时家庭的次系统也有界限，界限的存在决定了次系统内成员之间、次系统成员与其他成员之间的角色、分工与权利义务关系。如果家庭内没有形成界限，任何人都可以随意闯入，在分工上就会出现混乱，家庭就无法发挥正常的功能。如就餐时禁止接听或呼出电话的规定，可保护家庭免受外界的侵入，从而建立了界限。而当家庭内的次系统的界限过分僵化、缺乏渗透性和弹性时，次系统之间就完全隔离开来了，家庭的正常功能也无法发挥。所以是否存在界限以及界限的渗透性，是结构家庭治疗法所关心的。

人际界限程度从僵化到弥散有所不同，僵化的界限有明显的约束力，限制与外部子系统的接触，这就导致了疏离。疏离的个体或子系统虽然独立，但却被孤立。从积极的角度看，促进了自主，但从另一个角度看，限制了情感和互动。纠缠的子系统虽然能在很大程度上相互支持，但却是以牺牲独立和自主为代价的（图8-1）。

僵化的界限	清晰的界限	弥散的界限
疏离	正常范围	纠缠

图8-1 人际界限

3. 角色（role）和责任分工（division of responsibility）。每一个家庭成员在家庭中都承担着特定的角色。角色可能是多重的，但应该是明确的，如一个男子在家庭中对孩子是父亲的角色、对妻子是丈夫的角色，而对父亲是儿子的角色。不同的角色界定着不同的责任与权利义务关系。一个正常的家庭应该是家庭成员各司其职、互相配合。当然家庭也要弹性地帮助其成员完成责任。当家庭遇到变故时，为了使家庭继续发展正常功能，家庭会在家庭成员之间重新分配责任。如父亲的亡故可能会使年少的儿子过早地肩负起家庭的责任，扮演父亲在家庭中的部分角色。

4. 权力架构（hierarchy）。家庭的权力架构是指家庭中谁做决定，怎样做决定，谁是支配者，谁是被支配者等。家庭应有适当的权力架构，如父母有权力行使管教子女的职责，子女有服从父母管教的义务。适当的家庭权力架构是完成家庭不同角色及相应责任的基本前提。在现代家庭中经常可以看到全家围绕着独生子女转，祖父母祖护着孙子女，而又不许父母管束，这样的家庭显然是一个权力架构混乱的家庭，对孩子的成长极其不利。

家庭结构有个很大的特点就是互补性。家人的角色与行为常常是互相影响，又是互相补充的，如严父与慈母、懦弱的丈夫与凶悍的妻子、无主见的父母与任性的孩子等。所以工作者可以利用互补性理解某些家庭成员行为的原因所在。

（三）病态的家庭结构

不良的家庭结构是造成家庭成员问题的真正原因。不良的家庭结构主要表现在纠缠（enmeshment）与疏离（disengagement）、联合对抗（coalition）、三角缠（triangulation）、倒三角（perverse triangle）等方面。

1. 纠缠与疏离。在正常的家庭中，各次系统之间有清楚的边界，以完成家庭的分工与权利义务分配。而所谓的纠缠与疏离是指各次系统之间的界限模糊或混淆,该封闭的不封闭,该开放的不开放,从而导致家庭角色的混乱,造成家庭成员的问题。例如夫妻感情不好,使妻子把儿子作为唯一倾诉的对象,日久形成母子的同盟,使夫妻感情、父子感情日趋疏远。在这里母子关系就是纠缠,而夫妻关系就是疏离,因为在正常的家庭中,夫妻应是一个较密切的次系统,儿子不应过分插足于夫妻之间。

2. 联合对抗。纠缠与疏离往往使家庭中某些成员结成同盟,而与其他成员相对疏远乃至对立。当发生冲突时,结成同盟的成员会不分青红皂白地一味维护本同盟的成员。家庭中这种壁垒分明的情形就是联合对抗。例如,家庭中出现争执时,母亲常常站在儿子一边,而父亲则站在女儿一边。

3. 三角缠。三角缠是一种非直接的互动,它是通过第三方来实现双方互动的。如夫妻之间通过子女来传话,或者通过骂子女来发泄夫妻之间的不满,这样就把第三方带进了两人关系中。

4. 倒三角。在核心家庭中权力一般操纵在父母手中,但是一些家庭由于父母不和或性格软弱等,导致子女支配父母的局面,这就是倒三角。这种倒三角的家庭权力结构对孩子的成长是极为不利的,所以父母应该学习行使权力。

在现实生活中,所有家庭都会面对很多压力和困扰,不可能永远快乐地生活。当外界环境或家庭内部发生变化时,正常的家庭能很快作出调整,以使家庭正常运作,而功能失调的家庭不能根据情况作必要的调整,固守原有的结构或失效的交往方式,形成病态的结构,导致了大量家庭与个人问题的产生。

三、方法与技巧

一般来说,结构式家庭治疗的策略包括以下六个步骤:[①]

1. 进入和顺应家庭;
2. 引起并处理互动;
3. 勾画结构;
4. 改变家庭的看法;
5. 明晰界限;
6. 改变家庭的价值观。

(一)进入和顺应家庭

结构家庭治疗模式把核心放在把握家庭的结构上,但结构并不是直接可以看到的,而是在家庭成员日常生活交往方式中表露出来。所以要了解家庭的结构,仅靠与每个家庭成员单独交谈是不够的,一定要进入家庭的现实环境,去观

[①] 引自 M. P. Nichols & R. C. Schwartz 著,王曦影、胡赤怡译:《家庭治疗——理论与方法》,华东理工出版社 2005 年版,第 233 页。

察他们的言行与交往方式，才能确实把握家庭的结构（或把整个家庭邀请进会谈室，观察他们的交往方式）。观察家庭，以进入会谈室后家庭成员选座位的方式以及家庭成员谁和谁坐在一起，就能明显看出这个家庭的结构。当然前提是工作人员要给家庭成员选座位的机会，引导他们随便坐，自己则在一边观察。

家庭对治疗者的进入一般都有保留或抗拒，因为一个家庭已有习惯的沟通互动方式，工作者对此予以攻击毫无用处，因此首先要以理解和接纳的方式出现。

工作者要用贴近的立场。在这种立场上，工作者犹如家庭中的一个成员，表达自己对家庭结构、联盟、规则的看法。工作者会代表个别家庭成员说出心里的感受与看法，把他们心里的想法坦白地说出来。由于工作者能打开天窗说亮话，迫使家庭直面问题，而不是回避问题，从而创造了解决问题的机会。

工作者不应该只是对家庭中的个体表达尊重，也应该尊重家庭的等级结构和组织，如可以通过认可父母的权威来表达尊重。工作者切记，如果你不能进入和顺应家庭，你的任何工作都无法进行。

工作者在进入工作阶段有如下几点必须注意：

一是入乡随俗，即接纳家庭的规则、习惯。在刚刚进入家庭时，为了避免家庭的过分抵触，有必要先了解家庭的规则与习惯，接纳这些规则与习惯，而不是一开始就去改变这种规则与习惯。米纽秦把家庭治疗者比拟为人类学家，在研究任何文化之前须参与他们。唯有工作者在成功参与家庭的情况下，才有可能进行重组等重大举动，以质疑家庭成员的方式迫使其改变。

二是注重了解家庭交往的过程与关系而不是谈话内容。一般心理辅导注重了解谈话的内容，而在结构家庭治疗中则要追查交往的过程。通过追查家人的交往关系和交往方式、过程等，了解家庭的联盟、对抗、适应能力、边界、权力架构和家人间的影响力等，以作为评估和治疗的基础。

（二）引起并处理互动

家庭结构会在家庭成员的互动中表现出来，而不是单从他们的描述中表现出来。工作人员要从对话中刻意引导家庭成员"活现"出家庭成员之间的互动模式，如"他说你很严厉，你能回应他吗？"，以此促进他们两个人之间的互动，"活现"真实的互动关系。

一旦家庭成员"活现"，工作人员就有机会发现家庭的结构、界限、权力关系等。例如两个家庭成员在活动中不断打断对方的说话，能看出界限：谁在中心，谁在边缘，谁常受攻击等。

（三）勾画结构

勾画结构的目的是要在搜集资料的基础上对家庭的问题作一个判断，类似于诊断。各个家庭的问题不同，勾画结构提供了对特殊家庭问题的原因与表现的认识,是进一步治疗与介入的必要前提。结构式家庭治疗法根据其理论,提供了勾画结构的基本框架,现分述如下。

1. 家庭的形态和结构。工作者要了解家庭的形态包括家庭的大小、家人的教育程度、工作性质、社会经济阶层、家庭特有的文化、特色、价值观、优点和缺点等。

工作者要找出家庭的结构,例如家庭内的联盟、对峙情况、界限是否清楚、家人对家庭的归属感及与整体家庭的配合、权力架构是否清楚以及分工是否合理等。

2. 家庭系统的弹性。家庭系统的弹性是指家庭的适应与转变能力,例如家庭遇到压力时能否适应并重组结构。家庭成员以及外界情况不断在变化,这就要求家庭的结构与功能相应地发生变化,以适应变化了的情况。但有问题的家庭往往固守原来的结构与交往方式,从而给个体带来困扰。

3. 家庭系统的回馈。家庭系统的回馈是指家庭对个别成员的需要、感受、行为和思想的敏感程度。

正常的家庭应对成员的问题很了解、关心与支持,也会给当事人足够的自主去决定、处理个人的问题。有些家庭的成员之间过分冷漠,对成员的表现漠不关心,也有一些家庭则过分关注成员的一举一动,过分操心与紧张,有取代他人决定的倾向。过分冷漠与过分关心都是不正常的家庭互动模式。

4. 家庭生命周期。家庭是不断发展变化的。任何家庭都有生命周期,两个人分别脱离父母独立出来,组成新的家庭,到孩子诞生、上学、读书或工作,再到孩子成婚组成新的家庭,家庭一直在变化中,所以家庭中的夫妻、亲子及兄弟姊妹的关系也不断变化。判断家庭的结构与功能是否完善必须联系家庭的生命周期,比如在孩子较小时,父母应该行使权威。但当孩子已经是成年人,甚至已经成家时,父母应该让出大部分的权威,甚至学会在子女家庭中做一个辅助者的角色。父母与子女的关系不是一成不变的,而是根据家庭生命周期作出调整。家庭生命周期使治疗者更清楚家庭问题之所在,由此可帮助家庭根据家庭生命周期作出调整。

米纽秦提醒家庭治疗者不要把成长期的挫折视为病症。由于家庭的生命周期,一般家庭在其成员适应成长及变化时都会经历焦虑与障碍。家庭治疗者要知道,这对许多家庭都是很正常的,他们也许只是处于调整以适应新环境的过程中而已。

5. 家庭成员的症状与家庭交往方式之间的关系。结构式家庭治疗假设了个别成员的问题产生于家庭功能失调与不良交往方式,所以不应过分关注于个人的问题本身,而要考察个人问题与家庭交往方式之间的关系。家人的交往是互补性的,家人的问题也是彼此造成的。工作者要找出这个家庭是怎样交往的?

病症是怎样形成的？是谁的问题？它出现后谁最受影响？谁最想改变？谁会在改变中得失最多？

勾画结构的过程开始于接案之初，在接案过程中，工作者通过接案会谈、转介文件、登记表等，初步了解家庭的情况及问题症状。在进入家庭后，了解情况的过程也是一个诊断、勾画结构的过程。为了了解家庭交往的实况，工作者除了以旁观者的身份观察家庭成员的自然交往过程之外，还强调工作者的干预与导演作用，即在重演家庭的交往过程时，通过工作者的介入，改变家庭交往的方式，从而观察家庭改变的弹性。如夫妻不睦，丈夫指责妻子过分宠爱儿子，使儿子没有养成吃饭的规矩，而妻子则认为丈夫对儿子漠不关心。丈夫干预儿子的行为时，妻子保护儿子，形成家庭纠纷。治疗者让丈夫改变说话的方式，先肯定妻子在教育孩子方面所作出的努力，同时指出她的行为对孩子的不良影响以及改变儿子行为的可能方法。经过由对抗改变为对话，观察家庭能否弹性地改变。

（四）改变家庭的看法

结构家庭治疗法重视转变家庭的观念。一般家庭认为问题的关键在于有症状的家庭成员，而工作者却认为问题出在家人交往方式上。为了改变家庭对此问题的看法，让家庭认识到个别成员的问题与家庭交往方式之间的关系，工作者经常使用重演的方法。在此过程中，工作者要特别注意引导家庭成员直面问题。

当家庭遇到问题时，有时会采取回避的方式，或者谈一些无关紧要的事，工作者则应根据结构家庭治疗的理论，围绕家庭交往方式展开话题，家庭成员可能会觉得他们有更迫切的问题要谈或认为成员的症状与家庭交往方式无关而把话题引开。工作者必须清楚地认识到该治疗方法的特点，不断把话题重新引回到家庭的交往方式上。工作者有时又要坚定地阻止某些家庭成员打断别人话题的行为，使所有成员都能不受干扰地说出心里话。

但是有些家庭很难把别人的话听进去，因为要家庭听到或真正接收到一个它经常回避的信息是困难的。家庭交往模式往往有其"恒定性"，所以改变其交往模式往往是很困难的。为此工作者有时需要采用某些非常的手段，给家庭成员造成一个强烈的印象，以使家庭无法回避问题，这就是引起家庭的震荡与原来习惯的解冻。比如在一次会谈中，反复重复某一信息、突然改变声调、做出某些怪异的动作等，可以起到引人重视的作用。

人际关系出现问题时，人们往往倾向于把责任推到别人身上。当家庭成员认为问题出在其他家庭成员身上时，他们除了坐等这一成员的改变外，便无所作为。而结构家庭治疗的一个重要方法是引导家庭成员认识其他成员的问题与他们表现的关系，从而使他们可以有所作为。比如说，一位父亲抱怨其青春期儿子的行为：

父亲：那就是我的儿子，粗鲁又叛逆。

工作者:谁把他教成那样的?

工作者并不接受父亲的一面之词,把责任完全推到儿子身上,而是引导他去思索家庭成员互相影响的模式,让父亲能从自己可控制的部分去思索:如果他能更尊重儿子一些,减少一些限制,也许儿子的叛逆性就不会那么强了;如果他妻子不是从小一味娇惯,儿子可能更会克制自己一点;如果他与妻子在教育孩子上意见更一致,也许他儿子不会是现在的状况等。"人们很难看出自己也是使自己陷入灾难的成因之一。人往往会虎视眈眈怪罪对象的所作所为,多数人却很难看出自己与他人相处的模式。治疗者的工作之一就是唤醒他们。"[1]

(五) 明晰界限

家庭的一个主要问题是某些家庭成员过分疏远或过分纠缠,从而影响了与其他家庭成员之间的关系以及整个家庭功能的发挥,所以家庭中各次系统界限的建立以及明晰界限的可渗透性是很重要的。

工作者在治疗中应该帮助家庭建立必要的界限或使界限不致过分僵化。比如如果母子关系过分纠缠,母亲总是急于代儿子回答问题,为他辩护,保护他的利益,在这种情况下工作者有必要阻止母亲的插话,鼓励儿子自我表达,使他们之间建立起一定的界限。同时,界限的可渗透性也很重要,如果界限渗透性太差,界限的存在就会妨碍整个家庭功能的发挥,如兄弟姊妹之间的次系统独立性太强,使父母很难对子女发生影响,这时工作者应该鼓励父母与子女之间加强面对面的交流。

家庭的问题还在于家庭不合理的权力结构,权力掌握在某些人手中,而另一些人则成了牺牲者,要解决这类问题必须向现有家庭的权力结构挑战。为此工作者必须进入家庭内部,站在"受压者"一边向"掌权者"挑战。

例如,一个家庭包括一对中年夫妇与一个上大学的儿子,丈夫是个事业有成的企业家,但有时在外面寻花问柳,因此引起家庭关系紧张。儿子站在母亲一边反对父亲,父亲在家里很孤立。妻子经常当着儿子的面指责丈夫,使丈夫在家庭中相当疏离,不愿待在家中。

工作者可以通过冷落的方式有意识地忽视妻子的意见,当妻子指责丈夫时,站在丈夫一边批评妻子,减小她的影响力。当妻子受到批评时,可能会向丈夫寻求支持,这样实际上达到了增强夫妻次系统的目的,夫妻之间的关系可能会向平等沟通的方向发展。

有时工作者会采用引起危机的方法,使家人能直面他们行为可能产生的后果,例如在上面的例子中,让妻子体悟到丈夫的进一步疏离可能会出现家庭的解

---

[1] M. P. Nichols & R. C. Schwartz 著,王慧玲等译:《家族治疗概论》,(台北)洪叶文化事业有限公司 2002 年版。

体,从而使妻子在夫妻关系中更加慎重与克制。

工作者也可以通过揭示互补性,使家人觉察到他们行为的互相影响。例如勤劳的主妇养成了丈夫与子女的依赖性,这时可以通过揭示互补性,让主妇放弃一味抱怨家人的懒惰,而不再是事事都替家人打理,使他们也发挥应有的主动性。

(六) 改变家庭价值观

每个家庭都形成了它本身的期望、要求、价值观与道德观。比如有些家庭以为子女一定要读大学才有出息、父母必须为子女的成家提供资助、任何家庭成员的决定必须得到全家的同意等。

例如,当成年儿子想辞职从事一项有风险的事业时,父母坚决反对。此时工作者应鼓励儿子与父母多沟通,把双方的想法讲清楚。如果儿子在彻底考虑后仍坚持辞职,就要让父母尽可能不干涉他。因为儿子已经成年,他有为自己的前途作决定的权利。即使他的选择事后证明是错误的,也应该允许他从失败中接受教训。如果一开始就剥夺了他独立选择的机会,他永远也不可能成长。在父母的态度中可能包含着这样一种想法:家庭是一个整体,家人有权利也有义务阻止某些家庭成员的个人决定。通过工作者的工作,家庭可能会认识到成年人有自我决定的权利,家人只有建议与劝告权,但没有代他作决定的权利。

如果工作者赞同父母的立场,认为儿子的选择是错误的,而又无法说服他时,可以采用策略性的"似非而是"方法,这种方法类似于"激将法"。工作者可以鼓励家人采用相反的立场来达到自己的目的。如上例,工作者可以劝说父母采用鼓励儿子辞职的立场。由于儿子把父母的干涉看成主要的障碍,总想说服父母同意他的观点,所以过多地看到辞职的好处,而较少想到辞职的风险。当父母采用了鼓励的立场后,他可能更多地考虑到辞职可能带来的一系列问题。这时他可能会因为对前途实在没有把握而放弃辞职。

这种"似非而是"的策略在改变家人的行为方面有时会有意想不到的效果。比如,如果丈夫觉得妻子与她的小姊妹过分亲热而有被忽视的感觉时,一般往往采用反对的态度,而妻子可能不以为然。工作者可以让丈夫采用鼓励妻子邀请小姊妹来玩的态度,这时妻子可能怀疑丈夫对小姊妹有不良企图,反而会疏远小姊妹。

有时也要引导家庭成员关注家庭整体的优点与个别成员的优点。比如在上述儿子辞职的例子中,可以引导父母注意到儿子不安于现状,想改变自己命运的奋斗精神。同时也要引导儿子看到在父母的反对与干涉中包含着父母深厚的爱。

案例

一对夫妇带着上初二的儿子来到工作员面前,前来寻求治疗的理由是儿子拒绝上学已经有一个多月,他们已经找不到孩子不去上学的理由,因为老师、同学都无法给出一个原因,孩子自己也闭口不谈,家长更是莫名其妙。

工作员在治疗室事先放了四把椅子,进门后,让这个家庭先随意坐,站在一边的工作人员看着这个家庭中儿子和母亲快速坐在一起,而父亲而把椅子搬到离他们俩较远的一个角上,工作员之后也选择了座位。

在整个辅导的过程中,父亲一直沉默寡言,母亲则成了主要描述者,儿子一直低头不语,父亲则紧张地看着母亲。工作人员从母亲的描述中知道孩子曾抱怨家庭气氛不好,母亲支吾说是父亲有第三者什么的。问儿子,他谈到学校和同学都不是他不去上学的原因。长达一个多小时的谈话中,治疗师不断用各种方式探寻家庭的结构界限、权力等。

最后,工作员指出,母子关系在家中比较纠结,而夫妻关系、父子关系疏离。因为儿子是怕父亲将第三者带回家而扮演了母亲保卫者的角色,用不上学来让父亲中止他的出轨行为,保护母亲不受伤害。工作员让孩子起身踩在凳子上,离开父母远一些,往窗户外看,希望孩子有自己的世界而不要让关注点放在父母身上。用这样的行动来明确界限,打破之前的家庭结构。孩子在这个过程中不说话但开始痛哭流涕。工作员进一步说出该家庭的问题是夫妻之间关系疏离,希望下次可以就这个问题进一步详细交流。

在这个案例中,挑选座位,询问儿子的名字是谁起的,都是对家庭结构的一个探寻,用椅子让孩子和父母疏离,是对家庭结构的一种介入方法。

四、理论特点

结构家庭治疗模式的影响巨大,这固然与米纽秦的治疗天才有关,但其理论基础单纯可行也功不可没。结构家庭治疗模式提供了一个相对简单的分析框架与治疗方案,即使是一个新手,只要根据家庭互动过程的框架就能进行治疗,无需就各个不同个案采用不同的技巧。

结构家庭治疗模式强调家庭的结构形态,认为家庭功能不良是因为结构不良所致。所以解决案主的问题不是直接致力于个人问题,而是完善家庭的结构,当结构完善后,家庭就能发挥它正常的功能了。

家庭的结构并不是自动呈现的,而是表现在家庭的交往方式上的。而家庭的交往方式与单个家庭成员的表现关系不大,而是表现在成员的互动中的,所以要了解家庭的交往方式必须进入家庭,进行现场观察。

为了了解家庭的交往方式,仅是客观的旁观是不够的,工作者应该是一个活跃的角色,积极地干预,以使家庭原有的交往方式在短时内显露出来,同时工作者还要考察家庭改变交往方式的弹性,以及演练新的交往方式。结构家庭治疗模式是一种行动派的治疗,根据家庭的即时互动加以引导,而旨在改变那些互动行为下的基本结构。米纽秦最为人称道的是其临床技巧,其大量介入家庭的策略对我们有很大的启发作用。

结构家庭治疗模式有一个理想的家庭结构模型,这个理想模型就是西方中产阶级核心家庭,这使这一治疗法带有相当的保守性。从历史来看,人类的家庭形态在不断变化,核心家庭是在西方工业革命后成为主导家庭形态的。随着单亲家庭的增多,西方家庭形态正处在重大变化过程中。所以把某一历史阶段中的家庭形态作为最理想的家庭模式来推广,确实有一定的局限性。

而且西方中产阶级核心家庭往往以父亲为主轴,而对这种家庭形态的推崇具有强化父权与男权的倾向。在米纽秦的理论中,把传统男女性别角色期待神圣化,如他认为父亲担任工具性角色,母亲为表达性角色,提出"母亲情绪纠葛/父亲疏离"症候群概念。当代社会性别理论的发展,侵蚀了结构家庭治疗模式的理论基础。虽然米纽秦本人是积极辅导贫民区家庭的先驱之一,而且也把他的疗法运用于同性恋家庭,但他力图把这类家庭引导到主流的中产阶级核心家庭的思路也值得反思。有位评论家指出:"由于他能够成功地与家庭系统中的父亲们打成一片,因此他的取向特别适用于重视父权的文化中。"[1]

实证研究证明,结构家庭治疗模式对儿童精神异常、心因性厌食症、戒毒等都有相当好的治疗效果。这是该模式长盛不衰的重要原因。米纽秦退休后,为了纪念他,纽约的家庭治疗中心被命名为米纽秦家庭治疗中心,并成为世界的家庭治疗中心。结构家庭治疗派人才辈出,该模式至今仍是家庭治疗领域中的主流模式。

第二节 萨提亚家庭治疗模式

一、理论背景

萨提亚模式(the Satir Model)也称为联合家庭治疗(Conjoint Family Therapy),由美国著名心理治疗师弗吉妮娅·萨提亚(Virginia Satir)女士创立。萨提亚是引入家庭治疗的先驱人物之一,在其72年的生命历程当中,她一直怀着"人可以持续成长、改变,并开拓对生活崭新的信念"这一信仰,孜孜不倦地致力于对家庭治疗的教育和写作,在家庭治疗的发展史上占有重要的地位。

萨提亚最初所受的教育使她深受心理分析学派的影响,但在工作中她逐渐发现了这种方法的局限性,1951年,她终于摒弃了传统个别治疗的方法,转而尝

---

[1] G. Corey 著,李茂兴译:《咨商与心理治疗的理论与实务》(第五版),(台北)扬智文化事业股份有限公司1999年版。

试家庭治疗,发现效果良好。萨提亚的创新在当时遭到了很大的阻力,也引来了大量的批评。但她始终不渝地坚持自己的理论,终于在个案工作诸流派中为家庭治疗争得了一席之地。

萨提亚是加州"心智研究学院"(Mental Research Institute,简称 MRI)早期著名成员之一。1959 年,她在 MRI 举办了历史上第一个家庭治疗的训练课程,在 1964 年出版了经典著作《联合家庭治疗》(*Conjoint Family Therapy*),这本书被誉为家庭治疗的"圣经"。萨提亚的工作偏重于临床实习与培训,她在世界各地开办联合家庭治疗的工作坊,以讲解、示范、回馈、扮演、讨论等方式,手把手地传授联合家庭治疗的理论与操作技巧。学员们无不为萨提亚高超的技巧与极大的魅力所折服。她是家庭治疗学界最著名之人道主义者和传奇人物。

首先,萨提亚的治疗模式是建立在系统理论之上的,抛弃了古老的亚里士多德理论中充满线性、单一因果论的看法。其次,她的核心概念建立在积极的存在主义理论基础之上。她认为人类能够展示出积极的生命力量,而正是这种力量可以将人们功能不良的应对方式转化为高自尊情境下的高水平自我关怀。她认为:①个人本身是一个系统;②家庭是另一个系统;③个人和家庭所处的环境又是一个系统。个人系统的形成受家庭系统的影响很大;同时家庭系统的形成也是家庭中个人系统互动的结果。个人系统与家庭系统呈现出复杂的、彼此影响、彼此决定的关系,它们互相塑造,形成了特定的家庭氛围与情境。系统理论强调"关系",而非"实体",由线性因果取向转向循环因果取向。

萨提亚模式的真正目的是关注家庭中每一个成员的成长,为了达成此目的,需要借助家庭的情境作为动力。萨提亚认为,是每个家庭成员先有良好的自我观念与自尊才能达成良好的家庭情境,还是必须先有良好的家庭情境才能养成每个家庭成员良好的自我观念与自尊,这是一个"先有鸡还是先有蛋"的问题。她认为应该把它理解为一个动态的过程,其中任何一方的某一部分的改变都将导致另一方的改变。萨提亚的方法反映出她对于整个世界的观察,即人们具有内部资源和选择,他们也拥有改变的可能。

萨提亚模式的主要创新在于,它认识到家庭在人的自我观念与行为模式形成中的重要性,并且通过对家庭历史的追溯与家庭沟通方式的理解,找出家庭成员问题的成因,在此基础上通过家庭互动方式的改变达成个人的成长,她所做的一切就是帮助人们找到他们的价值感、希望,对自我的接纳,赋予自己力量。

二、基本假设与概念

(一)人性观

1. 关于人的潜能。萨提亚相信人的潜能,对人性是乐观的。她认为人渴望自尊、渴望满足自己,也渴望与他人建立关系。她相信人是善良的,每个人都有各种能力和资源使自己能够过快乐和建设性的生活。工作者的目的就是要协助案主重新发现与利用蕴含在他自己身上的潜力,去处理他所面临的问题。

萨提亚相信,每个人都拥有其内在资源与选择,而且每个人都拥有改变的能力。不论外在条件如何,在这个世界上,没有人是无法作出改变的。"人类可以实现其所想要实现的;他们可以更正向、更有效率地运用自己;他们能够为更多的自由和力量,而拥有更多的选择"①。

2. 关于人性。萨提亚相信普遍的人性,她认为:①每个人都有价值的感觉,包含正向或负向在内,问题是它们背后的意义是什么。②每个人都有沟通的能力,问题是如何沟通和沟通的后果是什么。③每个人都遵循规则,问题是规则的种类和规则对他的影响如何。④每个人都与社会联系,问题是如何联系以及结果是什么。

3. 关于家庭。家庭是塑造人性的工厂,一个有问题的家庭中的人往往表现为:①自我价值感低。②沟通是间接的、暧昧不清、不真实、不坦诚。③规则是僵硬的、非人性的,不能协调,而且一成不变。④与社会的联系是惧怕的、讨好的和责备的。

而一个良好家庭塑造出来的人则是:①自我价值感高。②沟通是直接的、清晰的、特定的和坦诚。③规则是弹性的、人性的、合适的、依情境改变的。④与社会的联系是开放的、有期许的。

4. 关于关系。她认为人们对于世界的感知方式要么可归入等级模式,要么可归入成长模式中。究竟如何看待世界可以从四个方面评估:我们怎样定义一段关系;我们怎样定义一个人;我们如何解释一个事件;以及我们对改变抱有什么样的态度。

(二) 自我价值

萨提亚把有关对自己的感觉和想法,称为自我价值。个人良好的自我观念与自我评价是个人及家庭心理健康的基础。一个人的感觉、情绪与行为最终是由其自我价值决定的,当某个家庭成员的自我价值感低落的时候,就会影响其自我功能的发挥,同时也常常会妨碍整个家庭功能的发挥。

一个人的自我价值感由四部分组成:①对自己的看法;②对别人的看法;③心目中认为别人对自己的看法;④根据别人如何看自己所产生的对自己的看法。

自尊与行为表现之间有密切的关系,一个人自尊的高低影响个人的行为,行

---

① 萨提亚等著,吴佩璇等译校:《萨提亚的家庭治疗模式》,(台北)张老师文化事业股份有限公司1998年版。

为则反映了个人自尊的高低。唯有珍惜自己、爱自己，我们个人的能量才会源源不绝。有较稳定的自我价值感，自然会扩大一个人的成长空间，促进与外界的联系，有助于缩短距离、改善关系。而一个自我价值感较低的人，常常将责任归于别人，容易为情绪所驱使，使自己成为仇恨的工具，盲目地惩罚自己和别人。一个缺乏自尊的人常常有以下的特征：①自我否定，忽视自身存在的能力和资源；②不能够清楚地表达自己的需求与愿望，与他人的沟通是含糊的、间接的；③害怕错误与失败，不敢作新尝试或冒险；④倾向于让别人替自己作决定，凡事要寻求权威的赞许；⑤用种种心理防卫方式保护自己。

萨提亚家庭治疗模式的最终目的是要提升家庭成员的自我价值感。

（三）人的基本需求

每个人都有一些基本的生理与心理需要，特别是爱与被爱的需要、被人欣赏与重视的需要，这种需要超乎种族、性别与年龄。当人的基本需要在成长过程中被残酷地拒绝时，就会引发一系列的问题，最终结果就是人的自尊心的低落与丧失。

家庭在个人自我价值的形成过程中具有举足轻重的、决定性的影响，特别对处于人格与自我形成中的孩子，因为在家庭中，低自尊是有感染性的，若父母的自我价值感低，往往也会培养出低自尊的子女。

此模式认为，一个人的自我价值感不是天生的，而是后天学来的，特别是在童年时候学到的。在童年的时候，小孩子需要学会如何去把经验组织起来，其中包括认识自己是一个怎样的人。小孩子这个自我认识的过程和自我认识的结果，主要在四个方面受父母表现的影响：①父母是否能满足孩子生理上的需要？②父母和孩子是否能维持稳定的关系？③父母对孩子的反应有没有可预测性？④父母对孩子的评价是好是坏？

因此，父母如果在生理上满足小孩的需要，维持温暖的关系，给予可预期的反应和好的正面评价，小孩就会建立正面的自我价值观。相反，如果父母不能满足孩子生理上的需要，采取排斥的态度，对孩子的反应混乱、矛盾、不可捉摸和作出负面的批评，孩子就会建立负面的自我价值观。通常孩子在童年时所建立的自我价值是相当顽固的，除非将来他有机会去重新认识自己，否则很难改变其自我形象。

（四）家庭规则

萨提亚把家庭成员决定应该如何感觉、如何行动的规则，称为家庭规则。她认为，人们首先是在家庭中初步形成了感知世界的方式。从人们来到这个世界的那一刻起，就成为一个最基本的三角关系（即父母和孩子）的一部分。孩子也是在这个基本的三角关系所建立的家庭规则中开始成长的。每一个人都总会有一段时间生活在家庭之中，绝大多数人长久地生活在某种家庭之中。家庭经验不仅是个人最早的学习经验，而且是一个对个人具有深远影响的重要系统。家庭规则对每个人都有重大影响。

家庭规则常常表达为"应该如何如何"或"不应该如何如何"，是掌管家庭互动关系中的强有力的讯息。每个家庭都会形成一些家庭规则，这是很正常的。家庭规则一般不用专门制订和明确宣布，而是在家庭成员长期的互动中形成的，家庭成员往往心照不宣地遵守这些规则。好的家庭规则符合人性，具有弹性，能适应不同的情境。但有些家庭规则，如"不可表达愤怒的情绪"、"当大家高兴时，你也应该高兴"等，过分压抑人性，将会导致低下的自我价值感。

当规定被视为具有绝对性而别无选择时，通常就会带来问题，变成自我挫败与功能不良的紧箍咒。比如"永远不可对人生气"这样的家庭规定，显然是不可能做到的，萨提亚会要求案主想出他们不能不生气的各种情形，从而把这条家庭规则转化成不太绝对的规则。

某些家庭规则的要求只能谈好的、对的、适当的和切题的事情，而负面的感受与情绪，如愤怒、被伤害、伤心等则不允许表达。而实际上一个人从生到死，会不断地经历一连串的感受——害怕、痛苦、无助、愤怒、喜悦、嫉妒和爱。这些感受不管好坏，至少都是真实的，所以人应该有权表达这些感受。当不管什么感觉，都可以被接受和了解时，自我就会成长，相反，当家庭规则排除某些真实的感受的表达时，必然会损害我们的自尊。

（五）沟通形式

萨提亚把人们如何与人来往，称为沟通。沟通就是信息的传递与接受，包括语言与非语言形式，语言形式就是传递者口中表述的，而非语言形式包括说话时的声调和态度以及面部表情、身体动作和姿势。良好的沟通应该是直接、清楚和会得到适当回应的沟通。而不良的沟通则是间接、隐晦及少有澄清机会的。

沟通不良是由什么引起的呢？归根结底是由个人的自我评价的高低，即自尊的高低决定的。自尊低的人往往有极其恶劣的自我形象，因而想掩饰这一自我，从而产生了大量防卫性的行为。他们的行为具有强迫性，并不是内心真正想说想做的，而只是因为某一心理机制强迫，有时内心虽想拒绝，但就是说不出"不"，反而说了"好"。个人的沟通障碍可以很明显地从其行为表现上反映出来，主要表现为表里不一。这种表里不一会反映在其语言与非语言的沟通方式的矛盾上，比如皱着眉说自己很高兴等。

萨提亚认为，良好的沟通需要兼顾自我、对方以及情境三个方面。良好的沟通是一致性的沟通，在这种沟通方式中，所说的话、脸上的表情、身体姿势及声调都符合一致，令双方感觉舒服、自由、诚实，极少威胁彼此的自尊。而常见的不良沟通方式有四种：讨好型、责备型、超理智型、打岔型。讨好型的沟通者总是用一种讨好或逢迎的方式，试着取悦别人或向人道歉，而从不会说"不同意"。讨好型的沟通者忽略了自我,好像自己没有一丝价值,其行为好像在说:"我不是很重要的。"责备型的沟通者总在说"不同意",总是摆出责备别人的样子,把自己的价值建立在别人的服从上。责备型的沟通者忽略了对方,无视对方的感情。超理智型的沟通者说的话都是道理与解释分析,总是显示自己非常"有道理",但像机器人一样没有感情。超理智型沟通者无视自己与对方的感情需要,既忽略了自我也忽略对方。打岔型沟通者说的话都不切题,反应不到位,如在家人争吵时说"晚餐我们吃什么?"打岔型的沟通者把自我、对方与情境三者都忽略了,萨提亚也把这几种沟通形式称为一个人的生存姿态。在每一种沟通模式(或生存姿态)中都包含着达到完善的种子,讨好当中隐藏着关怀的种子,责备中隐藏着决断的种子,超理智中有才智的种子,而藏在打岔中的则是创造和变通的种子。

自我价值感是在学习中得来的,家庭中不良的沟通方式将导致家庭成员自我价值感的低落。父母与孩子沟通时传达的言语、表情、声调、行动,都随时随地在向孩子传递着"他(她)是否有价值"的讯息。而许多父母却没有意识到他们不良的沟通方式对孩子"自我价值感"的打击。

萨提亚认为通过改善沟通的技巧可以达到提升家人自我形象的效果。她的家庭治疗的特点就是进行直接沟通的示范,并让案主模仿,从而学会良好的沟通方式。

(六)人对事物的反应过程

人是由身体、心灵、情绪、感觉、精神等不同的部分构成的。这些不同部分并非孤立地存在,而是密切联系与相互影响。例如:一对夫妇争吵,因为妻子对丈夫无缘无故地不理睬她感到愤怒。我们暂且不提妻子愤怒的真正原因,我们先看一下妻子产生愤怒情绪的过程:

1. 事件。有一件客观发生的事情,如丈夫在沙发上看报纸,不说话。
2. 图像。妻子在头脑中产生了一幅图像,丈夫只注意报纸,不跟自己说话。
3. 解释。对这一图像妻子作出一个解释,他一定是不关心我,才不理睬我。
4. 感受。由这一解释妻子产生了一种感受,即受伤害的感受。
5. 对感受的感受。因为觉得受到伤害而感到愤怒。
6. 行为。由这一情绪导致行为,如指责丈夫,挑剔他的错处。

这是一个简单化的过程,表明了人的认识、感受、情绪与行为之间的联系。在萨提亚进行治疗时,她向案主所提的问题都集中在这几方面:

1. 你看见什么?听见什么?
2. 你怎样解释所看到和所听到的?
3. 你有什么感受?
4. 你对原有的感受有什么感受?

其目的就是通过一步一步的分析，找到案主问题所在，并让案主了解其情绪与行为产生的原因。人对事物反应具体过程的任何一环的改变，都可能导致人的情绪与反应的改变。而治疗的方法就是利用这一过程使案主产生更好的情绪与行为，最终增强案主的自尊。下面我们具体分析一下影响这一过程的因素：

1. 错误的图像。有些人不能真实和全面地体察周围发生的事物，对某些信息特别敏感或者特别容易忽略某些信息，由于不能从整体情境来理解他人的行为与反应，其形成的图像经常是扭曲的。

2. 歪曲的解释。个人对头脑中印象的解释往往是根据过往的经验，包括自己与其他人交往的经验以及自己对他人的了解。人们会猜测他人之所以如此行为的原因，这个猜测很可能是不正确的。在家庭中由于各成员的生活经历与感受不同，也容易产生这种误解，所以核对及澄清家庭成员对同一事情的不同印象，可以使案主改变对事物原有的印象，其不适当的行为反应也会随着解释和感受的不同而作出改变，工作者可以运用核对、澄清等方法使案主改变其原有的解释。

3. 感受。感受是随着解释直接产生的，所以不存在歪曲的问题。

4. 对感受的感受。这是由原有感受引发出的感受与反应。一般来说在这个阶段，个人的自尊水平会产生较大的影响。一个高度自尊的人与一个自尊低落的人在面对同一情境时，引起的情绪反应可能完全不同。同样是受到他人的嘲弄，产生不舒服的感觉，自尊的人可能一笑了之，而在缺乏自尊的人身上可能引起严重的情绪问题。

在这里我们可以引申出另一个问题，就是人们生活中的问题与困扰是否是由问题本身造成的，特别是一些不是案主能改变的事件：如疾病、亲人亡故、失业、失恋等。萨提亚认为"问题不是问题，如何处理才是问题"。而如何处理就涉及个人对事件的印象、解释与感受，这与人的自尊程度有关。由此我们也可以看出萨提亚模式治疗工作的中心还是心理方面的调整。

萨提亚认为，一个良好的处理问题的方式包含以下的特征：① 对现实有正确的评估；② 对自己的能力、需求和其他状况有充分的了解和掌握；③ 能充分动用自己所拥有的全部资源；④ 处理方式有弹性，能按事情的变化而修改处理的方法。与此相反，不适当的处理方法有以下的特征：① 不能正确地评估现实，受制于过往的经验，或者沉醉于对未来不切实际的幻想；② 不觉察（包括忽略或否认）自己的身心状况和行为反应；③ 只运用部分的资源；④ 处理方法一成不变。

个人不适当的处理的真正根源还是在于自尊的低落。自尊高的人可以灵活地面对生活中的困境，并在解决问题的过程中，产生个人的成熟与成长。而自尊低的人不敢直面人生，行为刻板，他们不敢面对生命中任何的变化与意外，因为这些都会激发他们的不安全感与焦虑,引起心理与行为问题。

(七)萨提亚的治疗信念

1. 改变是可能的。即使外部的改变非常有限,内部的改变仍然可能存在。
2. 在任何特定的时间,父母都要尽其所能地做到最好。
3. 我们所有人都拥有自己成长所需的内部资源。
4. 治疗需要关注健康和可能性,而不是病理学方面的内容。
5. 我们拥有很多选择,特别是在对压力而不是对情境作出反应的时候。
6. 希望是变化的一个极其重要的因素和成分。
7. 人们在彼此相似的基础上建立联结,在各具差异的基础上得以发展和成长。
8. 治疗的一个主要目标就是让案主成为自己的决策者。
9. 我们所有人都是相同生命力量的展示。
10. 大部分人会选择熟悉而不是舒适的方式,特别是面对压力的时候。
11. 问题本身不是问题,应对问题的方式才是问题。
12. 父母通常会重复他们在成长过程中熟悉的家庭模式,即便这种模式是功能不良的。
13. 我们不能改变过去的事情,但是可以改变它们对我们的影响。

三、方法与技巧

萨提亚治疗模式中,有几个重要的方法,除家庭重塑外还有创造接触、隐喻、雕塑、自我曼陀罗等。本书着重介绍家庭重塑。

(一)家庭重塑

家庭重塑是萨提亚发展出的一种干预方法,它能够帮助人们重新整合进入在原生家庭的历史和心理矩阵中属于自己的位置,让我们重新看待我们的父母和自己。

虽然萨提亚由个别治疗转向了家庭治疗,但她还是深受弗洛伊德的影响,这表现在她对过去经验的重视上。她认为,人们当今的行为可以从他早年的家庭生活经验中找到原因,而只有找到了原因并进行妥善的澄清与处理,才能真正解决问题。比如前面列举的妻子因丈夫埋头看报而觉得受忽视的例子,如果追溯她童年的经验,可能发现,当父亲不理睬她的时候,她就觉得被拒绝。这样就找到了当前行为的家庭历史原因。

找到历史原因后,接着就需要对旧经验赋予新意义,即用新眼光看旧问题。如在上例中,帮助这位妻子明白和接受父亲在她童年时的行为。如了解与认识到父亲可能是由于工作繁忙,也可能是由于本身成长经验的局限,不善于表达情感所致,并不是真的拒绝她。接下来就是把重新阐发过的新经验应用到对当前行为的理解上。

萨提亚认为,对旧经验的重新阐释与领悟,并不一定带来新行为,这是因为仅仅理性的认识并不能使人真正改变。人们往往知道自己应该怎样做,但在实际行为中却做不到,正所谓"知易行难"。为了达到真正的改变,必须把这种领悟统合到个人现在的系统中。1964年,萨提亚开始建立家庭重塑(family reconstruction)治疗方法,4年后才完成。"家庭重塑是一种心理剧的形式,目的在于使当事人能够去探索家族三代的重大事件"①。家庭重塑的主要目的在于通过角色扮演,重演家庭中曾发生过的一些事情,使案主重估过去的经验,从而改变自己原有的感受。角色扮演也使案主得以直观地了解其父母或其他人的成长背景及经验,了解他们曾经有过的梦想、希望、喜乐及伤痛,从而对他们的某些行为作出更准确的理解,而不是采用臆测、批评、指责的态度。

1. 预备阶段

家庭重塑首先需要准备家庭历史资料,如家庭图、家庭年表及影响轮。家庭图包括了案主的核心家庭及其父母的核心家庭的资料,其中除了各人的基本资料外,还包括各人惯常的沟通形式以及案主评价每个人的五六个形容词。家庭年表所列出的是从祖父母出生开始在家庭里发生的大事,例如出生、死亡、疾病和迁徙等,也包括同时期社会上的大事,例如战乱、经济衰退和政府更替等,这是为了将家庭的事情放在一个更大的范围内去了解。影响轮则列出了案主认为曾经对其成长有重大影响的人以及案主与他们之间的关系。

2. 家庭重塑的过程

工作者熟悉了主角(案主)的家谱图、家庭编年史以及影响轮以后,就可以挂在墙上作为参考了。家庭重塑的序幕正式拉开。

经典的重塑方式是工作者告诉大家主角的家族历史,主角则在一旁听,这样有助于主角进入重塑的体验过程。

3. 雕塑主角的原生家庭

最好选取一个对主角来说创伤性的事件,她通过重塑可以用成年人的视角来看待自己在家庭中可能存在的某些令人痛苦的应对模式。

4. 雕塑父母的家庭

让主角了解到她的父母是如何成长的,从她父母的家庭中,她可以学习到什么。

家庭重塑有助于达成家庭成员之间的理解与容忍,通过家庭重塑,了解、体谅、和好、爱取代了以前痛苦、愤怒、憎恨等种种感受。参加者学会了怎样去过自

---

① G. Corey 著,李茂兴译:《咨商与心理治疗的理论与实务》(第五版),(台北)扬智文化事业股份有限公司 1999 年版。

己的生活与怎样去让别人过他们的生活,他们不再要求别人改变,懂得更好地照顾自己,也因而能够更好地与别人相处而不会觉得受到强迫或威胁。

(二) 工作者的角色

在萨提亚模式中,工作者的功能在于引导家庭成员进入改变历程,工作者的角色主要包括:

1. 解释者。让案主及其家庭了解在他们中间所存在的沟通问题。
2. 示范者。通过表里一致的沟通形式向案主和他的家庭示范开放诚实和直接的沟通方法。
3. 引导者。引导案主和他的家庭成员学习改变、达到彼此接纳和建立更好的关系。

在治疗的过程中,工作者的工作目标是:

1. 创造一个环境,让每个人可以无须害怕地看清楚自己和自己的行为;
2. 与每个人建立信任和支持的关系,使他们感到个人的价值受到肯定;
3. 使每个人觉得转变是可能的,并提供指导、提示、经验和技巧;
4. 示范应如何去领会别人的意思,有不清楚时要如何核对和澄清,如何觉察自己的感受及如何去完成自己的目标;
5. 引导每个人学会思想、感受和行为的新途径。

萨提亚强调,工作者的品质是治疗成功的先决条件,其重要性甚至在技巧之上。她认为,工作者必须说话坦诚、态度富有弹性、感觉敏锐及勇于尝试。治疗者要相信人有改变的可能,并且尊重人的尊严,而真正的投入更是不可缺少的。因此,工作者最重要的资源并非其技巧,而是其"人性"。事实上,萨提亚认为,治疗效果只有通过工作者"使用自己"才能产生。

案例

一对夫妇到工作员面前,因为他们的沟通遇到了很大的问题,两个人为一点小事就会争吵,并且明显感觉到他们的沟通方式对于6岁的女儿影响很大,女儿沉默寡言,也不与同学交往。工作员见过这对夫妻一次后,建议把女儿也带来。工作员了解到夫妻之间常常指责对方,都看不到自己的问题所在,用了萨提亚治疗中家庭雕塑等技术,让这个家庭看到他们的沟通模式。工作员让夫妻两个人摆出通常吵架时常用的姿态,两个人摆出姿态互相指责对方,然后让女儿来看。女儿看到后默默地走回座位低头坐下并开始哭泣。之后,工作员让女儿谈为什么哭泣,女儿说:我恨他们这个样子,我不要他们吵架,并开始歇斯底里地哭起来。夫妻感到震惊,平时他们认为女儿离开吵架的现场是一种保护。夫妻俩开始思考自己的问题。

该案例仅仅是展现萨提亚治疗方法中的一角,是通过家庭雕塑让家庭成员更清楚地认识到家庭中的沟通模式。

四、理论特点

萨提亚与马斯洛、罗杰斯等同属人本学派。她对人性的看法很积极，坚信人的内在潜能与改变的能力。她把治疗目的定位在塑造出完善的人。

萨提亚模式虽然是家庭治疗，但其落脚点始终是个人。萨提亚之所以采用家庭治疗，是因为认识到家庭对个人的重大影响。萨提亚说：我的基本信念始终相信个人与家庭之间，有着一股强烈的关联。既然社会是由个人所组成，因此，尽量使每个人都成长为最坚强、心智最健全的人，就是件很重要的事情了，而这一切都从家庭开始。

在萨提亚那里，由于强调敏感性与情感表达，似乎更偏重个人层面。萨提亚模式中的许多治疗技术直接取自个人与团体治疗。萨提亚着重的是个人及其体验，而非家庭组织。这种重个人甚于家庭的态度，使其治疗模式与注重系统和结构层面的家庭治疗模式有较大的差别。

主张结构家庭治疗模式的以系统为重的家庭治疗者通常只限于从家庭成员间的互动层面解释不健全的心理机能，而萨提亚像心理分析师一样，视个人与系统并重。萨提亚似乎把家庭看成压抑个体的机制，从而想把个体从家庭的压抑中解放出来。显然，家庭虽然是一种治疗途径，但并不是必不可少的治疗工具。

萨提亚非常重视家庭在培养个人的自我价值感上的作用。她认为家庭是塑造人性的工厂，家庭的沟通方式、家庭的规则能影响个人的自我价值感，而改变家庭的沟通方式与家庭的规则可以提升个人的自我价值感。每个人都有与别人良好沟通的愿望，问题是有时不知道如何去做，而工作者的工作就是创造一个情境使案主学会如何去直接沟通。一旦学会直接沟通，与别人的良好关系就能建立起来。

萨提亚的一大特点是偏重于案主的感受与情感，她区分了抽象的了解与体悟的了解，并通过各种有效的方式引导案主达成体悟性了解。由于萨提亚的治疗方法重点不放在理性分析上，而是直接进入感受的层面；也不着重个别事件的处理，而是直接处理成长的经验，所以效果能够更深入，收效也更快。

萨提亚治疗模式具体的治疗方法不是一成不变的，在治疗期的每一个阶段，工作者都可以考虑使用不同的技巧。在具体选择时需要根据工作者本身的能力、对当时情况的分析以及案主的接受程度来决定。萨提亚认为，治疗模式没有正确和错误之分，只有有效和无效的差别。在萨提亚治疗模式中，工作者的角色是充满人情味的，不应规定案主要怎样做。萨提亚常对她的案主说："我不能告诉你怎样去做才是正确的，但我能提供给你另一种看法，让你去选择。"

萨提亚治疗模式是美国在婚姻及家庭治疗中经常被使用的方法，效果也比较明显。这一模式除了在一般的婚姻及家庭治疗中被使用之外，还被应用到青少年治疗工作、防止药物及酒精滥用、精神病康复和感化工作等不同领域之中。

1974年在委内瑞拉一场有关"家庭历程"的研讨会上，米纽秦与萨提亚就家庭治疗的本质展开辩论。"米纽秦认为家庭治疗本质上是一科学，对技巧的需求胜过亲和力及信念，其主要工作在于修葺破碎的家庭；萨提亚坚信爱的力量所具有的疗效，呼吁经由家庭获得人性的救赎。"[①]此次争论，似乎是米纽秦获得了胜利。自此之后，联合家庭治疗模式的影响开始衰退。

第三节　叙事家庭治疗模式

叙事治疗是20世纪80年代在家庭治疗领域内兴起的一股力量，它不仅是一套新的治疗理论与实践，更是对以往家庭治疗理论及其哲学基础的革新。它深刻揭示了现代权力对人无形的控制，将人和问题分开，把人从问题中解放出来，发展出自己喜欢的故事，开始新的人生。

一、理论背景

(一) 创建的背景

叙事治疗是家庭治疗家族中的重要一支，是由澳大利亚的麦克·怀特(Michael White)和新西兰的大卫·埃普斯顿(David Epston)发展出来的。怀特1948年出生于澳大利亚一个工人家庭，20岁出头的怀特发现自己不喜欢之前从事的机械工作，而热衷于做与人有关的工作，因此他接受了社会工作的训练，并开始受到家庭治疗法的吸引，在工作中怀特发现在心理治疗实践中有很多不平等的现象，例如医院管理的等级制度，参与研究的病人被当做"物"而非人等等，这些现象促使怀特决心挑战权威。怀特认为人的生活是通过故事组织起来的，故事不仅仅是一面反映生活的镜子，而且生活是在故事的过程中被组织并得以建构的，这就是为什么人们都有通过讲故事的方式来向他人表达对生活体验的习惯。

怀特的合作者埃普斯顿出生于加拿大，他最初学的是人类学，后来移居新西兰。埃普斯顿先是供职于奥克兰的一家公立医院，研究儿童与青少年问题，家庭治疗对埃普斯顿产生了较大的影响，人类学的背景使埃普斯顿对个体所处的社会关系较为敏感，同时，他关注文化对个人信仰的影响。叙事治疗法对仪式的使用就来源于埃普斯顿的人类学经历。更有趣的是，两人的妻子都是女权主义者，

[①] M. P. Nichols & R. C. Schwartz 著，王慧玲等译：《家族治疗概论》，(台北)洪叶文化事业有限公司2002年版。

从他们的理论中,也应用了诸多的女权主义的理论。

在长期的家庭治疗实践中,他们发现:来访者症状背后的原因是复杂的,而且往往是由来访者自己主观建构的。不同角度的人看问题的真相也不一致。同一个来访者的问题,不同治疗流派的治疗师的解释也是不一样的。他们认为,个人的经验从根本上来说是模糊的,而是要通过多重的解释才能够显现出来。因此,他们认为问题是被保持在语言中的,所以问题也可以通过讲故事在谈话中溶解。于是,一种富有后现代主义精神且真正"以人为本"的后现代家庭治疗法——叙事家庭治疗理论就诞生了。

(二)哲学基础

叙事治疗和以往的家庭治疗理论不同[①],它以后现代的社会建构主义作为哲学基础。

1. 社会建构主义的观点——现实是由社会建构的

社会建构论的前提是信仰、价值观、制度、风俗、法律、分工,以及诸如此类组成我们社会现实的事物,都是由一个文化中成员间一代一代、日复一日的互动所建构的。也就是说,每一个人理所当然认为的现实,其实就是我们出生以来环绕四周的社会现实。这些现实提供信仰、习俗、文字和经验,我们从中建立自己的生活。换句话说,人们一起建构他们的现实,并在其中生活。

它的核心观点是:

(1)现实是经由语言构成的。

(2)在现代世界中,语言是一种代表"真实世界"中一对一表达物体和实践的方式。语言是主观世界和客观世界的连接,我们可能借着语言了解外面的真实世界。

后现代主义的焦点放在语言如何组成了我们的世界和信念。对后现代主义来说,众人唯一认识的世界是以语言分享的世界。语言并不是反映自然,而是创造我们所知的自然。世界并不会说话,只有我们会说话,一旦我们以语言安排妥当,世界就能使我们拥有信念,可是它不能提出一种语言让我们来说,只有人类可以这么做。

(3)现实是借着故事来组成,并得以维持

我们存在的现实来自于我们使用的语言,现实就是借着我们叙说的故事才得以保持生机。后现代认为我们对自己和世界的认识能得以组成、维持并交流,叙事占了核心的角色。生活就是叙述我们自己的故事,体验别人叙说的生活故事,根据这些故事过我们的生活,创造故事中全新而更为复杂的故事——这种故

---

① 大部分的家庭治疗理论都以系统理论和结构主义为基础,家庭系统客观地存在某些共同的原理,可以用来解释成员的行为,各学派相信自己的理论就是披露这些客观的共同原理。

事的产生不只是与人类生活有关,它就是人类的生活。

2. 福柯的现代权力观——圆形监狱的比喻

在福柯的理论中,他形象地将现代权力比喻为一种制造精美的圆形监狱,他认为这种圆形结构的建筑把人的监视推到最高,但是把管理的力气降到最低。它的特点是:

(1) 注视,即房间中的每个人都被看见,他们却看不见监视他们的人。每个人都能看见每个人,相互注视,他们体验到自己永远是被监视的对象。因为永远被人看着,所以能够使人有纪律,永远服从。

(2) 自我压制,即人在这样的监视和压制下却扮演着积极的角色,压制自己,依照组织的规则,塑造自己的生活。人若是永远不知道何时有人在检查自己,就唯有假设自己是永久地被监视的对象才会感到安全,他们永远会警戒自己的行为,随时依据组织设定的标准,评估自己的行为和姿态,成了自己的警卫。

(3) 积极的权力,积极的权力是指它构成或塑造了人的生活。一般的权力概念都认为权力在运作及效应上都是压制人的,主要体现剥夺、限制、否定等负面的力量。圆形监狱提供了一种机制,其中每一个人既是权力的主体又是权力的工具。

怀特等人将福柯关于知识权力的论述应用在叙事治疗当中,揭示现代权力如何通过当地的文化以及我们专业学科控制和影响我们的生活。我们大多数人对自己的描述、评价和标签分类等都与我们自己置身其中的文化有关。身为以语言表达的人类,我们事实上都受到看不见的社会文化模式等社会性的"控制"。换句话说,只要某人的家人、朋友、邻居、同事、各行各业人士等认为他有某种特质或者问题,事实上便已经对他实行了这种认知,对他行使了权力。我们把塑造自身生活的东西正常化,认同一种真理并服从于它,它就成为了一种知识和权利,借着知识和权利在运作中又建构或进一步生产了这些"真理",依据这些真理建立的标准塑造或者构造自己的生活。

因此,我们在这些真理的影响和控制下,就形成了我们自己主流的故事。人们很多的苦恼来源于主流知识和论述对自己的生活的控制,很多时候我们没有空间实践自己喜欢的故事(不是主流认同的),自己不仅没有意识到它的危害反而置身其中成为顺民,而且问题本身征召一些人对自己进行看管,以至于我们每个人都生活在社会的注视之下,动弹不得。现代人的很多失败感让我们看到现代权力的力量,怀特认为,现代权力的特点是阴险的和无所不在的(弥漫的)。[①]根据福柯的现代权力理论,怀特认为,现代权力被人接受,也有被人拒绝的历史

[①] 麦克·怀特:《故事、知识、权力——叙事治疗的力量》,(台北)心灵工坊文化事业股份有限公司2001年版。

和行动；如果实践现代权力要依靠人们的参与，那么人们在其条件下尽可能地挑战和否认这种权利，或许会改变；现代权力控制从控制当地文化开始，那么解决它就从当地文化这个层面做起。既然控制从专业学科开始那么反抗也从专业开始，在专业实践中强调政治。由此让我们看到，现代权力对人的控制是可以改变的，也是可以打破的。

二、叙事治疗中的关注点

依据建构主义的立场和福柯的权力理论，叙事治疗主要关注点有以下几点。

（一）现实是被建构出来的

叙事治疗者常常自问一下这些问题：

1. 我询问的是许多描述，还是一个现实？
2. 我倾听时，是否能了解当事人体验的现实是如何经由社会建构出来的？
3. 有哪些故事支持当事人的问题？是否有主流故事压迫或限制当事人的生活？我听到哪些边缘化的故事？又该如何引导当事人加入这些边缘化故事的"知识的反抗"呢？
4. 我是否把焦点放在意义，而不是"事实"上？
5. 我是否以个人经验提出意见？我的背景、价值观和意图是否透明，好让当事人能评估我有没有出于偏见所造成的影响？
6. 我是否远离专家的假设和理论？

上述的问题有助于工作者清楚当事人的问题并解构当事人的问题，只有做到解构当事人的问题，才能跳出当事人的问题困局，才能将问题外化并找到独特的结果。

（二）故事塑造生命

1. 表达自己生活的经历，必须把这些故事以故事的形式整理出来，但这些故事转过来决定了哪些生活经验得到表达，哪些忽略。放到那个"剧本"里的生命故事就构成了你所谓"有意义的"生命故事。

2. "剧本"指引我们去"摆放"生命故事，如果你认为你是一个失败的人生，那么你就将你失败的有关经历放进这个剧本中才能合理或者合乎逻辑。非失败的经验则被排斥到故事之外。

3. 故事不仅为我们纷乱的生活经历提供了一个解释框架，也让我们能对这些生活经验赋予某种意义。

4. 由于我们是通过有关自己生活的故事而展开生活的，因此故事实际上就能控制、形塑、规定和认可我们的生活。

5. 如我们认为少数民族文化是愚昧落后的历史，则在"落后的历史将被结束"这个剧本里，少数民族的生活必然是一个被破坏、解构、被先进民族同化的过程。如我们认为少数民族文化是自然、天人合一，是国宝时，在"保留传统文化"的这个剧本里，他们的文化就会被宣扬和保护。

（三）从人寻求治疗的动机看到治疗的契机

1. 当事人被别人/社会放在一个故事里，这些故事的"剧本"不是他自愿选择的，但对他的生活却有支配的作用。他自己强烈感受到他的生活经验是有问题的，因为主导他的生命故事不容他有空间讲述他们自己喜欢的故事。

2. 当事人曾投身在一个让他感到无助、没有喜悦的故事中，而这些故事没有包含他所有的生活经历。

3. 寻求治疗的当事人希望能够产生另外的故事，而这些新的故事包含着新的希望。

（四）工作员协助当事人重写生命故事

对初学者来说，理解和应用叙事治疗的理论和方法有一定的难度，这里特别提醒工作员在使用该方法时应该采取的立场。

1. 工作员要采取协作和倾听的立场，对当事人的故事有强烈的兴趣。

2. 工作员要把注意力放在当事人最辉煌最强盛的历史片段，因为在那里当事人才能见到另一个有力量的自己。

3. 无论提出什么问题和使用什么技巧，工作员要采取非强迫性的态度，以最恭敬的态度去理解当事人讲述的新故事。

4. 工作员不要给当事人贴上"有问题的人"的标签，而应将其视为具有独特故事的人。

5. 协助当事人摆脱被他们内化了的及主宰着他们生命故事的文化叙事，为故事开启另类的空间。

6. 不采用个人化、心理化及病态化的角度来看待当事人的问题，工作员要坚信围绕着当事人的文化诱使他们采纳一种狭隘的自我否定的观点。

7. 要清晰地看到个人和家庭不是问题，问题本身才是问题。

三、叙事治疗的方法

（一）叙事治疗方法——问题外化

1. 问题外化的含义

问题外化是叙事治疗的一种治疗方法。该方法鼓励人将压迫他们的问题客观化，有时候可拟人化。即采用某种提问的方法赋予当事人带来的"问题"一个生命。这种做法就是驱除当事人"自己有问题"或者"自己本身就是问题"、将问题内化的一种做法。将问题与人分开，进而了解到问题不再是属于个人的，它原本是文化和历史的产物，是通过社会建构过程而产生的。

当把问题和人分开的时候，我们才开始视人为"主体"。外化问题可以帮助家庭成员把自己、关系和问题分开,从一个并非充满问题的、新的观点描述自己、彼此和彼此的关系。

2. 该方法的优点

(1) 降低对问题的失败感。

(2) 打开新的可能性,使人能够采取行动。

(3) 使人对"严重的要命"的问题采取比较轻松、有效、没有压力的应对方法。

(4) 提供对话的可能,使人免于对问题只能独白的困扰。

3. 如何在治疗中进行问题外化

下面提供一些外化当事人问题的步骤,初学者可以尝试使用。

(1) 与当事人的经验对话并对该经验或者问题给予"命名"

对于当事人提及的"广泛经验"或者具体问题,工作员必须耐心倾听,让自己和当事人有充分的空间去决定最想谈的经验是什么。问题外化的核心是"让问题有生命"并独立于当事人而存在。成功命名是外化问题的一部分。

当事人带着充满问题的故事前来求助的时候,他已经选取了一些生活经验在他讲述的故事里表达而排斥了其他的一些生活经历,因为当事人的生活经验远比他讲述的内容更为丰富。叙事就是能够将其忽略的经验重新组织并赋予意义。

例如,一个人带出来的故事都是失败和沮丧,他不愿就此消沉,也不愿无所作为,更难以接受这辈子就是这个样子。工作者和当事人经过反复讨论后将当事人的问题定义为"不甘心"。"不甘心"就是对当事人问题的命名,也是将问题外化的第一步。

(2) 探讨"问题"对当事人的影响

工作员尝试勾画出"问题"对当事人各个生活领域的影响。为了问到这些问题,工作者可能需要了解:

- 当事人与问题的关系是什么?
- "问题"是透过一些什么技术来发挥这些影响力的?
- 谁是主宰?谁是从属?
- 问题对当事人有什么要求?当事人怎样回应?问题与当事人身边的人的关系。她如何征召身边的人?……

(3) 当事人评估"问题"的影响。

工作者可使用"立场声明"的方法,即让当事人讲述在面对问题时他所采取的是什么样的立场:妥协,不服气,不甘心,愤怒,接纳,无奈,认命……因为每种立场都会影响到当事人怎样看问题对她的影响。工作者可以询问:

- 你觉得你描述的这些情况对你来说怎样?

- 你身处这样的困境有什么样的看法？
- 你对刚才提出的情况，采取了怎样的立场？
- 你不愿意与问题妥协的立场，对你来说是一件正面还是负面或者两者皆是的事情？

（4）提出评估的理由

这类提问的目的是协助当事人发掘自己的价值取向、人生观等。让当事人明白在什么样的价值驱使下自己对问题采取上述的"立场"。

- 你认为这些问题的影响不好？
- 你对这些问题有这样的感受，你知道是什么原因？
- 你能否告诉我你为何有这样的立场？
- 你能否告诉我你在其他方面的经验里是否有过类似的回应？

在上述的案例中，工作人员协助当事人了解"不甘心"是如何控制她的生活，"不甘心"通常在什么时候跑出来控制她，"不甘心"希望她做一些什么样的事情，结果是否达到了"不甘心"的预期等。"不甘心"如何达到控制她的目的，谁参与了"不甘心"问题的建构等。这些问题的讨论，将当事人的问题外化，逐渐将人和问题分开，让当事人进一步了解自己的问题是如何被建构的。

（二）寻找独特的结果

如果说"问题外化"是摆脱问题的起点，那么寻找独特的结果则是开拓另类故事的契机。问题外化的技术可以使人和主流的故事分开。同时，从当事人丰富的人生经历中寻找或者辨认出那些以前忽略掉、其实对当事人的生活非常重要的生活经验，而这种经验无法从当事人讲述的故事中呈现出来，被称之为独特的结果。之所以称之为"独特"，是相对于那些"问题故事"来说的。怀特称之为"闪耀的时刻"。

独特的结果表现为过去的独特结果、现在的独特结果和将来的独特结果。找到独特的结果就能够修订自己的历史，改变自己的故事叙说，或许就能改变当事人的生命。

叙事治疗强调，只要人拒绝与问题的生存必要条件合作，就会把问题化小，拒绝接受问题的影响，会使问题的影响力降低。关键是人们常常无法拒绝，因此才会出现问题。

例如，王华自认为自己的人际关系很差，从小到大没有一个朋友，到了三十多岁，自己也没有男朋友，更不被家人所喜欢，觉得非常失败，她常常认为自己对别人真心付出，可为什么最后大家都离她而去？

独特的结果：工作员帮助她回忆起小的时候与自己的奶奶在一起的一段美好的回忆，当事人很留恋奶奶给她温暖的微笑和抚摸着她的头的那个时刻。工作员由此扩大开来，逐渐让当事人看到在其生命故事中有一些与人相处很好的故事,改写了当事人在人际关系中自卑、被动的状态。

(三) 重写生命故事

即通过对话的方式,将人们的生活经历中那些被主流故事忽略的细节重新挖掘出来,并将这些细节"搭建"成为一个新的故事情节。这个新版或者另类的故事就能够赋予人们的生活经历全新的意义,从而使当事人不再让那"充满问题的故事"持续地困扰他们。

当事人在叙述故事时通常都会说到故事的始末、发生的背景(时间、地点)、故事里的人物、人物之间的关系等,把所有这些"故事元素"串联在一起就是一个贯彻的"剧本",依着这个剧本,当事人把一切人物、背景、关系、活动按照某个时间顺序(将来、现在、过去等)串联起来。当事人串联故事的目的就是表达"既成事实改变不了"的思想,也就是当事人叙说故事就像说自己的历史,已经发生的事情不能更改。很多主流的故事不但控制人的生命,它们甚至构成生命,这些故事似乎都是"真理"的旗号,也就变成了权力。故事的决定性是指故事控制我们的人格和人际关系,控制我们的生活方式。

但叙事治疗认为,故事不是不可以改变的事实,关键在当事人怎样组合自己的故事,当事人被问题困扰、情绪沮丧的时候,她可能将生命中所有充满沮丧的事件放在一起,就构成了一个失败的人生。然而当事人的生命中一定有很多成功的经验,但在当事人的叙事中都被忽略掉了。

重写生命故事,就是重新组合故事的结构,从当事人的叙述中寻找空隙和矛盾,解构主流故事和复兴另类故事。

案例

下面的对话展示了工作者如何重组当事人的故事。

小王,29岁,一家公司的推销员,工作和收入都不稳定,恋爱几年的女朋友也分手了,分手的理由是小王不能给她一个稳定的生活。小王觉得自己很倒霉,来找工作者咨询。

小王:我觉得自己很倒霉,做什么都不成功。

工作者:你说自己什么都不成功?能具体说,在你看来你的不成功表现在哪些方面?

小王:恋爱不行,事业不行,房子没有,父母也不能照顾,小的时候家里穷就没有考大学……总之,我就是一个倒霉蛋。

工作者:看来你目前在这些方面都遇到了很大困难,你将自己定义为不成功的人。

小王:是的。

工作者:你是怎样来北京的?你凭借什么进了目前的公司?你怎么认识你的女朋友并与之维持了几年的恋爱关系?……

小王：我是靠老乡来北京的，靠自己之前在其他公司营销的一些经验进入该公司，与女朋友是老乡，中学时代就认识了。

工作者：这么说你仍旧有自己的人际网络和经验了，也有吸引你女朋友的地方……

小王目前遇到了困难，情绪非常低落，所以当他被情绪困扰的时候，他将目前的困境和之前被他认为倒霉的经验全部联系在一起，构成了一个他的叙事故事，即倒霉的人生。但在工作者的引导下，小王开始回忆自己种种的努力以及在北京打拼的经验。期间工作者特别留意小王一些成功的经验，看到小王身上的一种拼搏和不服输的精神，让他看到他一些成功的经验等，逐渐地意识到目前的困难仅仅是暂时的，而这并不代表他的人生就充满了晦气和倒霉等，一些成功的故事浮现出来，进而改写了倒霉的主流故事。

（四）与失败对话

依据福柯的理论，现代权力运作的成功是通过建立一个成体系的"规范性判断"以监视人们的行为和价值规范，它之所以厉害是因为能够诱使大家自觉遵守，这些规范就分辨出了什么是成功和失败。"个人失败"在现代社会中比比皆是。然而哪里有控制哪里就有反控制。现代权力成功使用要靠人的广泛参与，但只要有一个人开始怀疑甚至不去遵从，那么这个权力就失去了控制的效应。个人失败的经验从另一个层面反映了现代控制权力的失败。

与失败对话的技术：

（1）询问相对于什么而言是失败
- 能达到理想的地方是什么？
- 有哪些社会规范、期望及标准是他所未达到的？
- 你说你这些年一事无成，你可我告诉我相对于什么而言，你认为自己没用？

（2）回应失败
- 当面对失败的时候，当事人作过一些什么回应？

你描述自己不是一个好妈妈，无论在照顾孩子方面还是生活方面都没有尽到责任达到标准，你能否告诉我，当你有这些看法的时候，你做过什么来改善这种"不是好妈妈"的现状？
- 从当事人的回应中找到独特的结果。

从当事人的回应中找到另类故事的空间。

（3）独特的结果

当事人面对失败已经做过种种的努力和尝试，已经无计可施，这些正是叙事治疗中寻找的"独特的结果"，如：
- 当事人已经接受在某种程度上自己的表现与社会标准、期望及规范有距离。
- 为了缩短距离,当事人已经决定不再让自己受苦。
- 当事人意识到:自己失败是代表着对社会规范、标准的抗拒,甚至开始质疑遵从这些规范及期望的合理性?

因此,工作员只需要询问:
- 你说你尝试了一切能让你做个好妈妈的方法,并把自己弄得精疲力竭,但好像没有效果,你说你没有希望了,你决定放弃了吗?你真的放弃不再做好妈妈了吗?

(4)行动的基础

尝试捕捉当事人拒绝规范、标准的行动基础是什么?对这些问题的回答可以让当事人认识到自己有什么样的方法和勇气可以做到这一点。工作员可以这样询问:你刚刚提到你已经放弃了做一个好妈妈的标准,我十分有兴趣知道你为什么可以放弃?能够接受自己不做个好妈妈吗?

(5)底线的执著

上述的提问尝试揭示当事人为什么可以勇敢地抗拒社会规范的要求甚至承担"失败"的身份。工作者可以继续问:你能够决定放弃做个好妈妈,是需要很大的勇气和克服很大的困难,你的这个决心代表着你有一些执著,是什么样的执著或者东西能够让你做出这个决定并能够坚持下去?

(6)寻找当事人的价值和原则

这个阶段的提问的目的在于揭示当事人执著背后的价值观,当事人不愿遵从社会规范,那么她一定有自己的价值观。工作者问:你这样的做法和想法,代表了你怎样的一些做人原则或者你的价值观?

(7)理想的境界

最后提问时协助当事人更明确关于自己人生的理想境界,如果当事人不愿意做别人/社会规范要他做的人,那么他心目中一定有他想做的人及想过的生活,那么他的理想境界是什么?

例如,李先生是一个大学教师,他从小崇拜钱钟书、老舍等这样的学者,立志也要成为这样的学者。因此,他潜心学习,一路读书读到博士后,毕业后在一所大学任教,将做好学问和做好老师作为自己的行为准则,全部的精力放在辅导学生的作业、和学生聊天、埋头学问等。工作将近 8 年,他没有在什么核心期刊上发表自己文章,而是出版了一本又一本调研报告,等到评教授职称的时候,才发现自己的这些书不能成为"学术"专著,被人认为没有学术水平。李先生陷入苦恼之中。

工作者引导当事人,让他知道现代的学术评价体系对一个踏实带学生的老师是不利的,因为学术评价体系是一个教师多写文章、多出书,而一个教师将很多的精力放在学生身上,则势必减少做学术的精力。因此,不是自己没有学术水平,而是学术水平的评价体系有问题,该体系无法评价像他这样的好老师。

在对话的过程中,当事人更清楚自己的价值和底线,即便这辈子评不上教授,他也不愿放弃自己作为一个好老师的价值标准,同时他也清楚,他也要靠自己的真才实学和有价值的学术文章去评教授,而不能为了能评上教授而粗制滥造一些文章。

(五)成员重组

其主要的理论借助后结构主义的"身份"等概念。成员重组是指透过对话,当事人可以重新整理他与在他生命中出现过的"人"在各自的生命里扮演的角色,借着这种调动、更替,当事人对其新身份及新生命产生更深刻、更立体的体会。

也就是说,透过这种方法,当事人能按照其愿意的生命故事,重新整理在她/他生命里面的成员的位置,或是提升或是减弱其重要性,之后当事人才能明白在她/他的生命故事里,有哪些重要人物一直支持和影响他/她,见证着他们走的每一步。

关系重组的成员,是属于人们生命中的人物,他们是故事的一部分,构成了人们自己现在的自我,同样也是他们的重要他人。人只有通过他人才能成为人。

1. 成员重组的作用

(1) 改动成员会籍

我们以为我们生命俱乐部的成员都是"定局",实际上透过故事我们可以改局,也可以让当事人知道成员对他生命的贡献。

很多时候,我们生命中都有重要他人影响我们或者我们影响他们或者相互影响,但很多时候我们不清楚,也不去梳理。因此,叙事治疗将当事人生命经验中的重要他人的作用再次呈现出来,将那个"定局"变成"活局",让那个人再次发挥生命中的作用。

(2) 成员成活

令当事人珍惜的成员能够活灵活现在当事人的生活里。

2. 成员重组的问话

(1) 挖掘成员

这类提问能协助当事人仔细思量谁会和他站在同一战线上。

- 谁会觉得你这样做是对的?
- 谁会相信你能闯得过这一关?
- 如果我希望能知道多一点关于你最新取得的进展,我应该去问谁?

(2) 这位成员在当事人生命中的贡献

探索在相互身份建立方面作出的贡献。该成员对当事人的贡献:

- 你提到小学这位老师对你的信任，你可否再多说一点他如何帮助你成功做到这一切？
- 他做了一些什么使你相信你自己有能力面对困难？
- 他的这些行动怎样影响你去理解自己的生命？
- 他是如何影响你的？

当事人对成员的贡献：

- 你所做的那件事情对他的生活有什么影响？
- 你认为你与这位老师的关系对他来说意味着什么？
- 你是否认为你已经使他对自己、他的生活产生了影响？怎么影响的？

如一个大学生描述自己的父亲是一个嗜酒成性、对家庭没有任何贡献的人，是对家庭的累赘和负担，认为这是她童年生活中的一个"定局"。但在治疗的过程中，工作人员协助当事人重新去看父亲的时候，她渐渐发现，父亲因为希望能挣到更多的钱来证明自己的作用，给家庭一些改变，而每次的行动都以失败而告终，更得不到家人的理解而逐渐变得酗酒。在故事的探索中，当事人发现其实父亲对其生命有很多的影响，如父亲为了能让她读县里的高中而将家搬到离县城近的地方，为此又借了钱。她考上大学离开家前的晚上，她想到父亲是唯一一次没有出去喝酒，在家里静静地待着，她感受到父亲是舍不得她走。当事人在其故事的叙说中逐渐改变了父亲是一个不负责任父亲的形象，慢慢发现其实父亲对家庭看得很重，用自己的方式在呵护和关心着她等，父亲形象逐渐变得亲切，也看到自己好强、从不向困难低头等也深受父亲的影响，父亲的角色和定位改变，当事人与父亲之间的故事重新改写，当事人对自己童年生活的认识也随之改变。通过改动家庭成员会籍，重组家庭成员，即将父亲从一个责任缺失和可有可无的角色，变成对当事人生命有极其重要的影响，将"定局"变成"活局"。

在应用叙事治疗的过程中，上述的技术不仅可以被单独地使用，也可以一个个案连贯地使用。最重要的是，叙事治疗的精神和思想，用怀特的说法，即便是一封信、一句话、一次谈话中也可以表达叙事治疗的观点，发挥治疗的作用。

本章小结

本章主要描述了在当下国内主要使用的三大家庭治疗模式，即结构家庭治疗模式、萨提亚家庭治疗模式和叙事家庭治疗模式。结构家庭治疗模式以现代的功能主义理论作为其基础分析理论，致力于家庭组织和结构的改变，认为改变家庭的权力结构、澄清角色分工、划分清楚家庭内系统的界限等，就能促使家庭中的个人改变，使得家庭重建良好的功能。萨提亚家庭治疗模式坚信人可以持续成长，并具有内部资源和改变的潜能，因此该治疗模式分析了家庭的三角关系、常见的四种沟通模式，以及家庭重塑技术等，不同于结构家庭治疗的生硬，萨提亚的治疗模式更强调人的情感、潜能等。叙事治疗法则是在后现代主义思潮尤其是福柯的权力观影响下发展出来的治疗模式,揭露现代权力对人的压迫导致人形形色色的问题,因此它强调将问题和人分开,运用问题外化、重新命名问题、寻找生命中独特的结果重新书写生命故事等治疗方法,更体现出对人性的深刻理解。

思考题

1. 家庭治疗与传统个案治疗有什么不同点?
2. 结构家庭治疗模式是怎样看待案主的问题的?其介入手法有什么特点?
3. 萨提亚家庭治疗模式是怎样看待案主的问题的?其介入手法有什么特点?
4. 请思考从叙事治疗的思想中,你学习到了什么?
5. 如果你有失败的感觉,请按照书中的提示,分析一下这些感觉是从哪里来的?你相对于什么而言是失败的?尝试进行自我治疗。
6. 尝试用家庭成员重组的方法,看看哪个家庭成员需要在你的生命中重组,并写下重组后的感受。

第九章

个案管理

　　个案管理是在传统个案工作方法基础上发展起来的,将管理理念运用于社会工作实务中,介于社会工作的直接服务与间接服务之间的一种整合性服务方法。个案管理社会工作服务模式出现在 20 世纪 70 年代的美国,是对社会工作面对不同领域中多元的服务体系、服务资源的相对有限、服务成效的不确定性,以及服务对象多重问题和需要挑战的积极回应。

　　本章将系统介绍个案管理服务模式的基本概念和功能、形成的历史线索;简要总结阐述个案管理的理论基础,分析描述个案管理模式的工作程序,在此基础上反思个案管理服务模式在中国大陆本土发展的空间及困境。

第一节　个案管理概说

一、个案管理的界定

（一）个案管理的概念

　　个案管理直接译自英文 case management,在这里,case 是指案主个人或家庭,具体是指遭遇多重问题困扰,具有多重需要的案主及其家庭。Management 意指管理活动,管理的概念最初出现于经济领域,依据美国管理学家戴维·汉普顿(D. R. Hampton)的理解,管理是指联合并指导使用资源的活动,包括领导、计划、组织和控制①。在现代社会,资源包括人、财、物、信息,管理的核心与宗旨是以企业利益为最大考量,管理者通过领导、计划、组织、控制等一系列过程,以企

---

① D. R. Hampton 著,陈星等译:《当代管理学》,新华出版社 1986 年版,第 9 页。

业最少的资源投入获取最大产出(效益)。在社会工作助人专业中,资源同样以人、财、物、信息(特别是情感信息)等形式呈现,包括政府公共服务和民间服务机构的正式服务资源以及案主个人网络中的家人、亲属、朋友、邻居等非正式系统提供的各种形式的支持资源。个案管理同样具有成本控制、节约资源的含义,但更注重和追求案主利益,以案主利益最大化为首要考量,主张以服务资源的最优化整合为案主提供服务。

有很多类似的概念也用来描述类似的服务活动,例如,照顾管理(care management)、通过安排的照顾(managed care)、个案协调(case coordination)、延续性照顾协调(continuing care coordination)、连贯性协调(continuity coordination)、服务整合(service integration)和服务协调(service coordination)等。

(二) 个案管理的定义

科学地界定个案管理的内涵和外延不是一件容易的事。为了准确、深刻地理解个案管理,有必要扩展对个案管理意义的理解。

从更为广泛的意义上,美国学者瓦雷克斯(Betsy S. Vourlekis)认为,个案管理可以被理解为一组在服务网络内合乎逻辑的步骤和互动程序,以确保服务对象在支持性、有效能、有效率及合乎成本效益的管理下,接受到所需要的服务。在这个定义里,个案管理被看做是服务过程中的要素之一,应用的领域极其广泛,包括学校、医院、健康心理诊所,甚至商业、金融、保险机构等,个案管理服务于上述各种领域中有需要的人群。[1]

美国社会工作者协会从社会工作专业的角度对个案管理作出界定:个案管理是由社会工作专业人员为一群或某一个案主统整协调活动的一种过程。在此过程中,借着各个不同福利及相关机构之工作人员相互沟通与协调,而以团队合作之方式为案主提供所需要的服务,并以扩大服务成效为其主要目的。当提供案主所需服务必须经由许多不同的专业人员、福利机构、卫生保健单位或人力资源来达成时,个案管理即可发挥其协调与监督之功能。[2] 1991 年,该协会又在其编辑出版的《社会工作词典》中给出更为精炼的定义:个案管理是指一种计划的过程,主要由单一机构工作人员负责,针对案主问题与需求,提供资源整合与协调,监督服务品质与成效的工作设计与资源管理服务。在这里,将个案工作限定在社会工作的专业领域,强调专业的社会工作者担任个案管理者的职能,以服务机构为依托,整合资源为有需要的案主提供服务。

美国学者巴鲁和明克(Ballew & Mink)从服务对象特质及动态的角度给个

---

[1] Betsy S. Vourlekis & Roberta R. Greene 著,林武雄译:《社会工作个案管理》,(台北)扬智文化事业股份有限公司 2000 年版,第 3 页。

[2] 潘淑满:《社会个案工作》,(台北)心理出版社 2007 年版,第 375 页。

案管理下了一个简短的定义,即个案管理是一个提供给那些正处于多重问题且需要多种助人者同时介入的案主的协助过程。并强调个案工作有两个重点:一方面,注重发展或强化一个资源网络(resource network)。另一方面,增进案主使用资源的知识、技巧及态度,强化案主个人取得资源及运用资源网络的能力。[①]

英国学者奥莫和格拉斯堂伯瑞(Orme & Glastonbury)认为,个案管理是一个案主参与服务的选择、计划和输送的社会工作和社会服务的方法,同时,它也是一种在经过需求评估和确认可用的服务之后,再为案主设计并组织包裹式的照顾技术。通过这一过程,将更有效地促进资源的作用,并可以提供需求导向的服务和使用者较大的选择权。[②]

由此可见,学者们从不同角度强调个案管理的元素。综合上述对个案管理的界定,我们可以把个案管理定义为:个案管理者通过协调、连接及整合资源的方法,为具有多重困境与需要的案主提供全方位的服务,帮助案主摆脱困境、强化资源网络及增进使用资源的能力。

(三) 个案管理的含义

从上述定义中我们总结,作为社会工作专业方法的个案管理至少具有以下含义:

1. 个案管理服务的提供者需要具备专业社会工作者的资格,并且应该接受过专门的个案管理技能训练。在不同领域的个案管理服务中,个案管理者的资格要求并不严格,护士、一般咨询师、相关专职人员、志愿者,以及案主系统中相关的他人都可以担任个案管理者的角色。但在社会工作专业服务中,要求个案管理者接受过社会工作的专业训练并取得社会工作者的职业资格,同时具备微观与宏观社会工作实务技能。个案管理者除了要具备与案主建立关系、预估案主问题域需求、制定服务计划、获取资源、评估服务成效等一系列工作过程的技术,还需要具备整合与管理资源的能力,必要时还要为案主提供直接的辅导、咨询与治疗服务,这样的个案管理者一般被称为个案管理师。

2. 个案管理服务的对象是同时面临多种问题、困境和需要的案主。单一的服务方法不能帮助案主解决多重的问题,需要个案管理者运用综合的方法整合服务资源才能满足案主多重的需要。个案管理的服务对象可以是个人或家庭,个案管理通常是以那些遭遇疾病、贫困而缺少支持的儿童、老人、残疾人,以及承担过多压力、遭遇权力压迫的妇女为服务对象。

[①] Julius R. Ballew & George Mink 著,王玠、李开敏等译:《社会工作个案管理》,(台北)心理出版社 1998 年版,第 3 页。

[②] 黄源协:《社会工作管理》,(台北)扬智文化事业股份有限公司 1999 年版。

3. 个案管理过程具有连续性与重叠性。连续性体现在个案管理过程,自始至终都贯穿着"关系"、"评估"、"计划"与"服务"四条线索。"关系"线索意味着个案管理过程是个案管理师与案主建立关系、发展关系、深化关系、结束关系的过程,同时还是通过个案管理者的工作促使案主与其他服务资源建立关系、发展关系、深化关系、稳定关系的过程。"评估"线索是指,个案管理从一开始对案主问题与需求预估(assessment)—随着信息收集调整预估—在服务中不断地进行资源评估—服务结束对服务成效进行评估(evaluation),整个过程需要持续不断的专业评估与判断的工作。"计划"线索是指,在整个个案管理服务的过程中,依据案主的变化需要持续不断地对服务计划进行修订。"服务"线索是指,服务活动不单单是制定计划之后的介入即服务实施的环节,从开始的接案建立关系,预估服务对象的状况、处境与需要,到最后的服务效果评估和结案的处理都具有治疗与服务的功能,要求个案管理者在任何环节的工作都要充分敏感到对服务对象的正面影响。重叠性意味着上述四条线索的工作呈现着交替重叠的状态。

4. 个案管理具有整合取向。个案管理是通过个案管理师的运作,为遭遇复杂困境需要多重服务的案主,提供包裹式的"一揽子"服务。因此,需要个案管理师整合微观、宏观等不同的社会工作方法,并且通过沟通与协调,尽可能地整合社会各种服务资源为案主服务。

5. 个案管理服务强调成本控制与服务成效。随着社会的发展,社会工作日益严峻地面临越来越多的服务需求与服务资源不足的挑战,社会工作服务在追求案主利益最大化的同时,有必要对服务成本进行适度的控制,以最小的成本资源收获最大的服务效果是个案管理服务最重要的工作原则。

6. 个案管理强调服务的团队合作。个案管理服务对象的需要,不是个案管理师一个人的服务可以满足的。个案管理师在有需要的时候也会为案主提供直接的辅导与治疗,但更主要的任务是为案主协调其他的服务资源,使不同的服务资源形成一个服务团队,相互配合、互相支持,协同服务。

7. 个案管理服务以社会福利体系的相对完善为基础。个案管理服务是以案主为核心,充分调动、整合、连接社会服务资源的活动,对于案主来说,虽然个人的非正式网络系统也是可以调动、连接的资源,但主要的服务资源还是来自社会的福利系统,包括政府的福利资源及民间机构的服务资源。个案管理师的主要职能是通过服务方案的规划,联系和协调社会福利资源,为案主整合一个完整周全的服务网络,并监督协助该服务的进行。因此,只有在社会福利体系基本完善的条件下,个案管理服务才有充分施展的空间,否则,就只能整合有限的案主非正式网络的资源,其服务受到很大的限制。

二、个案管理与个案工作的区别

台湾学者高迪理曾对个案管理与传统的个案工作进行了比较(表9-1)①。以此为基础,我们总结个案管理与传统个案工作的区别主要表现在以下方面:

表9-1 个案管理与传统个案工作比较

项目	个案工作	个案管理
服务对象需要	较为单一 单一资源即可解决	多重、复杂 无法有效使用不同的资源和服务
问题性质	治疗性、矫治性	危机性、康复性、教育性
介入重点(取向)	问题、失功能	未满足的需求 现有能力和资源
服务目标	协助案主解决问题、治疗案主	促成案主增加有效使用不同资源、服务的知能、教育、培育案主、重视案主改变的潜能
主要服务方法	面对面辅导、治疗	评定、计划、协调、连接
诊断评定	心理层面、深入	浅但实际、人在情境
介入时间	较长	短时
服务者角色	治疗者、安抚者 本身即是案主最主要的服务资源	促成者、教导者 连接案主与其他服务资源
培育案主运用资源	被动	主动
记录表格、资讯文件	开放式、半结构	具体、明确、详细 结构性

1. 服务目标差异:个案工作的服务目标主要是协助案主解决问题,治疗案主的失功能心理与行为;个案管理的目标在于协助案主连接资源,教育、培育案主增加有效使用不同资源的能力,以实现助人自助的社会工作目的。

2. 服务方法差异:工作员通过娴熟的一对一个案会谈与案主深度沟通与互动,充分表达同感与接纳,建立信任关系,在此基础上运用各种治疗与训练技术帮助案主恢复、提高社会功能;个案管理主要的工作技能是对案主困境与问题的全面洞察与把握,全方位评估案主的多重困境与需求,以此制定适切的服务计划,需要个案管理师对社会服务资源有较充分的了解,并具有效的连接、协调、动员服务资源,以及排除资源使用障碍的能力。

3. 服务对象差异:个案工作的服务对象的问题和需要比较单一,例如,认知

---

① 高迪理:《个案管理:新名称或是新方法?》,《社会工作学刊》1994年第3期,第149页。

偏差导致的情绪困扰的妻子、需要修正不良行为的青少年等;个案管理的服务对象遭遇的困难与问题比较复杂,需求也具有多重性,例如,同时遭遇被遗弃、疾病及贫困的残疾人、刚刚刑满释放、体弱多病又遭家人拒绝的社区矫治对象等。

4. 服务提供者的角色差异:个案工作者主要的角色是照顾者、安抚者、治疗者,个案管理师主要扮演着资源连接者、使能者、教导者、协调者、经纪人及倡导者的角色。

5. 运用服务资源差异:个案工作所服务的案主问题通常可以通过单一资源解决,而且更多的时候个案工作者作为主要的服务资源;个案管理中的服务对象则通过单一服务资源无法解决问题、满足需要,而是需要通过多种渠道、运用多种服务资源才能解决问题。

6. 介入重点或取向差异:传统个案工作偏重强调案主的问题域失功能方面,多为问题取向;个案管理将服务对象的问题理解为未满足的需求,注重挖掘案主现有能力及社会资源。当然,优势视角理念也越来越影响着个案工作方法的发展与创新。

7. 个案工作以案主利益为唯一考量,特别是个案工作发展的早期阶段,忽视服务资源的成本控制;个案管理在重视案主利益的同时强调服务成本控制,注重服务成效。

8. 个案工作介入的时间较长,特别是在个案工作发展的早期阶段,个案工作的介入时间长达几年;个案管理服务的时间相对较短。

三、个案管理模式的产生与发展

(一)个案管理模式发展的历史线索

1. 个案管理思想的萌芽

个案管理的思想,最早可以追溯到成立于1868年的美国慈善委员会(Board of Charities)。当时,该组织通过协调公共救助金和妥善运用社会服务经费,以现在看来较为消极的社会救助形式帮助贫穷及身心有困难者,此后,睦邻之家(The Settlement House)和慈善组织会社等社区组织在处理个案的问题上从建立有效管理机制、整合协调服务逐渐发展成联合多种专业的综合服务。20世纪初,里士满在《社会诊断》中也特别强调资源协调的重要性,积极倡导社会服务机构之间合作的实践,奠定了个案管理的雏形[①]。

2. 个案管理概念的出现

第二次世界大战后,美国社会对社会服务的需求有日益增加和复杂的趋势,

---

① S. M. Rose. *Case Management and Social Work Practice*. New York: Longman. 1992. 转载于赵环、孙国权:《议个案管理模式在禁毒社会工作中的运用》,《社会工作》2008年第8期(下),第4页。

20世纪60年代兴起的人权运动强调个人有获得社会福利的基本权利,社会服务领域的案主角色也从负面、消极的求助者转变为积极主动的参与者甚至消费者。社工与案主的关系由传统的单项服务转化为与案主一起计划、解决问题和寻找资源、整合资源。20世纪70年代美国的一些社会服务方案开始采用个案管理系统,例如,对老人的机构照顾转为社区照顾的方案、对低收入和残障者医疗补助计划,以及对精神疾病患者的介入等都开始采用个案管理的模式。于是,个案管理一词于20世纪70年代开始出现在社会服务研究的文献中①。

3. 个案管理方法的运用

20世纪80年代起,个案管理服务方法用于更多的公共基金方案中,服务于老人照顾、慢性疾病社区照顾、患有精神疾病的流浪汉照顾及其他各种身体与心理的健康照顾。特别需要说明的是,个案管理之所以被公共事务和决策者们接纳并采用的重要原因之一是,个案管理是处理成本控制的重要工具。20世纪90年代以后的美国立法,持续支持个案管理服务,例如1990年里安怀特综合艾滋病资源紧急方案,以超过20亿美元的经费提供个案管理服务②。目前,个案管理服务成为美国社会工作实务中一项重要的服务方法。

4. 个案管理模式的发展

最初主张在公共基金方案中运用个案管理的方法,主要是出于成本控制、合理整合服务资源的考量,对服务对象进行个案管理,统一调配资源是防止服务资源的重复浪费与分配不公。另外,也为了避免服务对象个人将大量时间与精力用于在不同服务资源之间的劳顿奔波。随着社会的变迁,社会问题日益增多,服务对象问题与需要复杂性日益严重,社会服务体系的多元化发展,个案管理服务方法在探索中被不断发展和完善,逐渐发展成以注重案主参与、赋权增能为原则,以开发案主资源网络及提升运用资源的能力为焦点的较为成熟的专业服务模式,越来越多地被运用于各种人群的服务中。

(二)个案管理服务模式产生的历史背景与条件

作为一项人类服务模式,个案管理的出现是服务对象的多重需求、社会资源的多元化发展、人权运动以及新管理主义等因素共同作用的结果。

1. 服务对象问题与需求日益增多

随着社会政治、经济的快速发展,各种社会问题日益增多,人类感受到的伤害与威胁日益严重,各种发展障碍与人生挑战,如疾病、贫穷、压迫、精神障碍、社会隔离、人际关系困扰等各种问题袭扰越来越多的人群,人们对社会工作的服务

---

① 郑丽珍:《台湾低收入户的形貌和个案管理》,《社会福利》1998(139),第48页。
② Betsy S. Vourlekis & Roberta R. Greene 著,林武雄译:《社会工作个案管理》,(台北)扬智文化事业股份有限公司2000年版,第3页。

需求不再单一,而是趋于多元,单纯的个别会谈、心理辅导已满足不了面临多重问题、困境与需求的服务对象。需要社会工作者协助案主协调、连接多重的服务资源,以个案管理的方式提供服务。

2. 社会服务资源日趋复杂与多元

个案管理有助于实现服务资源最优化运用。随着社会政治、经济的发展,社会服务资源呈多元化特点,除了政府的公共服务与社会救济,民间力量快速成长,非正式支持网络等多元的社会服务资源在给社会服务提供更多空间的同时也带来了资源流动的混乱和不确定性。一方面,不同的资源系统有特定的传送渠道,资源系统彼此之间的协调与衔接不好,势必造成资源的重复给予与服务遗漏现象;另一方面,多元的服务资源带给案主福利的同时,也带来了服务获取的复杂性,为了获得需求的满足,更多的服务对象陷入在不同资源渠道中劳顿奔波的状态。在这种情况下,需要个案管理者帮助案主整合协调资源,提供打包的"一揽子"服务。

3. 新管理主义的要求

进入20世纪70年代,社会与经济环境发生了巨大的变迁,一方面,以科层管理运作为基础的公共管理部门,其僵化、冷酷、顺从及父权主义的运作模式难以适应社会变迁的需要;另一方面,公共服务领域专业主义"唯以服务对象利益为考量"不计成本的服务理念与经济停滞、保守主义政府福利理念发生了矛盾与冲突。这种专业与科层结合的公共服务运作模式在70年代后期遭到新管理主义的挑战。新管理主义关于管理的认识,在很大程度上与科学管理关于管理的认识具有一致性,如两者都强调管理的标准化、层级式的管理结构、注重成本控制与成效等。新管理主义对社会工作服务提出了成本控制和服务绩效的要求,正是在这种背景下,个案管理方式应运而生。

4. 人权运动

20世纪60年代是一个动荡的年代,政治运动风起云涌。其中美国社会的人权运动对社会工作服务产生了巨大冲击。人权运动强调个人有获得社会福利的基本权利,他们不再是值得同情的可怜人,社会服务领域的案主角色从负面、消极的求助者转变为积极主动的参与者甚至消费者。社会工作者与案主的关系由传统的单项服务转化为与案主一起计划、解决问题,一起寻找资源、整合资源。

第二节 个案管理的理论基础

个案管理模式的理论假设主要来自系统理论、生态系统理论、社会支持网络理论。

一、系统理论与社会工作四大系统概念

系统理论是关于研究一切综合系统或子系统的一般模式、原则和规律的理论体系。一般系统论认为,系统是由各部分(要素)组成的具有一定层次和结构并与环境发生关系的复杂整体,其功能取决于它的组成部分以及这些部分之间的相互关系。系统理论认为,人类社会是一个复杂的大系统,相互交叉,彼此渗透,形成错综复杂的网络。一个社会系统就是一个整体大于部分之和的社会组织,系统的每个部分与其环境相互作用形成稳定的社会秩序。个人是社会系统中最小的系统单位,而生命个体更是一个严密有序的复杂系统。社会工作的系统视角注重个人的整体性和完整性,强调整体环境中完整的人,强调社会系统、特别是家庭系统在塑造和影响人的行为及生活状态中重要作用,注重运用社会资源——包括正式和非正式的社会网络资源来帮助人们解决问题、满足需要。

以系统理论为基础,1973年,米纳汉和彭克(A. Minahan & A. Pincus)将社会工作助人过程中出现的各种因素进行整合,提出了社会工作四大系统的概念,将社会工作服务看做是由改变媒介系统、服务对象系统、目标系统和行动系统构成的"变迁努力"。

改变媒介系统是指社会工作者和社会工作者依存的社会工作服务机构,机构的服务理念、目标、定位对社会工作者的工作提供支持和约束。服务对象系统是指社会工作服务的对象,也是社会工作服务的直接受益人。包括现实案主和潜在案主,服务对象系统可以是个人、家庭、团体、组织或社区。目标系统是指服务中作出改变的部分。在很多的情形下,"变迁努力"需要改变的不只是服务对象,还需要与案主相关的人员和环境作出调整和改变,社会工作者经常要与有关系统一道将环境作为目标系统去改变,服务对象系统并不一定就等于目标系统。一般说,目标系统大于服务对象系统,而且具有时效性。服务对象系统与目标系统有时是一致的,有时是不一致的,有时还可能是交叉的。行动系统是指那些与社会工作者一起努力,实现改变目标的人,他们是社会工作者的合作者,为了帮助服务对象做改变,社会工作者经常需要其他专业人士,例如律师、心理咨询师、医生等的合作,也需要其他与案主相关的人员的配合。

四大系统的概念为个案管理模式提供了理论的依据,个案管理就是要动员"案主系统"和"行动系统"促进"目标系统"发生改变,个案管理最重要的工作是要排除环境障碍,为服务对象链接资源。

二、生态系统理论

生态系统理论(ecosystems theory)是在生态学与系统理论基础上整合发展起来的,用以考察人类行为与社会环境交互关系的综合性理论,该理论把人类成

长生存于其中的社会环境（如家庭、机构、团体、社区等）看做是一种社会性的生态系统，强调生态环境（人的生存系统）对于分析和理解人类行为的重要性，注重人与环境间各系统的相互作用及其对人类行为的重大影响，它注重把人放在环境系统中加以考察，注意描述人的生态系统如何同人相互作用并影响人的行为，揭示了家庭、社会系统对于个人成长的重要影响。

生态系统理论代表人物之一布朗·芬布伦纳1971年在儿童心理发展研究中针对传统心理发展理论的局限与缺点，提出人与社会环境相互作用的行为生态系统理论发展模型，强调儿童发展中生物和环境影响因素的作用，将人生活于其中并与之相互作用的不断变化的环境称为行为系统，认为该系统由小到大（由里到外）分为四个层次：微观系统、中观系统、外观系统和宏观系统，这四个层次是以行为系统对儿童发展影响的程度分界的，从微观到宏观，对儿童的影响也是从直接到间接。环境层次的最里层是微观系统，是个体活动和交往的直接环境，这个系统是不断发展变化的。第二个层次是中观系统，是指各个微观系统之间的联系或相互关系，如果微观系统之间有较强的积极联系，发展可能实现最优化，相反系统间的非积极联系可能产生消极的后果。例如独生子女是家庭中的"小太阳"，独享父母的爱和资源，在学校享受不到这种待遇就会有极大的不平衡，不利于与同学建立和谐、亲密的友谊关系。而家长与学校老师的关系也会对学生产生极大的影响。第三个环境层次是外观系统，是指儿童并未直接参与其中，但却对他们的发展具有影响的系统，例如父母的工作环境，父母因工作环境导致的情绪状态将会影响亲子的情感关系。最外层是宏观系统，是存在于以上三个系统的社会政治、经济、文化环境，主要是价值观念层面的因素，在不同的社会文化环境中，这些观念是有差异的，但这些观念是存在于微观系统、中观系统和外观系统中的，直接或间接地影响儿童的知识和经验的获得。

布朗的生态系统模型还包含了时间的维度或历时系统，把时间作为研究个体成长中心理变化的参照体系。他强调将时间和环境相结合来考察儿童发展的动态过程。布朗的时间系统关注人生的每一个过渡点，他将转变分为两类：正常的（如入学、青春期、参加工作、结婚、退休）和非正常的（如家庭中有人去世或病重、离异、迁居、彩票中奖），布朗将这种环境的变化称为"生态转变"。

布朗的生态系统理论模型只注重个体的环境影响因素，忽视了个体本身的系统互动和变化。2004年，查尔斯·扎斯特罗（Charles H. Zastrow）在他的《理解人类行为与社会环境》一书中阐述的生态系统的三种基本类型——微观系统（micro system）、中观系统（mezzo system）、宏观系统（macro system）弥补了这一不足。他的微观系统即是指构成并影响个体成长的生理、心理及社会因素。中观系统是指小规模的群体，包括家庭、职业群体或其他社会群体。宏观系统是指比小规模群体更大一些的社会系统，包括文化、社区、机构和组织。

扎斯特罗认为，人的生存环境的微观、中观、宏观系统总是处于相互影响和相互作用的情境中，他特别强调了三个层面的作用：一是宏观系统对微观系统的影响，认为宏观系统中对服务对象发生重大影响的有文化（culture）、社区（community）、习俗（convention）、制度（institution）和机构（organization）等五大因素；二是微观系统与中观系统的相互作用；三是微观系统内部，生物的、心理的和社会的事件会在人的一生中相继发生并持续地相互作用，影响人的行为。

扎斯特罗强调，在三个社会生态系统的互动中，有两个方面是至关重要的。第一，社会工作者需要了解每一系统的正常成长标识（normal developmental milestones），包括那些正常发生在一个人生命成长阶段中的生物的、心理的、情感的、智力的和社会发展的重要事件，只有这样他们才能鉴别系统发展的正常与非正常情况，以决定谁是真正需要干预的对象。第二，社会工作者必须了解每一个系统是如何对其他系统发生影响的。

因此，社会工作者看问题不应仅限于其中的某一个系统而忽视了其他系统的影响，而要注意各种生态系统及其要素之间的相互影响。生态系统理论社会工作实务的焦点在于强调增强人们适应环境的能力，消除环境中阻碍人们成长和发展的因素，增加社会资源，促使环境更好地满足人们的需要。因此，社会工作实务的任务主要是帮助案主提高与其环境的调和程度，提高环境的品质和对案主的社会支持，帮助案主解决生活中的问题，增强人的社会适应能力。

三、社会支持网络理论

个体在其生命历程中的每一个阶段都有其要完成的生命任务。而人们需要依靠社会网络得到物质、情绪与精神资源，需要获取服务与机会实现愿望与满足需要，来完成生命任务。

早在19世纪，法国社会学家迪尔凯姆就发现社会联系的紧密程度与自杀有关。20世纪70年代初，精神病学文献中首次引入社会支持（social support）的概念。学者们认为，良好的社会支持有利于身心健康，社会支持一方面对处于压力状态下的个体提供保护，即对压力起缓冲作用，另一方面对维持一般的良好情绪体验具有重要意义，而且有助于提高个体的社会适应和生活适应能力[1]。学者们对社会支持网络的研究非常丰富，认为社会支持的内容与功能主要包括四大类：一是情绪性支持，如关心、分享经验、安慰、鼓励、可以诉说悲伤等；二是经济性支持，如实质的金钱、物资提供等；三是服务性支持，如紧急时的子女照顾、重大决定的商量、给予忠告或建议、法律协助等；四是社会性支持，如社交上的支

---

[1] 左习习、江晓军：《社会支持网络研究的文献综述》，《中国信息界》2010年第6期，第75页。

持等。能够提供支持的资源网络有两大类：非正式（或自然）的资源网络和正式的资源网络。非正式的资源网络主要包括家庭、朋友、邻居、同事、亲戚等，此网络可以提供给人们物质与精神的帮助和具体的服务，还可以帮助人们获取正式的社会支持资源。正式的资源网络包括社会的群团组织，例如单位、专业团体、群众组织、协会等——满足福利、权利需要的网络和社会性的资源，例如学校、医院、派出所、社会服务机构等——适应社会公共生活与活动建立的满足短期或特别需要的网络。

社会支持网络的理论为社会工作个案管理模式提供了动员社会资源的框架和网络分析的方法，个案管理的功能就是帮助案主整合、动员社会支持资源——激活、链接静止的网络资源，调整具有伤害性、破坏性、压力性等负面支持的网络资源为正面的支持的网络资源，并帮助案主提升使用资源的能力。

第三节 个案管理原则、模式与实务体系

一、个案管理的工作原则

个案管理作为一种社会工作的整合服务方法，需要遵循一般的社会工作原则，在此基础上，还需要有特别强调的原则要求：

1. 整合服务原则。"整合"意指资源与方法的整合。此原则要求个案管理者在服务中注意协调、整合不同的服务资源和方法为案主提供服务，个案管理者的服务不仅仅是会谈辅导，更重要的是在评估需求与问题的基础上运用不同的服务方法、整合不同的服务机构和专业人员、连接不同的服务资源、设计整全的服务方案，提供统筹性的"一揽子"服务。

2. 整全服务原则。"整全"意指对服务对象全人关怀。此原则要求个案管理者以全人关怀的理念为案主提供全方位的服务，个案管理者必须全方位地了解案主个人的生理、心理、社会及精神状态，全面评估案主的生活、工作、学习、人际交往、医疗、财务、感情、子女教育等方面的需要和问题，以此制定对应的服务计划，全人关怀案主的福祉。

3. 外展服务原则。"外展"意指在案主真实生活情境中为案主提供服务。此原则要求个案管理者经常的工作地点不是坐在会谈室、小组间，而是到案主或相关系统的真实生活情境中展开服务。例如，面对一个社交回避的社区青少年，个案管理者可以通过在案主经常走动的社区胡同，或常去购物的超市自然接触案主，参与案主的生活，与之建立信任关系，可以通过与案主共同完成某项生活任务或工作任务促使案主发生改变。

4. 连续照顾原则。"连续"意指服务的连续不断。此原则要求个案管理者在服务对象有需要的前提下,不间断地为其提供所需的服务。任何非案主原因的间断服务都会导致信息关系的破坏。连续照顾原则还强调,个案管理者应按照服务对象的节奏和可接受的方式与其互动。

5. 注重倡导原则。"倡导"意指公正与正义的倡导。此原则要求个案管理者在社会工作公平公正理念的指引下,时刻保持社会工作的专业警觉,审视社会制度及社会政策的公平公正性,站在弱势群体的角度向机构及社会做政策倡导。

6. 成本效益原则。"成本效益"意指节约成本、注重效益。此原则要求个案管理者在充分考虑案主利益前提下以最少的服务成本投入,获取最佳的服务效果。个案管理者应科学评估案主需求与服务资源,合理搭配、整合服务资源,做好服务方案设计,把握好服务进程,做好服务成效评估,避免服务的重叠与浪费。

二、个案管理的服务模式

个案管理服务模式在其发展过程中呈现开放与多样化特点,因此,学者们的总结描述也是五花八门,1984年,列维和弗雷明(Levine & Fleming)从个案管理者承担者的角度,把个案管理模式描述为个人或团队之分,治疗师或个案管理专家之分,专职人员或义工之分及受过专业训练的人与案主体系中相关的人之分。1988年,卢明斯(Loomis)针对卫生保健领域个案管理模式的应用探讨个案管理模式,提出社会模式、初级照顾模式与医疗社会模式等三种模式。依据所搜集到的资料,下面重点介绍两种个案管理模式的分类。

(一)个案管理模式的五分法

台湾学者杨莹总结归纳目前美国个案管理服务主要有全方位支持、康复、优点轰炸、通才及临床个案管理五种模式。这样的划分主要是依据注重案主问题还是强调案主优点、赋予个案管理者较大的权威还是强调案主自决、采用团队个案管理还是个人之个案管理和采用正式支持系统还是非正式支持系统四个维度[1]。

1. 全方位支持模式

全方位支持模式(full support model)也称自我肯定模式,采用自我肯定社区介入(Program of Assertive Community Treatment,PACT),重视案主的问题,使用管理团队。此模式强调:①以团队的方式对案主进行介入,其成员包括个案管理师、护士、精神科医生;②在案主的家中和其他生活范畴与案主接触,而不是在心理中心;③关注案主日常的实际问题;④以肯定的态度为案主的利益倡

---

[1] 转引自潘淑满:《社会个案工作》,(台北)心理出版社2000年版,第394页。

导;⑤教导案主生活事务的处理方法,提供24小时危机处理服务;⑥服务的提供取决于案主的需要而非案主的表现,没有拒绝提供服务的政策;⑦让工作者与案主有足够的接触;⑧个案管理师是服务团队每位案主的最终负责人;⑨服务的决定以案主特殊需求、案主特性及案主情境的评估为基础。

2. 康复模式

康复模式(rehabilitation model)注重使用正式的社区服务网络满足案主需求,但比全方位支持模式更加强调案主自决,服务计划主要依据对案主所缺乏技能的评估。此模式强调:①对案主进行康复评估;②依据案主的需求及自我设定的目标制定康复计划;③协助案主发展技能;④提供持续的人际支持直到案主建立起个人网络;⑤连接案主与社区的资源;⑥监督案主的进展;⑦为案主的需求倡导;⑧确保案主得到支持以处理危机、应对科层体制所带来的迷茫、获得人际与社交技巧。

3. 优点轰炸模式

优点轰炸模式(strength model)对案主有两个基本假设,即相信有生活能力的人必然有能力使用与发展自己的潜能,并且可以取得资源;认为人类行为主要取决于个人所拥有的资源。此模式强调:①注重案主的优点、利益和期望;②注重人具有学习、成长与改变的内在能力;③案主是助人过程的指导者;④案主与个案管理者的信任关系是助人过程的关键因素;⑤自我肯定的外展是较佳的个案管理模式;⑥社区可能是资源绿洲,而非阻碍。

优点轰炸模式的主要工作包括建立助人关系、对案主进行优点评估、制定个别计划、为连接社区而倡导、外展服务、监督以及渐进式脱离。

4. 通才模式

通才模式(generalist model)注重案主的问题与缺失,给予个案管理师相当程度的权威,注重利用正式服务系统满足案主需求。此模式具体的工作方法包括:①评估案主目前与潜在的优缺点,据此拟定案主所需的服务计划;②转介案主到正式或非正式的照顾系统;③依据案主需要提供服务与资源倡导;④协助案主运用资源;⑤不协助案主执行日常功能。

5. 临床个案管理模式

临床个案管理模式注重案主与个案管理者的关系,认为个案管理就是案主与个案管理者之间的交流与互动,并通过互动帮助案主处理需求与问题。

依据前文四个维度,台湾学者宋丽玉比较分析了上述五个模式的各自特色[①]:

---

① 转引自潘淑满:《社会个案工作》,(台北)心理出版社2000年版,第394页。

1. 关于对案主关注视角：五个模式中，除了优点轰炸模式特别强调运用案主的优势之外，其余四种模式均注重对案主问题与缺失的评估。

2. 关于案主自决：全方位支持模式与通才模式给予个案管理者较大的权威，康复模式与优点轰炸模式较强调案主自决。

3. 关于团队工作：五个模式中，全方位支持模式特别强调团队式的个案管理。

4. 关于资源网络：优点轰炸模式特别强调运用案主的非正式支持网络，其他四种模式则是正式支持资源网络。

（二）个案管理模式的三分法

我国大陆学者刘梦认为，在西方的个案管理中，基本上采用三种工作模式，即角色为本模式（role based case management）、机构为本模式（organization based case management）和责任为本模式（responsibility based case management）。①

角色为本模式主要以个案管理者在服务过程中扮演的角色为立足点来决定个案管理的功能、任务和目标，在不同的个案中，个案管理者扮演着不同的角色，例如个案管理在 A 案例中主要扮演治疗者的角色，而在 B 案例中主要扮演资源整合者的角色，其所制定的服务计划就会有差异。机构为本模式主要是强调机构的特点、结构和导向对个案管理服务的影响，以机构作为服务基地，通常适用于综合性的服务机构，例如康复中心、社区服务中心等。责任为本模式强调组织服务团队，团队中的每个人对案主的改变负一定的责任，主要服务对象是那些进入不同的服务机构之后没有得到应有的服务，没有具体的人来负责对他们的服务进行跟踪和管理的案主。下面用图表的方式展示三种模式的异同（表 9 - 2）。

表 9 - 2　个案管理模式一览表

模式 项目	角色为本模式	机构为本模式	责任为本模式
目标	满足案主需要，帮助案主与一系列社会服务机构建立联系	以机构为主为案主提供全面的服务	强调个案管理者长期跟踪案主，协调各种服务，为案主赋权
主要责任	接案访谈、资料收集、规划、联系服务机构、协调与传递服务、转介、评估	督导接案、需求评估、联络、检测、结案、领导一个团队为案主提供专业服务	需求评估、寻找资源、提供协调服务，与其他社会服务机构建立网络关系，联络相关的专业人士

---

①　参见：隋玉杰：《个案工作》，中国人民大学出版社 2007 年版，第 441 页。

续表

项目 \ 模式	角色为本模式	机构为本模式	责任为本模式
主要角色	评估者、经纪人、合作者、咨询师、疏通者、规划者、记录保留者、服务监督者	倡导者、经济人、同事或合作者、协调者、评估者、疏通者、规划者、记录保留者、检测者、修订者	经纪人、同事或合作者、咨询者、评估者、规划者、疏通者、记录保留者、服务监督者、修订者
服务时间	依据个案的复杂性、服务提供自身的限制、案主需要照顾的时间等决定服务的时间长度	需要不同专业人士提供服务的复杂个案需要长时间介入，其他个案短期介入	针对危机个案和发展性问题的个案介入时间较短，而对于残障人士或有身体和精神疾病的案主，介入时间较长
优点	强调个案管理者所扮演的不同角色，可以从不同的角度协助案主整合资源，同时作为服务的提供者和监督者，始终与案主保持工作关系。强调为案主提供医疗和经济方面的帮助	所有服务在同一个地点提供，多面向评估案主需求，强调个性化的服务规划，便于监督，服务团队步调一致	个案管理的责任由家人、邻居、志愿者以及案主自己等不同的人分担，个案管理者通常不是专业人士，因此服务成本低，社区的介入有利于案主独立性的培养
缺点	个案管理者扮演不同的角色需要与不同的服务机构打交道，会面临工作量过大、资源有限，以及过多的转介而带来的需求评估不足等问题	一个服务机构很难满足案主所有的需要；案主有对机构产生依赖感的风险	个案管理者缺乏必要的专业知识与技能，很难开展服务整合与协调的工作，服务监测作用也难以发挥

由上可见，三种模式各有所长，角色为本模式比较强调个案管理者在服务提供中的角色和作用，比较突出个案管理的功能特点。在机构为本模式中，个案管理的设计主要受到机构服务内容、架构和特点的影响，所有的服务具有因地制宜的特点。而责任为本模式则更多地重视充分利用案主周围的资源，为案主赋权提供机会和条件。具体采用哪种模式，应该依据案主的问题、需求与处境，以及个案管理者所在机构的具体情况而定。

三、个案管理的实务体系

台湾学者高迪理1994年界定了个案管理实务体系的构成要素，认为个案管理的实务体系至少包含目的系统、案主系统、改变媒介系统、资源系统和运作流程系统等五个子系统,这五个系统之间彼此相互作用(图9-1)。

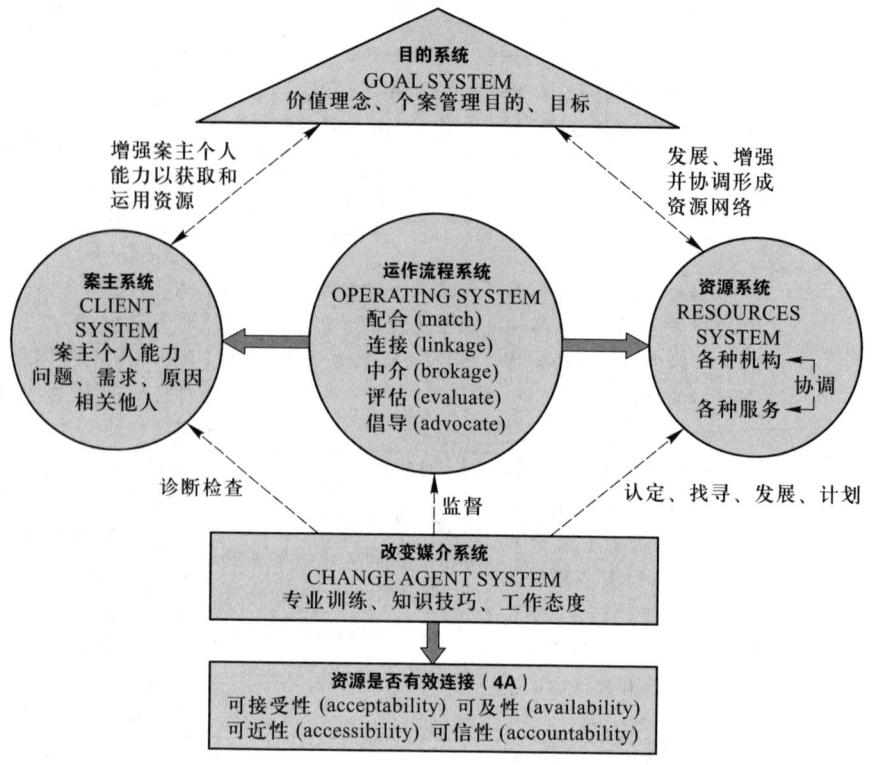

图9-1 个案管理实务相关体系互动关系图①

1. 目的系统。目的系统包含社会工作的价值理念、个案管理的目的,以及对案主照顾的具体目标。这个部分是个案管理服务的核心,决定着个案管理活动的方向。

2. 案主系统。案主系统包含三个方面的因素,一是案主个人的能力、改变动机、主观努力等,案主的个人能力主要指案主本身具有的知识、生活技能、处世态度。二是案主面临的问题和需求,以及问题或困境的原因。三是与案主相关的他人。案主系统是个案管理运作的重心。

3. 改变媒介系统。改变媒介系统是指个案管理运行过程中参与协助过程的专业工作者及相关人员,个案管理体系中,个案管理者大多由专业的社会工作者担任。随着社会工作专业的发展,对专业社会工作者的观念已逐渐从传统的协助者转变为改变媒介的角色,服务历程是一种"变迁努力"的过程,个案管理者的主要职责是促进案主的改变。

---

① 转引自潘淑满:《社会个案工作》,(台北)心理出版社2000年版,第378~382页。

4. 资源系统。资源系统是指存在于案主生态环境周围各种相关机构及其所提供的服务,也可称为服务网络(service network)或资源网络(resource network),包括一切可能运用于解决案主问题所需的服务、财物、人力及信息的资源整合。个案管理的性质就是帮助案主完成这种资源的整合与连接。

5. 运作流程系统。运作体系即是个案管理在付诸实践时所采用的工作步骤与程序。一般来说,运作体系包括接案—问题、需要与资源的预估—服务计划制定—资源障碍排除—评估服务成效—结案。改变媒介体系依据此运作体系将案主体系与资源体系结合在一起来达成目的体系。

上述五个系统之间相互影响、相互制约、相互作用,目的系统决定着个案管理者的行动理念,在这个价值理念指引之下,依据案主的状况确定个案管理的方向及服务的目标。案主系统是个案管理的重心,社会工作服务以案主需求为本,案主的困难、问题及需要是确定服务目标与服务行动的依据。改变媒介系统是服务的提供者,个案管理服务就是通过服务提供者即个案管理师与服务受益者即案主之间的互动,了解案主的问题及解决问题所需要的资源,进而为案主连接资源,因此,个案管理师的专业训练、知识技巧、工作态度及助人经验将影响着个案管理服务目的的实现。资源系统是解决案主问题的条件,找不到这些条件,个案管理服务将无从谈起。运作系统是个案管理服务的具体程序与行动,没有这个行动过程,个案管理服务只能是一种理论的假设。

通过上述五个系统及其关系的分析我们发现,个案管理服务的成效取决于资源的有效连接,台湾学者施教裕提出了评量个案管理服务成效的"四 A"模式:可接受性(acceptablity)、可及性(availability)、可近性(accessibility)和可信性(accountability)。可接受性是指个案管理者要视案主为一个有价值的个体,无条件接纳与协助案主;可及性是指案主在接受服务的过程中能够得到所需要的资源,资源的使用不会受到个人特质或其他因素的限制;可近性是指案主可根据需要进一步获取相关的服务与资源;可信性是指在整个个案管理服务的过程中展示服务的成效,并获得社会大众的认可。

第四节 个案管理的运作程序

个案管理服务的运作程序一般分为六个步骤:建立关系(engagement)、预估(assessment)、计划(planning)、获取资源(accessine resources)、整合(coordination)及结束关系(disengagement),我们以具体案例进行阐述。

案例

黄女士今年46岁,现在和自己16岁的严重智障儿子小刚一起生活。儿子

5岁时,丈夫与她离婚,离开了她们母子。小刚已经11年没有见过父亲了,父亲就连抚养费也经常拖欠。黄女士以前在纺织厂工作,后来工厂倒闭就靠打零工维持生计,近些年来,由于操劳及营养不良,身体出现很多问题,患有较严重的心脏病和糖尿病,半年前还发生了脑梗,使得右手、右腿活动受限,基本不能工作,现在靠低保维持生活。小刚没有上过学,一直在家由妈妈照顾,小刚犯病的时候非常暴力,砸东西、打人,以前年龄小,黄女士还能控制,随着年龄的增长,黄女士越来越不能控制儿子的暴力行为,而且还常被儿子打伤。黄女士渐渐产生恐惧感,害怕儿子犯病殴打自己,黄女士也曾想过为儿子找一个日间照料的机构,白天送去,晚上接回来。在刚刚离婚时,黄女士的父母曾劝其将患病的儿子送交福利机构或医院,自己开始新的生活,但黄女士感情上割舍不掉,坚决不同意父母的建议,因此,她的父母很生气,两个弟弟也因姐姐的执意坚持而不满,家人基本对她不施以援手。其实,黄女士还有一个一直解不开的心结,认为没有生出健康的儿子是自己的过错,心里对儿子一直存有愧疚,对前夫也有这样的心理,认为生活苦难是上苍对自己的惩罚,这就是自己的命。过去,黄女士在纺织厂时,曾经是"劳模",还当过车间主任。她与丈夫离婚后,单位有时会给她一些经济上的补助,同事也常关心、陪伴她。现在,黄女士基本没有往来的朋友和亲人,带着孤独与恐惧与儿子相依为命。

一、建立与案主的信任关系

建立关系是指建立一个有效的助人关系的过程。有效的助人关系至少包含两个要素:案主愿意让个案管理师协助和案主相信个案管理师有能力协助自己。在具体的助人实践中,部分案主有改变的意愿,愿意接受个案管理者的协助,但也有些案主可能出于各种原因,例如过往不愉快的求助经验、强烈的自尊心、无改善动机等,在初期表现出不愿意接受帮助。另外,由于案主自身的安全感问题,或对工作员的不了解,很难建立对工作员工作能力的信心,这就需要个案管理师善于运用各种建立信任关系的方法,包括介绍自己和自己的工作角色及工作经验、收集有关问题的资料、恰当处理案主对于接受帮助所产生的负面感受等的会谈技巧,获取案主的接纳和信任,进而愿意接受自己的服务。上述案例中,黄女士处于孤立无援、困难重重的境况,个案管理师除了运用一般的建立关系的技巧,可以特别注重以生命陪伴与倾听等策略取得案主的接纳与信任,使其愿意接受帮助。

二、评估案主需求(问题)、资源网络及资源障碍

在评估的阶段,需要个案管理师确认三件事:案主需要解决的问题、对解决这些问题有用的资源及案主使用这些资源的障碍。

(一) 确认案主需要解决的问题

个案管理师在建立了信任关系之后,首先询问案主的需要,让案主自己提出需要解决的问题,如果案主自己不能清楚地说明需要解决的问题,工作员可以根据收集的信息协助案主厘清遭遇的困境与问题,列出问题的清单。之后,一起讨论排列出这些问题被处理的优先次序。通常,在初期,案主能够意识到的问题都只是一些相当表面和具体的问题,需要个案管理师与之互动后,方能觉察到深层次的问题。在上述案例中,黄女士需要解决的问题及其次序为:智障儿子的生活照顾、疾病治疗与行为控制,黄女士自身的情绪困扰、身体疾病与健康维护,家庭经济困难,前夫对儿子缺乏起码的关怀及抚养费拖欠,黄女士与父母、弟弟的关系问题等,在这些问题的背后,案主有深层次的自我意识问题。

(二) 确认案主解决问题的资源

在确认了案主需要解决的问题之后,接下来就要确认协助案主解决问题所需要的正式资源和非正式资源。在这个阶段,个案工作师发现,案主可能有几种类型:一种类型是少数案主能够清楚地知晓自己的资源网络,只因没有行动去利用这些资源而导致了自己目前的困境,面对这样的案主,个案管理者只需与案主进行确认即可。第二类案主是知晓部分的资源网络,这时就需要个案管理师协助案主找出那些没有被案主了解的可用资源。第三类案主无法积极参与资源的评定,因为他们可能在过去的生活中遭遇太多使用资源方面的困难和障碍,这种情况下,就需要个案管理师引导性、启发性地与案主讨论,挖掘解决案主问题可用的资源。在上述的案例中,解决黄女士问题可用的非正式资源网络包括:改善自己与原生家庭成员的关系并获得支持,连接儿子与生父的关系并获得关怀。正式的资源包括:联系一家合适的(地理位置、价格)医院解决黄女士日常就医问题,联系一间服务机构(或个案管理师亲自)对黄女士进行心理辅导以解决她的认知和情绪问题,连接黄女士与妇联组织的关系并得到相应的服务,协助黄女士参与社区组织以丰富自己的生活,联系一家合适的福利机构解决儿子照顾问题等。

个案工作师要清楚,其实这些资源都客观地存在于案主的生态系统中,之所以案主没有利用这些资源而使自己处于问题与困境中,是因为一些障碍阻碍着案主无法取得和使用资源。

(三) 确认案主的资源障碍

巴鲁和明克把阻碍案主使用资源的障碍归纳为三类:外在障碍(external barriers)、内在障碍(internal barriers)和恒久性失功能(inherent incapacities)[1]。

---

[1] J. R. Ballew & G. Mink 著,王玠等译:《社会工作个案管理》,(台北)心理出版社1998年版,第27~44页。

1. 外在障碍

影响案主使用资源的外在障碍主要表现在两个方面：一是案主所需要的资源缺乏、不存在，或不足以满足案主的需要。在目前我国大陆社会福利制度不完善的情况下，公众所需要的很多服务项目是缺乏的，例如，我们很难为受暴妇女、受暴儿童找到暂时避难的场所，老年需要机构照顾却要等待几年才能排上床位。二是即便存在某项资源，但缺乏取得该项资源所需的次级资源（secondary resources）。例如，没有获取资源的交通条件、讯息等。例如，黄女士现在也考虑为儿子找一所日间照料的福利机构，但苦于不知道哪里有，甚至不知道如何去查找，也许即便找到了，也因离家很远，自己没有办法接送孩子。

2. 内在障碍

影响案主使用资源的内在障碍主要是指案主个人的信念、态度与价值观，导致个人某些特定的行为模式，因而妨碍了案主寻求或接受资源。常见的影响人们获取帮助或资源的内在障碍有四种：①悲观论者（pessimism）：有强烈的自卑感和无价值感，认为应该对所有错的事情负责任，常表现为无助、心力交瘁、沮丧的状态，不愿意求助是因为他们认为那是徒劳的、没用的。②批判论者（criticism）：与悲观论者相反，这类人具有强烈的优越感，常常表现为批判、挑剔，当事情有任何差错，一定是由于别人的错误导致的，自己的问题也是因为别人做了某些事情引起的，不认为自己需要帮助，因此也不寻求帮助。③宿命论者（fatalism）：这类人认为，事先做计划是没有什么意义的，他们经常是冲动的，很少为自己的人生做计划，因此，自己的生活常发生危机，生活呈现混乱不堪、无法掌控的局面。因太忙于处理危机，以至于无暇寻求或取得协助。④犬儒论者、嘲讽者（cynicism）：这类人与人非常疏离，行为表现似乎很得体、正确、合理。他们不是否认自己有问题，就是表现得好像事情都在自己的掌握之中，不需要任何帮助。

具有上述四种思考形式和行为模式的人，比较不会主动寻求或有效率地使用提供给他们的正式或非正式的协助。个案管理师在与案主的初步接触中，应该以敏锐的观察力和洞悉力去觉察、分辨案主是否具有上述描述的情形，以便在后来的工作中进行评估及介入。上述案例中的黄女士兼具悲观论者与宿命论者的特征，觉得没有生出健康的儿子是自己的过错，对儿子很愧疚，对前夫也有同样心理，认为生活苦难是上苍对自己的惩罚，这就是自己的命。因此，在生活中，黄女士没有积极寻求帮助，就连自己的父女、母女、姐弟关系也不去积极寻求改善。

3. 恒久性失功能

恒久性失功能是指超过个人可控制的一些因素，这些因素会降低或消除一个人有效的与助人者沟通或主动积极参与整个助人过程的能力，例如，心智迟缓、严重的心理疾病、生理状况如年老、大脑病变、中风等，还有例如酒瘾、毒瘾等。案例中的黄女士因大脑病变导致的身体活动能力受限也属于恒久性失功能。

三、制定个案管理服务计划

制定服务计划是一个理性的思考与写作的过程,是把预估阶段中所收集的资料进行整合,并转换成使案主可以得到协助的一系列行动。计划是个案管理师带领案主共同行动的指引图。

（一）制定计划的步骤

制定一个正式的、有结构性的服务计划有四个步骤:

1. 确立个案管理服务目标。在这个过程中,个案管理者依据上一阶段形成的认识,在与案主讨论的基础上,形成案主与个案管理师共同认可与承诺要努力达到的特定的、实用的目标陈述。

2. 排列目标的优先次序。个案管理服务面对的案主问题通常是复杂多样的,因而服务目标也不止一个,而是在总的服务目标之下,分解成若干分目标。个案管理者要把握好这些目标的优先次序,在确定目标优先次序时通常考虑的因素有:问题对案主影响的严重程度、解决问题的条件、目标实现的可能性以及目标之间的逻辑关系等因素,使一些关键性的需要、具备解决条件的问题、容易实现的目标以及在逻辑关系中的前置因素等要优先考虑。

3. 选择达成目标的方法,即介入的策略及行动步骤。需要说明的是,要科学确定行动的先后次序,即最先做什么,其次做什么,再做什么。但是,很多开始的工作是需要同时进行的。

4. 确定评估成果的时间及程序。这个步骤的工作是依据服务进程及案主的变化逐渐确定的。

（二）服务计划书撰写

服务计划书是一个服务计划过程后的成果展现。个案管理服务计划书因不同的服务机构会有不同的格式要求,但其结构都大同小异。下面呈现一份根据上面的案例所制定的对案主黄女士的个案管理服务计划书。

个案管理服务计划书

案主资料:(略)

问题评估:

黄女士正面临多重问题,这些问题以对黄女士的负面影响程度顺序排列:

1. 家庭暴力问题:黄女士的儿子小刚因其疾病在病发时经常对母亲实施暴力,随着小刚年龄的增长,力气越来越大,而且丧失理智,这种暴力对黄女士的身心伤害越来越严重,甚至有导致生命危险的可能。

2. 子女照顾：黄女士十几年来一直独自照顾患有较严重精神疾病的儿子，随着自己年龄越来越大，而且疾病缠身，对儿子的照顾能力逐渐下降，可以说，到了自己需要照顾的时候了。另一方面，儿子年龄不断增大，虽然儿子的脑部有问题，但身体强壮，更增加了照顾的难度。

3. 身体问题：黄女士患有严重的心脏病、糖尿病及脑部疾病，而且还出现了半身行动能力受限的情况。

4. 心理问题：因儿子的暴力，黄女士几乎时刻处于恐惧、紧张和焦虑之中，由于无暇、无人交往，黄女士内心十分孤独。在认知方面，黄女士始终认为生了有问题的孩子是自己的错，内心充满较重的愧疚感和歉疚感，一个在孤独、恐惧、焦虑、愧疚等情绪困扰中的人，其内心压力是巨大的。

5. 社交孤立：由于处理病患儿子的问题而与父母、弟弟产生分歧，黄女士与原生家庭处于疏离的状态，很少交往。因为一天24小时要照顾儿子，无暇走出家门参与社交活动，因此，黄女士的生活处于封闭状态。

6. 与原生家庭关系疏离：本来原生家庭应该是黄女士重要的支持资源，但因思想的分歧而处于疏离状态。

7. 与前夫关系：前夫本来应该是儿子重要的支持资源，但自离婚后断绝与黄女士一家的来往，对病患的亲生儿子不闻不问，甚至经常拖欠儿子的抚养费。

资源与障碍评估：

依据上面确认的案主问题，我们寻找、确认相关的支持与服务资源，以及获取这些资源的障碍（表9-3）：

表9-3 案主问题、资源及资源障碍一览

顺序	案主问题	资源	使用资源的障碍
1 2	儿子暴力 对儿子照顾	儿童福利机构 家政服务 福利基金	外在障碍：现有儿童福利机构拒绝接收黄女士的儿子，日间照料接送儿子交通存在问题 内在障碍：生育病患儿子是自己的错，因此，苦难应该自己承担 恒久性失功能：自己因脑部疾病导致身体活动受限
3	身体疾病	专科医院、社区医院 康复机构	外在障碍：社区康复服务不健全。没有时间做康复 恒久性失功能：自己因脑部疾病导致身体活动受限
4	心理问题	心理辅导机构 家庭服务机构	外在障碍：一般社区没有心理辅导机构，社会上专业心理辅导机构收费高 内在障碍：宿命感

续表

顺序	案主问题	资源	使用资源的障碍
5	社交孤立	父母小组、邻居、父母、弟弟弟妹、社区中心、妇联组织、同学、朋友	外在障碍：照顾儿子，没有时间出门与人交往 内在障碍：自卑感、悲观感
6	原生家庭	家庭服务	外在障碍：父母、弟弟不宽恕自己 内在障碍：不愿给家人添麻烦
7	前夫关系	家庭服务、法律援助	外在障碍：前夫拒绝 内在障碍：悲观论，都是我的错，自己承担

服务目标：

从案例描述我们看到，案主黄女士面临诸如身体方面、心理方面、财务方面、子女照顾方面、家庭生活风险等多重问题，使案主处于一种危机状态。个案管理的目标就是要帮助案主觉察这些问题，寻找解决这些问题的资源，并连接这些资源，来解决案主的困境，使案主可以能够正常地应对自己的生活。同时，在协助案主连接资源的过程中，培养案主自己发掘和使用资源的能力。具体来说，个案管理服务的目标表述如下：

1. 协助案主寻找一个可接收黄女士儿子的福利机构；没有找到前，请一个有力气的男保姆。

2. 协助案主寻找相关的福利基金，例如医疗救助等以解决黄女士的财务短缺问题。

3. 协助案主到专科医院就医，并建立长期关系；协助与社区医院连接，并建立长期关系；协助联系康复机构，按时进行康复训练。

4. 协助案主接受心理辅导，调整认知、排除情绪困扰，提升自我价值感。

5. 协助案主参加社区服务中心或妇联组织的活动；加入相关的社区组织，参与社区生活；寻找曾经的同学、同事，并与之建立联系。

6. 协助案主增加与父母、弟弟、弟妹的交往与沟通，使之在有困难的时候能给予支持。

7. 促使案主前夫建立责任感，按时交纳儿子的抚养费，定期探望儿子。

介入方式与行动步骤：

个案管理的服务方式主要是资源的连接。在本案中，具体的工作步骤如下：

1. 与相关的基金会、医疗机构、社区组织、妇联组织、企业、媒体单位及亲属联络沟通，获得对黄女士的财务支持。

2. 在没有找到能够接收儿子的福利机构前，联系聘请一位男保姆，协助黄女士照顾病患儿子。避免暴力对案主的伤害，使得案主能够有属于自己的时间和生活。

3. 寻找相关的儿童福利机构，了解相关信息，为黄女士儿子找到机构照顾的场所。

4. 协助或督促案主按时就医用药，参加康复训练。

5. 寻找一家家庭服务或心理服务机构（或个案管理师亲自）为案主做心理辅导。

6. 邀请黄女士参加社区组织的活动，例如，参加社区晨练队、歌唱队等兴趣团体，建立与居民的联系。

7. 探访案主父母和弟弟，并进行辅导，进行家庭会谈，连接母女、父女、姐弟关系，引导表达感受与需要，调解矛盾。

8. 探访前夫，并进行辅导，调整其认知，帮助建立对亲生儿子的责任感，促使其作出承诺：按时交纳抚养费，定期探望儿子，关心儿子的成长与需要。

可能的困难与应对策略：

1. 找不到可以接受案主儿子的福利机构——长期聘用家庭保姆支持案主。
2. 找不到财务支持聘用家庭保姆——连接社区或大学生志愿者资源。
3. 前夫拒绝合作——运用法律手段。

服务成效评估方法：

1. 任务完成测量。
2. 案主自我感受表达。
3. 个案管理师工作记录反映的案主变化。

四、排除障碍与获取资源

此阶段是把服务计划付诸行动的过程，在这个阶段，个案管理者需要采取各种行动为解决案主问题获取相应的资源，在获取资源的行动中，并不都是一帆风顺的，常常遇到许多的障碍，正如上文阐述的包括外在障碍、内在障碍和恒久性失功能，需要个案管理者具有排解障碍的方法与能力。

（一）外在障碍的排除

排解获取资源的外在障碍通常有三种方法：

1. 连接（connecting）。连接是指协助案主开启一个新的关系（资源）所采取的所有行动。包括个案管理师对其关系的找寻、确认、评估、接触、沟通，并作为媒介将其关系引介给案主，使其相互连接，并发生对案主积极的功能。例如，个案管理师去寻找一个可以接收黄女士病患儿子的福利机构，可以使案主把儿子送到那里并接受照顾，从而减轻案主的生活压力。

2. 协商（negotiation）。协商是指为帮助案主改善现有的关系而设计的行动。协商需要个案管理师对案主现存的关系有充分的了解，通过探访沟通，向其说明案主的处境及协助的需要，激发对方对案主的同感、关怀或责任感，并采取积极的行动。例如，个案管理师可以通过探访黄女士的原生家庭，与其父母、弟弟沟通，晓之以理、动之以情地说明案主的生活压力和艰难处境，再通过引导案主与家人面对面沟通，彼此表达歉意、关怀与期待，激活对案主的支持力量。

3. 倡导（advocacy）。倡导是指当某些外在人为因素造成案主获取资源障碍时，个案管理师站在案主的立场为案主提出请求所采取的行动。倡导的策略在不同的层面运用其方法有所差异，在机构层面，如果由于机构的管理制度或机构人员的管理问题造成阻碍案主获取资源，倡导的方式通常表现在与机构进行交涉请求；在政策层面，如果案主获取资源的阻碍来自政策的不完善，那么个案管理师能够做的是建言献策的倡导；如果案主资源的获取来自制度与观念层面的阻力，个案管理师只能通过学术表达、媒体呼吁等方法进行倡导。在上述案例中，案主黄女士获取资源的阻力可能来自不同的层面。例如机构层面，可能儿童福利机构资源有限，床位紧张，即便是小刚的情况已经具备入院的条件，也可能因没有特别的人际关系而被拒收；在政策层面，目前我国大陆没有针对单亲母亲照顾病患儿童的福利补贴。这些都给服务带来了阻力，需要个案管理师积极的倡导。

（二）内在障碍的排除

如前所述，影响案主获取资源的内在障碍主要是案主本人的思想观念层面的问题，主要可以运用心理辅导的方法进行克服。个案管理师可以把这个工作交给合适的家庭服务机构或心理咨询机构，也可以自己亲自完成。克服内在障碍的方法一般包含如下四个步骤：

1. 找出内在障碍的本质。即案主什么样的价值、思想观念影响了自己对资源的利用。例如黄女士的强烈自卑感、自责感、负罪感、内疚感、宿命感等影响了她去积极主动寻找和运用资源。

2. 找出案主可以对抗内在障碍的内在资源。利用理性情绪治疗的理论模式，与内在障碍进行辩论，发展出新的观念（内在资源），带来新的感觉，引发积极行动。例如，在黄女士的案例中，案主的负面感受来自于认为生育病患孩子是自己的责任的信念，那么对此进行辩论，生育孩子是夫妇两个人的事，孩子有问题是两个人的责任，应该共同承担，案主的负罪感、内疚感、自责感就会减轻，就会积极争取让前夫尽责任。

3. 找出一组可以动员案主内在资源的过去经验。例如，在黄女士的案例中，个案管理师可以引发案主重温自己过去的积极生活状态：曾是纺织厂的"劳模"，当过车间主任，带领一个团队，积极协调上下左右的人际关系，是一种积极、充满活力的工作状态和生活状态。过去曾经与父母的关系很亲密，有什么心里话都和妈妈讲,这是一个增强权能的过程。

4. 把所需要的过去经验浓缩成一组可行的行动任务。例如,个案管理师协助案主现在就去积极寻找需要的资源信息,然后走出家门积极联系福利机构;主动回家探望妈妈,诉说心里的委屈与压力,等等。当这些行动开始产生效果时,案主取得资源的障碍就会逐渐得到克服。

(三) 恒久性失功能的处理

因恒久性失功能障碍,可能导致案主无法与可能的助人者之间沟通与互动,严重者甚至不具备表达意愿的能力,不得不需要一些特殊的、非案主自愿性的服务。处理恒久性失功能障碍要注意以下三点:

1. 与相关专家合作。咨询具备资质的专家,并取得一份诊断证明书和服务计划的咨询建议书。

2. 发展支持系统。发展一个不许案主积极参与而能自行运作的支持系统,即发展一个案主的代言人,有资格有能力代表案主与外界联络,站在案主的立场上与环境沟通。

3. 详细记录服务过程。当支持系统无法协助案主,案主必须转介到非自愿性机构,例如儿童保护或精神病院时,个案管理师须对所有服务过程做详细记录。

在上述案例中,案主基本不存在这些恒久性失功能问题。

五、整合与监督

案主与资源的连接完成后,个案管理师的任务是随时监督与协助资源是否被持续提供并有效地被案主使用。案主与资源系统两方面都有可能导致问题的出现,有时候是资源系统的助人者没有或无法履行自己的承诺;有时候是案主的改变动机逐渐减弱。对于资源系统,需要个案管理师以各种调节的策略确保案主与资源保持有效的接触;对于案主,个案管理师可以运用约定(contraction)和任务达成顺序化(task implementation sequence)的方法作为增进案主动机的策略。在黄女士的案例中,主要的监督与协助任务是监督家庭保姆的服务品质,监督小刚在福利机构(如果小刚被儿童福利机构接收)被照顾的情况,监督小刚生父对儿子履行责任,监督黄女士的原生家庭成员对案主的支持与交往,监督心理治疗师与案主的工作,监督黄女士在接受社区服务及妇联组织服务的情况,等等。

监督与协助的过程也是个案管理师建构和强化自己的工作资源网络的过程,长期的积累与有效的资源管理,为个案管理工作提供了一个相对稳定的资源系统。

六、结束关系

当个案管理师发现,案主的问题陆续得到解决,相关的资源网络被连接,并发挥了支持的功能,而且案主能够维持与资源系统的关系,并且具有了一定的资源意识和寻求资源的主动性,愿意为寻求资源作出努力时,个案管理师就可以考虑进入结束关系阶段的工作了。结束关系是一个工作过程,从开始考虑结束关系、计划并实施相关的工作,到最后结束工作关系,一般需要两三周时间。在这个阶段,个案管理师主要的工作是处理与案主的分离情绪、巩固案主与资源间的连接、强化案主的改变等。

为了便于学习掌握,上述个案管理运作程序的描述呈现一种直线的、阶段性的状态。而在具体的实务工作中,个案管理运作的过程是持续、重叠和复杂的,很多行动是同时进行的。正如前文阐述个案管理含义的时候强调的,个案管理过程至少同时运行四种过程:①关系的建立、深化与发展;②预估及持续性评估;③计划与不断修改计划;④不断调整的介入行动。而且这四种过程是交替重叠的。巴鲁和明克把这种状况比喻为一个利用螺旋状匝道连接各个楼层的四方形停车场的结构(图9-2)。

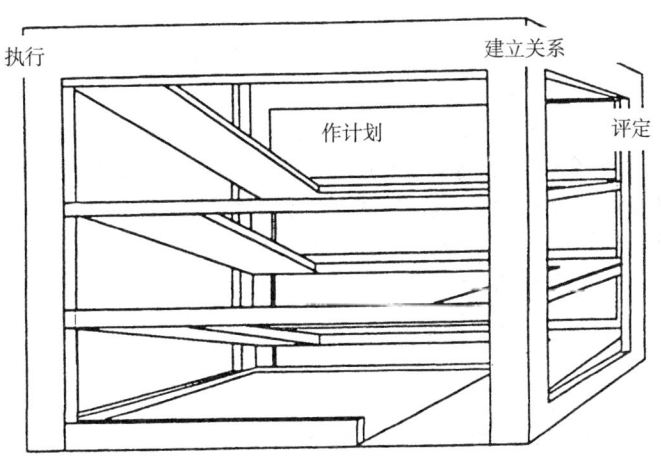

图9-2 个案管理的螺旋状模式图

在每一楼层有四个角落,每个角落有一个指示牌,依次是:建立关系、评定、作计划、执行。从最高层的某一角落可往下窥视到所有相似的角落,但无法看到这栋建筑物的另外角落。个案管理师与案主从最低层逐步往上爬升到最高层,在这个过程中,必须经过每一楼层的四个角落。在到达最上层之前需要走过多少楼层,取决于案主问题的复杂性、案主改变的程度及个案管理师的工作技能。要想检视一下在这四个过程中某一个过程的进展如何,个案管理师只需要走到某一个角落往下看即可。但是，如果想窥得全貌，则必须完全走到整幢建筑物的外面才有可能。只有理解了个案管理过程的这种持续性与重叠性，并时刻保持警醒，才能有效地陪伴案主到达最高层。

本章小结

本章系统、简要地介绍了个案管理模式。第一节首先从个案管理概念的解读入手，介绍不同学者对个案管理的界定，在此基础上总结归纳了个案管理模式的含义或特征，这些含义或特征包括：个案管理服务的提供者需要具备专业社会工作者的资格，个案管理服务的对象是同时面临多种问题、困境和需要的案主，个案管理过程具有连续性与重叠性，个案管理服务具有整合取向，个案管理服务强调成本控制与服务成效，个案管理强调服务的团队合作以及个案管理服务以社会福利体系的相对完善为基础。接着，对比个案管理与个案工作，从服务目标、服务方法、服务对象、服务提供者角色、服务资源、介入重点和取向、介入时间以及对服务成本的考量等方面分析总结了二者的差异。最后，回顾了个案管理服务模式产生、发展的历史过程及其社会条件。第二节讨论了个案管理服务模式的理论基础。首先分析阐述了以系统理论为基础提出的改变媒介系统、案主系统、目标系统和行动系统的社会工作四大系统概念；其次分析阐述了生态系统理论，简要介绍了布朗和扎斯特罗的生态系统理论关于系统分类的概念；最后介绍了社会支持网络理论的相关观点，强调了非正式支持网络与正式支持网络概念，以及对案主的情绪性支持、经济性支持、服务性支持和社会性支持功能。第三节介绍了个案管理服务的原则、工作模式及实务体系。个案管理服务除了要遵循一般的社会工作原则，还要强调整合服务、整全服务、外展服务、持续照顾、倡导、成本效益等工作原则；关于工作模式，重点介绍了全方位支持、康复、优点轰炸、通才及临床等五大模式，以及角色为本、机构为本、责任为本等三种模式。关于个案管理的实务体系，从目的系统、案主系统、改变媒介系统、资源系统及运作流程系统等五个方面分析了个案管理实务体系，并提出了评量个案管理成效的可接受性、可及性、可近性和可信性"四 A"模式。第四节以具体案例分析介绍了个案管理中与案主建立关系—评估案主问题、资源及资源障碍—制定个案管理服务计划—排除障碍与获取资源—整合与监督—结束关系等六大工作程序，并特别强调了个案管理过程的持续性与重叠性。

思考题

1. 在解读个案管理含义的基础上阐述个案管理与个案工作的差异。
2. 分析个案管理模式产生的社会条件。
3. 个案管理的工作原则有哪些？
4. 分析比较个案管理的全方位支持模式、康复模式、优点轰炸模式、通才模式和临床模式。
5. 以具体案例分析阐述个案管理的过程。
6. 如何理解个案管理过程具有持续性和重叠性？

第十章

个案工作的专业质疑及发展转向

经历了近半个世纪的苦苦追求,1957 年,格林伍德在《社会工作》期刊上发表了《专业的特质》一文,提出了专业的五个特质,认为专业需要有自己的专业理论体系、专业伦理、专业文化、专业权威论和社区认可。他认为美国社会工作已经基本上满足了这五个条件,迈上了专业地位。

然而,从 20 世纪 60 年代以来,美国学术界打破了结构功能论的帕森斯共识,冲突论社会学的抬头开始挑战功能主义下的专业迷思。人们不再把专业当成是和社会的一项功能交换:专业提供能力和诚实换取社会的信任、获得相对自由免于一般监视和干预、获得保护避免无品质的竞争,以及获得相当程度的收入和社会地位。正如社会学家西格里斯特所言:"在组织化追求利益的时代建立起来的强大的专业协会,是为了赢取在所有专业问题上的自主性,夺取市场上的集体利益,以及为了自己的私利赢得公众眼中的声望。"[1]。人们越来越不相信专业真正能够发挥高品质的服务功能,而是宁可把专业当做一种意识形态,来支配凡人的思想,赢取公众的认可[2]。

这种反专业霸权主义的思潮也波及社会工作领域。借着福利国家的危机,20 世纪 80 年代以来,西方福利国家把消减福利支出、提高社会服务的管理控制作为主要的改革措施。管理主义成为西方国家社会福利服务领域反专业主义的强大力量[3]。同时案主和公众的增权也是对西方专业霸权的重要制约力量。对专业的质疑和反抗,成为 20 世纪 80 年代以来的广泛力量。但是在反专业的广

---

[1] H. Siegrist. The Profession, State, and Government in Theory and History. in T. Becher. (ed). *Governments and Professional Education*. pp. 3-20. Buckingham:Open University Press,1994.

[2] Michael Eraut. *Developing Professional Knowledge and Competence*. London: The Falmer Press,1994.

[3] 郭伟和:《管理主义与专业主义在当代社会工作中的争论及其消解可能》,王思斌主编:《中国社会工作研究》第二辑,社会科学文献出版社 2004 年版,第 55~73 页。

泛谱系中,存在着从反专业权威、反科技理性、反病态治疗、反学科规训体制等不同的色带,相应的也有一些应对策略。本章我们就从这几个方面来做一梳理归纳,并讨论社会工作临床实务的发展方向。

第一节 反专业权威——证据为本以及增权实践的发展方向

一、激进社会学对专业权威迷思的拆解

按照专业主义的逻辑,只有接受过系统训练的专业人员,才能够申请获得专业执业资格,拥有专业判断和干预的垄断性地位和权威。然而,越来越多的反专业力量正是针对专业霸权而来的。凭什么专业人士可以声称垄断了所有专业知识,具备作出正确判断和干预的技术和能力?这种声称恰恰是借鉴了人们对传统权威的迷思[1]。传统马克思主义认为,专业迷思其实是一种意识形态,它是通过神秘化(mystification)的策略来实现其对人民的异化和支配的。尤其是意大利共产党人葛兰西在狱中对意识形态问题有了进一步的思考,他指出,当代资本主义的意识形态不再是通过赤裸裸的压迫和剥削机制来实现,而是通过资产阶级市民社会,来实践其对常人的霸权支配,从而让人们看不清楚社会的支配机制。神秘化机制意味着,只要批判性有机知识分子[2]看清楚资产阶级的统治意图,拆穿其谎言,就可以达到意识觉醒和激发革命的效果[3]。但是其实对专业权威的迷思,还有更深刻、更隐蔽的运行机制。对此,法国社会学家布尔迪厄有精彩的论述。他认为包括教育、专业技术人员等在内的知识分子其实是被统治的统治阶级,是从属于整个大的统治阶级的。但是知识分子却误识(misrecognize)了统治阶级的文化资本,转化成本专业领域的知识体系,构建出自己的次权威场域,传播和强化统治阶级的意识形态。而且知识分子关于专业知识的传播和生效的秘密正在于通过一套专业仪式实践所产生的当然化的实践后果,使得大众对专业知识和能力没有怀疑,自然崇拜,从而达到一种社会炼金术的效果。[4] 布尔迪厄通过误识(misrecognition)机制的研究,揭露了对专业权威迷思的实践机

---

[1] A. Rubin & E. Babbie. *Research Methods for Social Work*. Beijing: Peking University Press, 2008.
[2] 这是马克思主义理论家葛兰西对特定知识分子的界定。
[3] 葛兰西:《狱中札记》,人民出版社1983年版。
[4] 布尔迪厄著,包亚明译:《布尔迪厄访谈录:文化资本和社会炼金术》,上海人民出版社1997年版。

制。不管是传统马克思主义的神秘化机制,还是布尔迪厄提出的误识机制,都是对原来的功能主义的专业迷思的批判和揭露。这些批判思想让人们逐步放弃了对功能主义专业迷思的信奉,开始寻找其他策略来确保专业效力,而又不支配常人。

随着激进社会学对专业权威的批判和揭露,在专业领域内出现新的力量,发展出新的策略和路径来迎接挑战,挽救专业信心和效力。其中在20世纪90年代以来最为有力,而又相互竞争的两个策略是证据为本的实践模式(evidence-based practice model)和增权取向的实践策略(empowerment-oriented practice)。

二、证据为本的实践模式

证据为本的实践模式起源于临床医学,然后逐渐蔓延到其他专业。在临床医学领域,一批英美学者提出,要把临床诊断和治疗建立在科学系统的实验或临床统计数据基础上,防止临床医师单凭个人经验判断导致的错误。于是他们发展出了一种系统的基于实证研究证据的医学模式[1]。证据为本的医学模式提出后,对社会工作也产生了示范效应。它正好回应了自20世纪70年代以来的对社会工作干预效果的研究发现。当时流行的精神医学模式,主要是基于一些治疗大师的经验,通过工作坊的方式在各地推行各自的治疗模式,缺乏必要的科学研究证据来证明其治疗效果。于是有人开始对各种治疗模式进行评估研究。然而研究结论显示,各种纷繁多样的社会工作实践模式效果并不佳,在诸多因素中,案主评价最高的是良好的专业关系[2]。之后,社会工作一直致力于提高自己的专业效果,但都是不断发明建构新的实践模式,以及整合各种专业方法,走生态系统理论为本的通用社会工作方向[3]。直到证据为本的医学模式提出,社会工作专业才开始提出也要把社会工作专业实践奠基于科学证据之上[4]。之后,证据为本的实践模式就成为一种潮流在国际社工界流行起来,有人关注家庭治疗中应用证据为本的模式[5],有人关注在医疗和社会服务领域应用证据为本的

---

[1] D. L. Sackett, W. S. Richardson, W. Rosenberg, and R. B. Haynes. *Evidence-Based Medicine: How to Practice and Teach EBM*. New York: Churchill Livingstone, 1997.

[2] J. Fischer. Is Social Work Effective: An Review. *Social Work*, 1973, Vol. 18, No. 1: 5-20.

[3] C. B. Germain and A. Gitterman. *The Life Model of Social Work Practice*. New York: Columbia University Press, 1980.

[4] E. Gambrill. Evidence-based Practice: An Alternative to Authority-Based Practice. *Families in Society*, 1999, No. 80: 341-350.

[5] J. Corcoran. *Clinical Applications of Evidence-based Family Interventions*. Oxford: Oxford University Press, 2003.

实践[①]，有人专注于行为主义下的证据为本的实践[②]，有人则从跨学科角度来应用证据为本的实践[③]等。

在众多证据为本的实践模式的讨论中，其基本思路是把证据奠定在实证主义的科学模式之上。实证主义科学研究通过抽象的问题设定和变量模式检验，对某种具体的干预策略作出有效与否的判断，并对实践者给予科学指导。于是社会工作领域就出现了角色分化：投入的实践者和抽离的研究者。进而，它也要求一线的社会工作者具备一定的实证研究能力或者寻求实证研究证据的精神，从而不断地平衡好投入的行动和抽离的研究之间的关系。学会如何批判地评估是否有足够的科学证据支持特殊情景下的特殊干预策略，被认为是和学习流行的一般实践方法至少是同样重要的。

"证据为本的实践"给出的指导原则如下：第一步，形成能够回答实践需要的问题，而且问题要尽量具体、特定和明确，可以被检验；第二步，寻找证据，主要是通过计算机网络来搜寻图书馆的研究资料或者专业文献的数据库；第三步，批判地评估相关研究，这里有一个科学性层级标准，最科学的是随机分配的临床检验（randomized clinical trials），其次是准实验法，再次是单个案评估设计，最后是一些可以满足底线的研究方法，比如前后测量、相关性研究，超出底线之外的最接近的研究是诸如随意的个案报告或者相关临床专家的意见等；第四步，决定哪个有证据支持的干预方式是最适合你的个案的；第五步，应用有证据基础的干预方式；第六步，评估自己的实践和反馈。[④]

这是一个融合研究和实践的指引程序，但是这个结合方式显然矮化了社工实践者的能动性，抬高了实证研究者的神圣地位。这种证据为本的实践模式把实证主义科学当做唯一的科学模式，而把实践当做一种机械的因果干预过程，所以它才强调要把具体的实践过程建构成若干可以相互比较的干预变量，通过批判地检验以往实证研究的证据，来选择最为有效的干预方法。然而，实践处境的复杂性和多变性，以及日常生活的实践智慧都在挑战这种工具理性的实证主义专业模式。

三、增权取向的实践策略

不同于证据为本的实践策略侧重于从强化科技理性来维护专业效力，增权

[①] A. R. Roberts and K. R. Yeager. *Evidence-Based Practice Manual: Research and Outcome Measures in Health and Human Services*. New York: Oxford University Press, 2004.

[②] H. E. Briggs and T. L. Rzepnicki. *Using Evidence in Social Work Practice: Behavioral Perspectives*. Chicago: Lyceum Books, 2004.

[③] T. O'Hare. *Evidence-Based Practice for Social Workers: An Interdisciplinary Approach*. Chicago: Lyceum Books, 2005.

[④] A. Rubin & E. Babbie. *Research Methods for Social Work*. Beijing: Peking University Press, 2008: 25-34.

第一节 反专业权威——证据为本以及增权实践的发展方向

取向的实践策略则是从改变专业关系中的权力关系来反对专业权威的。这实际上和证据为本的实践模式的策略正好相反。证据为本的实践模式是针对传统的意识形态化的专业权威,试图通过科技理性来确保专业效力,从而强化专业地位和权威;而增权取向的实践策略则是试图从改变权力关系来彻底颠覆专业权威,迈向激进的平权和民主的实践过程。

随着20世纪60年代西方社会运动的蓬勃发展,左倾思潮的流行给增权实践提供了社会基础和理论基础。在新社会运动下,社会抗争的组织基础不再局限于马克思主义的阶级概念和追求通过国家政策来获得实际利益,而是强调通过基层草根组织的动员和发展,增强草根居民之间的互动和联系,建构内部集体身份,获得外部社会承认。身份政治成为新社会运动的核心[1]。

在20世纪60年代,增权取向的实践策略首先被运用到黑人社区的社会工作。之后,这一实践策略被激进社会工作者广泛吸收到各类人群的社会工作服务之中。增权实践关注社会结构性问题,以及由此导致的个人心理层面的效能感的虚弱。这样就连结了马克思主义的结构分析和社会心理学的自我效能分析。传统马克思主义认为,社会问题的根源在于社会结构问题,是生产资料的结构性分配不公,导致了阶级之间的剥削和压迫。所以,必须通过阶级斗争,来颠覆生产资料所有制关系,从而消灭阶级剥削和压迫。西方修正马克思主义虽然不再强调阶级斗争,但是仍然认为把工人阶级的利益通过政党政治,纳入国家政策,获得承认才是解决工人阶级苦难的改良策略。然而,这种结构主义的和政策导向的宏观分析思路,忽视了边缘弱势群体的自我心理体验和能动参与,容易沦落为革命精英对劳苦大众的思想灌输和控制,导致劳苦大众的无助和无能[2]。而且心理学家塞利格曼(M. E. P. Seligman)也曾经研究指出,许多助人专业在助人过程,由于特别强调专业关系的不平等性和专业知识的神秘特征,再加上助人环境的刻板和冷漠,导致许多受助者恰恰成为习得性无助的群体[3]。

增权取向的实践策略,秉承保罗·弗雷尔(Paulo Freire)的批判对话传统,强调通过平等的反思批判对话,来对普通大众的异化的存在意识进行问题化,从而引发意识觉醒,反思自己生活问题的社会根源,从而增强普通大众的批判意识。而这种批判意识和对自己受压迫环境的知识本身就是一种权能。增权取向的实践策略不同于一般韦氏词典所定义的增权——给予权力或权威,或者给予

---

[1] J. Cohen. Strategy or Identity: Theoretical Paradigms and Contemporary Social Movements. *Social Research*, 1985, Vol. 52, No. 4:663-716.

[2] P. Freire. *Pedagogy of the Oppressed*. New York: Seabury, 1973.

[3] M. E. P. Seligman. *Helplessness, On Depression, Development and Death*. New York: Columbia University Press, 1975.

能力,使人能做,或者允许别人做,而是一种获得权力、发展权力、掌握权力或者协助掌权的过程[①]。根据朱迪丝·李(Judith Lee)的解释,增权包括三个层面的含义:(1)更加积极和发挥潜能的自我感觉的发展;(2)建构出能够批判性理解自己周围的社会政治现实网络的知识和能力;(3)为了获得个人和集体目标,培养资源和策略,或者更加能够发挥功能的能力[②]。具体的增权策略一般是强调通过群体或社区的方法,来构建弱势群体的互助网络和集体身份,然后借助批判对话,来激发他们的批判意识,从而开展对压迫性现实的反抗行动。

显然,增权取向的实践是一个更加激进和正义的发展方向。相对于证据为本的实践模式,它不是要通过实证主义的专业知识,来证明自己的专业效果,而是通过平权的批判反思对话实践,来挑战个人苦难背后的社会结构性不公。

第二节 反技术理性——反思实践以及道德和政治实践的发展方向

除了反对专业权威,在专业教育和专业实践内部还出现了一种反对科技理性的思潮,试图用反思实践策略来取代技术理性导向的专业教育和专业训练。

一、对专业技术理性的批判

正如上文介绍的证据为本的实践模式所说,实证主义主导下的技术理性概念仍然在西方专业教育中大行其道。实证主义作为科学的主流范式,甚至在自然科学领域就等于科学概念。实证主义奠基于笛卡尔的主客二分的二元主义基础上。他把主体当做一个沉思和凝视客观世界的主体,把客体当做一个自在的有其内在规律的存在。科学的认识论就是建立在对外在客观世界的独立观察基础上,然后通过理性的推理,来获得自然世界的运行规律。科学结论要符合内在逻辑标准和外在的经验验证,这正是实证主义的经典论述。古典实证主义假定外在世界是个客观的实体存在,有其内在的规律,科学研究的任务就是通过感官来感知外部世界,然后通过理性来获得其内在规律。后来,维也纳大学集中了一些科学家,包括石里克(Moritz Schlick)、钮拉特(Otto Neurath)、卡尔那普(Rudolf Carnap)等人。他们发展了逻辑实证主义,强调经验事件才是知识的唯一来

[①] R. J. Parsons. Empowerment:Purpose and Practice Principles in Social Work. *Social Work with Group*,1991,Vol. 14,No. 2:7-12.

[②] J. Lee. *The Empowerment Approach to Social Work Practice*. New York:Columbia University Press,1994:13.

第二节 反技术理性——反思实践以及道德和政治实践的发展方向

源,至于外部世界和内心世界以及二者的关系,存而不论。逻辑实证主义认为符合经验的逻辑组合才是科学研究的核心,认为科学研究就是要把复杂的逻辑语言,逐步简化成一些简单的事实性声称,然后和经验事实进行验证。所以逻辑实证主义又叫分析哲学,强调对逻辑语言的化简分析和经验的可证实性。尽管实证主义经历了古典实在论向维也纳圈的唯名论的演变,但是始终没有改变其主客二分的二元假设,也没有改变其理性主义和经验主义的核心要素。

正统实证主义首先受到了维也纳圈的外围成员、科学哲学家卡尔·波普尔(Karl Popper)的质疑。波普尔认为正统实证主义存在着一个内在的逻辑悖论,那就是从个案的例证永远无法推出全称命题的科学结论,因为个案作为单称命题和科学结论的全称命题存在不对称关系。所以只要有一只黑天鹅,就可以推翻"天鹅都是白的"这个经验命题[1]。在此基础上,波普尔提出了证伪主义,也就是科学不是要证实一个命题,这在逻辑上是不可能的,而是要基于演绎推理形成一个可以证伪的假设,等待别人来寻找证据,推翻这个假设。波普尔认为,科学性不是通过证据的多少来确保的,而是通过命题的可证伪性来检验其科学性的。波普尔认为,我们只能通过一次次的尝试证伪,来加强命题的巩固性,但是永远不可能声称找到了最后的真理。

尽管波普尔通过证伪主义解决了实证主义的内在逻辑困境,从此开创了后实证主义的科学时代,但是实际上科学研究从来没有沿着波普尔所说的证伪主义思路开展。另一位科学哲学家托马斯·库恩(Thomas Kuhn)指出,科学研究主要是沿着自己的科学共同体的发展轨迹而演变的,受科学范式的制约。所谓科学范式是指一段时期内为某一派科学共同体所坚信的有关研究对象、研究前提、研究思路等基本概念组成的框架。它通常是某位科学大师提出一套概念框架,获得了其信徒的广泛认可,进而取得了主导地位,用来指导具体的研究问题的研究活动。正常情况下,科学活动都是在特定范式下,针对具体问题的研究活动。这被称为常规科学阶段。只有某一范式下的常规研究积累了越来越多的疑问不能解决,这时就可能出现新的大师,提出新范式,挑战原来的科学范式,并获得相当多的追随者,这时才进入所谓的科学革命阶段[2]。库恩从历史主义角度,论述了科学研究的组织结构及其革命,打破了关于科学研究的理性主义的神话。

除了上述科学哲学对实证主义的批判,对科学研究的文本分析和民族志调查,更是颠覆了传统实证主义的神话,迈向科学的社会建构论。科学的社会建构论认为,任何科学研究,包括实验室的实验活动,其实是科学家之间的社会活动,正是科学家之间的社会互动,用科学符号建构了科学事实,形成了科学结论。这

---

[1] 卡尔·波普尔著,傅季重等译:《猜想与反驳——科学知识的增长》,上海译文出版社2005年版。
[2] 托马斯·库恩著,金吾伦等译:《科学革命的结构》,北京大学出版社2003年版。

个过程更多的是取决于科学家之间的修辞活动和沟通活动,最后达成科学共识,乃至获得了科学霸权。这个过程不是如传统科学主义所说的,依靠逻辑推理和实验证据来发现科学命题,而是一个社会建构过程。科学的社会建构论通过扎实的科学文本的修辞分析、会议资料分析,到科学实验室的参与观察、非正式访谈等民族志研究,彻底解构了科学命题的客观性和确实性,认为科学研究活动是一个局域性的、权益性的和相对主义的社会过程,其研究成果必然负载着其生产过程的情景权宜性和利益结构的印记,但是其呈现方式却一定要经过符号修饰,呈现出客观、确定性,来获得公众的认可。①

除了来自科学哲学和科学知识社会学的批判,来自专业教育领域对技术理性的反叛也是一支重要的力量。已故麻省理工学院的行动研究大师、专业教育家唐纳德·A. 尚恩(Donald A. Schön)指出,当今的专业教育都是在技术理性的思路下,给学生提供标准形式、普遍适用的抽象专业知识,然后,让学生在专业实践领域去套用。然而,其不知专业实践过程是个充满不确定、复杂和多变的领域,严谨抽象的科学理论只会把社会实践的多样性、复杂性抹平,并不能提供针对性行动指南。这就是他所谓的严谨性和相关性(rigor vs. relevance)之间的张力;也就是说基于实证科学的形式化知识虽然很严谨,但是在运用于实际情景时其实是不适用的②。尚恩指出的专业教育的困境,其实反映了两种不同知识形态的关系问题。这两种不同的知识形态分别是推论性知识(propositional knowledge)和如何做的知识(practical know-how)。这两种不同知识形态最早由亚里士多德表述为技术性知识(technical knowledge)和实践知识(practical knowledge);后来被赖利(G. Ryle)表述为"是什么的知识"(knowing that)和"如何做的知识"(knowing how);再后来被波兰尼(M. Polanyi)表述为明了的知识和默会的知识(tacit knowledge)。所有这些学者发现,实证科学研究得出的形式完美的符合普遍逻辑的知识,并不适用于具体的实践情境,而在实践情境下的一些行动知识却又无法进入科学理论。

在社会工作专业领域,对技术理性不遗余力的批判者是已故的家庭治疗领域的大师霍华德·高登斯坦(Howard Goldstein)。他指出,传统的实证主义取向的专业知识都是一种线性逻辑,假定任何问题都有一种或几种原因发生在前,如果要解决问题,我们就要找到问题的成因,对问题的原因进行干预③。但是其

---

① 赵万里:《科学的社会建构》,天津人民出版社 2002 年版。
② D. A. Schön. *The Reflective Practitioner: How Professionals Think in Action*. New York: Basic Books, 1983.
③ H. Goldstein. The Literary and Moral Foundations of the Strengths Perspective. in D. Saleebey (ed.) *The Strengths Perspective in Social Work*. 3rd ed. pp. 23-47. Boston, MA: Allyn and Bacon, 2006.

实问题的认定本来就是一个标签过程乃至社会建构过程,本来就没有纯粹客观的社会问题。而且社会心理学指出,对社会问题的成因更多是一种赋予的过程,也就是所谓的归因过程,而不是一个客观的因果关系。

二、反思实践策略

基于上述对技术理性的批判,以尚恩为代表的一些行动研究大师,大力提倡在行动中反思,来取代传统的实证主义的技术理性实践模式。尚恩试图发明一种实践方法,来处理实践过程中的复杂、多变的实践情境,力图把所谓的难以说清楚的实践智慧变成一种可以说清楚的行动逻辑。尚恩认为,社会工作者就像其他人际关系专家一样,都使用综合性的理论来构想(frame)他们的实践情境。当我们遇到一个复杂的情境时,我们就根据理论建构一种框架然后提出解决方案。然后我们检验方案以及建构的理论的效能。尚恩将此称为"构想实验"(frame experiment)。当然,许多专业性实践的条件是程序化的、重复的,结果"在实践中获取知识变得越发不言自明;而实践者可能会错过思考他所作所为的重要机会"[1]。然而,一些专业性的实践,尤其是社会工作,可能会遇到许多始料未及的情形,而这就要求实践者能够使用构想实验。如果实践者缺乏在行动中反思的能力,他们就会对那些未预料的情景作出一种较少关注的反应,使用一些不可用的范畴,乃至控制那些情景。所有这些策略都是减少而不是增加他们在实践中获得知识的方式[2]。

有人对尚恩的反思性实践提出了新的精细化方案。迈克尔·艾罗特(Machel Eraut)认为尚恩的实践策略只是一种有关元认知的理论,而不是一种具体反思理论。因为艾罗特认为,尚恩提出的在行动中反思(reflection-in-action)没有考虑到时间问题,如果把时间拉长,在行动中反思就成为关于行动的反思。所以,艾罗特认为,实践中的专业知识和专业能力的形成,不仅仅需要在行动中反思,需要细分成关于行动的沉思,以及在行动中的迅速直觉性思维和行动。这两种能力的养成都需要把公共知识与具体的情境结合起来,转换成个人的知识。而这个转换关键要靠专业教育中的导师的带领能力,帮助学生把推论性知识、过程知识以及个人直觉印象整合起来。[3]

不管是尚恩的反思实践模式,还是艾罗特的专业知识发展模式,其实都是基于英美实用主义传统,都难以超越微观情境主义的问题界定模式,无法把社会结构问题融合到其反思实践过程中。郭伟和和徐明心最近提出的重构反思实践模式,把法国社会学家布尔迪厄的实践理论和尚恩的反思行动结合起来,提供了反

---

[1][2] D. A. Schön. *The Reflective Practitioner: How Professionals Think in Action*. New York: Basic Books, 1983: 61, 69.

[3] M. Eraut. *Developing Professional Knowledge and Competence*. London: The Falmer Press, 1994.

思实践的新方向①。布尔迪厄采用了两种策略来解决社会工作实务中对社会结构的关注。首先,他强调说社会被分为不同的场域,而不同的场域有它们自己的结构,由此他避免了概化并且引入了具体的实践处境来展示结构关系。随后,他引入了"惯习"这一主观的结构性行为模式,惯习这一概念把人们的行为模式和社会结构联系起来。他认为,正是人们在特定场域下的即兴发挥、当然化的活动,一方面内化和误识了社会结构中的支配性关系,另一方面又在复制和再生产社会不平等关系。所以支配性权力关系是隐蔽在人们的结构化而又不自觉的日常即兴表演之中的。在这个模式中,布尔迪厄认为每一个场域都有三种结构层次:客观结构、主观结构和符号结构。每个人都处于一个具体的客观结构位置上,这意味着他具有独特的资源和资本,个人也有某种程度上依赖于社会位置的行为习惯和处置方式,在日常生活中,人们利用不同的策略追求自身利益,而多数策略是程序化了的,是通过习惯和社会化而内在化的。

布尔迪厄和华康德进一步认为,社会研究更应注重反思性实践:社会科学应超越遗传学和行为学的自我中心的概念,并侧重关注结构关系,因为是结构关系建构了人类的习惯与品位,而只有当我们意识到结构关系影响了我们的行为,我们才能够抵抗结构的控制。② 布尔迪厄和华康德提出的反思实践不同于现象学的焦点在于获得情景性知识的反思性,是要把自己的实践过程对象化,来反思自己的成长历程,以及在此过程中所经历的特定场域的结构性关系对自己行动惯习的塑造作用,从而帮助自己跳出结构性限制。布尔迪厄既不是社会工作者也不是社会工作理论家,但是他的理论可用来形成解放和增权给弱势群体的社会工作实务框架,这个框架关注以下几个问题:

1. 服务对象的行为和统治阶层的行为有何不同?

2. 服务对象的"惯习"和他们的社会地位有何关联?为什么他们遵循某些程序化的方式?是否存在其他的方法?

3. 弱势群体拥有什么资源(社会资本、个人资本和符号资本)使他们能够自己改变他们的生活方式?

4. 弱势群体应用了什么策略以推进他们的利益并抵制剥削和压迫?

三、道德和政治实践策略

如果我们说技术理性对工程专业和医学专业来说还有其一定的实用意义,

---

① Guo, Weihe. Tsui, Ming-sum. From Resilience to Resistance: A Reconstruction of the Strengths Perspective in Social Work Practice. International Social Work, 2010, Vol. 53, No. 2:233-245.

② P. Bourdieu and L. J. D. Wacquant *An Invitation to Reflective Sociology*. Chicago: University of Chicago Press, 1992.

那么对于社会实践来说则存在更加严重的挑战。因为社会实践过程确实不是一个自然的进步发展过程,而是一个充满着人文道德和政治权力的实践过程。马克思和恩格斯在《德意志意识形态》和《费尔巴哈论纲》中论述了唯物主义的历史实践观。在马克思那里,实践概念虽然建基于物质生产活动之上,但是实践绝不意味着一个单纯的物的运动过程,而是人们通过相互联系的社会交往,来共同从事生产劳动的过程。整个实践过程包括了人们之间的关系问题或交往方式问题,而且正是人们的交往方式或生产关系会对生产实践活动本身产生阻力,进而影响生产进步。后来人们把这一实践概念延伸至所有涉及人们社会关系的活动形式,除了物质生产,也包括符号生产、精神活动等领域。实践的概念意味着,一切活动都是围绕着利益矛盾而组织起来的道德伦理、政治权力、符号表征的策略性斗争过程,应避免把道德、政治和人性物化为一种教条的抽象的逻辑形式,去追求所谓的道德、法律、政治和人性的真理。

　　社会工作领域虽然对于实践的强调不是主流,而是长期被精神医学的教条所主宰,然而在社会工作的发展历史上不断有人对这种精神医学模式的实践过程展开分析,从而拆穿其支配策略,力图解放社会工作专业。早在1934年就有人讽刺个案工作说:"从事个案工作就像在一艘即将沉没的邮轮上为数名乘客的舒适而安排安乐椅,却忘记了真正的工作是要放置救生艇。"[1]正如雷诺兹所言,如果社会工作要把案主的幸福当做社会工作的核心,把案主当做一个有权利的积极公民,我们就应该关注社会工作实践中的道德和政治实践问题。

　　高登斯坦在回顾西方社会工作理论导向的转换历史后指出,社会工作扎根于人文主义传统,所以应该采取诠释性社会科学范式,而不是实证主义的科学范式。他大力提倡,社会工作实践应该建立在文学和道德基础上。他认为,从文学作品中,社会工作可以获得对案主问题的生活化的洞察和启发,尤其是针对人们在面对苦难和困境时的道德品质,包括毅力、幽默、智慧和生存策略。他认为,我们只有通过文学化、生活化的描绘,才能融入描述者的处境,去感受作者的心理世界和作出情绪性反应。这样,社会工作者才能从日常生活中激发出案主的勇气、智慧和力量,促进案主增强其抵抗逆境的优势和能力。[2]

　　除了上述对道德力量的挖掘,社会工作也开始挖掘权力关系和政治实践问题。1993年,安·哈特曼(Ann Hartman)编辑了一辑美国《社会工作》专刊,集中讨论这一问题。这期专刊虽然无法改变美国社会工作的整体保守主义的

---

[1] B. C. Reynolds, *Between Client and Community: A Study in Responsibility in Social Casework*. New York: Oriole, 1934.

[2] H. Goldstein. The Literary and Moral Foundations of the Strengths Perspective. in D. Saleebey (ed.) *The Strengths Perspective in Social Work*. 3rd ed. pp. 23-47. Boston, MA: Allyn and Bacon, 2006.

氛围，但是也在主流刊物上复兴和传播了进步社会工作传统。随后，美国两位学者斯派切特（Harry Specht）和科特尼（Mark E. Courtney）在1994年出版了著名的《没有信仰的天使：社会工作如何放弃了其使命》一书，系统回顾和批判了美国主流社会工作如何一步步沦为精神医学的扈从，成为一个准心理治疗专业，逐渐丢失了其关心社会疾苦、促进社会正义的使命。他们号召社会工作要重拾其历史使命，关注社会边缘弱势群体的苦难，尤其是能够把个人苦难和社会环境及社会结构的不公正联系起来，通过社区为本的综合干预策略，来促进社会进步①。

经过一些进步学者的不懈努力，国际社会工作人员协会以及国际社会工作教育联盟在2004年公布的社会工作教育和训练全球标准中，终于承认了社会工作的政治使命，把促进社会正义和人权作为社会工作基础。这对于长期陷于精神医学和心理治疗泥潭中的社会工作专业，无疑是一针强心剂。

第三节　反病态治疗——优势视角和抗逆力强化项目

在社会工作领域里，20世纪90年代以来真正构成对精神医学模式挑战的，来自一股强调优势视角的实践流派。以美国堪萨斯大学社会福利学院为基础，形成了一个反对病态视角下的精神治疗的新联盟。这个新联盟建立在强调案主的优势基础上，通过挖掘积极资源和合作性关系，来达到逆境反弹和自我修复的目的。

一、对病态为基础的精神医学模式的批评

20世纪30年代以来，随着弗洛伊德的理论传入英美，英美的社会工作就开始跟随心理辅导专业，成为弗洛伊德学说的崇拜者，发展出各种针对个人心理人格乃至行为问题的精神病理学解释，以及相应的治疗模式。再加上各种行为主义理论、认知理论、沟通理论、互动理论、神经语言学、人本主义、问题解决模式、任务中心模式、危机干预、家庭治疗、存在主义、冥思治疗等各种心理治疗流派，当今的社会工作临床治疗模式已经不下二十多个。最重要的是，当今美国的精神健康专业已经成功联合健康保险公司，把心理治疗当成了一个回报丰厚的阵营，形成了一个庞大的结合了商业、专业、机构的方阵，从医疗到药物、从保险到大众传媒，已经通过把公众说成有各种情绪性、身体性或行为性的病态，来赚取

---

① H. Specht and M. Courtney. *Unfaithful Angels: How Social Work has Abandoned its Mission*. New York: The Free Press, 1994.

相当可观的利润①。从1994年到2000年,《美国精神疾病诊断和统计手册(第四版)》作了一次修订,结果7年时间,美国的精神疾病的数量就增加了一倍。正是不断地增加新的精神疾病,才确保整个精神医学能够持续获得丰厚的利润。

整个医学模式假定案主之所以成为案主是因为他们有缺陷、问题、病态或疾病。这种疾病或失常为基础的思维模式是从过去的道德缺陷模式跳跃过来的。只不过,现代精神医学采取了更加细致的术语。但是,现代精神医学的隐喻和叙事其实依然是某种程度的负面建构,这对于我们要帮助的对象会导致致命的伤害。这种脆弱、失败、缺陷词语塑造着他人如何对待案主,以及案主如何对待他们自己,还有资源如何给案主分配,甚至在极端情况下,它会产生惩罚性制裁。

萨里贝(Dennis Saleebey)认为病态化的词汇背后有一系列假设,他们反过来会导致生动但不受欢迎的后果。这主要表现在如下方面:

1. 个人成为已命名的问题或病态。萨里贝认为,各种诊断标签很快成为案主的主要身份,这些称谓和角色很快把案主的其他身份包含在其下面。比如,一旦人被标签为精神分裂症,一个人的其他性格、经验、知识和愿望等要素就会慢慢消退到背景中,被症状和综合征等语言所取代。在一定程度上,这些标签会紧紧抓住个体,经历一个投降和依附的过程,最后让个体成为一个异化身份。虽然病态化标签比恶魔标签要好,但是无疑,它给如此多的个体创造了一个情景——道德的、心理的和市民的自我虚弱的情景。

2. 消极和怀疑的语言:专业犬儒主义。强调案主的问题创造出一种悲观的关于案主及其周边环境的预期,也对案主的应对环境能力表示悲观。医学专家安德鲁·威尔(Andrew Weil)对其专业哀叹,他觉得他的医学专业对病人身体内在的转换、重生和疗愈倾向充满悲观和负面态度。他把这个情景称为医学魔法——医师的恐怖预言和敌对性归因足够强大到让病人产生焦虑、害怕、压抑、放弃。这种生物医学模式对社会工作的某些实践领域产生了深远影响。它导致社会工作也把案主当做是问题的发生地和缺陷的混合体。这种态度让社会工作专业远离了他曾经宣称和感兴趣的"人在情境中"的概念,这个概念可以帮助社会工作理解人所处的制度和人际的网络,以及在糟糕环境下重生和复兴的可能性。

3. 距离、权力不平等、控制等成为助人者和受助者关系的标志。那种认为我们拥有以经验为基础的理论潜力的技术的观念其实是自欺欺人。但是,它会在助人者和案主中间制造出距离。距离,不管是阶级距离、特权知识距离、制度性角色距离等,都可能意味着权力不平等性。最后,案主的观点会被认为毫无用

---

① D. Saleebey. *The Strengths Perspective in Social Work Practice*. 3rd ed. Boston: Allyn and Bacon,2002:2.

处或毫不相干。

4. 剥离背景。问题基础的评估过程鼓励个体化而不是生态性解释。当把个人转变成个案,我们通常会看他们如何适应某种类属。这样我们就丢失了案主生活中的重要因素——文化、社会、政治、民族、精神和经济等方面的因素,以及这些因素如何导致、维持和塑造了个人的困难、挣扎和错误。在这么做时,我们选择性扭曲了或忽视了环境信息,这些信息或许不那么突出,但是或许会揭开那些特殊处境下的个体的持久特征。这可能是帮助、转换和解决问题的重要资源。

5. 疾病假设认为所有的扭曲都有原因和解决方案。在人类关系和人类经验世界之中,原因、疾病和治疗之间存在线性关系的理念忽略了人类情况的复杂性和不确定性。这样做是把个人、家庭、朋友、邻舍及所有日常生活中涉及的人所可能带来的改变能力和资源抛在一边。其实,有许多文化和精神道路有助于转变和治愈,它们假设在问题的性质和救赎之间产生联系。但是把这些联系埋葬到医学科学模式下面,等于是埋葬了一系列改变的家庭和文化媒介。

二、优势视角和抗逆力增强项目

基于对精神医学模式的上述批判,萨里贝等人提出了优势视角的社会工作实践转向。他认为优势视角的实践策略应该包括如下词汇:

1. 增权。尽管增权这个词已经成为社会工作领域的陈词滥调,但是它仍然是帮助个人、小组、家庭以及社区在其内部、周围探索和扩展资源和手段重要工具。巴巴拉·列维·西蒙(Barbara Levy Simon)曾经建立了增权的五个重要理念:合作性伙伴关系,扩展案主的优势和能力,同时注重个体或家庭和其环境,假设案主是积极的主体和能动者,集中帮助那些历史性地被剥夺公民权和受压迫的人。

2. 成员资格。社群主义学者迈克尔·沃尔泽(Machel Walzer)写道,没有成员资格就好像处于一种无限危险的状态。没有成员资格有被边缘化、异化和受压迫的危险。人们需要成为一个负责任的、有价值的公民,成为其社区的成员。成为社区成员和公民,享有参与权和责任,保证安全是增权的第一步。

3. 抗逆力。很多文献研究都显示,特别的压力事件,甚至那些仍在发生的事件并不必然导致伤害、适应不良和精神问题。相反,人们发现许多人在遭遇严重麻烦时会反弹,个人和社区可以超越和克服严重麻烦的事件。抗逆力不是对个人困难和伤痛的漠视,也不是对生活困难的天真忽略。它是一种面对磨难而抗争的能力。抗逆力是一个过程,源于迎接自己世界的需要和挑战的关于能力、知识、洞察力和美德的持续成长和阐明。

4. 治愈和整合。治愈意味着整合和调动身体与心灵的机制,去面对障碍、疾病和断裂。治愈需要个人和更大的社会及物理环境的良性互动。治愈和再生是生命系统的内在本质,对我们大多数人来言,在大多数时候它会被召唤回来。

5. 对话与合作。人类存在于和他人的互赖关系之中。没有互动,我们就无法对某人的力量进行探寻和检测,就没有知识,没有个人意识和内在优势的提升。在对话中,我们确认别人的重要并开始弥合个人、他人和制度之间的裂隙。合作,要求我们助人专业者敞开自己的心扉去接受协商,去欣赏那些与我们合作者的观点与期望。我们必须隐去专家的声音,如此才能让我们的案主说话。如果一直都以专家的身份出现,我们想和案主保持合作关系就比较困难。

6. 悬置怀疑。一般专业都喜欢用一套专业知识术语来重新框定案主的陈述,喜欢发明一些技巧来探测案主的潜意识和内心世界,而对案主的口头表达不太信任。这种专业怀疑主义导致我们对案主世界的扭曲理解,乃至通过一种专业强制力量对案主问题进行选择性加工,导致专业偏见。具体来言,专业怀疑表现在如下方面:将专业理论强加在案主的理论和思想之上;采用旨在确认某些特定诊断的、以疑问方式进行的评估,并怀疑案主的前置假设;以一种自我保护的花招去接触案主,旨在保护专业人士免于陷入最终的尴尬,如被案主愚弄或欺骗等。

但是,如果我们不悬置专业怀疑,我们就无法真正进入案主世界,理解他们的情景,并协调他们发现和挖掘他们世界的解决问题的资源和手段。

基于上述优势词汇,萨里贝提出了优势视角工作的基本原则:每个人、群体、家庭和社区都有优势;创伤和虐待、疾病和抗争具有伤害性,但是它们也可能是挑战和机遇;与案主合作,我们可以最好地服务于案主;所有环境都充满资源;关怀、照顾和脉络。

在此基础上,诺曼区分出 11 种积极的抗逆力指标:个人层面的指标有自我效能感、环境的现实评价、社会问题解决力、自我引导和使命感、移情力、幽默感、对有距离的和雄性化的性别角色行为的适应力;人际交往层面的指标包括有积极的充满关怀的人际关系、向上的家庭环境,或者其他形式的亲密环境和较高期望等。更为详细的评估框架也已形成,用来操作化优势视角模式。[1] 考格尔和斯尼夫利发展的对优势的评估就包括 5 个维度,涵盖了 51 个种类。[2]

---

[1] E. Norman. *Resilience Enhancement: Putting the Strengths Perspective in Social Work Practice*. New York: Columbia University Press, 2000.

[2] C. D. Cowger and C. A. Snively Assessing Client Strengths: Individual, Family, and Community Empowerment. in D. Saleebey (ed.). *The Strengths Perspective in Social Work*. 3rd ed. pp. 106-123. Boston, MA: Allyn and Bacon, 2006.

第四节 反学科规训——福柯主义者的话语实践策略

上述三节所讨论的关于专业的批评,基本上是基于基础本质主义来进行挑战和批判。所谓基础本质主义是指假定存在着一个真正本质的内核,然后围绕这个本质内核,不同学派之间展开争论,力图证明自己是正确的,他人是错误的。但是法国哲学家福柯开创了一种新的思路,绕开本质主义的争论,进入到关于本质模式的论述实践的批判。尤其是他身为哲学家,不是从理念到理念的思辨,而是从非常具体而细微的领域进行细致的知识考古学的挖掘,最后形成颠覆性的结论。这种批判策略更加适合社会工作专业的借鉴学习。

一、对作为学科规训体制的社会工作的批判

福柯一生中的研究对象几乎都是和社会工作专业相关的,从罪犯的惩戒到精神病和临床医学、从性问题到癫狂等,几乎都是社会工作的实践领域。但是他真正对社会工作的直接讨论是 1972 年由法国 Esprit 杂志社组织的一次讨论会。当时他和另外几位法国思想家一起就社会工作专业的性质进行了一个对话。这个对话后来被翻译到英语世界,成为激发北美激进社会工作学者新思维的导火索[①]。有关福柯的思想是很复杂和丰富的,我们这里只能从对社会工作专业的影响来选择性解读。

首先,福柯从方法论上提出挑战。他认为,西方哲学一直都在主体哲学和结构主义之间摇摆,然后隐含了一种历史进步主义的线索。为了摆脱这个分裂的而又强迫性的哲学思维方式,他受到当时戏剧家萨缪尔·贝克特(Samuel Beckett)的戏剧《等待戈多》的启发,跟随德国哲学家尼采的谱系学思路,去探索那些处于边缘的而又能够折射出权力运行特点的琐碎之事。之后,他提出了自己的知识考古学的方法。所谓知识考古学,类似尼采的道德谱系学,不是就各个时期的重要人物的思想进行系统总结,也不是要描述历史发展的结构主义转换,而是就陈述方式本身,就其在各个不同历史时期的实践策略和转换,进行断代考察。他先是在 1966 年出版了《词与物——人文科学考古学》,初步示范了其知识考古学思路,但是引发了人们的误解——以为他"是在进行文化整体性的分析",所以他在 1969 年出版了《知识考古学》专门澄清他的方法论问题。他在《知识考古学》中提出:"今天,历史则将文献转变成重大遗迹,

---

① A. S. Chambon. Foucault's Approach: Making the Familiar Visible. in Adrienne Chambon, Allan Irving and Laura Epstein. *Reading Foucault for Social Work*. pp. 51-81. Francisco: Freeman, 1999.

并且在那些人们曾辨别前人遗留的印迹的地方,在人们曾试图辨认这些印迹是什么样的地方,历史便展现出大量的素材以供人们区分、组合、寻找理性、建立联系、构成整体。"① 这段话表明他已经把原来的发现历史本质的历史学,转换成关注历史事实的建构的历史学。随着历史学的性质转变,他进一步指出,历史学的方法也要转变。"考古学作为一门探究无声的古迹、无生气的遗迹、无前后关联的物品和过去遗留事物的学科,与历史十分相似。它只有重建某一历史话语才有意义。我们可以这样说,不妨作一个文字游戏,历史而今却与考古学十分相似——它对历史重大遗迹作本质的描述。"② 这段话表明,历史学要想产生意义,需要借助考古学的方法,通过对历史重大遗迹进行"本质"的描述,才能建立起历史感和整体感。总之,他的知识考古学方法论使他摆脱了人文主义和结构主义的历史进步观,而是去关注不同历史时期那些叙述是如何形成自己的陈述对象、如何形成陈述方法、如何构成叙事策略,以及如何随历史转换而结合到治理过程的。

其次,福柯通过他广泛而又细致入微的知识考古,建构了一个有关主体的管制权力和管制技术的历史演变过程。他发现,在古代欧洲社会,基督牧领技术是对主体的叙述生成策略,另外君主统治权也通过暴力展示来恐吓古代人们。但是整体上古代欧洲的针对主体的权力策略是残暴而又粗放的,仍然留出大量的空白领域,允许各色人等的存在。但是随着启蒙时代的到来,理性占据了思想家的头脑,资产阶级的政治经济利益要求个体成为一个生产性的主体和有效率的主体。相应的关于主体的管制权力也开始发生变化,由残暴而粗放的权力,转变为围绕着正常人和不正常人的科学论述以及具体的专业化的监视和纪律技术而展开。从18世纪开始,西方社会开始形成各种有关主体的特征的科学论述,到19世纪,西方基本形成了一个涉及人的各个方面的学科体系,从身体到精神和灵魂,这些人学确立了自己的领地、对象和真理标准,发明出各种专业技术手段,来对人进行精细而连续的监管、纪律管制和训练,力图保持正常人状态。而且,人学体系并不是凭空产生的,而是进入政治经济体系,分享管制权力,分享经济利益。正是它们的进入,使得现代权力体制发生了转型,它不再是独断专横的君主权力,而是变得需要依靠科学真理的叙述,借助于专业技术手段,深入人的生物体和内在灵魂。另一方面,相应的科学技术也发生了转型,它不再是独立自主的价值无涉的研究,而是结合政治经济体制,成为一种真理体制。所谓真理体制是指:"某一类型的话语与一系列的实践活动衔接起来,这类话语一方面把实践活动构建为一个由可知纽带所维系的集合体,另一方面,又从真或假之角度,为

---

①② 福柯著,谢强、马月译:《知识考古学》,北京三联出版社1998年版。

并且能够为这些实践活动订立规则。"①

最后,福柯具体指出了现代学科以及专业如何对主体进行管制和规训的策略。其中一个核心策略是区分正常与不正常,把不正常的人再进行具体的类型区分,从而发明各种治疗技术,来进行连续的监视和管制。本来在19世纪之前,人们只是关注极端畸形情况——从吃人妖魔到道德乱伦,提出各种司法手段来进行管制和处罚。但是从19世纪开始,西方精神病学的对象经历了从极端畸形到不正常人的巨大扩容。福柯说:"以至于在19世纪末,畸形人如果还出现的话(他也确实出现),仅仅不过是不正常这个普遍领域的极端形式和某种过分的情况,而不正常这个普遍领域将构成一种日常的糕点,一方面提供给精神医学,另一方面给犯罪心理学、刑事精神病学。"②总之,到19世纪末,不正常的范围已经大大扩展,包括儿童手淫问题、妇女身体周期的歇斯底里、性倒错问题、生殖控制问题,发展到现代精神病学中甚至包括同性恋恐怖症等问题。一旦对某种行为作出辨认,并且上升到精神医学层面,马上就会和司法实践相联系,作出如何管制和驯化的策略安排。这是现代学科和专业实践的核心社会功能。

福柯通过对现代人学专业的知识考古学批判,其实颠覆了我们原来对科学真理的历史演变的信念。我们原来基于人道主义和理性主义的传统,总是相信依靠伟大思想家的沉思,或者依靠现代实证主义方法的严谨研究,我们终究会发现事实真相,推进社会历史文明进步。然而,福柯告诉我们,古典时期构造的理性人"将被抹去,如同大海边沙地上的一张脸"③。同样,实证主义发明的关于问题和不正常个体的对象,以及针对这个个体的各种治疗技术,其实是整个真理体制,或者说知识—权力体制的一种管制技术而已。基于实证研究的不正常现象越多,或者说实证科学研究越是进步发达,只能表明对人的治理技术越精细和广泛,它并不能带来个人的解放和文明进步。借用福柯的话,随着知识考古学对各类专业真理体制的实践策略的秘密的揭露,曾经缥缈不定而又令人着魔的专业技术不也如同沙漠里的海市蜃楼早晚会烟消云散吗?

二、后福柯的话语实践策略

从我们前述福柯对各种人文科学和专业技术的考古学的批判,我们似乎形成的结论应该是彻底颠覆专业学科,进入一个彻底自由的空间。然而,福柯已经申明,权力关系不同于支配关系。支配关系可能是固定和不变的,也就意味着是

---

① 福柯著,莫伟民、赵伟译:《生命政治的诞生》,上海人民出版社2011年版,第15页。
② 福柯著,钱翰译:《不正常的人》,上海人民出版社2010年版,第89页。
③ 福柯著,莫伟民译:《词与物——人文科学考古学》,上海三联出版社2001年版,第506页。

可以颠覆的,但是权力关系是可变的、可倒置的和不稳定的。权力关系本身就要求一定程度的自由,除非主体是自由的,否则不可能是权力关系。也正因为此,权力关系是无所不在的,越是在一个自由的状态下,权力关系才展现得很灵活和多变。明白了权力伴随自由而来,无所不在,我们就不是不要专业,而是要进入专业领域,参与其中的权力关系互动,促进更加灵活多变的抵抗。正如福柯所言:"在权力关系中,必然存在着抵抗的可能性,因为如果没有抵抗的可能性——不管是暴力抵抗、逃脱、使用计谋和策略等来倒转情景,那将不会有权力关系。"①

所以,许多福柯的跟随者,在福柯所谓的从权力关系中来发展抵抗策略的提示下,提出社会工作的新方向。加拿大学者福特(Catherine Foote)和弗兰克(Arthur W. Frank)就提出抵抗性治疗策略。具体来言,他们比较推崇澳大利亚学者怀特提出的叙事治疗。他们认为怀特的叙事治疗体现了福柯主义的治疗方针,认为生命就是对经验赋予意义的过程。而叙事正是赋予意义的首要框架。但是叙事有双重意义:一方面人们通过讲故事来给经验赋予意义,另一方面人们讲述的故事也决定了人们归属意义的范围。所以,治疗的基本策略就成为治疗师协助案主讲故事,并不断地发现故事中的裂隙,然后打破主流叙事,开创出来新的叙述空间,通过发展新的叙事来抵制和扭转主流叙事的压制效应。因此,叙事成为一种政治实践,一种发明建构小叙事、抵抗主流叙事的政治实践②。

另一位加拿大学者阿德里恩·常本(Adrienne S. Chambon)对福柯的工作解读后,提出了如下针对社会问题的社会探寻原则:③

1. 把科学探寻当成是令人不安的工作(unsettling work),从现有的模式离开才可以开放出提问的新道路。

2. 通过追寻具体实践和知识形式的创造过程将对现实的理解历史化,把它们当做一种历史效果而不是真理。这是一项认真严肃的工作:做档案分析,通过机构的个案材料来探寻早期的声音以及发生的环境。

3. 仔细检查实践和文本,揭露隐藏的模式和效果,从而增强我们对权力显现的不同方式的理解。同时,考虑实践和话语的多重功能。

4. 把主体和行动及知识联系起来,从而帮助我们理解"如何做"构成了行动

---

① M. Foucault. *Politics, Philosophy, Culture: Interview and other Writing*. Edited by Lawrence D. Kritzman. New York: Routledge, 1988.

② C. Foote and A. W. Frank. Foucault and Therapy: the Disciplining of Grief. in Adrienne Chambon, Allan Irving and Laura Epstein. *Reading Foucault for Social Work*. pp. 157-187. New York: Columbia University Press, 1999.

③ A. S. Chambon. Foucault's Approach: Making the Familiar Visible. in Adrienne Chambon, Allan Irving and Laura Epstein. *Reading Foucault for Social Work*. pp. 51-81. Francisco: Freeman, 1999.

者,社会工作行动如何创造出了案主和工作者。这也可以解释为把知识和实践的形式当做某种规则系统下的允可的行动,这样也就可以想到哪些行动是可以修正和穿越的。

5. 探索新的命名事物的可能性。作为实践者和学者,我们在复杂的描述中,在书写的效果中,在和听众的关系中,我们都是在探索新的命名事物的可能性。

确实,福柯没有给我们指出明确的发展道路,而只是提出了批评的警示。社会工作如何发展新的策略,如何避免福柯所说的一方面要控制、一方面要关怀的两面性,是要大家始终保持对专业知识和技术的考古学考察,警觉当中听起来很美而又让人着迷的真理制度的陷阱——以正常化的美丽谎言进行监视和控制的生物政治技术。

本章小结

本章我们针对西方20世纪60年代兴起的针对专业主义的批判,以及在社会工作专业领域的表现,分别从反专业权威、反科技理性、反病态治疗模式、反学科规训体制四个方面详述了社会工作领域对专业体系霸权的质疑。基于这种挑战和质疑,社会工作领域借鉴其他社会科学,发展出了一些不同的发展方向,包括基于反权威的证据为本的实践模式和增权实践模式,基于反实证主义科技理性的反思实践模式和道德政治实践,基于反病态治疗模式的优势视角下的抗逆力实践模式,以及基于反对学科规训体制的抵抗性社会工作等。总之,20世纪90年代以后,西方社会工作临床实务已经不再把专业垄断当做霸权,而是强调专业的民主化、平等化、合作化和注重实效。

思考题

1. 如何理解作为一种意识形态的专业地位和专业霸权?
2. 在反专业主义的谱系中,我们可以细分出几种色谱?
3. 证据为本的实践模式的积极意义和内在弊端是什么?
4. 反思实践模式是如何克服主流专业中的科技理性的?
5. 如何理解福柯所说的专业是一种学科规训体制?
6. 如何拆解作为一种学科规训体制的权力和真理的关系?

附 录

附录1 中国社会工作者职业道德

一、总则

中国社会工作者继承中华民族悠久的历史、文化传统,吸收世界各国社会工作发展的文明成果,高举社会主义人道主义旗帜,以促进社会稳定和全面进步为己任。中国社会工作者通过本职工作,提倡社会互助,调节社会矛盾,解决社会问题,改善人际关系,为社会主义的物质文明和精神文明建设服务。

二、职业道德

1. 热爱社会工作,忠于职守,具有高度的社会责任感和敬业精神。

2. 全心全意为人民服务,为满足社会成员自我发展、自我实现的合理要求而努力工作,并不因其出身、种族、性别、年龄、信仰、社会经济地位或对社会贡献不同而有所区别。

3. 尊重人、关心人、帮助人。为保障包括人的生存权、发展权在内的人权而努力,注意维护工作对象的隐私权和其他应予保密的权利。

4. 同工作对象保持密切联系,主动了解他们的需要,切实为之排忧解难。

5. 树立正确的服务目标:以关怀的态度,为工作对象困难问题的预防和解决,以及其福利要求提供有效的服务。

6. 清正廉洁,不以权谋私。

三、专业修养

1. 确立正确的社会工作价值观和为专业献身的精神。

2. 努力学习和钻研业务,不断提高专业技术水平和专业服务质量。

3. 通过参加培训和进修,努力实现专业化,提高工作效率和服务技能。

4. 通过专业的理论知识与方法技能,帮助社会成员改进和完善社会生活方式,不断提高生活质量,以利于民族素质的提高。

5. 从广大群众的集体力量和创造精神中吸取专业营养,促进专业的发展与创新。

四、工作规范

1. 重视调查研究，深入了解社会成员的困难和疾苦，并采取有效措施，切实帮助他们摆脱困境，通过不断的调查研究，提高社会工作的服务水平。

2. 对待工作对象应平易近人，热情谦和，注意沟通，建立互助依赖的关系，努力满足他们各种正当的要求，并帮助他们在心理和精神等方面获得平衡。

3. 对待同行，应互相尊重，平等竞争，取长补短，共同提高。在业务上，诚意合作，遇到问题时，互相探讨，坦率交换意见，或善意地进行批评与自我批评，以促进专业水平、工作效率和服务效能的提高。

4. 向政府有关部门、社会有关方面反映社会成员需要社会工作解决的问题，以及对工作的意见和建议。

5. 向社会成员宣传贯彻国家有关社会工作的政策、方针和法规，鼓励和组织社会成员积极参与社会事务。

6. 对待组织和领导，应按照民主集中制的原则，主动献计献策，鼓励和组织社会成员积极参与社会事务。

7. 对待组织和领导，应按照民主集中制的原则，主动献计献策，提供咨询意见，并自觉服从决定，遵守纪律，维护集体荣誉，努力使领导和单位的计划实施获得最佳效果，圆满地完成社会工作的各项任务。

附录2　中国香港社会工作注册局工作守则(转录)

（一九九八年十月三日　订立）

前　　言

根据社会工作者注册条例（第五零五章）第十条，"为了就注册社会工作者的专业操守（包括关乎该等操守的道德事宜）提供实务指引"，社会工作者注册局批准及发布此工作守则。制订工作守则的主要目的是为保障服务对象及社会人士。为加强社会人士对社工专业的信任和信心，制订工作守则实属必要。

这份文件是注册社会工作者（以下简称社工）日常操守的指引。根据社会工作者注册条例第十一条，当社工被指控其操守违反本文件内所列明的专业标准时，本局将以此守则作为裁决之依据。这份文件列明社工与其服务对象、同工、所属机构、专业及社会建立专业关系时的道德行为标准，其应用范围包括社工以社工身份所从事的一切有关活动。

社工须协力推行这些守则，并遵从依据这些守则作出之所有纪律判决。社工应采取足够的措施或行动去预防、劝阻、纠正或揭发同工有违反守则之行为。社工应采取合理及适当的措施，去协助他所督导之员工以及协助他提供服务之人员（包括义工），不会因抵触这些工作守则，而引致服务对象的利益受损。

基本价值观及理念

社工的首要使命为协助有需要的人士及致力处理社会问题。

社工尊重每一个人的独特价值和尊严，并不因任何人的家庭背景、种族、国籍、性别、性倾向、年龄、家庭岗位、信仰、政治观念、智能、体能、社会及经济地位、或对社会的贡献不同而有所分别。

社工相信每一个人都有发展的潜质，因而有责任鼓励及协助个人在顾及他人权益的情况下实现自我。

社工有责任维护人权及促进社会公义。

社工相信任何社会都应为其公民谋取最大的福祉。

社工有责任运用本身的专业知识和技能去推动个人和社会的进步，务求每一个人都能尽量发挥自己的所能。

社工认同人际关系的重要性，会尽力加强人际关系，务求维持、促进及提高个人、家庭、社团、机构、社群的福祉，帮助社会大众预防及减少困境与痛苦。

工 作 守 则

有关服务对象

社工首要的责任是对服务对象负责。

社工有责任让服务对象知道本身的权利及协助他们获得适切的服务，且应尽量使服务对象明白接受服务所要作出的承担与及可能产生的后果。

社工应尽可能协助服务对象知晓在某些情况下，保密原则会受到规限，并使他们清楚知道收集资料的目的和用途。在公开个案资料时，社工应采取必要及负责任的措施，删除一切可以识别个案中人士身份的资料，并须尽可能事先取得服务对象及社工服务的机构的同意。社工不得滥用与服务对象的关系，借以谋取私人的利益。

社工不应与服务对象有性接触。

如服务需要收费，社工应尽量使服务对象不会因经济能力而不能及时获取所需要的服务。

有关同工[①]

社工应尊重其他社工、专业人士及义务工作者不同的意见及工作方法。任何建议、批评及冲突都应以负责任的态度表达和解决。

社工应尽量与其他社工合作，提高服务的成效。

社工应向有关团体报告任何有违专业工作守则而危害接受社会工作服务对象利益的行为，并在有需要时维护那些受到不公正指控的社工。

社工尊重服务对象的选择权，并不应在不尊重其他机构和同工的情况下夺取其他社工之服务对象。

社工与共事同工合作之间所作的保密沟通，在未获得资料来源者明确同意下，不可向服务对象透露有关其个人资料以外的沟通内容。

有关机构

社工应向其雇用机构负责，提供具效率及效能的专业服务。

社工应作出建设性及负责任的行动，以影响并改善雇用机构的政策、程序及工作方式，务求令机构之服务水准不断提升，及使社工不会因执行机构的政策时

---

① 同工，即同仁。

而抵触这份守则。

社工在发表任何公开言论或进行公开活动时,应表明自己是以个人身份抑或代表团体或机构名义行事。

社工不应在未经其服务机构同意下,利用机构与外界的联系,为个人的私人事务招揽服务对象。

有关专业

社工从事其专业工作时,应持着诚实、诚恳及尽责的态度。

社工应持守专业的价值观和操守,并提升专业的知识。

社工对专业提出评论时,应持着负责任和有建设性的态度。

社工不可就其专业资格、服务性质、服务方法及统计成效提供有误导性及/或不真实的资料。

社工有责任不断增强本身的专业知识和技能。

社工有责任协助新加入社会工作专业的同工建立、增强与发展其操守、价值观、与及专业上的技能与知识。

有关社会

当政府、社团或机构的政策、程序或活动导致或构成任何人士陷入困境及痛苦,又或是妨碍困境及痛苦之解除时,社工认同有需要唤起决策者或公众人士对这些情况的关注。

社工认同有需要倡导修订政策及法律,以改善有关之社会情况,促进社会之公义及福祉。社工亦认同有需要致力推动社会福利政策的实施。社工不可运用个人的知识、技能或经验助长不公平的政策或不人道的活动。

社工认同有需要致力防止及消除歧视,令社会资源分配更为合理,务使所有人士有均等机会获取所需的资源和服务。

社工认同有需要推动大众尊重社会的不同文化。

社工认同有需要鼓励社会大众在知情的情况下参与制订和改善社会政策和制度。

注一 服务对象

指现时正接受社工所提供的个人、小组或活动程序等直接服务的人士,包括其直系亲属及至亲。

注二 服务对象的利益

应由社工在考虑、平衡其服务对象的个人利益及其他有关人士(包括亲庭成员、机构、社群、社会等)的权益后,作出专业判断。

注册社会工作者分类(类别注解)

1. 持有社会工作者注册局认可社会工作学位及文凭;或于1982年3月31日或该日之前已担任任何社会工作职位;及在该日期之后已担任一个或多于一个的社会工作职位至少10年,不论是否连续地担任该职位或该等职位。

2. 非持有注册社会工作者(第1类)的注册资格,但现正担任任何社会工作职位或他已获接纳担任该职位;及如他是如此注册的,则他拟在于所有情况下属合理的期间内获取认可的社会工作学位或文凭。

注册所基于的资格分类(类别注解)

1. 持有认可社会工作学位。
2. 持有认可社会工作文凭。
3. 没有持有认可社会工作学历,但在1982年3月31日或该日之前已担任任何社会工作职位及在该日期之后已担任一个或多于一个的社会工作职位至少10年,不论是否连续地担任该职位或该等职位。
4. 持有非认可的社会工作学历,但现正担任任何社会工作职位或已获接纳担任该职位。
5. 没有社会工作学历,但现正担任任何社会工作职位或已获接纳担任该职位。
6. 尚待获取认可社会工作学历,但持有雇主授聘书。

附录3 中国台湾社会工作伦理守则(转录)

(1998年7月27日)

一、秉持爱心、耐心及专业知能为案主服务。

说明:

(一)阐明社会工作者服务案主必须之基本态度——爱心、耐心,与基础方法——专业知识、技能。

(二)案主为社会工作学理上对"服务对象"的通称,系指一目标系统,其范围可以是个人、家庭、团体、组织、社区或社会体系及其周遭相关之人。爰于本守则中使用"案主"一词,通指社会工作服务的对象。

二、不分性别、年龄、宗教、种族等,本着平等精神,服务案主。

说明:

(一)阐明社会工作者的基本信念,要保持中立,不歧视,无偏见,一视同仁提供服务。

(二)为避免文字冗长及列举之可能缺漏,爰于列举基本项目后,再用"等"字,函括其他未列举而可能发生之歧视、偏见,如贫富、政治立场等。

三、应尊重案主隐私权,对在专业关系中获得的资料,克尽保密责任。

说明:

(一)阐明社会工作者的基本信念,对案主的资料、案情要保密并尊重案主个人的隐私权。

(二)"专业关系"是为完成社会工作目标,基于公益、客观、自我了解而建立;用于区别日常生活中的人际关系。

(三)"专业关系"是社会工作过程中有必要建立的社会工作者与案主的良好关系,其形成的基础在:

——是为社会工作所计划改变之目标体系而建立。

——不得以社会工作者自身的利益为前提。

——必须基于社会工作者的客观与自我了解,跳脱个人问题与情绪需求。

四、应尊重并培养案主自我决定的能力,以维护案主权利。

说明:

——阐明社会工作者的基本信念,要尊重每一个人的尊严、价值与选择。

——社会工作者相信每一个人均有自主权,应使每一个人有最大的机会去决定其生活方向。

五、应以案主之最佳利益为优先考量。

说明：

——阐明社会工作者的基本信念，应以协助案主达到最佳福利状态为目标。

——社会工作者相信天生我才必有用，每一个人均有动机与全力去追求更满意的生活。

六、绝不与案主产生非专业的关系，不图谋私人利益或以私事请托。

说明：阐明社会工作者应信守专业关系的分际，绝不与案主发展专业关系之外的人际关系，绝不利用专业关系图谋私人利益，决不为私人情事有所索求于案主。

七、应以尊重、礼貌、诚恳的态度对待同仁。

说明：阐明社会工作者对待同仁的基本态度——尊重、礼貌与诚恳：社会工作者应以敬重、礼貌、公正与信心对待同仁。

八、应信任同仁的合作，维护同仁的权益。

说明：阐明社会工作者对待同仁的基本态度——合作的价值观：社会工作者应与同仁为促进专业合作，并彼此信任对方，有所作为应考虑对方之利益、特性与名誉。

九、应在必要时协助同仁服务其案主。

说明：阐明社会工作者对待专业人员的态度——和睦相处、协调沟通：社会工作者为案主的需要，应随时与其他专业人员协调联系，共同合作，并一如同仁般对待。

十、应以诚恳态度与其他专业人员沟通协调，共同致力于服务工作。

十一、应信守服务机构的规则，履行机构赋予的权责。

说明：

（一）阐明社会工作者对机构的信约：社会工作者应遵守服务机构的规定，并谨慎从事，达成服务机构的目标。

（二）社会工作者服务处所具多样性包括机关（构）、团体、事务所等，唯为精简文字，爰于本守则中以"机构"一词通称之，概应"机构"一词泛指对特定人提供服务之处所。

十二、应公私分明，不以私人言行代表机构。

说明：阐明社会工作者对机构的信约：社会工作者在公共场合，应能确实分辨何者是自己、何者是代表服务机构的言论与行动。

十三、应致力于机构政策、服务程序及服务效能的改善。

说明：阐明社会工作者对机构的信约：社会工作者应致力于服务机构的政策与服务过程的改进，以及促进所能提供服务的效率及功效。

十四、应严格约束自己及同仁之行为，以维护专业形象。

说明：阐明社会工作者对专业的责任：社会工作者应维持专业的信实，对于其他专业人员的不道德行为,必须采取适当的行动予以抑制。

十五、应持续充实专业知能,以提升服务品质。

说明:阐明社会工作者对专业的责任:社会工作者应在专业实务上负起认定、发展与充分运用的责任;依据专业知识与技术,从事专业服务,并不断充实自己,以确保并提高专业服务品质。

十六、应积极发挥专业功能,致力提升社会工作专业地位。

说明:阐明社会工作者对专业的责任:社会工作者应维持专业的诚信,精炼技能,发挥专业功能,保护并进而加强专业的尊严,对专业的讨论与批评应参与并负起责任。

十七、应将专业的服务扩大普及于社会大众,造福社会。

说明:阐明社会工作者对社会的责任:社会工作者应将专业服务普及于一般社会大众,促进专业的充实、扩展及有效运用于实际措施中。

十八、应以负责态度,维护社会正义,改善社会环境,增进整体社会福利。

说明:阐明社会工作者对社会的责任:社会工作者应增进社会的一般福利,致力于歧视的防止与消除,确保人人可公平的获得所需资源、服务和机会,倡导社会状况的改进。

附录4 美国社会工作者协会伦理守则

(贾存福译,熊跃根校)
(1996年通过,1999年修订)

前　言

社会工作专业的首要使命是提升人类福利和帮助满足人类基本需要,尤其要关注那些脆弱的、受压迫的和贫穷的人们的需要和权利。社会工作的历史和定义特征就是从专业上促进社会环境中的个人和全社会的福利。社会工作的基础是关注那些制造、影响和引发生活问题的环境力量。

社会工作者与案主一起并代表案主促进社会公正和社会转变。"案主"一词既包含个人、家庭和群体,也包含组织和社区。社会工作者应对文化和种族多元性保持敏感,并致力于消除歧视、压迫、贫穷以及其他社会不公正现象。这些活动可能包括直接实践、社区组织、督导、咨询、行政、倡导、社会和政治行动、政策制定和执行、教育、研究和评估等。社会工作者也努力促进组织、社区以及其他社会公共机构对个人需要和社会问题作出回应。

社会工作的使命建基于一整套核心价值。这些核心价值在社会工作专业发展史上一直被社会工作者所信奉,社会工作的独特目的和观点就是以它们为基础:

- 服务
- 社会公正
- 个人尊严和价值
- 人类关系的重要性
- 正直
- 能力

这套熠熠生辉的核心价值反映了社会工作专业的独特性。这些价值和从中派生出的原则必须在社会环境和复杂的人类经验中得到平衡。

伦理守则的目的

专业伦理是社会工作的核心。一个专业有责任阐明其基本价值、伦理原则和伦理标准。本伦理守则建立这些价值、原则和标准的目的是指导社会工作者的行为。本守则对所有社会工作者和社会工作专业学生有效,不论其专业功能、工作环境和服务对象如何。

本守则有六个目的：

1. 认定社会工作使命所依据的核心价值。
2. 总结概括反映专业核心价值的主要原则并建立一套指导社会工作实践的具体伦理标准。
3. 帮助社会工作者在产生专业责任冲突或伦理困惑时明确思路。
4. 向社会公众提供伦理标准，以便获得他们对社会工作专业的监督。
5. 在社会工作使命、价值、伦理原则和伦理标准方面对新的社会工作者进行入门指导。
6. 阐明社会工作专业本身对社会工作者的行为是否违反道德的评定标准。美国社会工作者协会对其成员受到的投诉有正式的裁定程序。社会工作者应配合本守则的贯彻，参与美国社会工作者协会的裁定程序，并遵守协会的所有裁定结果。

当产生伦理问题时，本守则提供了一套指导决策和行为的价值、原则和标准。它并没有为社会工作者提供在所有状况下的行为规则。对本守则的具体运用要考虑当时当地的实际情况，以及本守则中的价值、原则和标准之间是否可能产生冲突。从个人和家庭关系到社会和专业关系，伦理责任源自于所有人类关系。

而且，本守则也未标明哪些价值、原则和标准最为重要，以及当它们产生冲突时哪些应予优先考虑。在实际工作中，一旦这些价值、原则和标准之间产生冲突，允许社会工作者灵活掌握它们的排序。在特定情况下，做出伦理决定必须依靠社会工作者个人对情况的充分把握而形成的判断，同时应考虑在以后的同行审查过程中，如何运用专业伦理标准来判断这些问题。

道德判断是一个过程。在社会工作实践中，简单的答案往往并不能解决复杂的伦理问题。社会工作者必须充分考虑本守则中与实际的道德判断相关的所有价值、原则和标准。社会工作者的决定和行为应与本守则的精神和字面意义相一致。

除了本守则外，许多与伦理思想有关的其他信息也很有用。社会工作者应考虑到一般伦理理论和原则、社会工作理论和研究、法律、规章、机构政策以及相关的其他伦理守则，并认识到美国社会工作者协会的伦理守则的首要地位。社会工作者还应意识到对案主道德判断、工作者个人价值、文化和宗教信仰以及实践所产生的影响。他们应注意到个人价值和专业价值之间产生的冲突，并负责去处理这些冲突。当陷入伦理的两难境地时，我们建议社会工作者去查阅相关的专业伦理和道德判断方面的文献，并寻求适当的辅导。这些咨询可以来自机构、社会工作组织的伦理委员会、政策制定部门，也可以来自资深同事、督导或法律顾问。

有时，社会工作者的伦理责任会与机构政策以及相关的法律法规相冲突。在这种情况下，社会工作者必须努力寻求与本守则表达的价值、原则和标准相一致的方式来解决问题。如果实在没有合理的办法解决冲突，社会工作者在做出决定前应寻求适当的辅导。除了美国社会工作者协会使用本守则外，个人和其他机构、组织、单位（比如证照管理部门、专业性责任保险机构、法院、机构董事会、政府机构和其他专业团体）都可以参考使用本守则。违反本守则并不自动意味着违法或承担法律责任，只有法律机构和司法程序才能决定人们是否违法。同行将会对违反本守则的指控进行审查。审查过程一般与法定或行政程序分开，也独立于法律审查或司法程序，目的是允许本专业对自己成员进行辅导和约束。

任何伦理守则都不能保证其绝对效力，而且也不能解决所有伦理问题和把握在社会上进行道德选择的复杂性。不过，伦理守则中的价值、伦理原则和伦理标准是专业人员的理想目标，专业人员可以通过它们对自身的行为进行道德判断。社会工作者有义务为自身的伦理行为承担责任。本守则反映了所有社会工作者秉持专业价值和伦理行为的义务。每个注重道德修养、品格优良、有崇高信仰的人，在谋求可靠的伦理判断时，都必须运用原则和标准。

伦 理 原 则

下列主要伦理原则建基于社会工作核心价值，即服务、社会公正、个人尊严和价值、人类关系的重要性、正直以及能力。这些原则树立了社会工作者的奋斗理想。

价值：服务
伦理原则：社会工作者的首要目标是帮助人们满足需要和解决社会问题。
社会工作者将为他人的服务置于个人利益之上。社会工作者运用自身的知识、价值和技巧来满足人们需要和解决社会问题。社会工作者在业余时间应利用自身的专业技巧为公众提供志愿服务而不求经济回报。

价值：社会公正
伦理原则：社会工作者应挑战社会不公正现象。
社会工作者致力于社会变革，尤其是与那些脆弱和受压迫的个人和群体一起并代表他们致力于社会变革。社会工作者的社会变革目标主要是解决贫困、失业、歧视和其他形式的社会不公正问题。这些活动应努力提升在压迫、文化和种族多元性方面的知识和敏感度。社会工作者要努力保证所有人都能够得到必需的信息、服务、资源和平等的机会，以及参与重要的决策。

价值：个人尊严和价值
伦理原则：社会工作者尊重个人固有的尊严和价值。

社会工作者关怀和尊重每一个人，注意个人之间的差异、文化和种族多元性。社会工作者提升案主的自决社会责任，并努力改善案主满足自身需要的能力和机会。社会工作者能充分认识到自己对案主和全社会的双重责任。他们依据专业价值、伦理原则和伦理标准，本着对社会负责的态度，来解决案主和社会之间的利益冲突。

价值：人类关系的重要性
伦理原则：社会工作者认可人类关系的核心重要性。

社会工作者理解人类关系对于变革的重要性。在助人过程中，社会工作者视人们为伙伴。社会工作者通过有目的地强化人类关系来促进、恢复、维持和改善个人、家庭、社会群体、组织和社区的福利。

价值：正直
伦理原则：社会工作者的行为应诚实可信。

社会工作者应时刻意识到专业使命、价值、伦理原则和伦理标准，并在实践上与其保持一致。社会工作者的行为要真诚、负责，并代表所属机构促进伦理实践。

价值：能力
伦理原则：社会工作者的实践应符合其能力，并发展和增强其专业技能。

社会工作者应不断努力增强其专业知识和技巧并应用于实践。社会工作者应有志于对专业知识有所贡献。

伦 理 标 准

下列伦理标准与所有社会工作者的专业活动相关。这些标准包括：(1) 社会工作者对案主的伦理责任，(2) 社会工作者对同事的伦理责任，(3) 社会工作者对工作机构的伦理责任，(4) 社会工作者作为专业人员的伦理责任，(5) 社会工作者对社会工作专业的伦理责任，以及(6)社会工作者对全社会的伦理责任。

下述标准中，有的是对专业行为的强制约束，有的是旨在激励。强制程度如何，取决于负责审查违反伦理标准投诉案件人员的专业判断。

1. 社会工作者对案主的伦理责任

1.01 对案主的承诺

社会工作者的首要责任是增进案主的福利。一般情况下，案主的利益应置于首位。但应该让案主知道，社会工作者对广大社会的责任和特殊的法律义务可能会取代对案主的义务。（例如，案主虐待儿童，或案主威胁伤害自己或他人时，社会工作者必须报案。）

1.02 自我决定

社会工作者应尊重和增强案主的自我决定权利，并尽力帮助案主明确和澄清工作目标。根据自己的专业判断，社会工作者在案主的行为或潜在行为可能对自身或他人造成严重的、可预见的并即将到来的危险时，可以限制案主的自决权。

1.03 知情同意

（a）社会工作者只有在案主正式同意并适时建立专业关系后，才能为案主提供服务。社会工作者应使用清晰易懂的语言告知案主服务的目的，以及由于付费的第三方的要求、相关费用、合理的其他选择、案主拒绝或撤销协议的权利以及约定的时间范围等因素而产生的服务风险和服务限制。社会工作者应给予案主提问的机会。

（b）当案主不会读写或难以理解官方语言时，社会工作者应设法保证案主的理解。这可能包括为案主进行详细的口头解释或尽可能安排有资格的翻译。

（c）当案主没有能力表达正式同意时，社会工作者应设法寻求合适的第三方来保护案主利益，并根据案主的理解水平尽量告知案主。在这种情况下，社会工作者应设法保证第三方的行为与案主的愿望和利益一致。社会工作者应采取合理步骤来增强这类案主表达同意的能力。

（d）当案主正在接受的服务并非出于自愿时，社会工作者应告知案主服务的性质和范围，以及案主拒绝服务的权限。

（e）社会工作者如果是通过电子媒介（比如计算机、电话、收音机和电视）提供服务，应告知接收者有关的限制和风险。

（f）社会工作者在对案主录音、录像或允许第三方观察服务时，应征得案主正式同意。

1.04 能力

（a）社会工作者应在其教育、训练、执照、证书、接受辅导、督导经验或其他专业经验的范围内提供服务并展示自己的能力。

（b）在实质领域提供服务或运用不熟悉的干预技术或方法之前，社会工作者必须经过适当的学习、培训并接受资深专业人员的辅导和督导。

(c) 当实践中无法找到公认的标准时,社会工作者应仔细判断,并采取负责的步骤(包括适当的教育、研究、培训、辅导和督导)来保证工作能力和保护案主不受伤害。

1.05 文化能力和社会多元性

(a) 社会工作者应认识文化及其在人类行为和社会方面的功能,了解所有文化的优点。

(b) 社会工作者应当具备与案主文化有关的知识基础,并在提供涉及案主文化、个体差异和文化群体的敏感服务时,能够证明自己的能力。

(c) 社会工作者应获得社会多元性和由于种族、血统、肤色、性别、性倾向、年龄、婚姻状况、政治信仰、宗教以及精神或生理残疾而产生的压迫方面的教育并理解其本质。

1.06 利益冲突

(a) 社会工作者应警惕和避免那些妨碍专业判断和公正判断的利益冲突。当实际或潜在的冲突产生时,社会工作者应告知案主,并根据案主利益至上和案主利益最大化的原则,采取合理步骤解决问题。在有些情况下,保护案主利益可能需要通过适当的转介来结束专业关系。

(b) 社会工作者不得利用不公正的专业关系或通过剥削他人来谋取个人、宗教、政治或商业利益。

(c) 社会工作者不得与案主或以前的案主保持双重或多重关系,以免存在剥削危险或伤害案主。一旦双重或多重关系不可避免,社会工作者应采取合理步骤保护案主,并负责设定清晰、适当和敏感的文化界限。(不论是专业关系还是社会或商业关系,只要超过一种关系,就视为双重或多重关系。它既可能同时存在,也可能连续产生。)

(d) 当社会工作者为两个或更多的相互关联的人(如夫妇,家庭成员)提供服务时,应与参与各方一起明确谁是案主,以及社会工作者对其他接受服务的人的应有的专业职责。如果预见到各方在接受服务时可能会产生利益冲突,或自己将在可能的冲突中扮演角色(例如,在案主参与的争夺子女监护权或离婚案件中,社会工作者有义务出庭作证),社会工作者应明确自己与参与各方的角色关系,并采取适当的行动减少任何利益冲突。

1.07 隐私和保密

(a) 社会工作者应尊重案主的隐私权。除非提供必要的服务和进行社会工作评估或研究,社会工作者不得要求案主提供隐私资料。一旦获得隐私资料,必须应用保密标准。

(b) 经案主或案主的合法代理人正式同意后,社会工作者在适当的时候可以披露机密资料。

(c) 在整个专业服务过程中,除非在专业上迫不得已,社会工作者应保护好所有获得的机密资料。一般来说,当披露机密资料有助于预防案主或其他可以确定的人受到严重的、可预见的、即将产生的伤害时,社会工作者可以打破保密限制。在任何必须披露机密资料的情况下,社会工作者都要尽量使披露的程度降至最低,只有那些与目的直接相关的资料才能被披露。

(d) 披露机密资料不论是基于法律要求还是案主同意,在披露之前,社会工作者都应告知案主披露的最大限度以及可能产生的后果。

(e) 社会工作者应与案主和其他利益方讨论保密的性质和案主的保密权限。社会工作者还应与案主一起回顾应该保密和合法披露机密资料的具体环境。服务关系建立后,应尽快进行这些讨论,如有必要,这些讨论应贯穿服务关系的始终。

(f) 社会工作者为家庭、夫妇或小组提供咨询服务时,应在个人隐私权和保护他人隐私权方面与参与各方达成一致,并且应告知各方,社会工作者不能担保所有参与者都不泄密。

(g) 社会工作者应将自己、雇主和机构的有关披露参与各方隐私资料的原则和政策告知正在接受家庭、夫妇、婚姻或小组辅导的案主。

(h) 除非案主授权,社会工作者不得向付费的第三方透露案主的隐私资料。

(i) 除非案主隐私得到保障,社会工作者不得在任何场合讨论机密资料。在公共或半公共场所如走廊、休息室、电梯间和餐馆,社会工作者不得谈论机密资料。

(j) 在司法程序中,社会工作者应在法律许可范围内保护案主的隐私。当法庭或其他法定机构命令社会工作者未经案主允许而披露隐私资料时,社会工作者应请求法庭撤销命令或尽可能降低披露程度,或将记录封存,以免公众得知。

(k) 社会工作者在回应媒体询问时,应保护案主的隐私。

(l) 社会工作者应保护案主的书面和电子记录及其他敏感资料。社会工作者应采取合理步骤保证案主的记录存放安全,并防止其他未被授权的人接触这些资料。

(m) 社会工作者应采取预防措施,以保证在使用计算机、电子邮件、传真机、电话和录音电话以及其他电子或计算机技术传输机密资料时,案主的隐私得到保护。无论如何,应避免暴露案主的身份资料。

(n) 在传递或处理案主记录时,社会工作者应保护案主的隐私,并符合本州的档案管理和社会工作执业法令。

（o）社会工作者应采取预防措施以便自己终止工作、失去工作能力或死亡时，能够保护案主的隐私。

（p）未经案主同意，社会工作者在教学或培训的讨论中不得泄露案主的身份资料。

（q）除非案主同意或迫不得已，社会工作者在接受辅导时不得泄露案主的身份资料。

（r）社会工作者应根据上述标准保护已故案主的隐私。

1.08 记录的获取

（a）社会工作者应为案主提供合理途径获取与其有关的记录。如果担心案主获取记录可能引起严重误解或对案主有害，社会工作者应进行解释，并就记录与案主进行协商。只有在获取记录确实会对案主造成严重伤害的情况下，社会工作者才能限制案主获取记录或部分记录内容。案主的获取记录的要求和社会工作者的拒绝理由都应记录在案主档案中。

（b）当允许案主获取他们的记录时，社会工作者应设法保护记录中其他案主或牵涉人员的隐私。

1.09 性关系

（a）社会工作者在任何情况下都不得与现任案主发生性行为或性接触，不论双方是否出于自愿。

（b）社会工作者不得与案主的亲戚或其他与案主关系亲密的人发生性行为或性接触，以免剥削或伤害案主，并有利于与案主保持适当的专业界限。不论是案主、案主亲戚，还是与案主关系亲密的人，社会工作者都要与其保持清晰、适当和文化上敏感的界限。

（c）社会工作者不得与前任案主发生性行为或性接触，以免伤害案主。如果社会工作者的行为违反了本禁令，或要求有特例存在，那么，社会工作者自己——而不是案主——将负责证明这些前任案主不论有意还是无意都未被剥削、强迫或操纵。

（d）社会工作者不得为曾与自己发生性关系的人提供临床服务。为前任性伴侣提供临床服务可能会伤害他们，并可能妨碍社会工作者与他们保持适当的专业界限。

1.10 身体接触

社会工作者不得与案主进行身体接触，以免这种接触（比如爱抚案主）给案主造成心理伤害。如果必须进行一定的接触，社会工作者将负责为此设立清晰、适当和文化上敏感的界限。

1.11 性骚扰

社会工作者不得对案主进行性骚扰。性骚扰包括性接近、性引诱、性请求以及其他与性爱有关的言行。

1.12 诽谤性的语言

任何情况下，社会工作者在与案主沟通或语言涉及案主时，都不得使用诽谤性的书面或口头语言，而应使用准确、尊重的语言。

1.13 服务费用

（a）收费时，社会工作者应保证费用公平合理，与所提供的服务相称，并考虑案主的支付能力。

（b）社会工作者不应接受案主的礼物或服务作为专业服务的回报。礼物尤其是服务回报，可能会产生潜在的利益冲突和剥削，以及妨碍专业关系的维持。只有在非常有限的情况下，社会工作者才能尝试接受物品，比如当地社区专业人员接受这种回报方式，提供的也是有偿服务，这种回报是协商而非强迫的结果，案主也是诚心诚意，也经案主正式同意。社会工作者如果接受了案主的物品或服务作为专业服务的报酬，将负责证明这种安排确实不会伤害案主或专业关系。

（c）社会工作者不得私下向有资格接受服务的案主索取任何报酬。

1.14 缺乏决定能力的案主

当社会工作者代表缺乏决定能力的案主进行决策时，应采取合理步骤保障案主的权益。

1.15 服务的中断

当服务因某些因素如没有进展、搬迁、生病、残疾或死亡而中断时，社会工作者应设法使服务得以继续。

1.16 服务的终止

（a）当案主不再需要服务和维持专业关系或这种服务和专业关系已不符合案主的需要或利益时，社会工作者应终止服务和专业关系。

（b）社会工作者不得遗弃依然需要服务的案主。如果情况紧急，社会工作者必须经过深思熟虑并注意将负面效果减至最低时，才能马上撤销服务。必要时，社会工作者应帮助案主进行适当的安排，以便服务能得以继续。

（c）在有偿服务项目中，如果案主了解协议但没有按照协议继续支付服务费用，而且案主对自己或他人当时都不存在危险，并且由于停止付费而产生的临床和其他后果不仅已经得到妥善处置，而且与案主已讨论过，那么社会工作者可以终止对案主的服务。

（d）社会工作者不得为了追求与案主建立社会、金钱或性关系而终止服务。

（e）社会工作者如果希望终止或中断服务，应及时通知案主，并根据案主的需要和意见寻求转介或服务的延续。

（f）社会工作者离职时应告知案主有关延续服务的选择安排，以及相应的优点和风险。

2. 社会工作者对同事的伦理责任

2.01 尊重

（a）社会工作者应尊重同事，宣传介绍同事的资格、观点和职责时应准确、公正。

（b）社会工作者在与案主或其他专业人员沟通时，应避免对同事进行无根据的批评指责。这些批评指责包括贬低同事的工作能力，或贬低同事的个性特征比如民族、种族、宗教、肤色、性别、性倾向、年龄、婚姻状况、政治信仰以及精神或生理残疾。

（c）社会工作者应与本专业同事和其他专业的同事密切合作，共同增进案主的福利。

2.02 保密

社会工作者应对同事在专业关系和工作中透露的个人隐私资料予以保密。社会工作者应保证这些同事能够理解社会工作者尊重隐私权的责任以及相关的例外情况。

2.03 跨学科间的合作

（a）加入跨学科团队的社会工作者，应充分利用其社会工作专业的观点、价值和经验来参与影响案主福利的决策并有所贡献。作为整体的跨学科团队和作为其成员的个人应彼此分清各自的专业和伦理责任。

（b）如果社会工作者由于伦理原因影响了团队决策，应设法通过适当途径消除分歧。如果分歧无法消除，社会工作者应寻求其他办法解决案主福利问题。

2.04 与同事的争议

(a) 社会工作者不得利用同事与雇主的纠纷来获得职位,或谋取个人私利。

(b) 社会工作者在与同事的纠纷中不得剥削案主。如果社会工作者和同事之间产生冲突,不得使案主涉入任何与其相关的不当讨论。

2.05 咨询

(a) 为了使案主获得最大利益,社会工作者应寻求同事的建议和咨询。

(b) 社会工作者应熟悉同事的专长和能力,并且只接受具备相关知识和技能的同事所提供的咨询。

(c) 在接受同事咨询时,社会工作者应在最小限度内披露必要的资料。

2.06 服务的转介

(a) 当其他专业人员的特殊知识或技能能够完全满足案主的服务需求,或社会工作者相信自己已无法为案主提供有效服务并且需要追加服务时,社会工作者应将案主转介给其他专业人员。

(b) 社会工作者将案主转介给其他专业人员时,应采取适当步骤使责任的转移有条不紊。经案主同意,社会工作者应将所有相关资料披露给新的服务提供者。

(c) 没有提供专业服务的社会工作者,在转介服务时严禁收取任何报酬。

2.07 性关系

(a) 承担督导和教育职责的社会工作者,不得与被督导者、学生、被培训者或其他下属同事发生性关系或产生性接触。

(b) 社会工作者应避免与可能产生利益冲突的同事发生性关系。一旦与同事发生了或可能发生性关系时,社会工作者有责任在必要时移交其专业职责,以免产生利益冲突。

2.08 性骚扰

社会工作者不得对被督导者、学生、被培训者或同事进行性骚扰。性骚扰包括性接近、性引诱、性请求以及其他与性爱有关的言行。

2.09 同事的个人问题

(a) 如果同事由于个人问题、心理不幸、滥用药物或精神障碍而受到损伤,并且这些损伤会影响服务效果时,社会工作者应运用自己所具备的有关知识为同事提供辅导,并帮助同事治疗。

(b) 如果社会工作者相信同事的损伤会妨碍服务效果,并且该同事也未采取相应措施时,社会工作者应通过雇主、机构、美国社会工作者协会、证照管理部门和其他专业组织等适当途径采取行动。

2.10 同事能力不足

(a) 如果同事能力不足,社会工作者应运用自己所具备的有关知识为同事提供辅导,并帮助同事治疗。

(b) 如果社会工作者相信同事能力不足,并且该同事也未采取相应措施时,社会工作者应通过雇主、机构、美国社会工作者协会、证照管理部门和其他专业组织等适当途径采取行动。

2.11 同事的不符合伦理的行为

(a) 社会工作者应采取足够措施阻止、预防、揭露和纠正同事的不符合伦理的行为。

(b) 社会工作者应熟知处理同事不符合伦理的行为的政策和程序,并充分了解国家、州和当地处理道德投诉的程序,包括由美国社会工作者协会、证照管理部门、雇主、机构和其他专业组织制定的政策和程序。

(c) 社会工作者确信同事的行为已违背伦理时,应在适当的时候通过与同事讨论问题来寻求解决办法,如果这种讨论可能有用的话。

(d) 确信同事的行为已违背伦理的社会工作者,必要时应通过正式途径(比如联系州证照管理部门、美国社会工作者协会调查委员会或其他专业伦理委员会)采取行动。

(e) 社会工作者应为受到不公正的违反伦理的行为指控的同事提供辩护和援助。

3. 社会工作者对工作机构的伦理责任

3.01 督导和咨询

(a) 提供督导和咨询的社会工作者应具备必需的知识和技巧,并只能在其知识和能力范围内进行督导和咨询。

(b) 提供督导和咨询的社会工作者有责任设立清晰、适当和文化上敏感的界限。

(c) 社会工作者不得与被督导者保持双重或多重关系,以免剥削或伤害被督导者。

(d) 提供督导的社会工作者应以公正、尊重的态度评价被督导者的表现。

3.02 教育和培训

(a) 承担教育、指导实习或培训职责的社会工作者只能在其知识和能力范围内开展工作,并应运用最新的专业资料和专业知识。

(b) 承担教育或指导学生实习职责的社会工作者应以公正、尊重的态度评价学生的表现。

(c) 当学生为案主提供服务时,承担教育或指导学生实习职责的社会工作者应采取合理步骤保证案主事先得到通知。

(d) 承担教育或指导学生实习职责的社会工作者不得与学生保持双重或多重关系,以免剥削或伤害学生。社会工作教育者和实习指导者有责任设立清晰、适当和文化上敏感的界限。

3.03 业绩表现

负责评价他人表现的社会工作者履行职责时应公正、审慎,使用的评价标准应清晰明确。

3.04 案主记录

(a) 社会工作者应采取合理步骤保证记录文件的准确并能如实反映提供的服务。

(b) 社会工作者的记录文件的内容应不断充实和更新,以有助于服务的移交,并保证将来能为案主提供连续的服务。

(c) 社会工作者在文件中应尽可能保护案主的隐私,文件内容只限于与服务直接相关的资料。

(d) 服务终止后,社会工作者应保存好记录,以保证将来进行必要的查阅。记录的保存年限应符合州法令或相关协议的要求。

3.05 付费方式

社会工作者应设立并保存能正确反映其服务内容与本质的付费方式,并指明实务机构中由谁提供服务。

3.06 案主的转介

(a) 当正在接受其他机构或同事服务的案主希望社会工作者为其提供服务时,社会工作者在同意前应认真考虑这些案主的需要。为了尽量减少混乱和冲突,社会工作者应与案主讨论其他服务提供者与案主当前关系的性质,以及与新的工作者建立关系的意义,包括潜在的利益和风险。

(b) 如果新案主以前一直接受其他机构或同事的服务,社会工作者应与案主讨论,是否应请教前任工作者才符合案主的最大利益。

3.07 行政

(a) 社会工作行政人员应在机构内外为满足案主需要募集充足的资源。

(b) 社会工作者应倡导资源分配程序的公开和公正。当资源不能满足所有案主的需求时,分配程序应对案主一视同仁,并体现适度和一贯的原则。

(c) 社会工作行政人员应采取合理步骤,保证有充足的机构或组织资源用于为员工提供督导。

(d) 社会工作行政人员应采取合理步骤,保证自己所负责的工作环境与本守则的要求相一致,消除组织机构中任何违反、干扰或妨碍本守则的因素。

3.08 继续教育和员工发展

社会工作行政和督导人员应采取合理步骤,为自己的所有员工提供或安排继续教育和发展的机会。继续教育和员工发展应为员工介绍社会工作实践和伦理方面的最新知识和前沿动态。

3.09 对雇主的承诺

(a) 社会工作者一般应认真履行对雇主和雇佣组织所承担的义务。

(b) 社会工作者应为改善本机构的政策和程序以及服务效率和效果而努力工作。

(c) 社会工作者应采取合理步骤,保证雇主了解本守则为社会工作者规定的伦理责任,以及这些责任对社会工作实践的意义。

(d) 社会工作者不得允许本机构的政策、程序、规章或行政命令妨碍他们进行社会工作伦理实践。社会工作者应采取合理步骤保证其雇佣组织的实践符合美国社会工作者协会伦理守则。

(e) 社会工作者应以实际行动防止和消除雇佣机构在工作分配以及雇佣政策和雇佣过程中存在的歧视。

(f) 社会工作者只接受公正待人的组织的聘任或在其中安排学生实习。

(g) 社会工作者在工作中应勤奋、节俭,永不盗用或乱用资金。

3.10 劳资纠纷

(a) 社会工作者可以通过组织行为,包括以工会形式或参加工会,来改善对案主的服务和工作条件。

(b) 介入劳资纠纷、怠工或罢工的社会工作者,应在专业价值、伦理原则和伦理标准的指导下采取行动。在实际或可能的罢工以及怠工过程中,允许社会工作者对其首要专业责任产生不同意见。社会工作者在决定采取行动前,应认真检查相关问题及其可能对案主的影响。

4. 社会工作者作为专业人员的伦理责任

4.01 能力

(a) 社会工作者只有在具备能力或即将获得必要能力的情况下才可以承担责任或接受聘任。

(b) 社会工作者应致力于发展专业实践知识和展示专业功能,应能够批判分析并掌握与社会工作相关的前沿知识。社会工作者应经常回顾专业文献,参加社会工作实践和伦理方面的继续教育。

(c) 社会工作者应将实践建基于经过验证的社会工作实践和伦理知识包括经验知识之上。

4.02 歧视

社会工作者不得基于民族、种族、宗教、肤色、性别、性倾向、年龄、婚姻状况、政治信仰以及精神或生理残疾而产生宽恕、纵容任何形式的歧视行为,或与之合作。

4.03 个人行为

社会工作者不得允许个人行为妨碍其履行专业职责的能力。

4.04 不诚实、欺诈和诱骗

社会工作者不得参与、宽容或涉及任何不诚实、欺诈和诱骗行为。

4.05 个人问题

(a) 社会工作者不得因个人问题、心理不幸、法律问题、滥用药物或精神障碍而妨碍其专业判断和专业表现,或危害案主的最大利益。

(b) 如果社会工作者因个人问题、心理不幸、法律问题、滥用药物或精神障碍而妨碍了其专业判断和专业表现,应设法通过寻求专业帮助,调整工作量,终止实践或其他必要手段来立即接受辅导并采取治疗措施,以保护案主和他人利益。

4.06 诈称

(a) 社会工作者应明确区分以个人身份和以社会工作专业、专业社会工作组织或雇佣机构的代表身份而产生的不同言行。

(b) 社会工作者代表专业社会工作组织发表言论时,应准确表述该组织的官方和权威立场。

(c) 社会工作者应保证对案主、机构和公众所展示的专业资格、专业信誉、教育背景、工作能力、隶属关系、提供的服务及服务成效准确无误。社会工作者只能宣称自身实际拥有的专业信誉,对任何相关的其他误言、误解或错误都应予以更正。

4.07 请求

(a) 因为未来可能的案主的特殊情况,而使其较容易受到不当诱导、操纵或压迫的影响,因此社会工作者应避免不适当引导未来可能的案主成为其服务对象。

(b) 因为案主或其他人的特殊情况,因此社会工作者不应要求案主或其他人为自己的行为背书(包括要求案主同意使用案主先前的陈述作为社会工作者的背书)。

4.08 荣誉归属

(a) 社会工作者只能就自己的实际工作成果和做出的贡献承担责任和享受荣誉(包括作者荣誉)。

(b) 社会工作者应衷心感谢他人的成果和贡献。

5. 社会工作者对社会工作专业的责任

5.01 专业的廉正性

(a) 社会工作者应致力于维持和提升实践标准。

(b) 社会工作者应坚持和发展专业价值、伦理、知识和使命,应通过适当的学习和研究、积极讨论、负责任的专业批评来维护、提升和改善专业的廉正性。

(c) 社会工作者应利用自己的时间和专业技术开展活动,以使社会工作专业的价值、完整和能力获得更好的尊重。这些活动包括教学、研究、服务、立法陈词、社区宣讲以及参加自身的专业组织。

(d) 社会工作者不仅应对社会工作方面的知识有所贡献,并与同事分享实践、研究和伦理方面的知识,而且应对专业文献有所贡献,并与同事分享专业会议的知识和经验。

(e) 社会工作者应以实际行动来防止未经授权和没有资格的社会工作实践。

5.02 评估和研究

(a) 社会工作者应对政策、项目实施和实践干预进行监督和评估。

(b) 社会工作者应改善和促进评估和研究,从而对知识有所贡献。

(c) 社会工作者应不断批判和更新社会工作知识,并在专业实践中充分运用评估和研究成果。

(d) 社会工作者在进行评估和研究时,应认真考虑可能的后果,并保护评估和研究参与者,必要时应咨询机构的审查部门。

(e) 社会工作者在进行评估或研究时,应基于参与者的自愿或征得其书面许可,不得因其拒绝而施加任何隐含的或实际的剥削或处罚,不得对其进行不当引诱,应充分考虑参与者的福利、隐私和尊严。书面许可应包括研究的性质、范围和参与者的合作期限,以及参与者暴露隐私的风险和应得利益。

(f) 当评估或研究参与者没有能力提供书面许可时,社会工作者应对其进行适当解释,尽可能获得他们的同意,并从代理人处获得书面许可。

(g) 未经参与者同意,社会工作者不得设计或进行评估或研究,例如设计使用某些自然观察和档案研究方法,除非经过严格可靠的审查后,发现该研究能够具备正当的科学、教育或应用价值;或如果参与者弃权,该项研究将无法进行。

(h) 社会工作者应告知参与者,他们有权在任何时候退出评估和研究而不受处罚。

(i) 社会工作者应采取适当步骤以保证评估和研究的参与者能够获得一定的支持性服务。

(j) 社会工作者进行评估或研究时,应确保参与者的身心及其他方面不会遭遇不幸、伤害、危险或剥夺。

(k) 社会工作者对服务进行评估时,只能为了专业目的并与相关的专业人员讨论所收集的信息。

(l) 社会工作者进行评估或研究时,应确保参与者的匿名或保密权以及所获资料的安全。社会工作者应告知参与者所有的保密限制和保密标准,以及销毁所有调查记录的时间。

(m) 除非获得授权,社会工作者在提交评估报告和研究结果时,应保护参与者的隐私,删除其身份资料。

(n) 社会工作者提交的评估报告和研究结果应准确无误,不得虚构或伪造结果。如果成果发表后发现任何错误,应通过正式的出版途径予以更正。

(o) 社会工作者进行评估或研究时,应警惕和避免与参与者产生利益冲突和双重关系。一旦实际或潜在的冲突产生时,社会工作者应告知参与者,并本着参与者利益至上的原则设法解决问题。

(p) 社会工作者应教育自己、学生和同事对研究实践认真负责。

6. 社会工作者对全社会的伦理责任

6.01 社会福利

社会工作者应促进从本土社会到全球的整体福利,并推动民众、社区和环境的发展。社会工作者应倡导有益于满足人类基本需要的生活条件,并努力促进社会、经济、政治、文化价值和制度与社会公正协调发展。

6.02 公众参与

社会工作者应通过公开透明的途径促进公众参与社会政策和制度的修订。

6.03 公共紧急事件

社会工作者应尽己所能在公共紧急事件中提供专业服务。

6.04 社会和政治行动

(a) 社会工作者应参与社会和政治行动,以努力保证所有人都能平等获得资源、就业、服务和满足基本需求以及全面发展的机会。社会工作者应意识到政治对实践的影响,应倡导政策和立法的变革,以改善满足人类基本需求的条件,并促进社会公正。

(b) 社会工作者应以实际行动来为全体人民拓展机会,尤其是那些脆弱、贫穷、受压迫和受剥削的群体。

(c) 社会工作者应在美国和全球范围内改善条件以尊重文化和社会的多元性。社会工作者应促进能够尊重差异的政策和实践,支持文化知识和文化资源的扩展,倡导能够展示文化能力的项目和制度,推进能够维护全体人民权利,促进平等和社会公正的政策。

(d) 社会工作者应以实际行动防止和消除由于种族、血统、肤色、性别、性倾向、年龄、婚姻状况、政治信仰、宗教以及精神或生理残疾而对任何个人、群体或阶层产生的支配、剥削和歧视。

后　　记

　　本书第一版自 2004 年出版后就成为国内社会工作专业教育最重要的教材之一，多数高校社会工作专业教育都以本书作为个案工作课程的指定教材，作为主编我感谢业内同仁对本书的认同、信任和支持，同时也真诚感谢高校师生在使用本书过程中提出的中肯意见和建议。

　　身为与中国大陆社会工作专业教育同步成长的专业教师，能够有机会为中国社会工作教育发展做一点事情，是令我高兴和欣慰的事。此次再版《个案工作》仍然是中国社会工作教育协会和高等教育出版社联合组织修订并出版，作为主编，我再次感谢协会和出版社对我的信任。

　　社会工作是一个行动取向的专业，个案工作是社会工作专业的主干课程。从西方社会工作专业教育的历史发展看，专业教育是对实际助人活动成果的运用及更高助人效果追求的一种回应，助人者在实际的助人活动中积累经验，总结归纳，发展出理论和技术，教育者将这些理论和技术再传授给后来的助人者，以提升助人效果。然而，中国大陆社会工作教育的发展与西方情况有所不同，即理论先于实践，其教学内容主要是从西方国家及我国港台地区的社会工作实务经验中获取的，因此，我们实际的个案工作经验远不如国外及我国港台地区的学者丰富。本书初版正值国内社会工作起步发展之时，没有成熟的社会工作发展环境，缺乏充实的实务经验积累，虽然参与本书编写的人员都是国内个案工作专业教学领域的骨干教师，也具有一定的个案工作实务经验的积累，但是，随着中国社会工作专业化及专业教育的发展，初版教材已不能满足广大师生读者的需要。本次再版修订，我们在坚持如下理念的前提下调整充实了相关内容。

　　1. 内化价值观。社会工作的价值观是我们理解个案工作的灵魂，内化社会工作的价值观，是个案工作教学的内在主线。个案工作方法和技术的选择，取决于所应用的理论，而理论的背后是相应价值观的支撑。我们在修订过程中充实了社会工作哲学与价值观这一章的内容，此外，还在个案工作员的素质要求、关系建立、技术技巧、基本理论模式等内容中都贯穿有社会工作价值观的内容，其目的就是要给学生或其他读者强烈的价值冲击，反复吸收，不断思考，以逐步内化社会工作的价值观。

　　2. 理论为指导。个案工作对案主行为的理解与解释、对问题情境的分析、工作计划或方案的制定、具体助人技术的选择、助人效果的评估等，都需要相关的科学理论作为支持,因此,在本书的修订中,我们注重对理论的分析和理解,将原来的理论模式内容重新梳理为个案介入模式和家庭治疗模式,调整后的个案模式部分选取了操作性较强的心理—社会治疗模式、认知行为模式、理性情绪治疗模式、任务中心模式、危机介入模式。家庭介入模式部分增加了叙事治疗模式。介入模式在理论阐述的基础上增加了具体的案例讨论。并且增设了个案管理一章的内容。

3. 注重实务性。个案工作是通过以个别的方式、沟通的技术在工作者与案主之间建立具有治疗功能的专业关系,从而帮助案主解决其生活中的难题。个案工作的目的不是回答"是什么?"、"为什么?",而是解决"怎么做?"。回答"是什么?"、"为什么?"也是为了"怎么做?"。因此,我们在详细分析和阐释个案工作的基本沟通技巧、记录技巧和评估技巧的基础上,讨论了个案工作的过程技巧和建立关系技巧,并且增加了具体案例,以体现其实务指导性。

4. 力求本土化。社会工作作为一项助人的专业和学科,产生并发展于西方欧美国家教会的慈善事业,社会工作关于人与社会的价值理念,更多的是源于基督教文化关于人性的基本假设,其理论基础、运作原则和方法也是在此基础上发展而来的。西方文化与东方文化特别是与我国传统文化有很大的差异性。将西方的东西运用于帮助中国人的助人专业中,肯定有一个在各个方面的融合过程,在这个过程中,会有各种冲突与挑战。为此,我们在个案工作价值观的部分,充分讨论了中国传统文化对当今社会的影响以及中国社会个案工作的价值原则等问题,试图以此唤起读者的警觉,并有意给学生或其他读者留有充分的思考空间,以反思的精神学习个案社会工作。

再版《个案工作》付梓之时,作为主编,我感谢副主编童敏老师给我的协助,感谢参编者杨静老师、郭伟和老师、张默老师、张雄老师、韩辉老师的真诚合作。我还要感谢高教出版社的相关编辑及其他朋友在本书的编辑出版过程中付出的辛劳。同时,我要代表《个案工作》再版全体编写人员再次向读者表达我们的谢意:感谢你们的信任与支持!谢谢你们的意见与建议!真诚希望能够得到你们持续的信任和支持。

由于个人理论修养和实务经验的限制,本书仍然存有不足和遗憾之处,真诚地希望业内同行在使用本教材的过程中继续给予批评和意见。

本书各章的分工如下:第一章,许莉娅;第二章,张默;第三章,韩辉;第四章,许莉娅;第五章,张雄;第六章,杨静;第七章,童敏;第八章,张雄、杨静;第九章,许莉娅;第十章,郭伟和。

许莉娅
2012 年 12 月于北京世纪城观山园

郑重声明

高等教育出版社依法对本书享有专有出版权。任何未经许可的复制、销售行为均违反《中华人民共和国著作权法》,其行为人将承担相应的民事责任和行政责任;构成犯罪的,将被依法追究刑事责任。为了维护市场秩序,保护读者的合法权益,避免读者误用盗版书造成不良后果,我社将配合行政执法部门和司法机关对违法犯罪的单位和个人进行严厉打击。社会各界人士如发现上述侵权行为,希望及时举报,我社将奖励举报有功人员。

反盗版举报电话　(010)58581999　58582371

反盗版举报邮箱　dd@hep.com.cn

通信地址　北京市西城区德外大街4号

　　　　　高等教育出版社法律事务部

邮政编码　100120